통변의 새 경지를 연

한밝 新四柱學

바르고 빠른길

저자 이 지 연
감수 김 용 길

머리말

사주추명학을 처음 접했을 때를 돌이켜보면… 그냥 호기심에서였다. 사람의 운명이 태어난 연월일시에 의해 정해진다는 것이 마냥 신기하기만 했다. 그리고 존경하는 스승님께서 풀어주는 나의 운명행로가 내 마음속이 다 들여다보이는 듯한 느낌으로 조심스레 들었던 것이 계기라 할 수 있다. '너는 역학을 배워 크게 성공할 것이니 지금부터 시작함이 좋겠구나.' 20여 년 전 그때 한밝 스승님을 뵙게 되어 들었던 내 운명 풀이였다.

인간의 운명은 만남에서부터 비롯되는데 좋은 사람을 만나면 좋은 일이 생기고 나쁜 사람을 만나면 나쁘게 된다. 이것은 하나의 인과(因果)법칙이라 할 수 있고 좋고 나빴다는 분별은 결과를 보고 말할 수 있다.

상담실 앞에 긴 줄을 짓고 기다리는 손님들과 많은 이들이 내게 상담을 청하고 있는 지금의 처지에서 보면, 스승님을 만나게 된 것은 분명 크나큰 행운이 아닐 수 없다.

역(易)이란 학술을 하고 있는 모든 사람들의 공통된 소망은 딱 하나다. 정확한 것을 빠른 시간에 습득하여 역의 달인이 되는 것이다. 그리되면 경제적으로 풍요해지고 남들에게 존경까지도 받게 되니 바로 하나의 행운을 잡는 것이라 말할 수 있다.

조금 바쁜 역학인으로서의 필자는 두 가지 소망을 지니고 있다. 첫째는 행운의 길을 찾는 상담자들을 친절하고 정성스레 이끌어 주는 것이다. 둘째는 길을 모르고 길을 가고 있는 역학인들에게 똑바르고 빠른 길을 가르쳐 주고자 함이다.

그래서 이 책의 이름도 「한밝 신사주학. 바르고 빠른길」 이다. 여기엔 새로이 개발된 많은 이론과 이를 바탕으로 한 필자의 감명실례가 있다. 따라서 정확한 길을 못찾고 헤매는 이들과 좀 더 높은 곳으로의 도약을 꿈꾸는 이들에겐 한줄기 밝은 빛이 될 것이고 행운의 만남이 될 것이다.

끝으로 이 책을 감수해주신 스승님과 자료정리를 도와준 김경빈 양에게 고마운 마음을 드립니다.

연송 이지연

차 례

1. 十干의 단편적 성격

甲 : 十干의 머리니 어디가도 반장 역할이다. 꼿꼿하다. 장작개비처럼 말랐거나 뻣뻣하다. 키는 큰 편이나 甲申일주는 키작다. 甲寅일주는 남녀 모두 무뚝뚝하고 애교 없다. 甲이니 성냥갑, 담아놓는 그릇, 감춰놓는다.

乙 : 비비고 올라가고 뚫고나가는 성질이다. 감고 넘어진다. 의지하려는 마음 강하다. 호리낭창 야들야들하다. (女命)날아가는 철새다.

丙 : 만사람에게 평등하고 남에게 잘한다. 자기일은 벌리기는 잘하나 수습력이 약하다. 태양이니 日字다. 丙辛과 丙申은 병신(病身)과 같은 소리이므로 남에게 「병신같은X」 소리 많이 듣는다.

丁 : 등불 등대의 역할이니 길잡이 역할 잘하고 남에게 자상하다. 밝은 낮보다 어둠속에서 일하기 좋아하니 야행성 있다.

戊 : 산과언덕을 뜻하니 무게있고 뜻이 크다. 신앙심 있고, 묵묵히 자기 일만 해가는 형이다. 수용력 좋다.

己 : 길, 도로를 뜻하고 뱀이 고개를 쳐들고 달려드는 상이다. 몽둥이(甲)로 박아주길 좋아하니 조직에 예속됨을 좋아하고 남이 이끌어주길 바란다. 자기(自己)로 쓰이니 몸(己)챙기고 사린다. 주(주), 배(配), 기(忌)등의 글자를 이룬다.

庚 : 서리·살기를 뜻하니 손때 맵고 수틀리면 인정사정 보지 않는다. 개혁·갱신을 뜻하기도 하므로 개혁성 강하다.

辛 : 새로운 것을 좋아하는 멋쟁이 기질이 있다. 했던 말 또 하고 또하니 신신당부를 뜻한다. 신(新) 친(親) 신(辛)의 글자를 이룬다.

壬 : 기획 발명 창안력에 뛰어나다. 변화성 많으니 변덕스럽게도 보인다. 흘러간 일에 대해선 미련두지 않는 성격이다.

임(妊:애기별) 임(任:맡기다)의 글자를 이룬다.

癸 : 癶는 발(足)이니 쫓아다닌다. 따라서 발냄새 많이 난다. 계(:법)을 이루므로 법(戊)을 좋아하고 잘 따른다.(戊癸合)

규(睽)자를 이루므로 눈 흘기다. 돌아서다. 질시하다의 뜻도 있다.

一. 十二支의 단편적 의미

子 : 야행성 있고 관찰력 예민하다. 입이 무겁고 너무 의심 많아 신중하게 보인다. 자기속을 내보이질 않는다. 목욕을 싫어하는 사람 많다. 약삭빠르고 눈치 있다. 여자(女)좋아한다.

丑 : 인간관계에 있어 유대력 강하다. 따라서 남들을 자기 영역에 엮어 매려는 습성있다. 소고집 있다. 자기 몸을 많이 챙긴다. 위법, 탈법적 행위를 하면서 살아가기도 하는 사람 많다. 따라서 남에게 원망 및 원한을 사고 있는 경우 많다.

寅 : 권위적이고 홀로 행동하는 것에 익숙하다. 즉 혼자 잘 논다. 겁많고 의심많다. 몸에 상처도 많다. 배짱이 약하지만 용서할 줄도 안다. 원수 맺었다가도 잘 풀기도하며 성내고 싸우다가 화해도 곧잘 한다. 남에게 의심, 모함 잘 받는다.

卯 : 온화하면서도 쌀쌀한 면이 있다. 겁많고 정보청취에 강하다. 학구열 많으나 학업중단수도 있다. 온순하며 남의 말 잘 듣는 것처럼 보인다.

辰 : 변화창조성 많아 어떤 일이든 할 수 있는 능력이 있다. 물질에 대한 욕심이 많아 사람들에게 오명을 덮어 쓰기도하고 욕을 듣기도 한다. 사람들이 기피한다.

巳 : 말할 때 혓바닥을 날름거리며 한입에 두말하기도 한다. 변화성 많아 항상 바쁘고 오라는 곳은 없어도 갈 곳은 많다. 큰 욕심은 없다. 정류소, 종점, 삼거리(사거리)

午 : 성질은 급한 편이고 모든 일에 지연됨이 많다. 의심많고 바람기도 많다. 대화할 때 고개를 끄덕끄덕 잘하고 고개를 끄덕이며 생각하는 버릇이 있다.

未 : 시기질투심과 샘도 많다. 눈 동그란 사람은 시샘이 많다. 저당잡혀 있는 집 또는 권리행사 하기 어려운 집에 인연 있다. 바깥사람들의 말은 잘 들으나 집안 식구 말은 잘 안 듣는다. 자기고집 때문에 망하기 쉽다. 전봇대, 음식점, 남에게 맛보여 주는 것을 좋아한다.(味)

申 : 아주 타산적이고 민첩기민하니 잔머리 잘 돌아간다. 한시도 가만 못있고 여기저기 출행많다. 神자를 이루므로 신기(神氣) 많고 종교 인연있다.

酉 : 조그만 일에도 스트레스 많이 받으니 매사에 불평불만 많다. 지나간 일을 두고 파헤치기 좋아한다. 파헤치고 또 파헤치다가 꼬투리라도 잡게되면 톡톡 끝없이 쪼아댄다. 물(氵:水)있으면 술(酒)이 된다. 의(醫)자를 만듦으로 의술에 관심 많다.

戌 : 때리고 치고하는 일에 특출함이 있다. 두 가지 업, 겸업, 두 여자 두 남자 등으로 겹치기 출연이다. 강한 자에겐 약하고 약자에겐 강하니 빈틈이 있으면 물고 늘어진다. 술(戌)은 지킬 수(守)로도 쓰이므로 지키는 데엔 일가견 있다.

亥 : 돼지는 머리좋고 냄새 잘 맡는다. 돼지머리는 굿하는데에 꼭 필요하니 공줄있는 집안 태생 많다. 핵(核)자를 이루므로 사물의 핵심적 역할을 하기도 한다.

二. 五行의 단편적 통변

木 : 솟아오르는 힘이고 곧음이고 인내와 지속성 있다. 손이 크며(木多할 때) 손덕이 있어 무엇을 사도 많이 크게 사는 버릇 있다. 인정많고 손재주 있다. 인체에선 눈(目)이 된다. 木이 관성(官)이 되면 인품 청고하고 자중겸손하다. 서민 및 대중상대의 직책에 종사 많이 한다. 水없는 木은 부친과 유정하나 모친과는 불합(不合)하여 모친의 간섭 싫어한다. 未月乙木은 水가 와야 발전이다. 추울 때의 木은 水를 운에서 만나면 신병과 고통있다.

火 : 눈썰미 있고 기억력 있으며 시각이 발달이나 火多하면 눈시력 나쁘다. 성질 급하여 참을성 부족이다. 벌려놓고 흐트려 놓고 수습은 못한다. 이마 넓고 남이 못보는 것을 보기도 한다.(초능력) 바른말 잘하나 매사에 싫증 잘내며 찐덕하니 오래하는 것 없으니 직업에 변화 많다. 火는 정신적 사랑이고 전기·전자 컴퓨터를 뜻한다.

火가 관성이 되면, 성정화급에 용맹 결단력 있다. 형(刑)을 주도하는 직책 및 방어책임을 지키고 한다. 또 혁명과 창업의 의욕강하다. 인체에선 혀(舌)가 된다.

土 : 신용과 신앙을 뜻하며 수용력과 포용력이 있으나 태다하면 우둔하여 미신 숭상많다. 土의 기운이 적으면 신용 없고 믿음 없다. 土가 관성이면, 내직이 좋고 외직은 불리하다. 정직 자중하여 법을 지키고 통솔력이 뛰어나다. 辰未가 같이 있으면 호식(好食)하고 辰戌, 丑未의 土氣가 많으면 잠이 많다. 丑戌이 같

이 있으면 시비 잘걸며 잘 싸운다. 丑丑도 잘 싸운다. 戌戌역시 그렇고 잠이 많다. 인체에서는 입이다.

金 : 코를 뜻하고 냄새를 뜻하니 냄새 맡는데에는 일등이다. 비늘있는 고기(생선) 갑각류(게)번데기 등을 좋아한다. 마무리와 결말짓는덴 선수다. 모나게 깍듯하게 깔끔하게 처리한다. 완벽주의자 많다. 여자 팔자에 金多하면 깔끔하고 완벽한 남자를 원한다.

庚일간은 손때 맵다. 코가 높다. 턱이나 이마가 각졌다. 金이 관성이면, 무관, 형옥관리로 명민하고 결단성있다. 경제에 투철하다.

水 : 환경에 적응 잘하니 변화성이다. 침투력 기억력 水일주 여자는 사회생활에 뛰어들어야 하고 바쁘게 움직여야 먹고산다. 水多하면 눈물 많고 짜게 먹는다. 水가 財星이되면 土에 묻어야 흘러가지 않는다. 水없으면 당뇨, 혈압이 말년에 온다. 水없고 조열하면 바짝 말랐다. 水는 밤의 육체적 사랑이다. 파고드는 기질있다. 水는 어디든 파고든다. 따라 정보획득에 능하고 비밀을 많이 안다. 水空이라도 당뇨병 온다. 水가 관성이면, 직위하등에 대중과 친하지 않는 직책인연이나 격국이 큰 자는 병권(군사권)을 장악한다. 土多 水寒(토다 수한 : 土는 많고 수는 차갑다)일땐 신장결석 방광결석 온다.

2. 일주론(日柱의 특성)

60개 일주(日柱)에는 그만의 개성과 특성이 있습니다. 예컨대 똑같은 壬일간이라도 壬寅일이냐 壬午일이냐에 따라 커다란 차이가 있습니다. 이 부문은 필자가 이때껏 배워보고 경험한 것중에 적중률이 뛰어난 것만을 기재한 것입니다. 그러므로 사주풀이에 쉽게 활용할 수 있을 것입니다.

그렇지만 사주(四柱)중의 일주(日柱)는 전체중의 한부분임을 잊어선 안됩니다. 즉 주위 상황에 따라 일주의 개성과 특성 역시 변할 수 있다는 말입니다. 예컨대 壬寅일주는 壬水가 식신문창성이 되는 寅 위에 앉아 있습니다. 그러므로 총명영리하여 학문에 탁월한 능력을 발휘할 수 있습니다.

그러나 申월생이라면 寅申충으로 식신 문창성이 충파되므로 학업에 지장과 중단이 있게 되며 여성일 경우엔 자식을 꺾게되는 일이 있게 됩니다. 따라서 주위 상황을 잘 살펴 활용하신다면 아주 정확함을 얻을 수 있을 것입니다.

甲子日生

甲子일생은 甲木이 인수가 되는 子水위에 앉아 있는 것이다. 따라서 어질고 착한 성품에다 차분한 심성을 지니고 있으며 자비심과 자존심 강하다.

여성은 자식에 애로 많다. 유산낙태 및 중도사별 있기 쉽다. 고집 세고 부부불화 많다. 남자의 경우엔 결혼하게 되면 고부간의 갈등이 많게 된다. 남녀모두 키는 큰 편에 속하고 생각은 많으나 행동이 늦다. 뜨거운 음식 좋아한다.

신의 동태를 살펴야하는데 몇몇 실례로 검증하기로 한다.

예1)

					54	44	34	24	14	4	
庚	甲	壬	丁	남	丙	丁	戊	己	庚	辛	대운
午	子	子	酉		午	未	申	酉	戌	亥	

어질고 착한 성품이다. 子午충으로 부부궁이 파괴되어있고 午중 己土재성마저 왕한물에 떠내려가므로 부친과 일찍 이별했고 54살 지금까지 노총각으로 지내고 있다. 인수가 많아 생각이 깊고 반복해서 생각하는 습성이 있다.

甲寅日生

성격 : 두뇌총명 독립 자유성 강하며 곧다. 인물준수하다. 타인에게 지배당함을 싫어한다. 개성이 강하다.

부부운 : 남녀 공히 문제있다(별거, 불화, 이별 등).

기타 : 맏이노릇 하게 된다. 남 앞에 서기좋아하나 인덕은 없다. 남의 일을 해결해주기 좋아한다. 정신적으로 고독하며 내성적 성격자가 많다.

예1)

					31	21	11	1	
癸	甲	乙	甲	여	辛	壬	癸	甲	대운
酉	寅	亥	寅		未	申	酉	戌	

서울대학 신문방송학과를 졸업한 수재나 오늘날(庚寅년)까지 미혼으로 있다. 辛未대운 辛卯년(38세)에 결혼될 것이다. 인물도 좋고 키도 크나 내성적이다.

甲辰日生

성격 : 명랑하고 남자는 경제관념이 비상하다. 돈 만드는 능력 있고 여성을 잘 다룬다. 여성역시 경제적 수완 있고 시모를 내 편으로 만드는 솜씨도 있다. 그러나 잡기와 주색을 즐기든지 낭비성도 있다.

기타 : 부친 및 부친의 형제가 비명횡사 있게 되고 남자일 경우엔 마누라가 자살소동 있게 된다. 남녀불문하고 배우자를 잘 다스리려한다. 자존심은 강하나 주체성이 약해 남의 달콤한 말에 쉽게 유혹당해 손실을 보기도 한다.

특히 보증관계로 손재를 많이 당한다.

甲午日生

성격 : 두뇌 명민하여 판단력 빠르다. 타인에게 불손한 언사와 교만함을 나타내기도 한다.

남을 무시하고 억압하려는 태도가 종종 나타난다. 풍류적이고 유행에 민감하여 멋내고 꾸미는 것을 좋아한다. 능수능란하나 보수적이다. 학문과 예술 및 기술(기예)에 대성할 소질도 있다.

여성 : 출산이후 배우자와 사이가 멀어지기 쉬우며 생리사별 안하면 남편이 무능하거나 속을 태우는 존재가 된다. 가장으로서의 책임을 다하지 못하는 남편 만나기 쉽다. 고집 세어 남자가 쪽도 못쓴다. 비위 틀리면 남자 밥도 안준다. 90% 과부다.

甲申日生

성격 : 타인을 무시하거나 자기실력과 능력을 지나치게 과시하며 약간의 폭군적 자세로 남을 지배하려는 경우가 많다.

기타 : 신체허약 아니면 수술부상수가 있고 실패수와 남에게 배신을 당하기도 한다.

여자 : 폭력적인 남편에 인연 많다. 또는 성적 정신적으로 변태성이 있는 배우자를 만나기 쉽다. 남녀 모두 춤과 노래를 좋아하며 누구에게도 지지 않으려 한다. 항상 마음속으론 변동을 원하며 옆에서 충동하면 쉽게 동요되어 무계획적인 일을 급작스레 벌이기도 한다.

甲戌日生

타인에게 봉사와 희생을 하는 종교적 자비심 강하다.

남의 일에는 앞장서나 자신의 일에는 소홀함 많다. 사치와 허영심이 발동하며 횡재수를 노리고 한탕주의로 가기 쉽다. 풍류호탕에 잡기와 주색을 좋아한다. 용두사미 식의 일처리가 많다.

인물은 훤칠하며 사업보다는 직장이 좋다. 부친과 조상의 덕이 좋다. 남자는 허허하면서도 속으론 깐깐하다. 제집 식구보다 남에게 더 잘한다. 여자는 꿈과 이상이 높고 그릇이 크다. 남녀 모두 이날에 태어나고 타주에 '戌'이 또 있으면 부모외의 타인에게 양육되던지 양자 양녀 가기도 한다. 팔방미인 격으로 사교술 좋다.

乙丑日生

온순한 성품이나 우수에 젖은듯하며 고독함이 있다. 사회생활에 있어서도 조용하게 움직인다. 부부간에 큰 마찰은 없으나 집안에 냉기가 말없이 흐르는 듯한 분위기를 지니고 있다. 사치와는 거리가 멀지만 의복이나 일용품은 고가품을 선호한다.

난초(乙)가 자갈밭(丑)에 앉아있는 모양이므로 생활에 어려움 많다. 신체절상과 배우자에 의한 상해를 입기도 한다. 배우자가 칼들고 설치는 일이 있게 된다. 남자는 이상이 높고 자신이 제일이라 생각한다. 노력파이며 생활력도 강하다. 인물 좋다. 남녀모두 일찍 연애수있고 여자는 32~42세 사이에 과부되기 쉽다. 남자도 홀로되기 쉽다. 현모양처 형이나 남모르는 고생과 애로가 많다.

乙卯日生

장남 장녀 및 맏이 역할한다. 웃사람의 대역(代役)을 많이 한다. 성실 치밀한 성격으로 겉으론 유연하나 내면은 끈기있고 절개를 지키는 매서움이 있다. 독종이다. 여성은 남편운 좋지 못하여 재취운명 많다. 乙은 줄이고 끈이다. 그러므로 넘어져도 남을 걸고 넘어지려한다.

대체로 의리있고 두뇌좋으며 회전 빠르다. 타인의 간섭 싫어하며 내성적이다. 정신적으로 고독을 느끼며 외로워한다. 여자는 남편의 일이 잘 안풀리고 남자를 우습게 여긴다. 남편과 아들보다 딸하고만 짝짝궁한다. 재혼하거나 독수공방수가 많다.

乙巳日生

미남 미녀가 많다. 자기몸매나 주위환경을 예쁘게 가꾸려 노력한다. 부부관계는 불평불만의 연속이며 상대를 깔보는 기질이 있다. 남자는 의처증 많다. 여성은 일부종사 어렵다. 한 남자와 오래사는 경우엔 반드시 숨겨놓은 애인 있다. 이날에 태어난 여명은 천간에 관성(官星)이 투출되었다면 열 명중에 아홉 명은 혼외정사 및 애인두며 재혼한다.

대체로 이날에 태어나면 속과 겉이 다르며 연애결혼 많고 잘사는 사람 많다. 남자는 바람둥이 많고 잘생겼으며 손재주 좋다. 세상 사람의 존경을 받기도 하며 남의 일을 잘 해결해준다. 그러나 돈 많이 들어오면 몸 다쳐 불구되기 쉽다. 의처증 한 번 있게 된다.

乙未日生

남녀불문하고 지나치게 소심하다. 성실 치밀하게 일에 임하지만 조심성이 지나쳐 답답함을 주는 형이다. 종교에 관여 많고 체격은 아담하나 소화기관이 약하다. 몸이 약한 편이다.

백호살 되어 부친 및 부친의 형제가 비명횡사 있다. 형제간에도 일찍 사별함이 많다. 회사의 전무정도는 할 수 있어도 사장은 어렵다. 성질내면 끝장을 보는 무서움이 있다. 여자는 선생남편 인연많고 생활력 강하나 맺고 끊음이 분명하다. 40세 이후 과부수다.(90%)

乙酉日生

신체가 허약하던지 뜻밖의 수술수가 따른다. 내성적 성격에 깔끔 단정하나 매사에 신경 과민적 언행이 따른다. 생각은 많고 활동력은 약하며 남에게 의지하길 좋아한다.

홀로있길 좋아하며 외면은 꾸밈이 없다. 고독을 먹고사는 외톨이 인생이라 할 수 있다. 차분하면서도 성급함이 있다. 인격자의 풍모가 있다. 얼굴은 청백색으로 청초하게 보인다. 형제간에 일찍 사별하던지 한다.

대체로 조용하고 세밀한 성격 많고 돈밖에 모른다. 남자는 자기밖에 모르고 인물은 잘났다. 여자는 생활력 강하고 성질나면 끝장을 보려한다. 항상 변동을 원하며 타인의 충동에 쉽게 동요된다.

乙亥日生

인자한 성품으로 항상 무언가를 만들어내려는 노력가이다. 학문과 예술에 취미 조예있으며 남을 위해 노력하는 형이다. 처덕 본다. 사치 허영보다 검소하고 신용을 위주로 살아가려고 한다.

인물 좋고 재주 있다. 여자는 자식과 생리사별 있으며 모친의 영향을 많이 받는다. 또는 모친이 항상 옆에서 챙겨 주려한다. 남편덕도 약한 편이다. 남녀모두 친구 형제 및 주위동료와의 유대감이 강하다. 어진 것 같으나 내심은 독하다. 원리원칙대로 하길 좋아하며 끈질기다.

丙子日生

남녀공히 어릴 때 병약하여 죽을고비 넘겼다. 대체로 미남, 미녀가 많으며 아주 사교적이다. 따라서 사람을 끄는 매력이 있다. 애교만점이다. 언행과 옷 맵씨도 남의 눈길을 끈다.

남녀모두 배우자운은 좋은 편이다. 직업변화 많다. 그러나 여성은 남편이 모든 면에서 자기보다 못한 사람을 만나기 쉽다.

남편일이 막힘 많고 불화이별 있다. 남자는 평생동안 미녀를 많이 만나고 미인과 결혼하기도 한다. 말 잘하며 앞장서길 좋아하고 남에게 지는 것을 싫어한다.

직업은 군인, 경찰, 법조인 등이 좋으며 사업은 이루기 어려운 편이다.

丙寅日生

학업중에 이성교제 있고 용모준수하면 언행이 교양있게 보인다. 남에게 간섭과 지배 받는 것을 싫어하는 강한 기질이 있다.

군인, 경찰, 의사, 선생 등에 인연있다. 일지에 편인이 있으므로 여자는 자식운이 불길하다.

가벼우면 유산, 낙태수요. 심하면 사별수다. 공부운 좋으나 남편덕 없으며 교육, 종교계통에 인연많다.

영적감각이 뛰어나며 호기심 또한 많다.

丙辰日生

식성좋고 회식자리 좋아한다. 남에게 친절하다. 고민이 있어도 내색않고 낙천적으로 행동한다. 성욕이 강하며 체력도 좋다. 남녀 모두 인정많고 동정심 많다. 이것 때문에 어려움을 당하기도 한다.

여성은 남편과 사별하기 쉽고 가벼우면 남편이 항상 질병으로 골골하게 된다. 남녀 공히 용모단정하고 두뇌 좋으며 의리도 강하다. 남에게 퍼주길 좋아하고 무관형(武官形)이다.

얼굴은 계란형이나 코가 약간 들렸던지 콧구멍이 보이는 사람이 많다. 은행계통, 냉동기술, 모래자갈 취급업에 인연많다. 용기는 있으나 지모가 부족하다 할 수 있다. 남자는 辰이 관고(官庫)이므로 자식 사별수 있다.

丙午日生

아주 건강한 체질이 아니면 아주 병약한 특이체질의 소유자이다. 외견으론 조용하고 내성적이나 불굴의 기질이 강하다. 즉 마음으로 결정하면 끝장을 보는 독한 면이 있고 혼자 결정을 내린다.

몸에 큰흉터 (화상, 수술자국 등) 있게 되고 최고급을 지망한다. 남녀 모두 부부운이 좋지 못하다. 대체로 남에게 신세지는 것 싫어하고 누구에게도 소속됨을 꺼리고 자유분방하게 살려한다. 인정에 약하고 동정심 많으나 배우자 운은 안좋다.

일지 양인(羊刃)이므로 여자는 자궁에 칼이 들었으니 유산낙태 및 자궁수술이다.

丙申日生

성실근면하고 부지런하다. 남녀모두 어질고 착하다는 평을 듣고 인심을 얻고 산다. 자기일 뿐 아니라 남의 일에도 발 벗고 나서는 형이다. 노력에 비해 실속이 없다.

진취성은 있으나 지속성은 없다. 아낄 때는 심하게 아끼므로 구두쇠, 짠돌이 소릴 듣기도 하지만 기분 내키면 큰돈 쓰기도 한다. 여자는 남편 출세시키려다 낭패 보는 수 있다.

남자는 바깥에선 일등이나 집안에선 3등이다. 마누라를 힘들게 한다. 여자에게 쪽을 못쓰니 재다신약에 관성 투출된 사주팔자 되면 반드시 공처가다.

여자는 남편에게 불평 불만많고 남의 일엔 해결사다. 년하의 남자나 늙은 남자 인연있다. 다재다능하나 고독하다.

丙戌日生

겉보기로는 한없이 큰 도량을 지닌듯하나 내심은 메마르고 까칠하여 자기밖에 모른다. 예체능이나 유흥업 등에 인연많다. 조그만 일에도 흥분을 잘하나 속을 드러내지는 않는다.

약자에겐 강하고 강자에겐 약하게 처신하는 현실주의자다. 남자는 처가와 인연짧고 여자는 자식을 극하게 되니 약하면 유산낙태요. 심하면 잃는다.

남녀모두 부모형제와 인연박하고 곤고한 생활에 주거지 이동이 많다. 낭비 안하는 절약가로 물질보다 정신적인 것에 가치를 두고 산다. 예의 바르나 비위 틀리면 끝장이다.

丁丑日生

믿으면 100%믿고 아니다싶으면 홱 돌아선다. 말을하면 잘하나 말수는 적다. 조혼하면 실패수 따른다. 비교적 유순 온화하며 정신력이 체력보다 좋다. 따라서 인내력 강하며 남다른 취미와 수집벽 있기 쉽다. 사색적이며 고독과 함께하는 천성이므로 활발하다가도 홀로 패쇄적으로 있기도 한다.

남자는 여성을 통제 및 관리 지배하려 하므로 이 사람의 처는 답답함을 느끼게 된다. 비견겁재가 왕한 팔자면 상처하거나 그 처가 평생 질병으로 골골하게 된다.

여자는 살림은 잘하나 남편과의 인연이 박하며 숨은 근심이 많다.

丁卯日生

외견적으론 유약해보이지만 내면에는 강인함과 외고집 외통수가 도사리고 있다. 남이 건드리지 않으면 한없이 착하지만 성질나게 건드리면 일내는 형이다.

남자는 여자가 잘 따르고 잘생겼고 피부도 곱다. 얌전한척 하므로 말수가 적다. 한번 믿었다 하면 100%다. 살이 찌면 재산망한다. 여자는 자궁에 편인이니 자식을 극하게 되고 남자를 여러명 바꾸게 된다. 남녀 공히 소화기 계통이 약하며 약물중독도 많이 된다. 허약체질자로 질병이 많이 따른다.

丁巳日生

고집있고 말수 적으며 자존심강하나 인정엔 약하다. 부부운 불길하며 남의 일 잘 봐준다. 친구 좋아하며 사교적이나 약간 여성적으로 보이기도 한다.

여자는 평생 재물인연 있고 거짓을 싫어하나 부부운 불길하여 정부(情夫)와 도주하기도 한다. 피부고우며 한번 비위 틀리면 끝장낸다.

남녀공히 집안일이나 집밖의 일로 인하여 분주 다사(多事) 하다. 이로인해 가정적 문제가 발생하기도 한다. 여행과 관광을 즐기며 이동변동이 많은 직업에 인연있다.

丁未日生

용모 잘생겼고 재주도 있으며 이성의 눈에 예쁘게 보인다. 큰 부자는 아니나 환경 좋은 집에서 태어났다. 보통 말수는 적으나 한번 입을 열었다하면 청산유수다. 매력과 끼를 지니고 있어 대인관계에서도 항상 인기있다.

순리적 언행의 소유자로 타인을 해롭게 하지 않는 착한 성품을 지녔다. 매사에 적극성이 떨어짐이 흠이라 하겠다.

화술도 사교적이며 몸가짐도 세련되어 남에게 좋은 인상을 준다. 모친의 한이 많거나 모친이 한많은 사람이다.

丁酉日生

금전을 잘 다루는데 천부적이라 할 수 있다. 무엇이든 특출한 기예를 한 가지 지니고 있는 사람이 많다. 남녀간에 재복은 타고났다. 그러나 통은 크지 못해 왕왕 수전노 소릴 듣기도 한다.

의식 풍족함을 타고났으므로 수양에 결함이 있을 수 있다. 이리되면 사치 낭비 및 주색잡기에 빠져 나락으로 떨어지기도 한다. 즉 물질에만 젖어들면 패가망신에 불구자 및 폐인이 되기도 하며 정신질환을 겪게도 된다.

여자는 자존심 강하고 돈벌어 남편 뒷바라지 해야 한다. 미모를 타고 났으나 유산 낙태수 많이 따르며 사기결혼을 당하기도 한다.

丁亥日生

남녀모두 정신과 육체가 건전하므로 언행이 세련되고 인물 또한 빠지지 않는 교양적 인물이다. 예리한 판단능력과 학식이 있어 보이며 학구적 노력 또한 우수하다. 그러나 됨됨이가 너무 정확성을 기하기 때문에 냉정한 편으로 보인다.

남자는 아들복있고 여자는 남편복 있으나 약간의 성적 교태가 있어 남편으로 하여금 의처증을 유발케 하기 쉽다.

특히 여성은 사회생활에서 대인관계가 뛰어나며 남성과의 사교에서는 비상함이 있다. 대체로 남자는 사람을 믿으면 100%믿고 아니면 100% 불신한다. 직장생활은 좋고 사업은 실패수 따른다. 여자는 말수적고 미인형에 인격자가 많다.

戊子日生

얼굴도 잘생기고 재주도 있다. 온갖 멋을 다 부리고 하고 싶은 것은 다해야 속이 풀린다. 집안일은 처에게 일임하고 처를 멋쟁이로 만들어 앞장세우기 좋아한다. 공처가도 있고 사업도 잘한다. 연상의 여인과 인연있고 초혼 및 첫 연애는 실패한다.

여자는 인정많고 신앙심 깊으나 남의 말을 쉽게 믿지 않는다. 하는 일에 겁이없고 연하남자 아니면 늙은남자 인연 많다.

부지런하고 남편을 출세시키려는 욕망이 강하다. 집안 살림을 알뜰 깔끔하게 하며 자기는 못입어도 남편을 위해서는 온갖 궂은일도 마다 않는 사람이 많다.

戊寅日生

신의를 존중하며 겉으론 강하게 보이나 내면으론 유약하다. 계획과 구상은 뛰어나지만 실천력과 지구력이 부족하여 중도포기 실패가 많이 따른다. 신규적 발상 뛰어나다. 친구 동료에게 신의를 지키다가 상대의 배신으로 아픔을 당하기도 한다.

여자는 포악하거나 독한 남자 만나기 쉽다. 그렇지 않으면 가정에 불충실하고 사회활동에만 전념하거나 외방으로 겉도는 남자 만난다.

남녀공히 외견으론 중후하고 인품 고상으로 보인다. 여자는 일찍 아니면 아주 늦게 결혼함이 많다.

戊辰日生

천성은 약간 급하고 총명하며 욕심이 많다. 한고집 있으며 부친 및 부친의 형제가 비명횡사 있다. 인물은 좋으나 부부인연은 특히 여자가 불미스럽다. 헤어졌다가 재결합 하던지 아니면 생사별하게 된다. 돈복은 있어 축재도 할 수 있으나 악착같이 모아놓은 돈을 다써보지도 못하는 경우가 많다.

남자는 여자를 통제, 관리 복종시키려는 형이다. 처되는 사람은 건강이 나빠 장병으로 골골하던지 저세상 사람되기 쉽다. 즉 처운이 나쁘다는 것이다. 그러나 사주전체가 조열할 때는 처덕은 있다. 여자는 겉으로만 똑똑하다. 남녀 모두 고집 때문에 사람들 속에서 고립되어 있거나 왕따 당하기 쉽다.

戊午日生

조급한 성격에 영리하다못해서 영특하다. 자존심 허영심 시기심이 한 묶음으로 작용한다. 따라서 아무리 괴로워도 어렵다는 말을 잘 안하고 남에게 신세지는 것을 아주 싫어한다. 인정에 약하고 동정심 많다. 남자는 정력이 아주세고 미녀와 인연 많다.

모친이 배우자 궁에 있으므로 모친으로 인해 부부간에 갈등 있게 된다. 또 인수는 보증이고 도장이므로 보증 잘 못서서 신세 망치고 부부이별 오게 된다. 여성은 자궁에 칼이 들어왔고 어른(인수)이 들어왔으므로 자식을 극하게 된다. 그러나 겨울이나 한냉할 때에는 일지 午火가 조후 역할하므로 반대로 해석해야 된다.

戊申日生

식복과 건강은 타고났다. 미남미녀가 많다. 온순한 성격으로 유행에 민감하고 재치 뛰어났으며 화술도 좋다. 따라서 여러 사람들에게 인기있다.

남을 무시하고 얕잡아보는 경향이 있으며 자기일뿐 아니라 남의 일도 맡아 바쁘게 쫓아다닌다. 여성은 부부운은 불화 많고 자식운은 좋은 편이다.

남자는 젊은여자 좋아하며 마누라 외에 딴 여성과 애정관계 만들기도 한다.

戊戌日生

말수가 별로 없으나 해야할 때는 조리있게 유창하다. 장남 장녀가 많으며 성실과 근면하게 보인다. 낭비성 없고 절약정신이 강하다.

신용을 지키려 애쓰며 종교, 철학 자선사업(사회사업) 등에 인연 있다.

부부운은 남녀 모두 불길하다. 특히 여성은 辰, 丑생과 인연있으나 해로 못한다. 여자는 미모에다 총명함까지 지니고 있으며 욕심이 대단하고 포부가 크다.

사주지지에 巳를 보면 귀문살을 구성하게 되므로 종교철학에 인연있고 영적감각 특출하게 된다.

己丑日生

온화하고 겸손한 성품이다. 저축심이 강하여 비상금은 언제나 챙겨두고 있다. 가정에 충실하므로 가장 및 주부로서는 나무람이 없다. 남자는 월급생활이 좋고 여자위주로 살아야 좋다.

여자는 돈있으면 깍쟁이다. 간혹 대식가가 많고 비대한 육신을 지닌 사람도 많다. 식신상관의 입고지(丑)이므로 남의 아이도 좋다고 잘 따르며 본인역시 애기 좋아한다. 아이들 잘 데리고 논다.

그러나 말주변은 없는 편이며 낯가림이 많다. 남녀 공히, 남이 뭐라하던 제 할일만 묵묵히 해가는 형이고 뭐하나 나무랄데 없이 보인다. 물질보다 정신적인 면을 존중한다.

己卯日生

귀가 얇아 남의 말을 잘 듣는다. 마음이 약해 남에게 의지하려함이 많다. 온후독실하나 사교적인 면에서는 고독하다.

자기주관이 약하기 때문에 변덕이 있게 되고 지나치게 겸손하므로 비굴하게 보이기도 한다.

남자는 여자 잡는데는 도사급 실력 있다. 여자 따라다니며 잘 얻어먹기도 한다.

큰 흉터가 있거나 곰보 및 불구자가 많다. 여자는 남편이 깡패, 독종 되기 쉽고 남자를 믿지 않으니 두 주머니 차게 된다.

己巳日生

학문, 종교 또는 기예에 소질과 관심이 많다. 권모술수가 능하며 조삼모사한 잔꾀를 부리기도 한다. 권력욕이 있으며 자신을 과신하기도 한다.

활동력 뛰어나며 매사에 의욕적이다. 여성은 체격이 벌어지기 쉽고 사주에 火가 왕하면 자식을 극하게 된다. 가장 노릇하기도 하며 그릇이 크다.

미인형이며 신용 좋다. 남자는 너무 잔머리 굴리는 경향이 있어 자칫하면 남에게 믿음을 못주기도 한다.

己未日生

친구 형제간에 우애와 의리있고 희생과 봉사도 할 수 있는 사람이다. 시작과 끝이 분명한 빈틈없는 성격으로 자기주장을 내세우나 과격하진 않다. 부정 불의를 싫어하며 종교적 자비성을 지니고 있다.

남자는 자식운이 나빠 자식이 건강상 애로를 지니던지 현달치 못하게 되고 사별하기도 한다.

여자는 남자를 통제 관리하려 하며 남편과 사별수가 따른다. 가벼우면 남편이 병으로 골골하던지 발신하지 못한다.

남자는 관계(官界) 법조계를 선호하며 법을 이용하려는 정신 강하다.

己酉日生

대인관계에 화술과 교제술이 뛰어나다 상냥하고 붙임성 좋으며 수단과 재치가 넘친다. 의복과 꾸밈역시 멋있게 하며 유행에 민감하다. 타인의 심리를 간파하는 천부적 소질 있으며 매사에 깔끔하다.

남녀 모두 인물 좋고 배우자의 비위를 잘 맞춰주며 낙천적으로 살아가는 형이다.

남자는 여자가 잘 따르며 겉으론 허허하지만 내면으론 깐깐하다. 여자는 입담좋아 상인의 재질있고 자식자랑 많이 하며 금전에 대한 애착이 강하다. 남녀모두 큰수술 및 부상흉터 지니고 있다.

己亥日生

재물운이 좋고 주색잡기에 능한 사람도 있다. 돈도 잘 쓰며 자신이나 남의 일에 항상 바쁘다. 신약하면 뜻밖의 재난으로 몸을 다치거나 생명을 잃기도 한다. 특히 재다신약 격일 때 관성이 투출되어 있으면 돈없이 살 땐 괜찮으나 돈 들어오면 뜻밖의 재앙이 닥친다.

남자는 대체로 처덕이 있으며 자기일은 소홀하면서 남의 일엔 해결사다. 여자는 남편일이 막히게 되고 부부불화 많다. 이날에 태어나고 천간에 관성 투출되어 있으면 남편 외에 애인 두게 되며 재혼하기도 한다.

庚子日生

인물 좋고 애교있으며 친절 상냥하다. 이기적이라 깍쟁이 소릴 듣기도 한다. 자신의 주장만 내세우고 남의 의사는 무시해버리는 성격도 있다. 깔끔하기도 하나 무서운 성질도 있다. 남자는 딸자식과 인연박하고 여자는 남편과 불화이별수 많다.

잘못인줄 알면서도 죽어라하며 밀어붙이는 기질도 있다. 남자는 군인, 경찰, 선생, 의사, 약사 등의 직업인이 많고 여자는 교사, 간호사, 의사, 약사 등에 종사함이 많으며 남자를 무시하는 기질이 있다.

庚寅日生

마음속으로 항상 변동을 원하며 누가 옆에서 충동을 주면 쉽게 동요되어 무계획적으로 갑작스레 일을 벌려 주위사람을 당혹케 한다. 남성적 기질(여자도)이 강하므로 맺고 끊기를 잘한다. 남녀 모두 팔방미인 격으로 칼날같은 성격에다 권위의식이 강하다.

그러므로 운동신경이 발달되어 있고 정치 외교 등으로 진출하고픈 욕망이 있다. 벌기도 잘하지만 손크게 잘쓰는 호탕한 면도 있다. 남자는 군인경찰, 법조계, 교육자, 의약 쪽의 직업이 많고 사대주의 사상에 빠지기 쉬우며 남의 일에 발 벗고 나서는 기질 있다. 여자는 돈 벌어 남편도우나 한 번 잘못으로 남편의 원망을 듣고 살게 된다.

庚辰日生

총명 영리하며 의협심이 강하여 약자에겐 약하고 강자에겐 굽히지 않는다. 결단력 뛰어나 잘잘못을 짚어가는 결백성이 있다.

재물보다는 명분과 명예 그리고 자존심을 더 중요시 한다.

사람 됨됨이는 좋아보이나 한번 토라지면 끝장을 본다. 의리빼면 시체라 할 정도로 의협심과 의리있다. 잘못 풀리면 의리있는 척하며 사기친다.

여자는 남편 덕 없고 토라지면 다시는 안보려 한다. 남에게 지지 않으려 하며 남편의 일이 안풀리던가 무책임한 남편 두기 쉽다. 남의 일에 참견 잘한다. 자식에 애로있다.

庚午日生

남녀 모두 용모는 남에게 빠지지 않는다. 조급한 편이다. 일지에 관성(午)이 있으므로 관청, 관직과 인연있고 의료계통에도 연분있다.

직선적으로 경우가 밝은 성품이나 사대주의적 사상에 빠지기 쉽다. 의리에 강하고 남의간섭을 싫어한다.

부모재산은 이어받기 어렵고 친척과 불화하기 쉬우며 사치나 색정에 빠지기도 한다. 남녀 모두 자유결혼이 많다.

여자는 자식이 의료계 및 법조계로 진출함이 많고 여장부 기질있으며 사회적으로 존경을 얻기도 한다.

庚申日生

남자중의 남자로 우두머리 역할 많이 한다. 두뇌 명민하고 내성적이며 정신적으로 고독하다. 남에게 지지 않으려하고 고집이 강하며 쇠를 만지거나 군인경찰직업 많이 갖는다.

부부운이 불길하여 이별불화가 많이 따르고 재혼하는 경우가 80%다. 남녀모두 부부운 불길하다. 그러나 여자는 자기비위에 맞는 남자에겐 희생과 헌신한다. 여자는 식품업이 좋고 항상 바쁘다.

庚戌日生

정의감 강하며 외유내강형이다. 풍채좋고 배짱있다. 자신이 손해보더라도 약자 편에 서는 기질있다. 검소 절약형이라 사치와 유행은 안따른다.

책임감 강하며 이성을 끄는 매력이 있다. 남자는 자식운이 불미스러워 사별하거나 질병에 신음하는 자식 두기 쉽다. 이론을 앞세우고 논리적으로 따지길 좋아한다.

여자는 남편을 통제 조절하려하고 꼼짝 못하도록 장악하려한다. 그러나 사주지지에 午가 있으면 남편에게 희생봉사 해야 되겠다는 생각으로 살아간다. 또 생각이 깊고 차분하고 조용하나 똑똑한 척 남의 일에 개입하여 큰 손실을 보는 경우도 있다. 엉덩이에 성감대 있고 쓰다듬어 주면 좋아한다.

辛丑日生

남녀모두 차분하고 냉정한 성품을 지녔다. 겉으론 그러하나 내적으론 정열적이다. 다만 자신의 열정을 행동으로 쉽게 나타내지 못한다.

고집세고 남이 안하는 엉뚱한 생각을 많이 한다. 마음에 드는 이성에겐 자신의 모든 것을 희생하고라도 독차지 하려는 인내력과 소유욕이 강하게 자리잡고 있다.

그러나 어떤 때 '내가 왜 이렇노~'하며 울적함에 빠져 별별 공상을 많이 한다.

의리는 있는 편이며 사물에 대해 꼬치꼬치 따져드는 집요함도 있다. 남녀모두 얼굴은 둥근형이 많다.

辛卯日生

심성은 여리고 약한 편이다. 외면적으론 단정하고 침착해 보이나 내면적으론 자신감 없어 안절부절못함도 있다. 음악과 춤을 즐기며 의리있고 주관있으며 똑똑하다.

조용하고 세밀한 성품이나 성질나면 대단하다. 의처증 및 우울증 있는 사람 많으며 서화, 붓글씨 등에 취미있고 이성이 많이 따른다.

자기주의주장이 강한편이다. 여자는 꼬치꼬치 따지기 좋아하고 돈을 밝힌다. 사기결혼 당하기 쉽다.

辛巳日生

자기비위에 맞으면 간, 쓸개도 빼줄 것처럼 한다. 여자와 교제시엔 공포분위기를 조성하여 강제로 관계를 지속하려는 사람이 많다. 어디에서든 열성과 용기있는 태도로 앞장서며 언행이 민첩하여 타인을 이끄는 힘이 있다. 옹고집 있어 남의 도움말을 잘 안듣는 결점이 있다. 남자는 자식복있고 자식에게는 죽는시늉도 한다.

여자는 고집이 세지만 남편에게 헌신하며 껌뻑 죽는척한다. 그러나 사주천간에 관성이 나타나 있으면 결혼 후 외정을 지니게 되고 애인과 야반도주하기도 한다.

辛未日生

연약한 성격이나 인품과 교양은 갖추고 있다. 사회활동에 적응력이 약하며 학자 및 연구기관에 적합한 품성이다. 조용하고 깐깐해 보이며 떠들고 놀기를 좋아하지 않는다. 자존심은 대단하다.

어린이 같은 언행으로 천진난만하게 보이나 매사를 지나치게 분석하며 이기적이다. 부부간은 불화이별수 따르고 서로에게 만족 못하는 관계가 되기 쉽다. 여자는 살림 잘하며 제맘에 들면 참 잘해준다. 현모양처 형이나 자식운이 불길하고 부부해로도 어렵다.

辛酉日生

깔끔하기 짝이 없어 결백증 환자같이 보이기도 한다. 매사 완전무결하게 매듭지으려하고 모나게 각지게 반듯하게 해놓으려 한다. 남녀간 인물이 뛰어나고 대인관계에 있어선 많은 인기와 선망을 받기도 하나 친구간에는 시기 질투를 받기도 한다.

의복 세련되게 입으며 깔끔하며 인정많다. 남자는 의처증이나 우울증 오게 됨이 많고 여자를 쪽도 못쓰게 하며 일일이 따지기 좋아한다.

여자는 남자를 우습게 눈 아래로 보며 고집불통에 생선을 좋아하고 목욕함을 즐긴다. 처녀 총각 때 연애하여 깨지 않고 결혼하면 90%이상 부부이별이다.

辛亥日生

몸과 마음이 맑고 깨끗하게 보인다. 여성은 성적 매력이 있다. 두뇌회전 빠르고 행동 또한 민첩하다. 자존심이 무척강하여 아무리 힘들어도 어렵다는 말을 함부로 안한다. 남의 신세지길 싫어하며 누구에게도 예속되기 싫어하는 자유성강한 사람이 많다.

그러나 인정에 약하고 동정심도 많아 남의 일을 맡아 동분서주하기도 한다. 대체로 부유한 가정출신이 많으며 돈도 있고 직업도 좋으며 공부운도 좋은 편이다. 너무 깔끔한 것이 병이 되기도 하고 단점이기도 하다. 여자는 부부운 아주 좋지 못한데 일지에 상관을 놓았기 때문이다. 그러나 이상이 높고 자녀에 대한 애착심이 강하다. 경우밝으나 아니다 싶으면 고집불통이다.

壬子日生

남녀간에 부부인연이 좋지 못하다. 대담한 성격이며 통이 크고 남을 지배 통솔하려는 욕구가 강하다. 남을 도울 때는 크게 도와주다가도 본의 아니게 남에게 피해를 입히기도 한다. 남녀 모두 색정이 강하여 이로인해 문제를 야기하기도 한다.

일지에 양인을 놓았으므로 수술 및 부상 흉터있게 되며 여자는 자궁수술 및 유산낙태 있게 된다. 남자는 성기수술 및 신장방광 수술 있게 된다. 잘될 땐 크게 떵떵거리다가 안될 때는 하루아침에 쪽박차게 되기도 한다. 여성은 지나친 고집과 강한 성욕 때문에 불화 이별수 있는데 돈이 없으면 반드시 이별이다.

壬寅日生

남녀모두 총명영리하며 몸매 또한 균형 잘 잡혀있고 시원한 행동으로 붙임성까지 있다. 쩨쩨하지 않으며 남의심리 파악에는 일가견있다. 성격은 조급하며 어릴적에 병약했다. 남자는 그 행동과 처신이 양반이다.

그러나 성나면 주위를 벌벌 떨게 만들 정도로 분노를 과격하게 발산한다. 가만히 두면 혼자서 잘 놀고 잘하는데 옆에서 찝적거리거나 건드리면 탈을 내는 형이다. 남자는 마누라 외에 애인 둘 수 있고 젊은 애인 나이차이 많은 애인 둔다. 여자는 자식복있고 돈 안떨어진다.

壬辰日生

두뇌총명하고 똑똑하여 남보다 눈에 잘 띈다. 약간의 명예심과 허영심이 있으나 정도를 벗어나진 않는다. 권위와 위신을 중요시하며 돈 보단 명분을 앞세우며 자기주장이 강하다. 순간적인 순발력과 재치가 있고 준법정신이 강하다.

그러나 일인자가 되고 싶은 욕망이 강하다. 괴강일 이므로 여자에겐 남편과 이별하던지 아니면 남편일이 안되던지 하게 된다. 미운사람에겐 눈길도 돌리지 않는 옹졸함도 있다.

여자는 丑, 戌생과 부부인연있으나 戌생과는 만나기는 해도 해로 못한다.

壬午日生

심성은 유순하나 약간 조급한편이다. 금전운이 좋으나 너무 타산적이며 인색함도 있다.

남녀모두 어릴 때 병약했고 죽을고비 한번 넘겼다. 직업은 자주 바꾼다.

남자는 마누라가 외출하는 것을 싫어하며 다소의 의처증 있으나 애처가라 할 수 있다. 여성은 남편을 내조하며 남편이 잘되도록 미는 힘이 강하다.

다만 천간에 戊, 己의 관성이 투출되면 남편 두고 외간 남자와 바람피우게 된다.

壬申日生

박학다식하나 덕이 부족한 형이다. 돈쓰기도 잘하며 고급적으로 놀며 그런 생활을 동경하기도 한다. 매사에 능동적이며 운동신경이 발달되어 자신의 일이나 남의일(단체활동)로 바쁘게 설치는 형이다.

인정많고 친절하나 이익엔 민감하여 하루아침에 안면 바꾸는 기질이 있다. 따라서 각박하고 차디찬(매몰찬)성격이 내면에 도사리고 있다. 자기주장이 강하여 남의 말은 무시하려는 경향이 많다. 효자이며 잔정은 많고 마누라 및 아랫사람에게 잔소리가 많다. 일지가 역마지살이고 壬水는 여기에 장생한다. 그러므로 해외 활동하던지 이민가는 경우가 많다.

壬戌日生

독선적인 것 같으나 의외로 남의 말을 잘 받아들인다. 예의범절과 교양을 갖추려 스스로 노력하는 형이다. 검소 절약하는 형이며 허영과 사치를 좋아하지 않으며 소박하다. 학문을 숭상하며 조용한 것을 좋아한다. 주어진 일은 틀림없이 처리하고자 노력하는 성품이다. 일지에 재고(財庫)를 깔고 앉아있으므로 저축심이 많고 평생 돈걱정 없다. 그러나 辰戌충이되면 파괴된 돈창고이므로 실패 손실로 쪽박차게 된다. 壬戌백호살이므로 여성은 남편인연 불길이고 남자는 부친 및 부친형제가 비명횡사 있게 된다. 여자는 살림 잘살고 음식솜씨 있다. 손가락이 짧은 사람이 많다.

癸丑日生

총명영리하며 붙임성 찰찰넘친다. 남의마음을 잘 알아차리며 매사에 적극적이다. 재복은 그리많지 않으나 쓸만한 돈은 언제나 있다. 남녀모두 자식운은 좋다. 그러나 여자는 자식중의 한자식으로 인해 한숨짓기 쉽다.

남자는 교육계, 의사, 군인이 좋고 비위 틀리면 국물도 없다. 자기가 제일이라는 환상을 가지고 있으며 용모단정하고 의리있다. 백호대살되어 천간에 己土가 투출이면 피를 보는 흉액당한다. 모친에 한이 많던지 모친이 한을 많이 지닌 사람이다. 남녀모두 뭐하나 버릴 것 없는 인품이나 부부운은 좋지 못하다.

癸卯日生

온순하고 얌전한 것같이 보이나 엉뚱하게 애교떠는 형이다. 따라서 많은 사람의 호감을 사나 시기 질투를 받기도 한다. 맵시 있고 재주있으며 두뇌회전 또한 좋으며 음악, 미술, 문학 등에 소질과 취미가 있다.

일지가 식신문창이므로 아이상대하는 교육이나 사업쪽이 좋고 인연있다. 일지가 癸일간의 장생이므로 신규적 발상좋고 용모 단정하다.

여성은 여성다운 애교로 남들에게 예쁘게 보이나 남자는 여성적인 면이 있어 답답하며 조용하게 보인다.

癸巳日生

인품이 좋고 언행이 단정하며 두뇌총명하다. 앞뒤가 분명하나 재물에 대한 집착이 너무 강하다. 따라서 경제방면으로 대단한 활동을 한다.

현실적 감각이 뛰어나 과거에 매달리지 않는다. 그러므로 인간관계가 너무 메마르기 쉽다.

남자는 자신이 남보다 뛰어났다고 생각하며 깐깐하며 의처증이 있다. 여자는 미인형에다 남편을 내조하는 힘이 있다.

癸未日生

대체로 건강이 약하다. 따라서 조용한 것을 좋아하고 종교 및 철학에 심취하게됨이 많다. 분위기를 좋아하고 사색을 즐기며 외로움도 즐기는 타입이다.

인물은 준수하나 매사에 적극적이지 못하여 경제적 고난을 겪기 쉽다. 여자는 남편에 한이 많고 늙은 남자에게 재취가기도 한다.

금전적으로 알뜰함이 지나쳐 깍쟁이 소릴 듣기도 한다.

정조관념이 강하며 자식에 한이 많으며 남의 자식이 품안에 잘 안겨든다. 고정적인 수입을 좋아하고 투기는 꺼린다.

남녀모두 甲寅시를 만나면 노상사고(교통사고)로 당하여 그 후유증으로 고생함이 많다.

癸酉日生

욕심많고 인정도 많다. 술먹고 놀기 좋아하고 모르는 것은 꼭 배워야 하는 학구열도 있다. 대체로 건강하나 여성은 자궁계통의 수술사가 따르고 남자역시 몸에 큰 흉터 지니던지 수술자국 지니게 된다. 소화기 계통에 탈이 많이 나며 신경쇠약, 불면증이 많이 따른다. 남자는 밖에선 큰소리치지만 집에 들어오면 마누라에게 고분고분하다. 여자는 욕심많고 고집있으며 남편을 우습게 여겨 올라타고 뭉개려 한다. 자식궁에 칼이 있으므로 유산낙태가 있게되며 자식사별수도 따른다. 가벼우면 병약하거나 몸건강이 부실한 자식 두게된다. 남편과 합방 많이 하면 남편건강 약해져 단명하기 쉽다.

癸亥日生

몸매가 균형잡혀 야무지게 보인다. 한시도 가만있지 못하고 부산스러우며 분주다망하다. 남을 위해 동분서주하지만 결과는 욕이되어 되돌아오니 인덕없다 하겠다. 외견적으론 활달하여 행동력 좋으나 내적으론 불화 및 일이 안 풀려 수심이 떠나지 않는다. 남과 금전거래하면 앉아서 주고 서서 받는 격이 된다. 인정이 많고 경우는 밝다. 여자는 욕심많고 남편을 우습게 여기며 매사에 극성을 떠는 형이다. 남녀모두 부부운은 좋지않아 가벼우면 무정한 상태로 그저 그렇게 애정없이 삶하며 심할 경우에 이별하고 혼자 살게된다. 바쁘게 쫓아다녀야 되는 직업에 인연 많다.

3. 육신적(六神的) 특성에 따른 통변

1. 인수성

육친으로는 부모, 사회적으론 스승, 학문교육이고 성격적으론 양보심, 체면 명예심, 생각과 사상철학, 깊이 생각하는 능력이다. 생활적인 면에서는 매매계약, 결재, 증권, 문서, 서류 등이다.

부모와 스승은 나를 키워주고 지식을 가르쳐주는 역할을 하며 오늘날의 자신이 있게 한 존재다. 따라서 본인에겐 받아들이는 지식습득 능력이고 기본적 에너지를 만드는 엔진 역할이다.

인수는 관성의 기운을 빼고 비견겁재를 살찌게 해주며 행동과 표현력이 되는 식신상관을 제극하는 역할이다. 따라서 인수가 많고 식상이 약할 때와 인수가 약하고 식상이 강할 때는 다음 예와 같다.

예1)

壬 乙 壬 壬　남
午 酉 子 子

인수가 아주 강하고 午火식상은 공망인데다 아무런 도움도 못 받고있다. 따라서 이 명조의 주인공은 생각(인수)은 아주 많고 행동력(식상)은 아주 약하다. 따라서 이 생각 저 생각으로 생각 속에 잠겨있으며 돈벌이 하는 능력이 아주 좋지 못하다.

예2)

戊 己 乙 乙　여
辰 巳 酉 卯

일지 巳火가 인수다. 이것이 巳酉로 식신국을 이룬다. 그러므로 생각(巳火)은 없고 행동(酉식신)은 빠르다. 이럴땐 생각(巳) 즉시 행동(酉)한다. 따라서 경솔하다는 소릴 듣게 되고 공부(巳)운 없다.

예3)

					45	35	25	15	5	
壬	甲	丁	乙	남	壬	癸	甲	乙	丙	대운
申	辰	亥	亥		午	未	申	酉	戌	

초겨울(亥월)의 甲木일간되어 월간 丁火상관이 아주 필요하다. 이럴때의 丁火는 甲乙木의 가는 길이고 눈살미가 되며 인체적으론 안목(眼目)이 된다.

그런데 丁火는 亥水위에 앉아 丁壬으로 시간 壬水의 극합을 당하고 있다. 따라서 壬亥亥의 水가 사주의 병이고 丁火용신의 병이되어있다. 일지 辰土가 水의 고(庫)가 되어 亥水를 입고시켜 亥亥자형 못하도록 막고있다. 이럴때 辰土가 깨지면 亥亥자형이 일어나고 亥중 壬水가 발호하여 丁火를 잡아가게 된다.

丙戌대운에 辰戌충으로 백호살 발동되었고 丙戌년(12세)에 또 한번 辰戌충으로 辰土를 충거시키니 발호하는 亥중 壬水에 丁火가 상하여 한쪽 눈을 잃게 되었다.

2. 비견·겁재

육친으론 형제고 사회적으론 친구, 동업자, 경쟁자며 성격적으론 주체성 독립성, 탐욕성이다. 대체로 재성위에 앉았거나 재성을 노리고 있는 비견겁재는 내 재물을 노리는 도둑이다. 특히 겁재는 그런 역할작용을 아주 심하게 한다. 즉 투기성과 겁탈의 마음이고 행동을 말한다. 이럴땐 반드시 관성이 있어야 한다.

예1)

					58	48	38	28	18	8	
庚	甲	甲	戊	남	庚	己	戊	丁	丙	乙	대운
午	辰	寅	戌		申	未	午	巳	辰	卯	

甲辰일이 寅월에 태어나 생목이다. 생목(生木)은 금(金)을 싫어한다. 하지만 이 사주에선 甲木이 뿌리 튼튼하다. 그리고 비견인 甲寅木이 년간의 戊土편재를 두고 나와 경쟁하고 있다.

따라서 월간 甲木(경쟁자)을 제압해야 하는데 다행히 시간에 庚金편관이 있다. 이럴때의 편관은 경쟁자를 제압하는 칼이 되고 권력이 되므로 庚金이 힘을 얻는 庚申대운에 내무부장관, 국회부의장, 당의장 서리 등을 역임하게 되었다. 고(故) 윤치영 씨의 명조다.

예2)

甲	甲	庚	甲	남	丙	乙	甲	癸	壬	辛	대운
戌	子	午	戌		子	亥	戌	酉	申	未	

년시간의 甲木이 戊土재성 위에 앉아있다. 따라서 월간 庚金

으로 甲木을 다스려야 한다. 申, 癸酉대운에 庚金이 뿌리를 얻어 경찰에 들어갔다. 丙子대운에 子午沖이 발동하여 심장마비로 사망했다.

예3)

					66	56	46	36	26	16	6	
庚	辛	丁	甲	남	甲	癸	壬	辛	庚	己	戊	대운
寅	丑	丑	子		申	未	午	巳	辰	卯	寅	

시간 庚金겁재가 나의 재성인 寅木위에 앉아있다. 당연히 월간 丁火편관으로 庚金을 다스려야 한다. 겁재 양인에 편관용신이라 군인 및 경찰로 진출하게 된다.

丁火가 뿌리약해 그 역할을 충분히 못하던중 巳대운을 만나 뿌리 얻게 되니 국방부장관위에 올랐다. 午대운역시 丁火의 록이 되므로 국회의장이 되었다.

癸대운에 丁癸충이 되어 안좋은 운이었지만 극흉하지 않았던 것은 년간 甲木이 있어서 水生木되었기 때문이다. 즉 癸水가 甲木을 생하기에 바빠 丁火를 충극함에 소홀했다는 말이다. 申대운에 기신인 庚金이 득록하며 시지 寅木을 충거하므로 집안형제의 배신으로 재산 몰수당하는 불명예로움을 겪었다. 말년운이 흉하다.

3. 식신·상관

육친적으론 남자에겐 조모, 장모며 여성에겐 자식이 된다.

사회적으론 재물을 벌기위한 행동력이고 자기 자신의 존재성을 알리는 표현 발표력이다. 신왕하고 식상 또한 강하면 사춘기 때의 에너지 발산과 같다. 누구든지 어떤 활동을 하게되면 그에 따른 대가와 결실이 있어야 하는데 그것은 재성(財星)에 해당된다. 따라서 식·상이 재성을 생하는 명조라면 아주 신약한 경우가 아니면 치부에 어려움이 없고 소망 달성이 용이해진다.

행동력에 있어서 식신은 온화하고 새로운 형태를 추구하며 움직이는 것이다.

상관은 과격한 에너지의 발산이 되어 막가는 경향이 있다.(상관이 왕할 때) 이럴 때는 어설프게 억제하려하면 반발하게 되므로 조심해야 한다. 일거리와 여자를 마련해주면 상관의 흉성이 순화된다.

예1)

					53	43	33	23	13	3	
庚	甲	庚	甲	남	丙	乙	甲	癸	壬	辛	대운
午	午	午	辰		子	亥	戌	酉	申	未	

甲木 午월생으로 월지 상관격으로 午午午되어 상관 태왕하다. 따라서 년지 辰土편재성이 상관의 흉성을 순화시키는 역할을 한다. 강왕한 火의 기운을 누설시키는 丑, 辰의 土운은 좋고 金水의 기운도 좋으나 子운은 왕신 午火를 충동시켜 크게 흉하게 된다.

壬申· 癸酉좋았고 戌대운 불미스러웠다. 乙亥대운까지 금수운을 만나 수산업으로 재물복 누렸다. 초년엔 군경과 검찰계통으로 진출하고 싶었으나 午火상관이 태왕하여 辰이 약이 되므로 사업쪽으로 가게된 것이다. 辰이 재성이므로 삼합하며 수(水)의 기운을 강하게 해주는 壬子생 만났다. 천하에 둘째가라면 서러워할 구두쇠였는데 이는 辰土재성이 없게 되면 旺火가 난동하기 때문이다.

子대운에 子午冲하여 심장병으로 급사했다. 甲辰년(61세) 때였다.

예2)

					58	48	38	28	18	8	
戊	甲	甲	丁	남	戊	己	庚	辛	壬	癸	대운
辰	午	辰	卯		戌	亥	子	丑	寅	卯	

甲일간 辰월생에 卯양인을 얻었고 시지 辰에 통근하므로 아주 신왕하다. 일지 午火가 甲木의 가는 길이고 숨구멍이다. 월지 辰土는 년지 卯와 卯辰으로 반방합 목국되어 대목지토(帶木之土) 되므로 믿을수 없다. 그러나 시주 戊辰의 재성을 얻어 午火가 가는길을 찾았다. 이리되면 반드시 치부하게 되는데 亥子丑·水운을 만나 고전했다. 戊戌대운부터 좋았다.

월지 辰중 戊土가 첫 여자인데 대목지토가 되며 甲辰백호살까지 맞았다. 따라서 첫 여자와는 해로 못하게 되는데 戊辰생 첫 여자를 만났지만 정신병 환자여서 이별했다.

辛정관 대운은 상관격에 관성을 보는 운이므로 직장에 퇴직했다. 子대운에 일지 午를 충하여 큰 고통을 겪었는데 子生여자 때문이었다.

예3)

					45	35	25	15	5	
壬	乙	乙	壬	여	庚	辛	壬	癸	甲	대운
午	亥	巳	午		子	丑	寅	卯	辰	

乙木일간 巳월생이고 년시지에 午火있어 木火상관격에 상관이 왕한 명조다. 다행히 일지에 亥水있고 여기에 뿌리둔 壬水가 년시간에 있으니 참으로 다행이다. 일지 남편궁에 亥水희신있고 壬水투출되어 남편은 자상하고 점잖은 사람인데 교육직에 종사했다.

金없어 남편은 모친을 일찍 이별한 사람이다. 卯도화대운에 연애했고 일지 亥중 壬水가 투출신되는 25세부터의 壬대운에 결혼이다. 26살 丁未년에 戊寅생 남편 만났다.

辛金대운이 壬水를 생해주니 칼 든 직업(辛)을 갖는데 물이 필요한 사주이므로 횟집을 경영했다. 丑대운에 치부했고 정관운인 庚대운도 좋았다. 상관격엔 정관운을 보면 불미스런 일이 발생되나 이 사주에선 상관이 천간에 투출되지 못했고 壬水인성이 투출되었기 때문이다.

예4)

					44	34	24	14	4	
丁	癸	甲	戊	여	己	庚	辛	壬	癸	대운
巳	亥	子	申		未	申	酉	戌	亥	

癸亥일주 子월생으로 아주 신왕하다. 따라서 왕한수의 기운을 빼주는 甲木으로 간다. 년간 戊土정관은 시지 巳에 뿌리를 두고 일간과 합하고 있다. 하지만 巳亥충으로 일시가 싸우므로 애기(甲)낳고 3년이 되면 부부이별하는 명조다.

癸水는 년지 申이 홍염살이고 12운으론 사지(死地)이다. 년간 戊가 癸를 합해 사(死)와 홍염(申)에 이르게 한다. 그러므로 남자와 죽어도 좋다며 연애했고 애기 낳고 결혼했다.

戊대운 때에 년간 戊土가 뿌리를 얻었기 때문이다. 그러나 辛酉대운에 별거하다가 이별했다.

庚申대운 역시 甲木을 충극하므로 좋지 못한 세월이다. 己未대운에 甲木이 己와 합하여 未에 입고된다. 그러므로 아기 죽지 않으면 자신이 죽는 운이다.

4. 재성(財星)

육친적으론 남녀모두 부친과 부친의 형제를 뜻하고 여자에겐 시어미를 뜻하기도 한다. 사회적으론 내가 힘써서 벌어야 할 재물이고 돈이다. 또 재성은 본인에겐 육신(몸)이고 음식이기도 하다. 음식은 요리를 잘해야 하며 자기 몸에 알맞은 것을 먹어야한다. 아무것이나 함부로 많이 먹게되면 반드시 병이 나게 되고 이로인해 수명도 짧게 된다. 이러므로 음식을 탐하면 단명이고 소식(小食)하면 장수한다했다.

재성은 돈을 버는 일거리이기도 하므로 관리 능력, 지배력이기도하다. 예컨대 사주팔자에 재성은 많은데 신약하게 되면 음식은 푸짐하게 차려져있으나 먹을 사람이 적은 격이 된다. 이런 경우의 사람들 대부분은 이것저것 집적거리며 맛있게 보이는 것만을 골라서 먹으려한다. 이와 마찬가지로 재다신약 사주일 때는 여러 여자를 집적거리게 되며 여러 직업(돈벌이처)을 거치게 된다.

이럴 땐 같이 밥먹어줄 친구가 필요하니 바로 밥동무인데 사주용어로는 '재다신약에 비견겁재가 희용신이다'로 말한다.

재성이 많은 사람이 기억력 좋고 암산(속셈)빠른 것도 위와같은 이치이다. 天乙귀인의 재성은 처가 미인이고 현처다. 시에 편재있으면 자식이 부자된다. 정재성 1개면 직장생활이고 2개면 직장다니며 사업할 뜻을 지니고 있게된다.

한밝신사주학에 있어서는 일간의 왕쇠를 따져 강한 자는 설하던지 제극해주고 약한자는 도와주라는 억부법에 매달리지 않는다. 그리고 신왕신약은 일간이 주체성을 지닐 수 있나 없나 하는 것을 살피는데에만 쓴다. 하지만 일주가 재성과 합을 맺고 있을 땐 반드시 신왕신약을 크게 따진다. 재와 합하면 돈이 나를 따르는 격으로 재운은 좋다. 그렇지만 신왕신약, 재왕재약에 따라 재운의 정도도 차이가 나게 된다.

예1)

乙 庚 庚 丙　남
酉 辰 子 戌

庚일간 子월생으로 월지 금수상관격이나 庚일간은 시간 乙木정재와 합하고 있다. 일간이 강하므로 재관운에 발전되므로 현재 수십억의 재산을 지니고 있다.

예2)

癸 戊 戊 甲　남　癸 壬 辛 庚 己　대운
丑 子 辰 寅　　　酉 申 未 午 巳

戊土일간이 정재(癸)와 합하고 있다. 戊子일주가 丑에 뿌리있고 辰에도 뿌리있으나 월지 辰은 子辰으로 水局되어 土의 기운이 허탈해졌다. 그런데다 甲寅木의 극까지 받고있다. 따라서 비견이 힘이되지 못하고 편관성이 극까지 받고 있으므로 돈과 여자 때문에 관형(官刑)을 지게 되었다. 또 癸水정재는 월간 戊土와도 합하고 있는데 이리되면 내 돈과 여자가 남에게 넘어감을 나타낸다.

돈과 여자는 강한 놈에게 따라감을 염두에 둬야 한다. 그리고 일주 戊子와 월주 戊辰은 비견이 되어 서로 돕고있는 사이가 된다. 戊辰이 큰형님 및 왕초며 본인은 그 밑에서 일하는 역할이다.

이는 戊子일주보다 辰을 깔고 앉은 월간 戊土가 더욱 강한 土의 힘을 지니고 있으며 재고(辰)를 가지고 있기 때문이다.

이런 경우에 甲寅木 편관에 의해 戊辰이 극제되게 되면 나도 망하게 된다. 즉 우리 속담에 있는 '대국(大國)망하면 소국(小國) 망한다'는 말과 같다. 요즘의 경제 상황에서 보면 큰 회사가 부도나자 거기에 하청을 하고 있던 본인역시 연쇄적으로 무너지게 됨을 말할 수 있다.

예3)

					56	46	36	26	16	6	
癸	丙	辛	丙	남	丁	丙	乙	甲	癸	壬	대운
巳	申	丑	戌		未	午	巳	辰	卯	寅	

丙申일주가 辛丑월과 丙辛합하고 있다. 그런데 년주의 丙戌비견역시 내가 합하고 있는 辛丑재성과 합하고 있다. 일간이 신약하고 재관이 강한 명조로 누구든지 신왕운에 발복할 것이라고 말한다. 실제로 이사주 주인공은 午대운에 동업으로 사업할까하여 여러 역술인을 찾아 득실을 물었다. 다섯 번 보았는데 5명 모두 재다신약에 신왕운이니 두말말고 하시오, 했다. 여섯 번째로 필자 스승을 찾아왔는데 스승께선 '사업하면 남에게 덤터기 쓰니 하지 마시오.'했다. 5명은 하라하고 한사람은 안된다 하니 많은 쪽을 따라 사업을 시작했다. 丙子년이었다. 그러나 丁丑년만나 부도내고 망했다.

강의중 교재로 나왔는데 그 당시 필자의 생각도 5명의 역술인과 같아 스승님의 판단이 아리송했다. 그래서 좀 더 자세한 설명을 부탁드렸다. 스승께선 다음과 같이 말씀하셨다. '명리(命理)는 인간의 운명이 전개되는 이치를 음양오행으로 판단하는 것이다.

하지만 가장 먼저 생각해야 할 것은 그 이치를 인간들의 실제 삶속에서 찾아야 된다는 것이다.

예를 들면 '대국(大國)망하면 소국(小國)망한다.'는 말이 있다. 이것은 재다신약 사주에 비견겁재가 희용신일 때 비견겁재가 깨어지면 자신도 타격을 받게됨과 같은 말이다. 또 '입술이 없으면 이빨이 시리다.'는 말과도 통한다 하겠다. 따라서 이세상의 자연적 이치는 힘센 수놈이 암놈을 차지하는 동물의 세계에서 보듯 인간세상 역시 돈과 여자는 강한자의 품으로 가게 된다.

그러므로 그 사주에서의 午대운은 년지 戌과 午戌합하여 비견의 세력만 강하게 해준다. 이리되면 辛丑재성은 비견에게로 가게 됨으로 그렇게 말하게 된 것이다. 따라서 이런 자연적인 이치를 무시하고 신왕신약만을 따지게 되면 판단에 실수가 생길 수밖에 없는 것이다. 따라서 일주가 재(財)와 합할 땐 다음과 같이 판단하면 틀림없을 것이다.

① 신왕재왕(身旺財旺)이면 재물을 크게 모을 수 있고 부자 소릴 들을 수 있다.

② 신약재왕이면 남의 재산이나 관리해주게 되며 빈한하게 된다.

③ 신왕재약이면 푼돈은 안떨어져 궁하게 살지는 않으니 일반 보통정도다.

④ 신약하고 재약이면 큰돈 없으나 목마르지 않을 정도다. 이런 팔자에 갑자기 큰돈이 생기면 반드시 좋지 못한 일이 발생된다.

5. 관성(官星)

법률, 관청, 벼슬, 직장, 규칙 등을 뜻한다. 그러므로 법을 지키는 것(준법) 복종하는 능력이고 자제력이기도 하다. 이것은 비견겁재를 극제하여 재성을 보호하는 역할을 한다. 따라서 재왕(財旺)신왕(身旺)하더라도 관성이 없으면 재산을 지키기 어렵다.

그리고 관성이 태다하여 일주가 심하게 극을 받을 땐 주체성과 독립성(비견 겁재의 성격)이 약해져 질병이 많게 되고 유약해져 요리조리 눈치만 살피는 성격이 된다. 거꾸로 비견 겁재가 왕하나 관성이 없거나 태약하면 법을 무시하게 되고 탈법적 불법적 행동으로 재물 취하려 하게 된다. 그리고 하는 일마다 손해 보며 처가 다치거나 자신의 몸에 문제가 발생하게 된다.

예1)

					43	33	23	13	3	
丁	丙	辛	丁	남	丙	丁	戊	己	庚	대운
酉	戌	亥	未		午	未	申	酉	戌	

丙火일간이 월간 辛金과 합했으므로 일단은 재운이 많이 따르는 팔자다. 하지만 일지 戌중에서 년·시간의 겁재가 투출되어 辛金정재를 극하니 관살로 겁재를 막아야 재성이 보호될 것이다. 그러나 월지 亥중 壬水편관은 년일지 戌未에 제극되므로 丁火겁재를 제거할 힘이 없어졌다. 따라서 이 명조는 돈벌이는 잘하나 모이지 않게되고 부부관계도 파정이 나게 된다. 申대운에 결혼하여 金에 속하는 중장비했다. 丁未대운 만나 재산상실 및 부부불화 있게 되었고 丙대운에 부부이별 할 것으로 생각된다.

예2)

					54	44	34	24	14	4	
乙	丁	甲	辛	여	庚	己	戊	丁	丙	乙	대운
巳	酉	午	卯		子	亥	戌	酉	申	未	

丁火일간 午월생으로 甲,乙 卯,巳있으므로 아주신왕하다. 재성 역시 巳酉금국있고 년간에 辛金 투출되어있다. '재성이 국을 이루었으나 일간이 더욱 왕하므로 申酉戌재성이 강해지는 대운에 치부할 것이며 유복하게 지낼 것이다.' 로 판단하기 쉽다.

그러나 이 사주는 土가 없으므로 火金사이에 전투만 벌어지고 있으며 水관성이 없어 재성을 보호하지 못하니 반드시 초년에 부친을 극하게 될 것이다. 그리고 돈을 두고 여러 비견 겁재가 달려들어 쟁탈하게 되므로 치열한 경쟁 속에서 삶을 살게 된다.

이 여성의 사주를 좀 더 세밀하게 풀어보면 다음과 같다. 일간 丁火가 왕하여 갈 곳이라고는 년간의 辛金을 극하는 길 뿐이다. 이것은 일찍 부친을 극하게 되는데 부친성인 辛金은 절(絶)이 되는 卯위에 앉아있고 월지 午에 병(病)이 되며 시지 巳에 사(死)가 되어있다.

그리고 일주와는 卯酉충으로 인연이 없음을 나타내고 있다. 따라서 10세전에 부친을 극하게 된다.

상대적 통변으로 보면 월간 甲木이 모친성인데 홍염지되고 사지(死地)가 되는 午火위에 앉아있고 년지 卯에 양인을 얻고 있다. 이것은 모친의 성격이 열화(熱火)같으며 바람기(홍염:도화)가 걷잡을 수없이 강함을 나타내고 있다.

그리고 甲木 모친에서 보면 丁火일간은 모친(甲)의 상관(傷官)이 된다. 그러므로 모친(甲)은 본인(丁)낳고 2년 혹은 7년(火는 2·7)째 되던 때에 辛金남편을 극하게 되어있다.

따라서 이 명조의 주인공이 7살 되던 丁酉년에 부친이 폐결핵으로 사망했다. 丁火발동되어 辛金극하고 卯酉충이 발동되어서다. 10살되던 辛丑년은 甲木모친에서 보면 정관운이고 甲己로 암합하는 운이다. 따라서 바람기 많은 모친은 재혼했다. 사주원국에 巳酉금국이 있음은 丁火입장에선 부친이 많게 되고 부친에게 이복형제까지 있게됨을 말해주고 있다. 그런데 未대운은 丁火일간의 홍염살 운인데 이것이 월지 午도화와 합을 하고 있다.

이리되면 반드시 색정사(色情事)가 발생되는데 월지 午는 일간의 록이므로 일간의 몸이 된다. 따라서 일지 자궁(子宮)에 있는 부친성인 酉중 辛金과 午중 丙火가 암합하는 일이 벌어진다. 즉 의붓아비에게 성폭행을 당했다. 이때가 癸卯년 13살 때였다. 그래서 곧바로 가출했고 丙대운엔 이리저리 떠돌았다가 申대운에 색정가에서 돈벌이 했다. 그러다가 23살 癸丑년에 壬午생 남자와 정을 맺어 동거했고 늦으막에 아들하나 낳았는데 戊대운 때였다.

酉대운엔 제법 돈도 벌었지만 소소한 재물이었다. 그러나 戌대운에 午戌화국을 이뤄 재산 상실했고 己亥대운에 부부이별했다. 이 사주는 재왕 신왕해도 관성이 없거나 통관신이 없으면 돈안됨을 말해주고 있다.

예3)

					50	40	30	20	10	
丙	丙	庚	甲	남	乙	甲	癸	壬	辛	대운
申	戌	午	辰		亥	戌	酉	申	未	

丙戌일주가 午월생되어 午戌화국있고 시간에 丙火 년간에 甲

木있어 신왕하다. 재성 庚金역시 년지 辰에서 생을 받고 시지 申에 득록하므로 약하지 않다. 그러므로 대부분의 역술인들은 '壬申·癸酉의 재왕운에 발복하여 평안하게 지냈을 것'으로 말하게 된다. 그러나 이 사주역시 유정무정과 보편적 인간심리를 알지 못하면 위의 설명처럼 엉터리가 될 수밖에 없다.

이 사주에서의 병은 午戌화국에 뿌리를 둔 일 시간의 丙火이다. 월간 庚金은 처(妻)도 되고 본인의 명줄도 되는데 병이되는 丙火를 제극해줄 약신인 水관성이 없다. 년지 辰중 癸水와 시지 申중 壬水가 있지 않느냐고 말하겠지만 지지에 장간되어 있는 것은 형충되어 천간에 투출될 때 작용하는 것일 뿐이다. 즉 지지장간 속의 水는 천간에 있는 火를 극제할 수 없는 것이고 발동되어 나올 때만 그런 작용을 할 수 있다는 말이다.

월간 庚金의 입장에서 보면 년간 甲木의 충을 받고 있으며 일지 午戌화국의 열기를 심하게 받고 있다. 이렇게 되면 탈출구를 찾는 것이 일반적 보편심리이다. 따라서 庚金이 갈 수 있는 곳은 시지 申역마밖에 없다. 하지만 시간에 丙火가 도사리고 있으므로 그곳마저 오래 머물 수 없는 곳이다.

癸대운은 丙火의 정관운되어 丙火가 극을 받을 것 같다. 그러나 모든 오행의 성질은 생이 있으면 생하는 쪽으로 먼저 가게 된다. 즉 탐생망극(생을 탐해 극함을 잊는다)이다는 말이다. 그러므로 癸대운은 년간 甲木을 생하게 되고 힘생긴 甲木은 甲庚충하게되고 丙火를 생하여 庚金을 극하도록하게 된다. 그리고 癸대운은 庚에서 보면 상관운이다. 따라서 처(庚)는 丙火(夫)를 싫어하게 되고 등지게 되는 일이 발생된다.

즉 두들겨 맞고만 있던 庚이 자유롭게 제멋대로 하려는 상관의 마음이 생겨났고 그렇게 행동하게 된다는 말이다. 드디어 丙子년(33살)에 癸水대운간은 록을 얻게 되고 子午충이 이뤄지자

처(庚)가 서쪽 항구도시(申)로 달아나고 말았다. 그러나 酉대운 己卯년(36살)에 되돌아왔다. 좋다던 癸酉대운을 그렇게 뒤죽박죽으로 보낸 사주주인공은 甲戌대운 丙戌년(43살)에 저 세상으로 가고 말았다. 甲戌대운은 시주 丙申과 2급 소용돌이 성립되고 午戌화국 발동되며 년지 辰土를 충하는 불길한 때이다. 丙戌년에 庚金(명줄)을 극하고 끝난 것이다.

4. 작용력 강한 신살과 그 활용법

사주명리학에서 쓰는 각종 신살은 200여 가지 정도로 엄청 많다. 그러나 대부분은 적중률 즉 작용력이 강하지 못하고 다음에 열거하는 것들이 아주 강하게 작용한다.

이는 이미 스승께서 한밝신사주학(정상으로 가는 길)에서 소상히 밝혀 놓으신 것이다. 그러므로 그 책을 참고하면 자세히 알 수 있을 것이다. 여기선 스승께서 말씀하셨으나 책으로 밝혀 내놓지 않은 부분중에 아주 중요한 것만을 정리하였다.

1. 자형(自刑)

辰辰 午午 酉酉 亥亥를 말함이다. 즉 사주에 酉가 있는데 또 酉가 있을 때를 말한다. 바로 옆에 있을 때에 아주 작용력이 강하고 멀리 떨어져 있을 땐 작용력이 약하며 운에서 발동될 때 작용한다.

자형(自刑)은 글자그대로 '스스로 형(刑)한다'는 뜻이다. 그래서 사주에 이것이 있으면 자해(自害) 자살(自殺)수가 있고 성났을 땐 '확죽어 버릴런다'. 등으로 말함이 많다.

① 辰辰은 물에 빠져죽는다고 말 많이 한다. 또 물에 뛰어들고 싶은 충동을 많이 느낀다. 물론 삶에 지쳐 이 세상에 염증날 때다.

② 午午는 높은 곳에서 투신하려하고 약을 먹거나 분신자살을 택하려 한다.

③ 酉酉는 '칼을 물고 죽어버릴까' '약먹고 죽을까' '달리는 차에 뛰어들까' 이다.

④ 亥亥는 출렁대는 물결 속에 뛰어들고 싶은 충동이며 물에 투신자살을 택하려한다. 卯가 있어 亥亥卯가 되면 목매달고 죽고 싶다.

이 자형(自刑)은 겹쳐있는 것(酉酉 : 辰辰 등으로)이므로 반복과 겹쳐서 일이 발생됨을 뜻한다.

예1)

丁 辛 己 丁 　여
酉 酉 酉 未

월일시지에 酉酉酉가 있어 자형(自刑)되므로 농약 마시고 자살시도 했으며 말을 함에 있어서도 했던 말을 하고 또 하는 성격이다.

2. 고(庫)

木은 未. 金은 丑. 水는 辰. 火는 戌. 土는 戌이 고(庫)다.

1) 남자팔자에 재고가 있으면, 여자위에 군림하려한다. 여자를 잘 다룬다. 돈창고 이기도하며 묵은 돈과 옛애인을 뜻한다. 그리고 은행·금융기관 등을 뜻한다. 그리고 처가 잔병치레 많고 처가 아플 때 돈 들어오는 경우가 많다. 마누라관리 잘한다. 고중재(庫中財)있는 사주에 비견겁재가 있으면 처복재복은 있으나 크지 않다. 그러나 재다신약(財多身弱)되고 관성 투출되어 있으면 공처가가 된다.

예1)

癸 丙 辛 丙　남
巳 申 丑 戌

丙申일주의 정재성 辛金이 월지 丑에 입고되어있고 일간은 신약하다. 특히 왕한재성이 시간의 癸水를 생하고 있다. 따라서 자식 낳은 후부터 공처가 가되어 마누라 발자취에 후다닥 일어나 달아나곤 했다. 처복도 있는 편이고 재복도 있었으나 午대운 丁丑년에 한방에 25억여 원을 까먹고 빈털터리가 된 사람이다. 앞장 재성(財星) 편에서 예로 든 사주다.

2) 관고(官庫)

관고(官庫)있는 여자는 남자를 길들이려하고 관리하려 한다. 그러나 백호살을 띄던지 흉살을 겸하고 있으면 남편이 흉액 흉사 당하게 된다. 남자에게 관고(官庫)는 관리(벼슬아치)들이 모여있는 곳. 관청이 되며 흉신악살을 겸하던지 하면 자식을 잃던지 흉액 당하게 한다.

예1)

	44	34	24	14	4	
丙 庚 癸 壬　여	**戊**	**己**	**庚**	**辛**	**壬**	**대운**
戌 申 丑 寅	**申**	**酉**	**戌**	**亥**	**子**	

시지 戌이 관고이며 丙戌은 백호살이다. 월주 癸丑백호 상관되어 丑戌로 형하니 남편비명횡사하게 된다. 酉대운 甲申년(43살)에 남편이 교통사고로 흉사했다.

3) 인수고(印庫)

인수는 모친을 뜻하는데 이것의 고(庫)가 있으면 모친이 한많은 사람이고 또 모친에 한이 많다. 책창고(書庫), 고서(古書), 고가(古家)를 뜻하기도 한다. 인수고(庫)있고 이것과 합이 있으면 두 어머니 있다.

예1)

乙	癸	庚	乙	여
卯	丑	辰	巳	

월간 庚金의 고가 일지 丑이다. 그리고 庚인수가 乙庚乙로 합을 맺고 있다. 따라서 모친이 한 많은 분이고 두 어머니 있는 명조다.

예2)

					29	19	9	
壬	丁	丁	癸	남	甲	乙	丙	대운
寅	未	巳	卯		寅	卯	辰	

일지 未가 寅木인수의 고(庫)다. 따라서 모친이 한(恨)많은 분이다.

寅木은 丁火를 丁壬으로 합하여 사지(死地)에 이르게 한다. 즉 寅木(모친)이 자식(丁)을 죽게 한다.

일시가 寅未귀문 되면서 未에 입고하므로 모친은 자식(丁)을 잃어버린 한을 지니고 있다.

월간 丁火는 언니 또는 누나인데 丁壬합하여 사지(死地)인 寅에 들어간다. 따라서 형님 및 누나가 죽었다고 말할 수 있는데 누나가 태어난지 2살 되던 때에 죽었다.

부친이 시끄럽게 운다고 던졌는데 그만 머리가 깨져 죽었다.

癸 丁 辛 辛　여　上人의 누나
卯 巳 丑 丑

丁火일간이 년월지 丑에 묘(墓)가 되는데 丑중 辛, 癸가 丁火의 묘 발동신되어 丁火를 충극(丁癸)한다.

辛金은 부친성이고 癸水는 부친의 행동이다. 2살 되던 壬寅년에 丁壬합하여 丁火가 사지(死地)인 寅에 임하게되어 부친의 행동(癸)에 의해 손상을 입게 된 것이다. 세운간 壬水는 丁火의 관성이지만 辛金부친의 상관(행동)이다.

4) 식상고(食傷庫)

여자는 자식의 한이 있다. 남의자식이 좋다고 잘 따른다. 아이들이 모여노는 곳이니 유아원, 고아원, 유치원 학교를 의미한다. 또 여성에겐 자궁(子宮)을 뜻하기도 한다. 남자에겐 장모가 한 많은 사람, 또 조모가 한이 많다. 부하, 아랫사람, 제자 및 학생이 노는 곳이다. 己丑, 癸未, 庚辰, 甲戌, 丙戌이 식상이 입고된 날이다. 예컨대 己丑일주면 남의 자식을 봐도 제 자식처럼 귀여워하며 잘해주고 안쓰러워하기도 한다. 남의아이도 잘 안아준다. 다만 고(庫)가 형충되어 있으면 그렇지 않다.

3. 귀문(鬼門殺)

子와 酉가 사주지지에 같이 있으면 성립된다. 丑과 午. 寅과 未. 卯와 申. 辰과 亥. 巳와 戌이 서로 만날 때에 성립된다. 년지와 일지 사이에 이뤄지면 본인이 귀문살의 영향을 심하게 받게 된다. 정신불안 우울증 신경예민, 노이로제 등의 정신적 문제가 있으며 의심병이 있어 꼭 확인해야 직성이 풀리는 성격을 지니고 있다.

그러므로 의처증, 의부증으로 발전하기도 한다. 귀문(鬼門)이라는 글자의뜻은 귀신(鬼)이 문 앞에 있다. 귀신이 대문 안으로 들어와 있다는 말이다. 이러므로 영적인 힘을 많이 지니고 있으며 귀신들림(빙의)이 많이 되고 역술인, 무속인이 많다.

또 귀문살은 본능적 감각이라 할 수 있다. 이러므로 본능적 동물적 감각을 요하는 스포츠에서 크게 두각을 나타내기도 한다. 그리고 스포츠분야 뿐아니라 연예인으로 큰 성공을 하는 사람에게도 귀문살이 많이 나타나있는데 이 역시 본능적 원초적 감각의 발현 작용으로 생각된다. 사주원국엔 귀문살이 없으나 대운과 사주원국의 지지사이에 귀문살을 이루는 경우가 있다. 대운이 좋으면 별 문제 없으나 나쁠 때에는 우울증, 신들림, 정신적 방황, 정신병 등이 따르게 된다.

예1)

					43	33	23	13	3	
壬	戊	己	丁	여	甲	癸	壬	辛	庚	대운
戌	子	酉	巳		寅	丑	子	亥	戌	

戊土일간 酉월생으로 토금상관(土金)격이다. 따라서 예체능에 소질있게 되는데 년지 巳와 시지 戌이 巳戌로 귀문살되고 월일지가 酉子로 또 귀문살을 이루고 있다. 따라서 본능적 감각이 투출하여 골프계의 신데렐라가 되었다. 박세리의 명조다.

예2)

					54	44	34	24	14	4	
甲	辛	丁	戊	남	癸	壬	辛	庚	己	戊	대운
午	丑	巳	戌		亥	戌	酉	申	未	午	

편관격이다. 일지 丑이 희신이다. 년월지가 巳戌, 일시가 丑午로 귀문살을 이루고 있다. 귀문살이 겹쳐있으므로 쌍귀문이라 하는데 이렇게 되면 본능적 감각이 특출하다. 따라서 야구계의 큰 별이 될 수 있었다. 최동원 씨의 명조다.

예3)

					46	36	26	16	6	
壬	辛	丙	庚	남	辛	庚	己	戊	丁	대운
辰	巳	戌	子		卯	寅	丑	子	亥	

월일지가 戌巳로 귀문살을 이루고 있으며 일지 巳중 丙火가 월간에 투출되어 년간 庚金겁재를 제압하는 유정한 역할을 하고 있다.

따라서 시간의 壬水가 뿌리를 얻는 子대운부터 천부적인 재능을 발휘하여 축구계의 기린아가 되었다. 명성을 크게 떨친 최순호 선수의 명조다.

예4)

		39 29 19 9	
戊 乙 丙 辛	여	庚 己 戊 丁	대운
寅 酉 申 卯		子 亥 戌 酉	

乙木일간 申월생으로 일지 酉金있고 년간에 辛金있으므로 관살 혼잡이 되어있다. 乙木일간은 생목(生木)이므로 金(관살)을 싫어한다. 그런데 년지 卯록을 충파하는 酉金이 일지에 앉아있고 년간에 투출되어 있으므로 남자 및 관(官)으로부터 크게 위험을 당할 수밖에 없다.

戊대운 己未년(28살)에 박정희 대통령 저격현장에서 살벌하고 흉악한 일을 보게 되었고 그 후유증으로 정신적 문제까지 있었던 심수봉씨의 명조다. 원래 乙木일간이 辛卯를 보게되면 음악(노래)에 소질있는데 丙火상관이 투출되어 辛金에 그 빛이 반영되므로 예술적 행동(丙)이 크게 빛났던 것이다.

년월지 卯申이 귀문살되어 예술적 행위에 일조를 했지만 엄청난 일을 목격한 그 충격 또한 쉽게 받아들여 고통을 당하게 된 것으로 보여진다. 乙木일간의 뿌리는 년지 卯와 시지 寅에 있는데 戊土재성이 년지 卯를 합하여 그 뿌리를 없앴고 己未년에 乙木일간이 입고되는데다가 寅未로 귀문살 이루어 충격적 일에 심한 충격을 받게된 것이다.

예5)

		34 24 14 4	
甲 癸 壬 丙	남	丙 乙 甲 癸	대운
午 丑 辰 午		申 未 午 巳	
도화 도화			

癸일간이 辰월에 뿌리있고 일지 丑에 뿌리있으나 재관의 세력이 아주강하여 재다신약 팔자가 되었다. 재관(財官)이 기신이면 돈 및 여자로 인해 관형(官刑)을 당하게 된다.

그런데 년주 丙午도화재성이 기신이 되면서 일지와 丑午귀문살을 이루고 있다. 丑午는 귀문이기도 하고 원진살이기도 한데 원진은 원수가 됨을 말하며 유혹을 뜻하기도 한다. 년주 丙午재성은 월간 壬水겁재의 재성이고 나의 재성은 시지 午火이다.

그런데 년간 丙火가 丑午로 귀문원진하면서 일지 丑중 辛金과 명암합하고 있다. 이것은 남의여자 요염한 모습(도화)으로 유혹(丙辛명암합)하고 있는 상이다. 따라서 일지 丑중 辛金이 형충을 받아 투출하게 되면 년간 丙火와 丙辛(강제지합)합하게 된다.

乙未대운만나 년주 丙午와 1급 소용돌이를 이루며 대운지 未가 일지 丑을 충하여 辛金을 충출시켰다. 그리하여 요염하게 보이는 남의 여자를 강제로 겁탈하고 구속되었다.

도화에 귀문살 있으며 일주와 합하기까지 하면 변태성 있게 되고 색광(色狂)이 된다.

신약하여 일지 丑에 의지하는데 未대운이 충하여 충출된 辛金은 癸일간을 생하지 않고 년간 丙火와 합해가고 같이 튀어나온 己土편관은 甲己합하여 癸水가 가는 길을 없앴다. 그러므로 관형을 받게된 것이다.

예6)

己 辛 庚 庚　남
亥 未 辰 寅

辛金일간 辰월생에 土金이 많아 신왕하다. 년지 寅과 일지 未

가 귀문살을 이룬다.

년지 寅은 庚金겁재 아래에 있는 재성이니 남의 재물이고 남의 여자다.

월지 辰중 乙木역시 庚金겁재 아래에 있으므로 남의 여자고 재물이다. 시지 亥중 甲木이 나의 처가 된다.

그런데 년월지의 재성(寅,乙)이 내 아래에 있는 未土속으로 입고(入庫)하고 있다.

이것은 많은 유부녀가 스스로 내게 찾아옴을 나타내며 나는 여성을 통제 관리하며 복종시키는 힘이 있음을 뜻한다.

년월지 寅辰사이에 卯도화재성이 숨어있고 귀문살 재성과 명암합 암합있으니 이사람 역시 색광(色狂)이다.

예7)

甲 丁 乙 己　여
辰 卯 亥 丑

월시지 亥辰이 귀문살과 원진살을 겸하고 있다. 亥卯목국있고 甲乙木투출이니 시간의 甲木이 체(体)고 일간 丁火는 甲木이 가는 길이다.

겨울의 丁火는 등불이고 난로불되어 甲·乙木에게 온기와 빛을 준다. 亥중 甲木, 辰중 乙木투출되어 귀문살 발동이며 년간 己土는 화개성(丑)에서 투출되어 甲·乙木이 뿌리내릴 수 있는 기반이 된다. 따라서 영적 에너지 발동된 무당의 팔자인데 나라에서도 알아주는 큰 무당이 된 명조다.

甲 丁 己 辛　여
辰 卯 亥 丑

이 명조의 주인공역시 신불(神佛)모시는 무녀(巫女)로 역술로 생계한다. 년간 辛金이 甲木의 병이되므로 남편복없고 큰 명성 얻지 못했다.

4. 도화 홍염

바람기 심하고 색정(色情)을 뜻하는 좋지않은 살로 알려져있다. 그러나 이 살이 있으면 이성의 눈에 예쁘게 보이며 이성의 유혹이 많은 것은 사실이다. 하지만 현대사회는 섹시한 냄새를 풍기는 이성과 끼 많은 것을 큰 흉으로 보지 않는다.

특히 인기인이나 연예인에겐 이별이 있어야 크게 인기를 얻을 수 있다. 그리고 이 살이 있는 사람은 자신의 몸매와 옷차림을 멋지게 보이도록 가꾸며 주위환경 역시 예쁘게 만들려 노력하는 사람이 많다.

즉 이 살이 있으면 매력이 있다는 것이고 매력이라는 것은 현대사회에서 꼭 필요한 것이라는 것이다. 그러므로 함부로 말하지 말고 희신, 기신을 잘 살펴 그에따라 판단해야 할 것이다.

예1)

					51	41	31	21	11	1	
癸	乙	乙	丁	남	己	庚	辛	壬	癸	甲	대운
未	未	巳	丑		亥	子	丑	寅	卯	辰	

巳酉丑생은 午가 도화인데 사주지지에 午는 없지만 년간에 丁火가 있다. 지지에 午는 천간으론 丁이 되므로 丁火는 도화살에 해당되는데 년간에 있으므로 도삽도화라 한다.

또 午火가 협공되어있다. 이것이 있으면 남자는 연상녀와 연애로 인연맺게 된다.

시간 癸水가 희신이고 水生木. 木生火. 火生土로 기운이 유통되고 있다.

그리고 丁火는 乙木의 식신으로 표현, 발표력이고 예술이다. 따라서 미남영화배우로 이름을 날리게 되었고 子, 己亥대운엔 더욱 발전되어 국회의원까지 되었다. 강신성일 씨의 명조다.

예2)

					35	25	15	5	
己	甲	丙	丁	여	庚	己	戊	丁	대운
巳	子	午	酉		戌	酉	申	未	
		도화							

甲木일간 午월생으로 木火상관격을 이루었다. 그런데 午가 도화되어 丙, 丁火로 투출 발동되었으며 일지 子水를 충하여 인수(정신)를 파괴시키고 있다.

따라서 도화로 인해 몸(子)을 망치고 정신(인수)이 망가지게 되는데 申대운에 강간당하고 정신병(子酉귀문)오게 되었다. 戊申대운은 년주 丁酉와 1급 소용돌이되고 일주 甲子와도 4급 소용돌이를 이루었다. 그런데다 대운지 申이 일지 子와 申子로 연합하여 왕신인 午火와 상생하여 흉함이 더해졌던 것이다.

예3)

					44	34	24	14	4	
戊	癸	丙	己	남	辛	壬	癸	甲	乙	대운
午	未	子	丑		未	申	酉	戌	亥	
도화			도화							

癸水일간 子月生으로 사주에 土多하여 신약하다. 그렇지만 丙火정재는 조후역할하므로 희신이고 년간 己土편관은 기신이다. 월간 丙火는 기신인 己丑쪽으로 子丑합하여 丙火 生 己土하며

일지와는 子未원진이다.

일주 癸未는 시주 戊午와 천간지합하여 시주 쪽으로 가고 있다. 능력있고 좋은 처(丙)는 나를 등지고 己土(기신)를 생하여 癸未를 천충지충하도록 하고 있으며 나는 그런 처(丙)와 자식(己)을 등지고 새로운 짝(戊午)을 찾아가는 구조다.

즉 처(丙)의 입장에서 보면 己土자식낳고 5~10년되면 남편(癸)과 등지게 되는 일이 발생되고 본인입장에서 보면 첫 자식낳은 5~10년되면 처(丙)와 등지게 된다. (己土는 5, 10)

丙火처는 己土상관을 보므로 말 잘하는 사람이며 입으로 한몫보는 사람이다. 따라서 처와 싸운다면 말다툼으론 이기지 못한다. 丙火처의 록(巳)을 취해 癸巳生 인연인데 酉대운 31세 己未년에 결혼했다. 己年은 일지(처궁)의 투출신되어서다.

辛酉년에 딸낳고 불화심하다가 34살 壬戌년에 이혼소송 들어갔고 癸亥년 35살에 이혼했다.

壬대운은 丙火를 극했고 壬戌년 역시 겁재운이고 丙火가 입고되는운이며 癸亥년은 丙火가 빛을 잃게 되어서다. 丙火는 부친성이니 역시 부친과는 인연없다. 따라서 辛卯년(3살)에 부친과 사별했다. 癸水일간 신약하여 壬申대운에 일본을 왕래하는 해양업 하게 되었다. 申대운은 癸일간의 홍염살되며 申子로 水旺해지므로 재혼하게 되었다.

※癸水는 丙火를 좋아하나 丙火는 癸水를 싫어한다.

예4)

					56	46	36	26	16	6	
己	乙	己	甲	남	乙	甲	癸	壬	辛	庚	대운
卯	亥	巳	午		亥	戌	酉	申	未	午	
도화			홍염								

乙木 巳월생이니 木火상관격이다. 일지 亥水희신이고 시지 卯木도 희신이다. 일지 亥水인성이 희용신이면 재성이 기신이 된다. 따라서 월주 己巳의 己土편재는 본처이고 기신 역할이다.

己巳가 일지 亥를 충하니 이혼하려면 돈(己土에서 亥水는 財) 내놔라 하게 된다. 巳亥충은 시지 卯와 亥卯로 목국을 지어가므로 보류되고 있다. 따라서 卯를 충하는 酉운과 합하는 戌운이되면 巳亥충이 발동된다. 이리되면 본처와 불화이별 있게되고 교통사고 및 수술부상 따르게 된다.

癸酉대운에 卯酉충되나 먼저 월지 巳와 巳酉합하고 다음으로 일지 亥水를 생하며 그다음으로 卯酉충을 한다. 그러므로 卯酉충의 힘이 약화되어 부부불화 있었고 년상녀와 술집에서 만나 외정을 두게 되었다. 그러나 부부간에 완전히 갈라서진 않았다.

※상관(巳火)생재되고 己土는 남(甲)이 쓰다버린 것이므로 고물상, 쓰레기처리업했다.

46세부터 시작되는 甲戌대운의 운간 甲은 일지 亥水와 시지 卯의 투출신이다. 그러므로 죽을 수(乙은 亥에 死)가 있으며 내 재산과 내처가 남에게 가는 운이다. 戌대운은 巳午火가 입고 원진 귀문(巳戌)되어 부부사이가 원수(원진은 원수)가 된다. 그런데다 戌이 시지 卯를 합하여 巳亥충이 발동되게 하고 乙木일간은 戌에 입묘된다. 하여 丁亥년에 부부이혼문제 대두되어 처가 이혼소송걸면서 재산 가압류했고 본인은 교통사고까지 당했다.

시간 己土는 년지 午에서 표출되었으며 년간 甲木겁재가 타고 있는 재성이다. 그러므로 외정으로 만난 애인인데 亥卯목국 위에 앉아있다. 이것은 두 번째 여자는 이혼녀이며 많은 남자와 암암리로 합정하는 끼 많은 여성임을 말하고 있다.

즉 시간 己土 두 번째 여자는 년지 午홍염살에서 표출되었으므로 끼많은 여자인 것이다. 乙亥대운은 己土를 극하니 손재 파재따르고 건강역시 안좋을 것이다.

5. 급각

이 살은 무릎과 허리관절이 좋지 못해 아프며, 다리나 발이 아프던지 절게되는 작용이다. 그리고 수족의 뼈 절단 및 이빨을 상하기도 한다. 월지를 기준으로 하는데 申酉戌월생 사주에는 寅과 戌이 급각살이 된다. 하나만 있어도 성립된다. 亥子丑월생은 丑, 辰이고 寅卯辰월생은 亥, 子가 되며 巳午未월생은 卯, 未가 있으면 급각살이다.

이 급각살이 누구에게 작용되느냐 함을 잘 살펴야만 가족중 누가 문제있는지 알 수 있다.

예1)

					42	32	22	12	2	
癸	庚	丙	庚	여	辛	壬	癸	甲	乙	대운
未	寅	戌	辰		巳	午	未	申	酉	
	급각	급각								

庚일간이 늦가을인 戌월에 태어나 년주 庚辰이고 시지에 未土있으므로 신왕하다. 따라서 재관(財官)을 필요로 하니 대운역시 마찬가지다.

이 사주에서의 관성은 월지 戌중 丁火있고 일지 寅중 丙火는 월간에 표출되어있다. 따라서 일지에서 나온 丙火가 나의 남편이며 월지 戌중 丁火는 년간 庚金비견의 남자다.

그런데 월지 戌과 일지 寅이 급각살에 해당되고 월주 丙戌은 백호살이고 년주와 辰戌충으로 발동되어있으며 시간에 癸水상관이 투출되어 丙火를 어둡게 극하고 있다. 따라서 남편은 흉액을 당하여 다리 절게 된 사람이다.

그리고 월지 戌중 丁火정관은 남편(丙)의 여형제인데 백호살에 입고 되어있고 辰戌충 맞았으며 일지 寅에 사(死)되어 비명횡사 하였다.

상대적 통변으로 보면 丙火남편은 년간 庚과 일간 庚사이에 앉아있으니 두 여자 사이를 왔다갔다하는 상이다. 그리고 丙火가 戌중 戊土를 생하고 戊土(식·상)은 庚金재성을 생하니 고물상 및 폐품수집이 직업이다. 또 丙火는 일지 寅에 역마, 장생이 되고 홍염살이 된다. 그러므로 남편은 끼많은 사람으로 차(寅역마)타고 다니며 상관 생재한다.

丙火에서 戌중 戊土는 원래는 식신이지만 년지 辰의 충을 맞았고 시지 未중 己土있어 土태다하므로 상관으로 변했다. 辛대운에 월간 丙火(夫)와 합을 지으니 남편에게 여자생겼다.

시지 未가 庚일간의 천을귀인인데 그 짝이 되는 丑(天乙귀인)이 배우자이므로 丁丑생 남자 만났다. 그러나 시간 癸水상관있으므로 항상 불화속에 살았다.

예2)

戊	己	丁	乙	남	辛	壬	癸	甲	乙	丙	대운
辰	未	亥	巳		巳	午	未	申	酉	戌	

己土일간 亥월생이나 신왕하다. 따라서 재관이 희용신이다. 亥子丑월에 태어났으므로 시지 辰이 급각살인데 백호살까지 겸하고 있으며 辰중 乙木편관이 년간에 투출하여 흉살 발동되어 있다.

乙木자식에서 보면 역마(巳)위에 앉아 월지 亥水와 巳亥충하고 있으며 일지 未에 입고(入庫)되었고 일간 己土와 월간 丁火

가 고발동신이 되어있다. 따라서 첫아들이 교통사고 만나 다리 불구되는데 辛巳대운 때다.

그리고 庚대운에 자식 사망하게 되니 약한 乙木을 乙庚으로 합거시키기 때문이다.

6. 수옥살

일명 재살(災殺)로도 말한다. 이 살은 감옥에 갇히거나 병원에 입원하게 됨을 말한다. 亥卯未년생은 酉, 申子辰년생은 午, 巳酉丑년생은 卯, 寅午戌년은 子가 수옥살에 해당된다.

사주원국 어느 곳 어느 육친에 해당되느냐 하는 것을 세심히 살피면 어느 육친이 당하게 되는지를 알 수 있다. 원국뿐 아니라 대·세운에서의 수옥살 역시 작용하는데 희신·기신을 잘 살펴야 한다.

예1)

丙	丁	乙	乙	남
午	亥	酉	卯	
		수옥		

월지 酉金이 수옥살이고 卯酉로 충까지 맞고 있다. 좋은 것이 중복되면 더더욱 좋은 것이고 나쁜 것이 겹치면 나빠짐이 심해지는 것은 간단한 산수의 이치이다.

따라서 이 사주의 월지 酉金부친성이 수옥살과 충살을 겹치게 만났으므로 부친이 병원에 입원하여 여러 번 수술받게 되었다. 또 본인이 태어나던 때 부친이 의료법으로 입건되어 감금당했는데 卯酉충이 발동되어서이다.

예2)

		47 37 27 17 7	
壬 戊 庚 甲	여	乙 丙 丁 戊 己	대운
戌 申 午 辰		丑 寅 卯 辰 巳	

戊土일간 午월생으로 신왕하다. 따라서 土의 첫째 역할인 甲木을 키워야 한다. 또 戊土는 甲木을 키울 수 있다. 그러나 일지 申중 庚金식신이 표출되어 甲木을 충극하면서 시간 壬水편재에게로(식신생재)간다.

년간 甲이 남편이므로 년지 辰과 삼합하는 丙申생 남자 만났다. 辰홍염대운에서다. 그러나 딸(庚)낳고 7년째에 이별 및 부부불화 있게 된다. 일지는 여성에겐 자궁인데 申이 자식이고 자궁이다.

申중 庚이 투출이니 자궁이 밖으로 드러났다. 이리되면 성욕강하고 애정표현에 있어서도 거리낌없게 된다. 그런데 월지 午가 수옥살이며 午중 丁火는 庚金(자궁)을 녹여 그릇을 만드니 예쁜이수술도 했다.

또 午중 丁火는 모친인데 수옥살되고 시지 戌에 입고(入庫)되므로 모친이 장병으로 입원했다. 27세부터의 丁火대운이었는데 丁壬으로 합하여 丁火가 戌에 입고되어서다.

庚金식신은 甲木을 극하고 시간의 壬水를 생하므로 남자는 버리고 돈벌이 쪽으로 나간다. 남편은 甲木 하나뿐이나 년지 辰이 홍염살이고 여기에 있는 癸水가 戊일간과 명암합하므로 돈된다 싶으면 그리고 기분나면 서슴없이 辰중 乙木도 받아들인다.

辰중 乙木은 일지 申과도 암합(乙庚)한다. 따라서 표나지 않게 외간 남자와 합정한다.

예3)

					55	45	35	25	15	5	
壬	庚	丁	庚	남	癸	壬	辛	庚	己	戊	대운
午	午	亥	辰		巳	辰	卯	寅	丑	子	

庚金일간 亥월생으로 월지 상관격이다. 신약 금수상관(金水傷官)인데 겨울이므로 조후시켜주는 午火가 좋고 이를 돕는 木운이 좋을 것 같다. 그러나 일시지 午에 뿌리둔 월간 丁火가 약한 일간을 너무 심하게 극하고 있으니 이것이 병이다.

庚일간을 火가 포위하고 있는 형태인데 이를 관살첩신(관과 편관이 몸에 착달라 붙어있다)이라 한다. 따라서 병을 제거하는 월지 亥와 시간 壬水가 약이 된다. 寅대운에 일시지 午와 寅午午로 화국을 이루고 寅亥합으로 월지 亥를 못쓰게 하니 큰 고생했다. 그러다 辛대운되어 시간의 壬水를 생하므로 여성(辛)의 도움으로 잘나가기 시작했다. 壬辰대운이 최전성기였다. 이 사주처럼 일지에서 투출된 관성이 병이되면 아들자식 때문에 뼈(庚)가 녹는 듯한 괴로움을 당하게 된다.

즉 壬辰대운이 사회적으로 좋다하나 丁火자식성을 합거시키므로 자식이 교통사고로 사망하여 본인을 크게 상심시켜 답답하고 울적한 마음을 담배로 달랬다.

癸대운에 丁火를 충극하여 병을 제거하니 이때에 국회위원에 출마하여 당선되었다. 그러나 巳대운되어 용신의 뿌리인 월지 亥水를 충파하므로 일간 庚이 丁, 午, 午의 극을 당하여 폐암으로 이 세상을 하직했다. 午火가 수옥살되어 폐암 입원인 것이다.

즉 어려운 시절을 담배연기를 빨아들였다 내뿜는 것으로 쓰라린 마음을 달랬는데 그만 흡연향이 과하여 폐암에 걸린 것으로 생각된다.

한국 코미디계의 황제로 칭송되던 이주일 씨의 명조다.

7. 겁살(刼殺)

겁(刼)이란 글자는 뺏긴다, 뺏는다는 뜻이다. 그러므로 겁재(刼財 : 재물을 뺏고 뺏긴다)하는 용어가 이뤄진 것이다. 따라서 겁살(刼殺)은 빼앗아가는 살(殺)이란 뜻으로 생명 또는 재물 등을 뺏어가는 작용을 일컫는 말이다. 웃기는 일은 '표준 국어대사전(감수 양주동, 금호서관 1984년 1월10일 刊)'을 보면 이렇게 되어있다.

겁살(刼煞) : 삼살(三煞)방의 하나로 독한 음기(陰氣)인 살(煞).

급살(急煞) : 운수가 아주 나쁜 귀신.

급살(急煞)맞다 : 급작스레 죽다.

급살(急煞)장아찌 : 절여서 곧바로 먹을 수 있도록 담근 장아찌

겁살(刼殺(煞))이란, 말 그대로 중요한 것을 뺏긴다는 뜻이다. 우리들은 어떤 뚜렷한 별다른 이유없이 갑자기 크게 다치거나 생명을 잃을 때를 일러 겁살 맞았다. 또는 급살(急殺) 맞았다로 말하는데 모두 역학적 용어인 것이다. 그런데 역학(易學)적 안목이 전혀 없거나 부실한 한글학자 몇몇분이 적당히 상의하여 위와 같이 해석했다. 그러므로 정확하지 못할 수밖에 없다.

이런데도 국어대사전에 수록되어 있으니 믿을 수밖에 없다하게 되면 그야말로 웃기는 일이 아닐 수 없다. 필자가 살펴본 그 국어대사전에는 건축용어와 동양의학적 용어에 대한 해석이 있는데 그 역시 오류투성이였다. 궁금한 분은 살펴보길 바란다.

申子辰은 巳, 亥卯未는 申, 巳酉丑은 寅, 寅午戌은 亥가 겁살에 해당된다.

그런데 이 겁살도 심하게 발동되면 틀림없이 그런 작용이 있게 된다. 단지 겁살이 있다고해서 모두 그런 작용이 있는 것이 아니라는 말이다.

예1)

					43	33	23	13	3		
壬	辛	辛	甲	여	丙	丁	戊	己	庚	대운
辰	巳	未	申		寅	卯	辰	巳	午	
	겁살									

년지 申에서보면 일지 巳가 겁살에 해당된다. 그리고 申子辰의 알짜인 子중 壬水가 시간에 투출되어 겁살 발동신이 되어있다. 그러므로 확실하게 巳火가 겁살을 맞게 된다.

辛일간 未월생으로 신왕하다. 이 사주에서의 辛金일간의 역할과 가는 길은 시간의 壬水에게로 간다. 즉 상관생재(傷官生財)로 간다.

그런데 재성인 甲木은 년지 申위에 앉아있고 월간 辛金비견에 의해 극제 당하고 있으며 월지 未에 입고되고 있다. 즉 남(월간 辛)에게 부서지고 상처입은 甲木을 살리고 키우는 역할이다.

바꿔 말하면 남이 망해 먹은 것(甲)을 키우고 살리는 역할을 辛金일간이 한다는 것이다. 따라서 이 사람은 남이 하다가 망한 것을 인수하여 살리는 업에 인연있다. 일지 巳火는 남편인데 겁살을 맞고 있으며 겁살 발동신인 壬水가 辛金일간의 상관이 되어있다.

그러므로 남편(巳)이 겁살맞아 사별하게 되는데 丁대운 丙辰년(33살)에 남편이 교통사고로 절명했다. 대운간 丁火는 시간 壬水를 합하여 동하게 하고 (合動)세운 丙辰은 상관으로 가는 사주가 정관운(丙)을 만났기 때문이다.

丙火 정관대운(43세부터)은 월일간 辛辛이 丙火(정관 : 남자)와 쟁합하므로 삼각관계가 생기게되고 질투에 눈이 멀게되어 구설시비가 파생되게 된다. 이런 대운에 丙寅년 만났으니 남자 하나를 두고 서로 다투게 될 수밖에 없었고 이에따라 구설시비가 파생되었다. 상대남자는 역마(寅)탄 남자이므로 운전수다.

예2)

					39	29	19	9	
辛	壬	癸	丙	여	己	庚	辛	壬	대운
亥	寅	巳	申		丑	寅	卯	辰	
		刑,공망,겁살							

壬일간 巳월생이나 월지 巳가 공망이고 년지 申, 월간 癸水 년주 辛亥를 만나 일간 약하지 않다. 월간 癸水겁재가 기신이고 병이다. 癸水가 巳중 丙火를 극하기 때문이다. 월지 巳는 공망되어 있으니 巳중 丙火와 戊土역시 약해져있다. 월지 巳중 戊土가 원칙적인 남편이나 巳중에서 표출된 년간 丙火편재가 남편이다. 그런데 월지 巳는 공망되어 약해져 있는데다 년일지의 형(寅巳申)을 받아 더 약해졌다. 이런 巳를 년지 申이 겁살하고 있으며 일간 壬水가 겁살발동신이 되어있다.

따라서 부친(巳火편재)과 남편(巳중 戊土)을 겁살시키는 팔자다. 즉 살부(殺父), 살부(殺夫)명이다. 辛卯대운의 卯는 일주의 도화살되어 연애 결혼했다. 그러나 辛卯대운은 일주 壬寅과 1급 소용돌이 성립되어 불길함을 잉태하고 있다.

28살 癸亥년되어 세운지 亥는 월지 巳를 충하여 충출된 戊土(관성)은 癸水가 합거하고 丙火는 癸水에 극되니 남편이 북쪽 바다 위를 비행기타고 오다가 소련 공군기에 의해 격추되어 북해(北海)의 외로운 혼백이 되고 말았다.

己丑생 남자였는데 남편궁인 월지 巳와 삼합에서 丑을 취했고 己土가 기신인 癸水를 극하므로 인연되었다. 하지만 아무리 좋은 인연을 만났다 해도 본인의 명조가 그러하므로 흉함을 면할 수 없었던 것이다.

이 사주처럼 남편인 土가 정오행으로 나타나지 않고 재궁에 들어있으며 재성이 남편의 표출신이 되면 돈이 남편이고 남편이 곧 돈이 된다. 그러므로 남편죽고 위자료 많이 받게 되었다.

예3)

壬	丁	乙	壬	여	辛	壬	癸	甲	대운
寅	巳	巳	子		丑	寅	卯	辰	

丁火일간 巳월생으로 신왕하다. 그러나 丁火일간은 년주 壬子와 丁壬합하여 절(絶)에 들어가고 (丁火는 子에 絶). 또 시간 壬과 합하여 사(死)에 들어간다(丁火는 寅에 死)

이리되면 북쪽과 서쪽 길거리(寅역마)에서 만난 사람은 모두 나(丁)를 나쁘게 손해보게 만든다. 그런데다가 북쪽에 있는 壬子水가 일지 巳를 겁살하고 있으며 년 시간의 壬水가 발동신이 되어 있다. 따라서 서쪽(時는 酉)길거리(寅 역마)에서 만나는 사람은 나를 겁살시켜 죽게끔 상처를 주게 된다. 그런데 일간 丁火는 壬水와의 합을 탐하므로 쉽게 유혹에 빠져들게 된다.

시지는 자식궁인데 인수인 寅이 들어앉아 己土식신(딸자식)이 들어오면 죽이는 역할을 하고 있다. 즉 己土가 寅에 사(死)가 되기 때문이다. 여기다 일시지 간에 寅巳형까지 작용하게 되면 寅巳형은 파괴의 신이므로 더욱 흉함을 가중시킨다.

壬寅대운은 원명의 壬寅과 丁巳일주가 합하여 입사(入死)되는 응기이다. 즉 壬寅이 丁巳를 합하여(丁壬)입사하는 사주일 때는

壬寅운에 발동한다는 말이다. 따라서 壬寅대운은 서쪽 길거리에서 만난 사람에게 중요한 것을 뺏기게 되며(겁살) 죽고 싶은 때며 아이마저 다치게 되니 寅巳형이 발동되어서다.

庚辰년 29세에 첫딸이 교통사고(寅巳역마 刑)로 죽었는데 庚辰세운이 시주와 2급 소용돌이를 이루었고 乙庚으로 월간 乙木 편인을 합동(合動)시켜서다.

31살 壬午년되어 세운간 壬은 겁살발동신이 되며 丁壬합을 성립시키므로 길거리에서 만난 보험아줌마의 감언이설에 속아 육천만원을 날렸다. 甲辰월 乙巳월에 걸쳐 일어난 일이었다.

이 사주의 구조처럼 壬丁壬의 구조가 되면 이리갈까 저리갈까 두리번거리게 되어 혼란에 빠져 상황판단을 못하게 되는 것이다. 그리고 壬水가 정관성이고 丁壬합하여 입사(入死) 입절(入絶)하므로 결혼한 후부터 나쁜 일이 생기게되고 본인은 혼란에 빠져 판단력을 상실케 되는 것이다.

5. 합(合)의 역할과 작용

한 남자와 한 여자가 만남으로 인하여 아기가 생기고 그럼으로 해서 한가정이 이뤄진다. 또 집을 팔거나 사기위해서는 파는 사람과 사는 사람이 만나야만 거래가 이뤄진다. 그리고 하나의 목적을 위해 여러 사람이 모이기도하고 암암리에 숨어서 만나는 경우도 있으며 한 남자가 두 여자를 또 한 여자가 두 남자를 만나 정을 나누기도 한다.

사주팔자의 여러 가지 합은 이런 인간 삶의 여러 모습을 나타낸 것이다. 따라서 합(合)의 작용과 역할을 이해한다면 하나의 사주팔자를 통해 그 사람의 생활 모습을 쉽게 살펴볼 수 있을 것이다.

그런데 이때까지의 명리서에는 간명에 있어 아주 중요한 이 합에 대한 설명이 아주 부족하다. 즉 甲己, 乙庚, 丙辛, 丁壬, 戊癸의 간합이 있고 子丑, 寅亥등의 육합(六合)이 있으며 방합, 삼합, 명암합, 암합 등이 있다. 정도의 설명밖에 없다.

예컨대 子丑합하면 土다. 寅亥合木이다. 등으로 말하고 있을 뿐 子丑합이되면 어떤 변화가 생기고 어떤 작용을 하는지에 대한 상세한 설명이 없다는 말이다.

간합(干合)에 대한 상세한 설명은 한밝 신사주학(정상으로 가는 길)에 기재되어있으므로 생략한다. 먼저 육합(六合)부터 살펴보자.

1. 육합의 작용과 그 지장간의 변화.

① **子丑** : 子와 丑은 바로 옆 가까운 곳에서 합하고 있다. 子중에는 壬, 癸水가 있는데 丑土가 와서 子丑합하면 壬, 癸水의 흐름은 지장을 받게 된다.

즉 丑중 己土가 壬, 癸水와 혼합되어 흙탕물 및 뻘흙으로 변해진다. 그러므로 子丑合土라 한다. 丑중 辛金은 음습한 뻘흙속에서 녹이 쓸게 되고 丑중 己土역시 뻘흙이 되므로 온전한 土의 역할 못한다.

예1)

甲 戊 癸 壬　남
寅 申 丑 子

戊土일간이 土旺의 때인 丑月에 태어났으나 丑은 년지 子와 子丑합하여 뻘흙이 되었다. 시지 寅중 丙火가 아주 좋은 역할을 한다.

하지만 寅申충으로 상했고 戊일간은 기신인 癸와 합하여 가니 스스로 나쁜 길을 찾아가는 격이다.

정, 편재 혼잡에 합신(合身)이니 처를 두고 바깥여자(壬水)에 정을 준다. 癸水 정재(본처)는 일간 戊와 합하여 입사(入死)하고 년간 壬水편재가 癸水정재의 사(死)발동신 되니 처(癸)가 남편(戊)의 바람기 때문에 약먹고(丑寅탕화) 흉사(癸丑백호)했다.

예2)

戊	辛	辛	辛	남
子	丑	卯	亥	

월지 卯중 甲木정재가 부친이고 일지 丑중 己土가 모친이다. 亥卯로 강왕한 木의 극을 심하게 받고 있는데 子丑합으로 丑중 己土는 절(絶:子)을 만났다. 그런데다가 辛, 辛, 辛에다 설기 심하므로 모친은 본인(辛) 낳다가 죽었다.

예3)

					42	32	22	12	2	
丙	甲	己	乙	남	甲	乙	丙	丁	戊	대운
寅	子	丑	卯		申	酉	戌	亥	子	

甲子일이 丙寅시를 얻고 년지 卯에 양인을 얻어 아주 신왕하다. 월주 己丑이 甲己, 子丑으로 천간지합하니 아주 유정하다. 丑월의 己土가 일지 子와 합하여 뻘흙이 될 것 같으나 土왕절인 丑월이고 년시지 寅卯木이 水氣를 흡수하므로 온전한 土의 역할을 할 수 있다.

년주 乙卯가 도적이고 병인데 丙戌대운에 乙卯를 설기시키고 합거(卯戌)시킨다. 그러므로 28세 壬午년에 거병하여 乙酉년에 병(卯)의 뿌리를 충거시키니 왕위에 올랐다. 후한(後漢) 광무제(光武帝)의 명조다.

예4)

		46 36 26 16 6	
乙 己 丙 己	남	辛 壬 癸 甲 乙	대운
丑 丑 子 丑		未 申 酉 戌 亥	

己土일간이 子월에 태어났으나 己丑 己丑 丑으로 土태다하다. 월지 子水재성있고 丑중 癸水있어 水재성도 약하지 않다. 그러므로 돈복있다고 하겠으나 丑子丑으로 비견과 쟁합되었고 子중 壬,癸水는 丑과 합하여 뻘 물이 되었다. 따라서 돈복도 없으며 그 처가 남과 사통하게 되었다.

이 사주는 음습하므로 丙火로 조후시켜야 한다. 乙木은 미약하지만 그래도 좋은 역할한다. 癸酉, 壬申대운에 힘들게 살다가 辛대운에 丙火를 합거하므로 47세 乙亥년에 사망했다.

② **寅亥合木** : 寅중에는 본기가 되는 甲木이 있고 丙火가 있으며 이 丙火가 있음으로 해서 戊土도 장생할 수 있다. 亥중에는 본기가 되는 壬水가 당연히 있고 水氣있으면 木氣 살아남으므로 甲木이 장생할 수 있다.

寅과 亥가 서로 만나(寅亥)게 되면 寅중 丙火는 亥중 壬水에 극파당하고 이리되면 寅중에 장생하고 있던 戊土가 寅亥合木으로 강왕해진 木에 극되어 살지 못하게 된다. 덧붙여보면, 亥중 甲木은 木의 본기인 寅木을 만나 득록하게 되나 寅중 戊土와 丙火는 亥에 절이 되어 기운이 끊어지게 된다. 이러므로 寅亥를 합파(合破)라 하는 것이다. 寅亥合되면 오로지 木만이 왕강한 세력을 지니게 되며 亥중 壬水역시 병들게 된다.

예1)

己 辛 癸 戊　여
丑 酉 亥 寅

이 사주의 관성은 년지 寅중 丙火이다. 그런데 寅이 월지 亥역마와 寅亥합을 하고 있다. 따라서 남편(丙)이 타향(亥역마)에서 객사했다. 눈비내리는 초겨울 날이었다.

년간 戊土인수는 모친인데 년지 寅에 장생하고 있으며 일지 酉에 사(死)가 된다. 그런데 寅이 亥와 합하여 寅중 丙火가 상하게 되고 戊土는 癸亥와 합하여 입절(入絶)하므로 10세 전에 모친 사별했는데 본인이 태어난 4년째 되던 辛巳년이었다. 辛金은 4수이기 때문이다.

예2)

乙 甲 辛 辛　남
亥 寅 丑 丑

일시간에 寅亥합파가 있다. 일지 寅중 戊土가 부친성인데 시역마 亥와 寅亥합되니 부친이 타향에서 득병한 후 사망했다.

예3)

丁 庚 丁 庚　남
亥 申 亥 寅

년지 寅중 甲木편재는 부친이고 동궁에 있는 戊土편인은 할아버지다. 戊土 편인이 寅에 장생하나 월지 亥와 寅亥合되어 丙火

상하게되니 戊土는 寅亥合木의 극을 심하게 받게 된다. 따라서 부친(甲木)은 부친(戊)을 일찍 이별했다.

戊土는 木의 극을 받고 亥에 절이 되므로 8년 안에 죽게 되는데 부친(甲)이 7살 되던 해에 할아버지(戊)별세하셨다.

③ **卯戌合火** : 봄(卯)과 가을(戌)의 합이므로 춘추지합(春秋之合)이라고도 한다. 卯木은 원래 습한 木이나 火의 고(庫)가 되는 戌을 만나 卯戌이 되면 아궁이 속으로 들어가는 卯木이 되어 습한 생목(卯)의 성질은 없어진다. 戌중 辛金은 불과 연기에 그을리고 형체 파괴되며 戊土는 조토(燥土)되어 木을 받아들여 키우지 못한다.

매캐한 연기가 풀풀나면서 불이 붙기 시작하는 모습이다.

천간 乙木은 卯에 득록하는데 戌이 있어 卯戌합되면 乙木의 뿌리(卯)가 없어지는 격이다.

예1)

					47	37	27	17	7	
丁	乙	戊	丙	남	癸	壬	辛	庚	己	대운
丑	卯	戌	申		卯	寅	丑	子	亥	

乙일간이 戊戌월에 태어났고 丙申, 丁丑으로 극설되므로 아주 신약이다. 다행히 일지 卯가 乙木일간의 뿌리가 되니 여기에 의존하고 싶다.

하여 대부분의 역술인들은 재다신약의 명조라 하게 된다.

바로 卯戌합의 이치를 모르는 탓이다. 앞에서 설명한데로 卯戌합으로 乙木은 뿌리를 잃게 되니 종재격으로 변했다. 그러나

卯戌合이 풀어지면 卯木은 乙木의 뿌리역할을 할 수 있다. 그러므로 가종격이다. 가종격은 글자그대로 가짜로 따르는 격이다. 그러므로 가면을 쓰고 살아가는 인생이다. 슬퍼도 기쁜 척, 기뻐도 슬픈 척, 싫어도 좋은 척 좋아도 싫은 척하는 것이다.

이 사주 주인공은 亥운에 亥卯로 반목국을 이뤄 乙木일간의 뿌리가 되어 모친죽고 크게 고생했다. 子대운역시 子卯형으로 卯戌합을 깨니 왕신에 종하지 않으므로 크게 고생했다.

그러다가 辛丑대운에 연극배우 영화배우로 크게 두각을 나타냈다. 그런데 卯戌합이 되더라도 다음과 같을 때는 卯가 乙木의 뿌리 역할 할 수 있다.

예2)

丁 戊 乙 癸　남
巳 戌 卯 巳

월간 乙木이 월지 卯에 득록이다. 그런데 卯는 일지 戌과 합하여 본성을 잊으려 한다. 하지만 중춘(仲春)의 절기이므로 卯木의 성질은 일부만이 卯戌合火한다. 즉 월지는 다른 천간지지보다 갑절의 역량을 지니고 있으므로 卯戌합이 되어도 木氣는 살아있게 된다.

卯戌합 뿐아니라 다른 육합 역시 이 경우와 같다.

④ **辰酉合金** : 辰중 癸,戊,乙木이 있는데 辰酉합을 해서 戊土는 죽고 乙木은 생목(生木)의 역할을 상실하게 되며 癸水는 辰酉합을 매끄럽게 해주는 윤활유 역할을 한다. 酉중 庚, 辛金은 기세를 얻어 움직인다.

예1)

丁 辛 己 壬　여
酉 酉 酉 辰

년지 辰중에 있는 戊土는 木을 키울 수 있는 土의 역할을 못하게 되며 乙木은 생목의 역할을 못한다. 그러므로 부친(乙)이 능력없으며 모친역시 능력 없다. 인수(戊)가 쓸모없어지므로 학문능력과 경력 역시 미약하다.

예2)

		36	26	16	6	
己 壬 戊 己	여	壬	辛	庚	己	대운
酉 戌 辰 酉		申	未	午	巳	

이때까지의 명리론으론 壬水일간이 년지 酉에서 생을 얻고 월지 辰에 통근했으며 시지 酉에 수생하나 관성인 土가 혼잡태다하다. 그러므로 약한 일간을 돕는 金水운이 좋고 火土운은 불미스럽다. 따라서 庚, 辛, 壬申, 대운은 길하고 己巳, 午, 未운은 좋지 못했다. 로 말할 수밖에 없다. 하지만 한밝 명리학파의 이론에 따르면 土체국이다. 따라서 월간 戊土가 체가되고 월지 辰중 乙木은 남편이되며 년지 酉와 시지 酉는 자식성이고 일간 壬水는 편재성이 되어 부친과 초년이별이다. 그런데 체(体)가되는 戊辰은 백호살이고 壬戌백호살의 충을 받고 있으며 辰酉합이 되어있다.

이렇게 되면 辰중 乙木이 그 생목(生木)으로서의 역할을 상실당하게 되고 위험해지기까지 한다.

壬대운되어 군비쟁재되는데 甲申년(36세)되어 편관(甲)이 역마 申에 앉아 년간 己土와 甲己合하므로 남편이 교통사고 크게 당했다. 乙酉년(37세)되어 戊土의 정관인 乙木이 상관(酉)위에 앉고 辰酉합이 이뤄지니 乙木이 없어지는 형상되어 남편이 갈라서자며 이혼요구 하게 되었다. 壬水일간을 버리고 월간 戊土를 주체로 하는 이런 사주 간법은 오직 한밝 신사주학파에만 있다. 궁금하신 분은 한밝신사주학(종합완결편)을 보시길 바란다.

예3)

					50	40	30	20	10	
辛	壬	辛	戊	남	丙	乙	甲	癸	壬	대운
亥	子	酉	辰		寅	丑	子	亥	戌	

壬子일주가 아주 신왕하다. 재성인 火가 없으니 辛酉인수와 辰酉합하는 戊辰土가 부친성이다. 또 일지 子중 癸水와 명암합하는 년간 戊土가 처(妻)가 되고 辛酉인수가 처(戊)의 자식성이 된다. 백호살인 戊辰土는 辛酉와 합하여 사지(死地 : 戊는 酉가 死)에 들어가니 처(戊)는 자식(辛酉)낳고 4년에 사망의 길로 간다.

마찬가지로 부친(戊土)역시 사(死)를 만나고 절(絶 : 亥)를 만나며 사절이 발동되어 (辛, 壬)있으므로 초년 흉사했다.

⑤ 巳申合水 : 巳중 丙火, 庚金, 戊土가 있고 申중 戊土, 壬水, 庚金이 있다. 이러므로 巳와 申이 만나면 巳중 丙火는 申중 庚金을 충극하고 申중 壬水는 巳중 丙火를 충극하여 전투가 일어난다. 이러므로 巳申을 형합(刑合)이라 한다. 申중 壬水는 암장되어있는 상태인데 巳가 와서 건드려줌으로서 흘러나온다. 즉 申이 있을 때 巳가오면 申중 壬水가 투출된다는 말이다. 이 巳

申합역시 巳월이냐 申월이냐에 따라 피해보는 것이 달라진다.

예1)

○	戊	丁	戊	여	甲	乙	丙	대운
○	戊	巳	申		寅	卯	辰	

년지 申중에 壬水는 숨어있다. 그런데 월지 巳가 巳申으로 형합하여 壬水를 투출시키려한다. 하지만 일지 戊이 巳를 입고시켜 巳申형합을 못하게 하고 있다. 辰대운되어 일지 戊을 충하니 巳가 자유로워져서 申을 형합하니 壬水 투출되었고 기다리던 丁火가 壬水를 합하여 입절시키니 부친(壬)과 사별하게 되었다.

예2)

					40	30	20	10	
丙	癸	戊	丁	여	壬	辛	庚	己	대운
辰	丑	申	巳		子	亥	戌	酉	

癸일간이 申월생이고 일지 丑, 시지 辰에 통근하여 약하지 않다. 그러나 일주의 세력보다 재관의 세력이 더 강하다. 년지 巳중 丙火정재가 부친이고 일지 丑중 辛金이 丙火와 丙辛합하므로 정모(正母)다. 월지 申金이 년지 巳와 巳申합하고 있으니 부친(丙)의 편재라 나에겐 모친외의 모친이다. 巳申합하여 壬水가 흘러나오니 나에겐 이복 남형제다. 壬水는 申에 장생되어 힘이 있으므로 년간 丁火가 합한다해도 큰 문제는 없다.

다만 壬水투출되어 丁巳와 丁壬합하여 절지인 巳로 들어가므로 이복형제는 부친에겐 쩔쩔맨다. 일간 癸水는 戊와 합하여 사지인 申에 들어간다. 그러므로 나(癸)는 계모(申)에겐 꼼짝 못하며 남편(戊)에게도 죽어도 좋다며 연애(申홍염)하자고 한다.

년월에 재관있고 丙火(부친)에서 보면 재성이 강하다. 그러므로 부친은 부자다. 내(癸)가 태어나고부터 부친은 돈 창고(丑)하나 생겼다.

戊土남편은 식신문창(申)에 앉아 丁巳의 생을 받으니 학식 높고 교육계통 학문계통의 직업 가졌다. 戊癸합에 아무런 방해없으니 부부유정하다. 戊土남편에서 보면 癸일간은 돈이고 丑은 天乙貴人이라 나와 결혼하고부터 잘 풀린다. 남편은 농학박사로 대학교수다.

⑥ **午未合火** : 午중 丙,丁火있고 未중 乙木, 己土, 丁火있다. 午未합하면 乙木은 타버리고 己土는 열토되어 木을 받아들여 키울 수 없다. 오직 火만이 태왕 할 뿐이다.

예1)

					43	33	23	13	3	
戊	癸	乙	戊	여	庚	辛	壬	癸	甲	대운
午	未	卯	申		戌	亥	子	丑	寅	

癸일주가 심히 약하다. 하여 왕초보들은 년지 申이 癸水를 생해주는 용신이다로 말하게 되는 사주다. 그러나 癸水일간이 가는 길은 년간 戊土와 시간 戊土와 戊癸합하여 간다.

戊癸戊의 구조되어 癸일간은 이쪽으로 갈까 저쪽으로 갈까 두리번거리며 망설이게 된다.

년간 戊土는 申을 깔고 앉아있는데 申중에 壬水있으므로 유부남이고 癸水일간의 홍염살되어 어서 오라고 손짓한다.

비록 년주 戊申이 멀리 떨어져 있으나 乙卯木이 일지 未와 卯

未로 합을 맺어 다리를 놓아주니 戊申에게로 달려가 죽도록(癸는 申에 死) 연애(홍염申)하고 싶다.

하지만 시주 戊午가 癸未일주와 천간지합하면서 꽉 잡고 있다. 이럴땐 년주 戊申을 깨트리던지 합거시키면 시주에게로 붙게 되고 시주 戊午가 없어지면 년주 戊申에게로 붙게 된다. 따라서 壬子대운되어 홍염살(申) 발동(壬)되고 壬子가 시주 戊午를 천충지충하여 박살내므로 유부남이었던 홀애비와 연애했다. 하지만 부모의 극심한 반대가 있자 31세 戊寅년에 홀아비와 함께 동반자살을 기도했으나 실패로 돌아갔다. 시주 戊午는 나중에 나타나는 남자로 해로할 수 있는 사람이다.

예2)

					42	32	22	12	2	
己	丙	己	癸	여	甲	癸	壬	辛	庚	대운
丑	午	未	未		子	亥	戌	酉	申	

여름철인 未월의 丙火일간이 일지 午에 양인을 얻었다. 그러나 己未丑의 土가 5개나 되어 엄청 설기 심하다. 이런 형국이면 대부분의 역학자들은 '火土상관으로 신약이므로 일간을 도와야 되니 木火운은 좋고 土金水는 불미하다.' 로 말한다.

그러나 이 사주는 土가 전체세력을 장악하고 있으며 午未합하고 午중 己土가 투출되었으므로 己土가 체(体)가 된다. 따라서 일간 丙火는 모친이 되고 년간 癸水는 부친이고 己土는 형제가 된다. 丙火인수에서 보면 나(己土)낳은 후 10년째 되던 때에 남편(癸) 사별하게 된다.

己土에서 봐도 土태왕하여 癸水를 극하고 癸는 未에 묘(墓). 일지 午에 절(絶)이 되는데 己土(体)는 癸부친의 묘, 절 발동신이니 10여세 되던 때에 부친사별하게 될 수밖에 없다.

그리고 癸水부친의 입장에서 보면 본인(己)태어난 후에 곧바로 己癸로 충극된다. 이러므로 태어난 후 2살 때(甲申년)에 부친이 부상을 당해 경추장애자가 되었다. 그리고 6살 되던 戊子년에 부친과 모친은 별거하게 되었는데 癸水에서 보면 戊子년은 정관이 도화록(子)을 달고 戊癸합한다. 그러므로 직장 생겼는데 음식점이었다. 丙火모친은 이 땅(己) 저 땅(己)을 오가며 바쁘게 활동한다.

그러나 丙火 生 己土하나 己土生 金이 되지 않으므로 노력에 비해 소득이 없다. 일시지가 丑午로 탕화, 귀문, 원진되므로 모친은 역술 및 무업(巫業)에 인연있다.

예2)

					67	57	47	37	27	17	7	
丙	辛	辛	甲	남	戊	丁	丙	乙	甲	癸	壬	대운
申	酉	未	午		寅	丑	子	亥	戌	酉	申	

신왕하다. 월간 辛金이 년간 甲木정재를 보고 있으니 도둑이다. 따라서 관성으로 비견을 제압해야하는데 다행히 시간에 丙火가 떠있다. 하지만 未월이라 丙火의 기세가 약해지고 있는차에 년지 午가 午未合火하여 불기운을 강하게 해주니 부친(甲)과 조상(午)의 음덕이 아주 좋다. 하지만 이 사주는 申중 壬水로 왕한 金氣를 설해야 하고 오뉴월 무더위를 식혀주는 조후가 필요하다.

다행히 丙辛合水하여 申중 壬水의 기운을 이끌어 나오게하니 丙火의 공이 지대하다. 亥子丑 水국에 국회의원과 장관을 역임한 인물의 명조다. 寅대운에 죽었다.

6. 명리서에 있는……무슨 까닭

문 : 선생님! 명리의 고전이라 할 수 있는 자평진전, 궁통보감, 적천수 등과 그 밖의 여러 명리서적 등을 탐독해도 사주풀이가 속 시원히 풀리지 않습니다.

그리고 자신있게 책에 있는대로 말해도 상담자가 '틀렸다 아닙니다'로 말하는데 왜 그렇습니까?

답 : 근본적으로 두 가지 원인을 말할 수 있다.

첫째는 명리(命理)라는 것은 인간사회 속에서 한인간이 살아가는 삶의 모양을 음양오행적 이치로 추리하는 것이다.

그런데 지금의 인간 삶은 사주추명학이 대두되었을 고대사회와는 비교도 안 될 정도로 빠르고 복잡하며 다양한 사회구조 속에서 전개되고 있다.

그리고 그 당시는 군주(君主)와 일부계층이 주체가 되고 절대다수의 일반인들은 종(從)이고 용(用)의 역할을 했다.

그러므로 그 당시의 사회적 잣대를 기반으로 하여 쓰여진 명리서(命理書)의 이론은 일반인들이 주체(主体)가된 오늘날의 인간 삶을 정확하게 설명할 수 없다는 것이다.

즉 그 당시는 지배적인 위치에 있는 관(官)은 귀(貴)였다. 하지만 지금의 자본주의 사회에서는 재(財)가 귀(貴)가 되고 여성이 남성보다 더 받들어지고 있다는 것이다.

그리고 그 당시 사회에서는 상관성(傷官星)이 강한 여성은 소외되고 하시(下視)적 삶을 살았다. 그러나 지금의 사회에서는 그런 여성들이 만 사람의 선망을 받는 스타가 되고 있다.

둘째로는 모든 학문과 기술은 인류역사와 더불어 나날이 발전되어왔다. 그러나 지금의 사주추명학 이론은 1,000여 년 전과 별반 달라진 것이 없다.

그러므로 수정보완 되어야 하고 고쳐져야 할 이론들이 너무 많다.

문 : 첫째 문제는 동일한 명조(命造)라도 북한에 사느냐 남한에 살고 있느냐에 따라 그 삶의 질과 행로는 달라질 수 있다는 말과 같은 말씀이군요.

그리고 두 번째 원인에 대해선 알듯 말듯합니다. 그러니 실례를 들어 자세히 설명해주시면 감사하겠습니다.

답 : 첫째로 들 수 있는 것은 공망(空亡)에 대한 잘못된 이론들이다. 예컨대 '공망이 형충(刑冲)을 맞으면 해공(解空)된다.'이다. 그러나 공망은 글자그대로 크게 구멍이 나있는 상태(空)가 되어 망(亡)했다는 뜻이다.

그러므로 '월지(月支)가 공망되면 부친의 덕이 없으며 생가(生家)가 쑥대밭되어 없어진다.'는 추명가(推命歌)구절이 생겨난 것이다. 이렇게 힘이 없는 상태가 공망인데 여기에 형충(刑冲)이 가해지면 힘없어 비실거리는 사람에게 몽둥이질 하는 격이 되므로 큰 타격을 받게 되는 것이다.

예1)

庚	壬	癸	辛	남	戊	己	庚	辛	壬	대운
戌	寅	巳	丑		子	丑	寅	卯	辰	

월지 巳火가 공망인데다 일지 寅의 형까지 받고 있다. 따라서 그 부친이 본인 태어난지 일 년 정도 되어서 저 세상 사람이 되었다.

예2)

		29 19 9	
庚壬辛乙	남	戊己庚	대운
戊寅巳酉		寅卯辰	

월지 巳가 공망인데다 일지 寅의 형을 받고있다. 따라서 그 부친이 여러번 죽을 고비를 당했으나 죽지는 않았다. 예1)의 사주와 차이점은 월간에 癸水가 있고 없고의 차이다. 즉 예1)의 명조는 월간 癸水가 년지 丑에 뿌리를 두고 년간 辛金의 생을 받아 아주 강해져 아래에 있는 巳중 丙火를 극하고 있다. 월지 격국론으로 보면 재격(財格)에 겁재(劫財)를 보게된 것이다. 예2)의 명조는 월지 巳중 丙火 戊土가 년지 酉와 합하여 사지(死地 : 丙戊는 酉가 死)에 들어가나 酉는 丙火의 천을귀인(天乙貴人)의 역할을 하므로 여러 번의 죽을 고비에서 살아날 수 있었던 것이다. 그리고 이 사주역시 부친의 덕은 없었다.

예3)

		37 27 17 7	
庚甲丙戊	남	庚己戊丁	대운
午午辰戌		申未午巳	

월지 辰이 공망이고 辰중에는 乙木, 癸水, 戊土있다. 년지 戌이 공망된 辰을 충하니 癸水인수와 乙木형제가 상하게된다. 戊대운에 충출된 癸水모친이 합거되어 저세상으로 갔다. 己대운에 일주 甲을 합하여 입고(入庫 : 未)시키고 있다. 월일주 사이에 2급 소용돌이가 되어있는데 이럴 땐 월과 일을 합하는 운이 오면 아주 흉하다.

乙丑년 27세에 결혼 택일한 후 甲辰생 아우가 소에 받쳐죽었고 형님은 교통사고로 다리 불구되었다. 공망된 辰중의 乙木과 甲일간이 합 입고(入庫)했기 때문이고 辰戌충으로 木의 뿌리가 상했기 때문이다. 또 甲일간 대신에 동기(同氣)인 형제가 당했던 것이다. 즉 일간 甲은 사주주인공인 본인을 뜻하지만 사주전체 및 戊土편재에서 보면 자식성이다. 그러므로 일간 甲이 상하면 본인 및 형제가 당하는 것이다.

사주를 감정하다 보면 허약한 일간이 사절묘고를 만나 그 생명이 위험한데도 정작 본인은 무난한 경우가 있다. 이럴 땐 본인대신에 형제가 상망(傷亡)함으로써 그 액을 때운 것이다.

예4)

丁	庚	癸	丁	여	丁	丙	乙	甲	대운
亥	子	丑	丑		巳	辰	卯	寅	

庚金일간의 남편이 되는 丁火가 년시간에 있다. 년간 丁火는 丁丑백호살이고 월주 癸丑백호살의 극까지 받고 있다. 따라서 생자별부(生子別夫)가 틀림없고 재혼(再婚)하는 팔자구나. 그래서 '아주머니는 딸아이 낳고 6년째 되던 때에 남편과 사별했을 것이고 그 후 재혼했네요.'했다. 자신있게 내뱉은 말인데 손님의 반응은 고개를 절래절래 흔드는 것이었다. 민망해진 나머지 나온 말이 '그런 일이 없었다면 남편대신에 남편의 형제되는 분에게 나쁜 일이 생겼을 것인데 어떠합니까?' 했다.

그녀의 고개가 끄덕이며 말이 나왔다. '예. 그런 일이 있었지요. 큰딸 낳고 5년인가 6년인가 됐을 때 시숙께서 사고로 절명한일이 있습니다.' 이 예에서 보듯 동기(同氣)가 상하면 본인 아니면 동기(同氣)간인 형제가 당하게 되는 것이다.

이 사주는 상관이 亥子丑으로 방국을 지었고 그 상관의 원신이 되는 癸水가 월간에 투출되어 관성을 극하므로 상부(傷夫)및 별부(別夫)되어야 함에도 그 남편이 80살이 될 때까지 무난하게 같이 살고있다. 이것은 대운이 시간의 丁火(남편)를 도왔기 때문이다.

시간 丁火남편에서 보면 癸水에 따르는 종살이 되어 평생 직장생활 했는데 癸水가 종살에 병이되는 년간 丁火를 극하므로 소방관이었다. 딸 두 명을 두었는데 첫딸은 소아마비로 불구자(급각살 발동)이고 둘째딸은 子水가 활인성이므로 간호사였다.

예5)

庚	丁	戊	庚	남	乙	甲	癸	壬	辛	庚	己	대운
子	巳	子	午		未	午	巳	辰	卯	寅	丑	

월지 子水와 시지 子水가 공망이다. 월지는 제일 강한 힘을 지니고 있으므로 년지 午의 충에 별다른 영향을 받지 않을것 같다. 더구나 子午충의 승부는 子水가 수극화(水剋火)로 午火를 이길 수 있지 않은가. 하지만 이 사주는 자식궁인 시지 子가 공망에 떨어지고 子午충으로 충출된 壬水관성은 일주 丁巳와 합하여 입절(入絶 : 壬은 巳에 절)한다.

즉 일주 丁巳가 자식을 잡아가는 역할을 하고 있으니 바로 살자(殺子)의 명조다. 午대운 庚午년(61세)에 子午충이 중복되게 발동되니 그 자식이 애인 전화받고 외출한 후 토막시체로 발견되었다. 이 사주에서 살필 것은 공망이 충을 당하는 것만이 아니고 여섯 번째 대운인 午대운에 월지 子를 충하여 子水를 상하게 했다는 점이다. 이것은 일본의 유명한 역학자인 아베선생의 '제 6번째 충은 충이 아니다.'라는 학설과는 전연 반대되는 결과를 보여 주고 있다.

둘째, 여섯 번째 충은 충(沖)이 아니다!

이 이론은 일본의 유명한 역학자인 아베(阿베)선생이 주장한 것이다. 그러나 많은 사주를 접해본 결과 이 이론이 잘못되었음을 알게되었다. 그러면 아베선생은 왜 위의 이론을 주장하게 되었을까? 하는 점부터 살펴보자. 아베선생 뿐아니라 이때까지의 역술인 대부분은 월지를 격(格)으로 하고 여기에 일주의 강약을 도입하여 용신을 정하고 있다. 따라서 월지가 깨어지면 격(格)이 깨어져 사주풀이 자체가 불가능해진다.

그러므로 누구에게나 닥치는 제 여섯 번째의 충을 부정할 수 밖에 없었던 것이다. 실례를 들어 그 부당함을 살피기로 하겠다.

예1)

					57	47	37	27	17	7	
丙	己	己	丁	남	癸	甲	乙	丙	丁	戊	대운
子	未	酉	丑		卯	辰	巳	午	未	申	

이 사주는 신왕하므로 월지 酉金에게로 설해야 된다. 즉 土金식신격이다. 따라서 金을 극하는 火와 酉를 충하는 卯木을 꺼린다. 戊申대운까지 부잣집 큰아들로 떠받들리며 지냈다. 未대운에 년지 丑을 충하여 酉丑금국을 깨므로 큰실패를 하여 부친의 재물을 몽땅 날렸다. 丙午, 乙대운까지 큰 고생했다.

巳대운에 타향으로가 철공소를 운영했는데 巳(역마)가 酉丑으로 금국을 지어서이다. 甲辰대운은 辰土가 酉를 생하여 편안한 삶을 살았다. 그러다가 癸卯대운 乙亥년(59살)에 간암으로 사망했다.

바로 대운지 卯가 생명줄인 식신(酉)를 충했고 乙亥년에 대운과 일지 未와 더불어 亥卯未목국을 지어 식신의 뿌리를 뽑았기 때문이다. 아베선생의 이론이라면 여섯 번째 대운인 卯가 월지 酉를 충하나 충이 아니므로(不冲) 아무 일없이 잘 넘어갔어야 마땅하다.

예2)

					59	49	39	29	19	9	
庚	壬	辛	乙	남	乙	丙	丁	戊	己	庚	대운
戊	寅	巳	酉		亥	子	丑	寅	卯	辰	

亥대운에 월지 巳를 충하여 巳酉금국을 깨고 충출된 巳중 丙火편재(육신 : 肉身)은 사신(死神)발동인 월간 辛金이 합거시킨다. 따라서 戊子년(64살)부터 己丑년 사이에 크고작은 수술을 6차례나 받게 되었다. 신약한 명조이므로 壬일간의 록이되는 亥대운은 좋아야 됨에도 불구하고 좋지 않았다.

예3)

					51	41	31	21	11	1	
戊	庚	癸	己	여	己	戊	丁	丙	乙	甲	대운
寅	寅	酉	未		卯	寅	丑	子	亥	戌	

卯대운에 월지 酉양인을 충했다. 따라서 이 대운 戊午년(60살)에 재산을 크게 날렸고 건강또한 좋지못해 수술까지 받았다.

위 3예)외에 무수한 예증을 들 수 있지만 지면 관계로 생략한다. 따라서 6번째 충도 충(冲)이 분명하다. 그러므로 이름난 사람의 이론이라하여 맹목적으로 믿지 말고 반드시 검증확인을 한 후에 따라야 할 것이다.

1. 충론(沖論)

1) 희신을 충하면 불리하고 기신(忌神)을 충하면 좋다.

2) 원국에 충이 있을때 대운에서 또 다시 충을 만나면 그 충이 발동이고 심하게 작용한다.

3) 午午 子 및 子子 午등은 충이 아니라 하는 설이 있다. 즉 2支가 一支을 충하는 것은 충이 아니다.는 이론이다. 그러나 이 또한 잘못된 주장으로「공망을 충하면의 예4)」에서 살펴봤다.

4)충(沖)은 동(動)이고 갈라서는 것 및 한쪽을 보내는 것(沖去)이며 지장간을 튀어 나오게(沖出)하는 것이다.

5) 충(沖)은 달리는 말에 채찍질하는 격으로 일의 발생이 급속하게 진행되고 나타난다.

6) 충(沖)은 서로 다른 기운끼리의 부딪침이므로 반드시 승부가 있게된다. 寅申충이되면 寅중 甲木은 申중 庚金에 의해 깨어지고 申중 壬水는 寅중 戊土에게 제극된다. 子午충, 卯酉, 巳亥 역시 서로의 지장간끼리 이기고 지는 관계가 성립된다. 하지만 주위의 상황에 따라 그 승부가 있게 된다. 예컨대 子午충이면 원칙적으로 子중 癸水가 午중 丙丁火를 극하지만 子午午의 충이되던지 子水가 공망이고 午火가 세력이 강하던지 하면 子중 壬·癸水가 午중 己土에 제극된다.

예1)

乙	乙	丁	辛	남	壬	癸	甲	乙	丙	대운
酉	卯	酉	酉		辰	巳	午	未	申	

乙卯일주가 년월시지 酉金의 강한 충을 받고 있다. 천간으로도 酉중 辛金이 년간에서 乙木일주를 충극하고 있다. 따라서 반드시 관형(官刑)으로 목숨을 잃을 팔자다. 즉 관성(辛酉)이 乙木일주의 뿌리까지 뽑아내어 없애기 때문이다. 乙木은 일지 卯에 뿌리를 두고 丁火를 만들어(乙木 生 丁火) 辛金의 광명과 등불 역할(丁과 辛의 관계)을 하고 있다. 이런 유형의 사주를 항간의 술객들은 식신(丁)제살(丁剋辛)로 말하고 있다. 하지만 미약한 丁火가 어찌 왕강한 辛金을 제극할 수 있겠는가. 대운에서 丁火가 뿌리를 얻는다해도 酉월의 강왕한 辛金을 녹일순 없다.

따라서 식신제살(食神制殺)이라기보다 丁火가 辛金(거울)을 만나 길을 비추는 등불 역할이고 辛金을 빛나게 해주며 자극하여 발동케 하는 역할로 봐야한다.

이렇게 보면 乙木은 辛金의 밥이고 물건이며 관제당하는 존재로서 그 역할작용은 (丁) 辛金의 참모 및 보좌역이 된다. 하지만 乙木이 하는일 즉 丁火식신이 없어지면 辛金은 쓸모없는 乙木을 충극하여 그 존재를 없애버린다.

초년 丙申대운엔 떠돌며 뜻을 펴지 못했다. 未대운에 丁火의 뿌리생겨 이때부터 두각을 나타냈다. 巳午火운에 그 지략과 역할이 최고에 이르렀다. 壬대운되어 丁壬으로 丁火가 합거되자 곧바로 권력자(辛)에게 목숨을 잃었다. 토끼를 다잡은 사냥개는 그 주인에게 잡아먹힌다는 말처럼 된 한신(韓信)의 팔자다.

※유방의 참모로서 혁혁한 공을 세웠으나 한(漢)나라가 들어서고 그 재능이 쓸모없어지자 반역죄로 몰려 극형을 당하고 죽

었다.

셋째, 억부법만으로 모든 사주를 해석하려한다.

수학(數學)에는 초등학교 때 배우는 더하고 빼며 곱하고 나누는 셈법이 있다. 그리고 중등학교 때는 또 다른 공식에 따라 두는 조금 더 복잡하고 어려운 인수분해가 있으며 고등학교 땐 또 다른 공식을 도입하여 푸는 미분적분 등이 있다. 따라서 초등학교 때의 셈법으로는 인수분해와 미분적분 등을 풀 수 없다. 사주추명학 역시 하나의 자연수학(數學)이라 할 수 있다. 그러므로 쉽게 풀리는 사주도 있고 아주 풀기 어려운 사주도 있다. 그런데 대부분의 역술인들은 억부법만으로 모든 사주를 해석하려한다. 예컨대 아래와 같다.

예1)

					48	38	28	18	8	
己	戊	癸	己	남	戊	己	庚	辛	壬	대운
未	申	酉	酉		辰	巳	午	未	申	

이 사주는 戊土일간이 癸酉월에 태어나 년일지에 酉, 申金을 보므로 태약하다. 일주를 돕는 것이라곤 년간 己土가 있고 시주 己未가 있다. 이중 년간 己土는 년지 酉에 설기되어 戊土일간을 돕지 못한다. 하지만 시주 己未는 튼튼하므로 일간의 의지처가 될 것 같다. 그러므로 '신약 용겁격(身弱用劫格)이니 형제 및 친구덕 있다. 그리고 壬申·辛대운은 불미스러웠고 未, 午, 己巳대

운은 용신을 도우니 좋을 것입니다.'로 말하게 된다.

하지만 이 명조의 주인공이 살아온 세월을 보면 壬申·辛대운까진 좋았으나 未대운에 안맹(眼盲)이 되었고 午대운에 신부전증으로 고생하다가 己대운 己丑년에 아까운 나이로 저승객이 되고 말았다. 책에 쓰여 있는데로 풀었는데도 왜 이렇게 전연 딴판인 결과일까? 여기엔 독자들 뿐 아니라 선배학자들도 몰랐거나 등한시했던 이치가 있기 때문이다.

사주팔자(四柱八字)라는 것은 태어날 때 지니게 되는 기(氣)를 甲, 乙, 子丑 등의 글자(부호)로 나타낸 것이다. 따라서 기(氣)의 움직임을 정확히 알아야 할 것이다.

기는 크게 나누면 생기(生氣) 사기(死氣)로 말할 수 있으나, 기와 기끼리 생극 회합, 형충 등의 작용이 있게 된다. 그런데 생극 형충 회합은 상황에 따라 좋기도 하고 나쁘게 작용되기도 하므로 극충(剋沖)이 있다하여 무조건 나쁘게 말할 수도 없고 회합 상생이 된다하여 무조건 좋다고 단정 지을 수 없는 것이다.

그런데 기의 운동에는 생·극보다 아니 생·극을 무시하는 아주 나쁜 운동이 있다. 그것은 토네이도 같은 회오리바람이라 할 수 있는데 나는 소용돌이라는 이름으로 부르고 있다. 이 소용돌이 이론은 한밝신사주학 1권에 기재되어있다. 위 사주에서 보면 戊申일주와 己未시주간에는 아주 강하게 작용하는 1급 소용돌이가 이뤄져있다. 즉 戊申일주가 己未시에 의지하지 못하는 원인은 둘 사이에 작용되고 있는 소용돌이 때문이다.

이러므로 戊일간은 월간 癸와 합을 탐해 종재(從財)할 수밖에 없다. 따라서 己未, 己는 종재에 방해되는 기신(忌神)이 되고 기신이 힘을 받는 午, 未, 己대운에 좋지 못한 일을 당할 수밖에 없는 것이다.

예2)

						49	39	29	19	9	
甲	庚	癸	壬	남		戊	丁	丙	乙	甲	대운
申	寅	卯	戌			申	未	午	巳	辰	

'庚金일간이 재왕절인 卯월에 태어나 년월에 있는 壬·癸에 설기되고 일지 寅, 시간 甲木있으니 아주 신약하다. 그러므로 시지 申과 년지 戌이 일간을 돕고 있는데 재다신약이므로 시지 申金으로 용신을 한다. 따라서 甲辰, 乙巳, 丙午대운은 용신을 돕지 못하므로 아주 좋지 못한 때이고 49세부터 시작되는 戊申대운부터 좋을 것이다.' 이런식의 풀이는 이 세상 대부분의 역술인들이 하고 있는 것일 것이다.

하지만 이 사람은 어려서부터 총명수재 소릴 들었고 서울대학을 우수한 성적으로 졸업한 후 모 대기업에 근무하고 있다.

역시 이때까지의 명리학설과는 전연 아닌 것인데 이는 일주의 동향과 충(沖)에 대한 작용을 모르기 때문에 빚어진 오류인 것이다.

이 사주는 한밝 신사주학 완결편에 기재되어있는 오행중심체국(五行中心体局)과 일간 대행격을 참고하면 누구라도 쉽게 풀 수 있는 명조다.

즉 이 사주는 시간의 甲木이 주체(主体)다. 卯월 甲木이므로 생목(生木)이다. 생목은 火를 좋아하고 土를 좋아하며 특히 火운은 발전운이 된다. 년월의 壬·癸水는 甲木의 편정인이고 년지 戌중 戊土가 甲木의 편재성으로 부친이 되므로 부친한명에 모친 두분있게 되었다.

일간 庚이 甲木을 충극할 것같으나 庚은 癸·壬의 水를 보고 생하므로 극을 하지 않는다. 즉 탐생망극이다. 시지 申이 일지

寅을 충함이 문제인데 戊申대운 申운에 寅申충이 발동 작용하므로 큰 재앙이 있을 것이다.

예3)

					44	34	24	14	4	
癸	癸	庚	辛	여	乙	甲	癸	壬	辛	대운
丑	卯	寅	巳		未	午	巳	辰	卯	

癸水일간 寅월생이다. 궁통보감에 보면 다음과 같이 기록되어 있다. '正月 癸水는 삼양(三陽)을 만난 뒤이니 그 성질이 지극히 유약하므로 우로(雨露)의 水에 비교 할 수 있다. 그러므로 먼저 辛金을 써서 癸水의 근원을 이루고 다음으론 온난하게 해주는 丙火를 쓴다. 이렇게 되면 음양화합이 되는 것이니 만물이 발생하게 된다. 사주천간에 辛金과 丙火가 양투하게 되면 소년시에 급제하게 된다.' 이 설명은 癸일간의 신왕신약을 중요하게 여긴 것이고 그 다음으론 조후를 필요로 한다는 말이다.

그러나 寅월 癸水의 역할작용적인 면에서 보면, 솟아오르고 있는 寅중 甲木을 水生木으로 키우고 있는 역할이다. 그런데 초봄의 生木은 여리고 연약하므로 金을 아주 싫어한다. 따라서 첫째는 지지의 金이 寅木을 극파함을 꺼리고 둘째로 천간의 金역시 꺼리게 되니 성장에 지장을 받기 때문이다.

즉 金의 하강하는 기운이 솟아오르려는 木의 기운을 눌린다는 말이다. 그러므로 火가 있어야 좋고 다음으론 木이 뿌리 내릴 수 있는 土가 좋다. 위 사주를 궁통보감의 이론에 따라 풀면 년간에 辛金있고 월간에 庚金있어 寅월의 癸水를 생하므로 부모덕있고 학업운 역시 좋아야 된다.

그러나 위 사주 주인공의 실제 삶은 10여세전 辛대운에 부모가 비명횡사하여 어렵게 어린 시절을 보냈다. 그러다가 辰대운 21세(辛丑년)에 결혼하여 27살 丁未년에 생남했고 巳대운 30세(辛亥년)에 남편과 사별했다. 따라서 궁통보감의 이론은 실제상황과 전혀 맞지 않는다.

한밝 신사주학의 이론으로 풀면 다음과 같다. 癸일간은 시주 癸丑이 도우므로 그렇게 약하지 않다. 그리고 寅월의 癸水는 너무 많아도 좋지 않으니 木의 뿌리를 상하게하고 火를 극하여 木의 성장을 억제하기 때문이다. 따라서 이 사주의 희신은 년지 巳火인데 공망을 맞고 있는데다 월지 寅의 형(刑)까지 받고 있다. 즉 용신이 심하게 손상되어 있다.

그런데다 년간의 辛金이「형출되어 나오는 丙火」를 합거하려 하고 있다. 년간의 辛金은 시지 丑에 뿌리 두어 좋다하겠으나 (궁통보감의 이론에 따른다면) 사실은 癸丑백호살의 발동신이 되므로 10여세 전에 흉한 일을 당하게 되는 것이다.

그리고 육친관계를 보면 辛金이 모친이고 년지 巳중 丙火는 부친이다. 辛金에서 보면 사지(死地)인 巳에 앉아있고 사(死)발동신인 庚이 월간에 있다. 그리고 辛金은 일지 卯에 절(絶)이고 시지 丑에 입고(入庫)되는데 일간 癸水가 고(庫)발동신이 되어 있다. 따라서 태어난 10여세 전에 모친 사별할 것임을 쉽게 알 수 있다.

년지 巳중 丙火부친은 공망을 맞아 허약해져있는데 월지 寅의 형(刑)을 맞았다. 형(刑)하면 그 지장간이 투출되는데 허약한 상태로 튀어나온 丙火는 辛金이 합거시키니 죽은 모친이 부친 데려갔다고 말할 수 있겠다.

巳중 戊土정관이 남편인데 역시 공망되어 아주 허약해있는 상태에서 寅木의 형을 맞았다. 그러므로 寅巳형이 발동될때에 남편과 사별하게 되니 巳대운에 별부(別夫)될 수밖에 없는 것이다.

辛亥년(30살)에 응한 것은 세운지 亥가 巳를 충했고 戊土는 亥에 절(絶)이 되어서이다. 그리고 巳火는 癸水의 노력에 따른 결과이고 자식(寅,卯)의 행동과 노력도 된다. 그러므로 노력은 많이 해도 그 대가(財)는 허무하게 되며 자식역시 똑똑치 못하게 되고 출세 못하게 된다.

또 辛金은 딸자식(寅)의 남편이 되는데 자식생기면 딸이 과부되게되니 모친(辛)일찍 사별한 것과 마찬가지의 이치다. 궁통보감의 이론은 일간의 신왕신약과 조후에만 초점이 맞춰져있으므로 허점이 아주 많다.

예4)

					31	21	11	1		
辛	癸	己	乙	남	乙	丙	丁	戊	대운
酉	丑	卯	卯		亥	子	丑	寅	

癸水 卯월생으로 신약하다. 먼저 궁통보감의 이론을 보자. '二月癸水는 강하지도 약하지도 유약하지도 않다. 乙木이 사령(司令)되므로 癸水의 원신(元神)을 약하게 하므로 오로지 庚金을 쓰고 辛金을 다음으로 쓴다. 庚·辛金이 함께 나와 있고 丁火가 천간에 나오지 않으면 과거에 합격하여 귀(貴)하게 되지만 庚辛이 보이지 않으면 평범한 사람에 지나지 아니한다.'

위 사주는 시주에 辛酉가 있고 酉丑금국까지 있다. 비록 庚金은 아니지만 힘찬 辛金이 있으므로 좋은 운명이 되어야한다. 그러나 위 사람은 말 못하는 벙어리로 태어나 子대운에 모친죽고 어렵게 살아가고 있다.

위 사주는 乙卯, 卯로 木旺하나 火가 없어 불미스럽게 되었다. 癸水의 역할은 水生木으로 卯木식신을 생해줌에 있다. 즉 식신은 나의 활동력이고 표현 발표력인데 火가 없음은 활동노력에 따른 결실(財)이 없다는 것이다. 봄의 乙卯木은 생목이므로 그 뿌리를 치는 酉金과 辛金을 아주 두려워한다. 그리고 木은 火가 있어야 발전되니 숨통이기도 하고 꽃이기도 하기 때문이다.

子대운에 일지 丑을 합하니 丑이 없어짐과 같으므로 卯酉충이 발동되어 모친 사망했다. 즉 辛金이 모친인데 일지 丑에 입고(入庫)되어 있고 癸水일간이 고 발동신이 되어있다. 그리고 辛金은 卯에 절(絶)이 되는데 절발동신인 乙木이 년간에 있다. 그러므로 모친과의 인연줄이 약한데 丙子대운만나 丙辛合하여 사지(死地)인 子에 金이 입사(入死)하므로 모친이 사망한 것이다.

예5)

					46	36	26	16	6	
乙	癸	丁	己	남	壬	癸	甲	乙	丙	대운
卯	丑	卯	丑		戌	亥	子	丑	寅	

癸水일간 卯월생으로 년지와 일지 丑에만 뿌리있고 그 외엔 모두가 극설되니 신약하다. 따라서 일간을 돕는 子·癸亥·壬의 水운이 길하다고 말할 수 있다. 하지만 이 사주는 乙卯, 卯의 木과 己丑·丑의 土가 싸우고 있는데 木의 세력이 강하여 土가 극되고 있다. 그러므로 월간 丁火편재가 木土간의 상쟁을 막아주고 있으며 힘차게 자라나오는 木의 숨통이 되고 있다. 따라서 丁火가 극되는 子대운부터 위장병이 생겨 癸亥대운에 위궤양으로 발전해 큰 고통을 겪었다.

壬대운역시 그랬다. 戌대운되어 월지 卯와 卯戌합되고 丁火의 뿌리 생겨 좋은데 戊寅년(50세)에 위장절제 수술까지 받았다가 戌대운부터 건강을 되찾았다.

7. 신왕신약과 일간의 선택

사주풀이의 첫 번째 순서는 일간의 강약을 헤아려야 한다. 그런데 대부분의 역인(易人)들은 간지(干支)의 숫자만으로 일간의 강약을 판단하려한다. 그러나 그렇게하면 안되고 뿌리가 있나 없나와 회합 형충으로 어떻게 되어있나 하는 것을 봐야 한다.

예1)

					46	36	26	16	6	
乙	甲	癸	乙	남	戊	己	庚	辛	壬	대운
亥	午	未	酉		寅	卯	辰	巳	午	

이 사주는 甲木이 여름철인 未월에 태어났으나 천간에 乙癸, 乙있고 지지에 亥水있으며 월지 未에도 乙木이 있다. 그러므로 신왕으로 보기 쉽다. 그러나 년간 乙木은 酉金위에 앉아 제 살길도 바쁜 형편이다. 그리고 未중 乙木은 일지 午와 午未합이되어 못쓰게 되었으며 시간 乙木은 약간 힘있으나 甲木을 돕지 못한다.

甲과 乙의 관계에 있어서 乙은 甲木에 기대어 甲木의 자양분인 癸를 빨아먹는 역할이므로 乙은 甲에게 힘이 되지 못한다. 거꾸로 乙은 甲木의 조력을 얻을 수 있다. 따라서 년시간의 乙木은 甲木을 돕기는커녕 해를 끼치는 역할을 한다.

오뉴월 甲午일주되어 조후가 필요하므로 바다(海)사업으로 치부했다. 그러나 己土대운에 군비쟁재(群比爭財)되므로 이혼하게 되었고 손재가 따랐다. 甲子년(39세)에 일지 午火를 충하여 午未합을 풀었고 甲木이 비견되어 대운간 己土를 합거시켜서이다. 재고(未)를 파하는 己丑生만나 酉生아들 亥생 딸 낳았다.

예2)

		53 43 33 23 13 3	
丁 癸 丁 甲	여	辛 壬 癸 甲 乙 丙	대운
巳 未 丑 申		未 申 酉 戌 亥 子	

'癸일간이 겨울철인 丑월에 태어났고 년지 申에 수생한다. 그러나 火土의 기운이 많으므로 일간을 돕는 金水가 희용신이고 木火土는 기신이다.' 대부분의 역인(易人)들이 행하는 사주풀이의 첫걸음이다. 그러나 년지 申은 공망인데다 월지 丑에 입고(入庫)되므로 癸水를 생해주지 못한다. 그리고 월지 丑중 辛金·癸水있으나 일지 未와 충되어 쓸모없어졌다. 따라서 종살할 수밖에 없다.

甲대운 결혼했다. 戌대운까지 편안했다. 일간을 돕는 癸대운에 남편의 사업이 망했다. 남편은 중동으로 기술직으로 취업해 갔다. 본인은 목욕탕 때밀이로 힘든 시기였다. 壬申대운까지 힘든 세월 보냈는데 건강마저 나빠져 수술까지 하게 되었다. 신왕신약을 잘못짚게 되면 이렇게 큰 차이가 나게 되는 것이다.

예3)

		22 12 2	
乙 壬 戊 壬	남	辛 庚 己	대운
巳 寅 申 寅		亥 戌 酉	

壬水일간이 년일지에 寅木식신을 보고 있으며 시주 乙巳있고 월간 戊土있어 아주 신약이다. 그러므로 월지 申에 의지하고 싶다. 따라서 대부분의 역인들은 '신약용인격으로 庚대운 좋고 辛亥대운역시 좋을 것이다.'로 판단하게 된다. 그러나 월 申은 년일지 寅의 협공을 만나 제 기능을 못하게 된다.

따라서 기신이되는 년간 壬水를 제거하는 월간 戊土로 용신해야한다. 庚대운에 소아당뇨왔다. 戊대운에 호전되는 것 같더니 辛亥대운 23살 甲子년에 당뇨합병증으로 사망했다.

예4)

					49	39	29	19	9	
庚	壬	己	乙	남	甲	乙	丙	丁	戊	대운
子	戌	丑	丑		申	酉	戌	亥	子	

'壬일간이 수왕절(水旺節)인 丑월에 태어났다하나 乙丑, 己丑과 일지 戌土있어 관살이 혼잡 되어있다. 그러므로 신약해져 시간의 庚金이 관인상생(官印相生)하는 용신이고 시지 子水는 희신이다.' 대부분의 초심자들이 전개하는 추명논리다. 그러나 이 사주는 입춘 3일전에 태어나 목기(木氣)가 태동하고 있다. 그리고 壬水일간의 역할은 온토인 戌위에 앉아 년간 乙木에게 자양분을 공급해주는 일이다.

즉 이사주의 핵심은 乙木에 있다. 乙木이 시지 子에 천을귀인이고 子丑으로 년지 丑과 합하여 오니 한의사다.(子는 活人星)

丁亥대운에 일본으로 가 무난하게 발전했고 丙戌, 乙대운에 귀국하여 치부했다. 甲대운 역시 좋으나 申대운은 기신인 庚이 득록하는데다 대운과 일주가 2급 소용돌이를 이루어 대흉하다. 57세 辛酉년되어 乙木을 충극하니 갑자기 이 세상 하직했다. 신약 용인격이라면 결코 申대운 辛酉년에 죽을 수 없을 것이다.

예5)

			29 19 9	
丁 辛 丙 甲	남	己 戊 丁	대운
酉 卯 子 辰		卯 寅 丑	

辛金일간 子월생되어 신약하다. 따라서 시지 酉가 일간의 록이되니 의지처가 될듯하다. 그러나 辛일간은 월간 丙과 합하였고 일지 卯가 시지 酉를 충하여 록을 받아들이려 아니한다. 따라서 丙辛합화수격(合化水格)이 되었다. 이렇게 변격되면 년지 辰중 戊土가 물을 흐리게 하므로 좋지 않다.

그리고 水는 木으로 설기시킴이 좋은데 시지 酉金이 卯木을 충하므로 酉金역시 기신이다. 즉 합화수격(合化水格)이 되어 가는 길은 卯木인데 酉金이 심하게 방해하고 있다. 지지의 록은 몸(肉身)에 해당되는데 이것이 병이므로 사주 주인공은 병신(病身)이 될 수밖에 없다.

卯木은 손이고 손가락이고 다리에도 해당된다. 초년 丁丑대운은 년주 甲辰백호살과 3급 소용돌이를 이루며 대운지 丑이 월지 子를 합하여 흙탕물을 만들며 酉丑으로 합되어 기신을 강하게 해준다. 17세 庚申년되어 년간 甲木(식신 : 명줄)을 극하니 공장에서 작업하다가 세 손가락이 절단되었다. 18세 辛酉년은 卯酉충이 발동되고 辰酉합으로 년간 甲木(水의 식신)의 뿌리를 상하게 한다. 그러므로 교통사고를 연이어 당하고 다리불구가 되었다. 이런 변화를 모르면 귀록격되어 土金운이 좋고 水木火운은 나빴다로 엉터리 해석을 할 수밖에 없을 것이다.

예6)

		51 41 31 21 11 1	
癸壬乙癸	남	己庚辛壬癸甲	대운
卯午卯亥		酉戌亥子丑寅	

이 사주를 기존명리 이론으로 보면, 아주 왕초보는 '癸亥. 壬일간과 시간의 癸水있으나 木으로 설기 많이 되므로 壬水일간을 돕는 金水운이 좋다.'로 말한다. 그리고 제법오랫동안 추명학을 연구한 역인은 '년주 癸亥는 월주 乙卯와 亥卯로 합하여 木으로 변했고 시간 癸水역시 시지 卯를 생하므로 종아격(從兒格)이다. 따라서 木을 돕는 水木운은 좋고 土金운은 나쁘다.'로 말하게 된다.

그러나 한밝 신사주학의 십간의 역할작용에 따른 사주풀이법(한밝 신사주학 완결편)으로 보면 다음과 같다.

여기서의 壬水와 癸水의 역할작용은 乙卯木에게 수분을 공급하는 일이다. 그러나 너무 많은 수기(水氣)공급으로 인하여 乙卯木은 음습해져 뿌리가 썩을 염려가 있고 꽃피우기 어려운 상태가 되어있다.

따라서 이 사주에서는 일지 午火가 제일 좋고 행운으로도 火土(조토)운이 와야 발전이 되며 水운은 불길함은 없으나 발전못한다. 乙卯木을 충극하는 金이 제일 나쁜데 申金보다 酉金이 더욱 나쁘다. 2월 초봄의 생목은 酉金을 보면 크나큰 상처를 입기 때문이다.

대운으로 보면 子대운에 午火를 충하여 좌절이 있었고 辛대운은 乙辛충되어 대흉하나 년간 癸水있어 무난했다.

辛金은 癸水를 생하므로 乙木을 극하지 않으니 바로 「탐생망극」이다. 亥대운 역시 무난했으나 큰 발전없었다. 庚戌대운부터 하는업이 잘되어 戊己운에 제법큰돈 벌었다. 그러나 酉대운 되어 戊午년에 뇌출혈로 쓰러졌고 59살 辛酉년에 이세상 등지고 말았다.

예7)

					38	28	18	8	
庚	壬	丁	戊	남	辛	庚	己	戊	대운
戌	午	巳	申		酉	申	未	午	

壬水일간이 화왕절(火旺節)인 巳월에 태어나 火土가 태다하므로 신약이다. 이리되면 년지 申에 뿌리를 둔 시간의 庚金으로 일간을 돕는 용신이다.로 말하게 된다. 그러나 년지 申은 공망인데다 壬午일주는 월간 丁巳와 丁壬으로 합을 탐해 시간의 庚金을 받아들이지 않는다. 따라서 종재격이고 이리되면 년지 申金이 병이고 기신이며 시간 庚역시 그러하다.

戊午·己未대운에 잘 지내다가 庚申대운초 乙亥년(28세)에 허리 다쳐 丙子년 29세에 척추수술을 하게 되었다. 辛亥년은 월지 亥를 충하여 종격에 역되어서고 丙子년 역시 子午충하고 申子합하여 수화상쟁이 일어나서이다. 일주의 선택을 무시하면 크나큰 오류를 범할 수밖에 없다.

예8)

					42	32	22	12	2	
丙	壬	己	庚	여	甲	乙	丙	丁	戊	대운
午	子	丑	寅		申	酉	戌	亥	子	

壬子일이 수왕절인 겨울에 태어났으나 丑월은 土가 본기이므

로 壬일간의 세력이 약하다. 일지 子양인이 힘이되나 子丑合으로 水의 기운이 흐려졌고 약해졌다. 따라서 己丑, 丙午로 재관의 세력이 강하므로 일간을 돕는 년간 庚金편인과 일지 子水에 의지해야한다. 이런 풀이는 억부법에 따른 것으로 아주 정확한 것 같다.

하지만 한밝신사주학파에서 주장하는 십간의 역할작용에 따른 해석법으로 보면 다음과 같다. 이양지절(二陽之節)인 丑월의 壬水는 년지에 있는 寅木식신을 키움에 있다. 寅중 丙火와 시주 丙午가 있으므로 조후는 충분하다. 따라서 寅木이 己土에 뿌리를 내려 잘 클 수 있을 것 같다. 그런데 년간 庚金편인이 寅木식신의 성장을 저해할 뿐아니라 木이 고개만 내밀면 충극시키려 노리고 있다.

즉 용신론으로 말하면 寅木이 용신이고 庚金이 기신이고 병이다. 따라서 子·丁亥대운은 지지의 寅木을 수생목했고 丁火는 庚金을 극하므로 좋은 집에 태어나 즐거운 시절을 보냈다. 丙戌대운도 좋은운인데 寅중 丙火투출되는 丙대운 甲寅년(25세)에 결혼하여 乙卯년에 생남했다. 戌대운도 좋았고 乙대운도 좋았으나 酉대운 되어 일지 子와 子酉로 귀문살되고 월지 丑과 酉丑합하여 완전한 자갈밭이 되어 정신병으로 시달렸고 유산 낙태사까지 있었다.

이 사주에서는 庚金편인이 병이되므로 酉대운에 정신병 오게 된것이다. 즉 인수(卯)는 사상이고 정신인데 이것이 병이되면 정신병이다. 42세부터의 甲대운은 년지 寅식신이 발동되어 나타나 년간 庚金과 충극한다. 甲庚의 충은 그 성패가 뻔한 것인데 대운지 申까지 합세하여 년지 寅을 충극했다.

이리되어 42살부터 46세까지 극심한 두통(甲庚충)으로 시달렸고 결국 己卯년(50세)에 뇌수술을 받고 사망했다. 억부법으로 보면 申酉金대운은 약한 일간을 도와 좋아야 한다. 하지만 일간의 역할 작용적인 면으로 보면 申酉·庚이 기신이되고 약한 壬水일간의 힘을 빼주는 寅木이 용신이 되는 것이다.

예9)

					36	26	16	6	
辛	壬	乙	戊	남	己	戊	丁	丙	대운
亥	辰	丑	申		巳	辰	卯	寅	

壬水일간 丑월생으로 일지 辰土있고 년간 戊土있으므로 관살혼잡격으로 말하는 사주다. 즉 월지 丑중 己土는 정관이고 일지 辰과 년간 戊는 편관이니 월지 정관격에 편관이 혼잡되었다로 말한다는 것이다. 이렇게 관살 혼잡인데다 살(殺)이 첩신(몸에 붙어있다)하면 반드시 인수로 통관시켜야 하는 것이 이때까지의 용신법이었다. 그러나 丑월 壬辰일의 역할작용적인 면에서 보면 월간 乙木을 키우는 것이 壬水의 소임이다. 즉 壬水일간의 할 일은 乙木을 키우는 일이다. 그러므로 乙木이 용신이 된다. 따라서 시간 辛金인수가 제일 큰병이니 乙木을 충극하기 때문이다.

년지 申은 년간 戊土의 기운을 빼주고 壬水일간을 생해주는 역할이니 큰 기신은 아니다. 시간 辛金인수는 壬일간의 록이 되는 亥水위에 앉아 일지 辰과 귀문살을 이루고 있다. 따라서 정신병 소질을 지니고 있는 명조다. 丙寅·丁대운 음습한 사주를 밝고 따뜻하게 해주므로 좋았다.

그러나 卯대운되어 년지 申과 卯申귀문살을 이루어 나쁜데 그만 제일 나쁜 辛未년(24살)을 만나 월주 乙丑과 천충지충하므로 정신병자되었다. 卯대운은 일간의 천을귀인이요. 乙木용신의 록이되어 좋지만 세운 辛未가 나빠서인 것이다.

戊辰대운은 壬水일간의 편관이고 입고운(入庫)되어 정신병원에 입원했다. 己巳대운역시 불미스러울 것으로 추리된다. 이 사주 역시 단순한 억부법으로 보면 '아닌데요. 틀렸는데요.'하는 소리만 듣게 된다.

예10)

					28	18	8		
己	壬	癸	丁	여	丙	乙	甲	대운
酉	午	丑	未		辰	卯	寅	

壬水일간이 신약하다. 그런데 壬水의 가는 길은 년주 丁未정재성이다. 즉 년주에 있는 丁未정재성을 찾아가는것이 壬午일주의 역할이다. 그러므로 약한 일주를 도와야 되는데 월간 癸水는 일간의 목적인 丁未정재궁을 천충지충한다. 이렇게되면 약한 壬水를 돕는다는 명분으로 일간의 재성을 박살내게 되니 오히려 기신이 되므로 시지 酉金과 월지 丑중 辛金에 의지할 수밖에 없다. 이런 사주상황을 통변해보면 월지 丑중 己土는 남편이다.

그러므로 남편이 들어있는 丑은 남편의집 즉 시집이 되며 월간 癸水겁재는 시집(丑)에서 나왔다. 따라서 시집식구가 내 재물(丁)을 뺏아간다. 그래서 남편과 나 사이엔 갈등(丑午원진)많게 된다.

乙卯대운에 시지 酉를 충하여 壬일간이 己土의 극을 받게 되는데 21세 丁卯년에 또 한번 더 酉를 충하여 B형 간염왔다. 시간 己土는 시지 酉金을 생하므로 일간 壬水를 극하지 않는다. 그런데 酉金이 충을 만나 제 역할 못하게 되면 갈 길 없어진 己土는 壬水를 극하는 쪽으로 가게 되니 질병이 따르게 되는 것이다.

일지 午중 丙火투출되는 28세에 결혼했다. 31살 丁丑년에 간염 악화되어 고생했다. 丁巳대운 43~47살 사이에 생명이 위험할것이다. 丁壬합하여 壬水가 巳에 입절하기 때문이다.

8. 체용(体用)

체(体)는 주체(主体)를 말함이고 용(用)은 주체가 써먹을 수 있는 것으로 주체가 있음으로서 존재하는 것이다. 그러므로 어느 한쪽이 없으면 그 존재성이 없다고 말할 수 있다. 예컨대 당신이 어떤 목적으로 차(車)를 한 대 구입했다면 주체(体)는 당신이 되고 차(車)는 용(用)이 되는 것이다.

그러나 비행기나 배를 운항하기 위해선 유능한 선장과 기장이 필요한데 이럴 땐 고용되는 선장과 기장이 용(用)이 되고 비행기나 선박은 체(体)가 되는 것이다.

따라서 체용관계는 어떤 목적, 어떤 상황에 따라 변할 수 있는 것이다. 이러므로 원인에 따른 결과를 밝혀내는 역학에서는 체용관계를 아주 중요하게 보는 것이다.

체용관계를 잠깐 살펴보면 다음과 같다.

○. 하도(河圖)는 체(体)고 낙서(洛書)는 용(用)이다.

○. 사물진행에 있어서 또 인간생명의 지속을 위해선 여자와 음(陰)이 체(体)가 되고 남자와 양(陽)은 용(用)이 된다.

○. 왕조시대 및 독재시대엔 임금및 지배자가 체(体)고 신하와 백성은 용(用)이다.

○. 민주(民主)시대엔 백성(民)이 주체(体)고 권력기관 및 정부는 용(用)이 된다.

이때까지의 사주추명학(四柱推命學)에서는 일간(日干)을 체(体)로 하고 월지(月支)에서 격(格)을 세워 용(用)을 찾아 설명했다.

이것은 오늘날까지 결코 움직일 수 없는 사주간법으로 자리잡고 있는데 근본적으로 다음과 같은 연유 때문이다.

사주추명학이 대두된 것은 임금(王)이 주체(主体)가 되고 신하와 백성이 용(用)이 되던 왕조시대였다. 이때는 신하와 백성(民)은 주체인 왕(王)을 위해 존재하므로 신하는 바꿀 수 있으나 왕(王)은 함부로 바꿀 수 없었다.

그러므로 사주팔자의 간법역시 '일간은 체(体)다.' 따라서 어떤 경우에도 일간은 주체로서의 '역할을 하게 된다.'로 굳어진 것이다.

그러나 지금의 시대는 주체가 주체성을 상실하면 곧바로 그 자리를 넘겨줘야하는 민주(民主)시대다. 그러므로 일간이 아주 태약(太弱)하거나 그 오행으로서의 역할을 못할 때는 당연히 주체자리를 딴것에게로 넘겨줘야한다.

실례사주로 예를 들면 다음과 같다.

1) 일간이 주체성을 상실할 때

일간이 사주지지에 뿌리를 못 두고 천간에서도 뚜렷한 도움을 못받을 땐 일간이 그 주체성을 상실한다. 하지만 일간이 사주지지 어느 한쪽에 득근했을 때에도 주체성을 상실하는 경우가 있다.

예를 들어 설명한다.

예1)

					47	37	27	17	7	
丁	乙	戊	丙	남	癸	壬	辛	庚	己	대운
丑	卯	戌	申		卯	寅	丑	子	亥	

乙木일간이 9월(戌月)에 태어나 실시(失時)했고 년지 시지 申·丑에도 힘을 얻지 못하고 있으며 천간에도 丙, 丁, 戊가 있어 乙木의 힘을 더욱 빼고 있다. 그러나 일지 卯가 乙木의 록이 되어 있다. 따라서 초심자들은 재다신약(財多身弱)으로 보게 되고 다음과 같이 그 운로를 풀이한다.

'亥子水운은 약한 乙卯木을 도우니 좋고 辛丑대운 나쁘고 壬寅, 癸卯 대운은 좋겠소.' 그러나 위의 해석은 근본적으로 잘못되었다.

위 사람은 亥子운에 모친과 이별하고 홀아버지 밑에서 아주 어렵게 살았다. 그러다가 27세부터 시작되는 辛金대운에 연예인으로 빛을 보기 시작하여 크게 두각을 나타냈다. 壬대운은 좋았고 寅대운엔 큰 발전 없이 지냈으며 정체성에 대한 회의와 갈등 속에 지냈다. 그러다가 癸대운 癸未년에 고층빌딩에서 투신자살했다.

홍콩의 유명한 배우인 장국영의 명조인데 일지 卯가 강한 세력을 지니고 있는 월지 戌과 卯戌합하여 일간의 뿌리 역할을 하지 않으므로 종재격으로 변한사주다.

이처럼 일간의 뿌리가 있으나 합충(合沖)에 의해 그 뿌리 역할을 못하여 종하는 경우가 될 때를 일러 가종격이라 한다. 그리고 이 사주처럼 일지가 합을 통해 종재(從財)를 하긴 했으나 일지가 록이 되던지하여 가종격이 되면 체(体)로서의 역할은 30%정도 있게 되고 육친관계 설정 역시 일간을 체로 한다.

예2)

					47	37	27	17	7	
癸	壬	戊	丙	여	癸	甲	乙	丙	丁	대운
卯	戌	戌	午		巳	午	未	申	酉	

壬水일간이 사주지지 그 어디에도 뿌리가 없다. 천간에 癸水 하나 있으나 癸는 시지 卯木을 생하기 바쁘고 역시 뿌리없어 壬水일간을 돕지 못한다. 따라서 강왕한 세력을 지닌 월간 戊土에 종하게 되니 바로 종살격이다. 이런 종살격에 대한 기존의 명리 이론은 다음과 같다.

'戊土편관에 종했으므로 戊土를 돕는 火와 土운은 좋고 戊土를 극하는 木운과 壬水를 돕는 水운은 불리하다.'

이 사주 주인공은 午대운 己丑년 44살 되던 때에 필자에게 상담받았다. 기존의 이론대로라면 午火대운좋고 년운 역시 戊土를 돕는 己土이므로 아주 좋아야 된다. 하지만 실제상황은 영 딴판이었다.

필자는 한밝 신사주학의 이론대로 戊土를 체로잡고 丙火·壬, 癸水를 戊의 용(用)으로 잡고 상담에 들어갔다. '최○○씨는 법(法)계통에 종사하겠으며 공부도 많이하여 지식 습득력도 뛰어납니다. 아마도 사물을 밝게 밝히는 (丙火의 역할) 법(戊)계통인 것 같은데, 법무사, 회계사, 변리사 등의 직업 같네요.' '예. 법무사 맞습니다.'

'27세부터 시작되는 乙木대운에 직장 잡았고 남자운도 있었는데 27살부터 31세까지의 운입니다. 그러합니까?' '예. 그렇습니다.'

'최○○씨의 성격은 말수는 없는 편이고 신용과 약속을 잘 지키며 맡은 일은 기필코 해내는 타입이네요. 그리고 37세(甲대운)

부터 남자운과 직장운있었고 지금은 재정적으로 아주 안좋습니다. 아마도41세 이후에 자기업을 했는데 영업실적이 아주 나쁘기 때문일 것 같습니다.' '맞아요. 41살 겨울에 법무사 사무실을 오픈했는데 신통치 않네요. 그래서 딴 곳에 취직을 할까. 아니면 공부를 더할까. 등으로 갈피를 못잡아 선생님께 상담하러 온 것입니다.' '47세부터 재운있으니 조금만 더 참으세요. 그런데 남자운은 삼각관계가 많이 생기겠으며 항상 외롭겠네요.' 戊土를 체(体)로 하면 일간 壬水와 시간 癸水는 재성이 되며 용(用)이 되고 丙火 역시 용(用)이 된다. 戊戌土는 火를 담아둘 수 있는 화로 역할이다. 따라서 이 여성은 이것저것 가리지 않고 할 수 있는 능력을 지니고 있다.

시지 卯木이 戊(体)의 관성인데 卯戌戌로 도화합 되어있어 삼각관계가 있게 되는 것이다.

예3)

					33	23	13	3	
戊	癸	乙	戊	여	辛	壬	癸	甲	대운
午	未	卯	申		亥	子	丑	寅	

이 사주의 癸水일간은 년지 申金에게서 생을 받고 있을 뿐 그 어디에도 의지할데가 없다. 그러므로 초심자들은 년지 申이 용신이요 하게 된다. 좀 더 실력있는 사람들은 '년지는 癸일간과 너무 멀리 떨어져있는데다가 공망(空亡)이다. 그러니 쓸 수가 없고 월주 乙卯木이 卯未로 합국하여 강한 세력을 이루고 있으므로 木식신에 따르는 종아격이다. 그리고 년간 戊土정관이 첫

남자인데 왕한 乙卯에 피극되므로 생자별부(生子別夫)한 후 시간의 戊土와 재혼하게 된다.'로 말한다. 그러나 한밝신사주학파의 논리에 따르면 다음과 같다.

癸未일주가 아주 신약하여 강왕한 세력을 지닌 乙卯木에 따라야 바른길이고 정상적인 길이다. 그러나 모든 사물은 합을 탐하여 가게되니 癸水는 시간의 戊와 합을 맺어 土로 종하면서 자신의 주체성을 상실하게 된다. 이리되면 시간의 戊土가 체(体)가 되고 일간 癸水는 재성이되며 乙卯木은 관성이 된다. 따라서 상처남 또는 유부남을 남자로 받아들이게 된다.

즉 乙卯木에서보면 년간 戊는 첫째여자고 년지 申金은 그여자 사이에 태어난 자식이다. 그리고 시간의 戊土는 乙木의 두 번째 여자가 되기 때문이다. 그리고 癸일간이 년간 戊와 시간의 戊사이에 앉아 이리갈까 저리갈까 두리번거리고 있는 상이다. 그러다가 결국 가까이에 있으면서 천간지합하는 시간의 戊土에게로 가게 되었다. 이런 구조인데다 년월지 申卯가 귀문살을 이루고 있으므로 그 성격은 결단심없이 우왕좌왕하게 되고 심한 정신적 갈등을 지니게 된다.

초년 甲寅대운에 甲木은 戊土를 극하여 戊癸합을 깨고 대운지 寅은 일지 未와 귀문살을 이루니 어려서부터 자폐증과 우울증에 시달리게 되었다. 戊癸합이 깨지면 주체성 상실한 癸水일간이 붙을데가 없어지므로 방향감각이 상실되게 되어 사람노릇 못하게 되는 것이다. 癸대운되어 년간 戊와 戊癸합되어 일간 癸水가 시간 戊土에게만 정을 주므로 똑바른 정신이 돌아왔다.

壬대운은 년지 申홍염살의 투출신이므로 연애감정이 두드러지게 생겨났다. 子도화대운 戊寅년에 戊癸합이 발동되었고 년지 申홍염을 寅申으로 충하여 홍염 발동되니 상처남과 합정했다.

하지만 집안 어른들의 극심한 반대가 따랐고 이에 동반자살을 기도했다. 癸일간이 년주와 戊癸합하여 사지(死地)인 申에 들어간다. 이리되면 죽어도(死)연애 하겠다. (申홍염)하게 되므로 자살 미수까지 가게된 것이다. 위 예처럼 체(体)만 정확하게 찾아낸다면 그 용(用)을 찾기는 그리 어렵지 않다. 그런데 어떤 경우에 일간이 그 주체성을 상실하여 타 오행에게 주체(主体)자리를 넘겨주게 되느냐. 하는것을 먼저 알아야 될 것이다.

첫째. 일간이 사주천간 지지 그 어디에도 뿌리가 없어 태약(太弱)할 때는 주체성을 상실한다.

둘째. 일간이 조금의 뿌리가 있지만 모든 것들의 강한 세력을 지니고 있는 오행에게로 역할과 작용이 집중되던지, 강한 세력을 지니고 있는 오행을 위해 작용하고 있는 경우엔 일간이 주체성을 상실한다. 소위 가종격이라 칭하는 사주 유형들이다. 이런 경우엔 일간이 그 주체성을 완전히 상실하는 것이 아니라 30% 정도의 본성을 지니고 작용한다.

예)

					48	38	28	18	8	
丙	癸	乙	癸	여	庚	己	戊	丁	丙	대운
辰	丑	卯	卯		申	未	午	巳	辰	

이 사주는 癸水일간이 일지 丑에 뿌리 있고 시지 辰에도 통근했으며 년간 癸水가 미미하나마 존재하고 있다. 그러므로 이 세상 대부분의 역술인들은 신약 식상격(身弱食傷格)으로 판단한다. 그리고 약한 일간을 돕는 金水운은 좋고 이와 반대되는 木火土운은 불미스럽다. 로 말하며 그 근거로 궁통보감(난강망) 癸水 卯월생의 설명 한구절을 제시한다. '卯月 癸水는 강하지도

유약하지도 않다. 乙木이 사령하므로 癸水의 기를 빼내어 원기를 약하게 한다. 그러므로 오로지 庚金으로 위용하고 다음으론 辛金을 쓴다….'

그러나 이 사주의 癸水는 힘차게 솟아오르는 乙木에게 수분을 공급하는 역할이며 丑, 辰중의 土는 乙卯木이 뿌리박을 수 있는 기반이 된다. 그리고 시간의 丙火는 乙卯木이 잘 자랄 수 있도록 해주는 태양의 역할이다. 즉 모든 오행이 卯월 乙木을 위해 존재하고 있다는 말이다. 이렇게 되면 乙木이 체(体)가 되니 일지 丑중 辛金은 남편성이 되고 년 일간의 癸水는 辛金의 표출신이 된다. 따라서 재혼격 팔자며 봄(卯月) 난초(乙)가 빨간 꽃(丙)을 피웠으니 미인이다.

卯월 乙木은 辛金을 꺼리므로 남자로 인해 상처받든지 큰 패망이 있게 되고 土와 火운이 와야 발전된다. 그리고 木이 왕하면 土를 극하게 되므로 부친과는 인연이 박하다.

하여 초년 辰대운에 부친과 사별했고 戊午대운은 火土운되어 큰 발전있었다. 己未대운은 卯未 卯未로 木국을 지으니 영역확대 운이나 재성인 未土가 비견으로 변하므로 재산 손실 크게 있었고 부부이별까지 있었다. 기존의 명리론으로 보면 살아온 과정이 전연 부합되지 않는다. 셋째로는 일간의 뿌리는 미약하게나마 있으나 일간이 강한 세력 지닌 오행과 간합할 때는 그 주체성을 상실하게 된다.

실례1)

					51	41	31	21	11	1	
戊	辛	丙	壬	남	壬	辛	庚	己	戊	丁	대운
戌	亥	午	辰		子	亥	戌	酉	申	未	

이 사주는 한밝선생님께 수강하고 있는 분이 내놓은 것이다. '선생님! 이 사주는 어떻게 풀어야할지 도무지 갈피를 못잡겠습니다.' '자네가 지니고 있는 명리이론으로 풀어본 결과와 이 사주 주인공의 실제 삶의 모습이 일치되지 않아서 내게 내놓은 것이구나.' '네. 그렇습니다. 辛金일주가 신약하므로 년지 辰에 뿌리 있고 월지 午에 수생되고 시지 戌土에 뿌리있는 시간의 戊土인수를 용신으로 하였습니다. 하지만 실제 삶과 전혀 부합되지 않았습니다.' '이보게 장군(張君)! 모든 사물은 합(合)에 의해 생겨나므로 제일먼저 살펴야 할 것이 합(合)이라네. 이 사주의 辛金일간은 강왕한 세력을 지닌 월주 丙午와 합하여 丙火에 따랐다네.

이리되면 월간 丙火가 주체가 되니 년간 壬水는 관성이 되고 일간 辛은 재성이 된다네. 따라서 이 사람은 직장 생활하다가 자기사업하게 되는데 아마도 戌대운에 직장 접고 辛亥대운 초부터 본격적으로 사업했을 것인데 그러하던가?' '예! 맞습니다. 戌대운에 직장 그만두었는데 어째서 입니까?' '년지 辰이 壬水관성(丙火의)의 집(庫)인데 戌이 충파했기 때문이네.' '그러면 이 사람의 현재운세는 어떠하며 어느 정도의 재력을 지니고 있는지요?'

'壬子대운의 子대운은 월지 午를 충하고 대운간 壬은 월간 丙火를 충하여 丙辛합을 깨게 되므로 큰 혼란과 파란이 오게 되니 아마도 재미없을 것이네. 그리고 이 사람의 평생 재력은 많으면 40억이고 적으면 4억정도로 보면 된다네.' '辛金의 상수가 4이기 때문이군요.' '그렇다네.'

9. 주객론(主客論)

주(主)라는 말은 주인(主人), 주군(主君)에서 알 수 있듯 주체적이고 중심적인 역할작용을 하는 것을 뜻한다. 객(客)이란 말은 보통 손님의 뜻으로 쓰이고 있으나 본뜻은 집(宀)을 떠나온(各)사람을 말함이다. 즉 집을d떠나 떠도는 상태에 있는 사람을 말한다. 그러므로 주객(主客)의 관계는 체용(体用)의 관계와 같을 수도 있다.

그러나 이장에서 말하고자하는 주객관계는 주체인 일간 및 일간 대행자가 주도적인 역할을 하는가, 아니면 객(客)이 되어 남에게 부림을 받던지 주(主)를 돕는 역할을 하는가. 함을 분석하는데 있다. 즉 인간들이 살아가는 형태를 크게 두 가지로 나눠보면 첫째로는 무리나 조직의 우두머리나 중심이 되어 타인을 부리며 살아가는 사람이 있다. 둘째로는 남의 고용인이나 남의 참모 역할을 하며 남이 남긴 것을 얻어 먹고사는 사람이 있다.

주객관계는 비록 이러하지만 주(主)가 객(客)보다 행복된 삶을 살지 못하는 경우도 있고 객(客)이 주(主)보다 뛰어난 면도 있게 된다. 예를 들면 삼국지에 나오는 유비와 제갈공명이 있다. 유비는 제갈공명보다 여러 가지 면에서 아주 많이 뒤떨어진다.

그렇지만 제갈량은 유비를 보조하는 참모역할 밖에 못했고 유비는 일국의 왕위에까지 오르게 되었다. 따라서 주(主)의 역할을 한다해서 반드시 좋은 것도 아니며 객(客)의 역할을 한다해서 그 사람의 능력까지 미흡한 것은 아니다.

1. 비견, 겁재가 있을 때의 주객관계

비견 겁재는 재성을 극하는 것이고 관성을 두고 경쟁하는 사이이다. 그러므로 비견겁재의 역량과 주체가 되는 일간 및 일간 대행자의 역량을 살펴 주객(主客)관계와 그에 따른 삶의 모습을 알 수 있다.

예1)

					27	17	7	
甲	辛	辛	癸	남	戊	己	庚	대운
午	酉	酉	亥		午	未	申	

이 사람은 남의 부림을 받던지 남에게 빌붙어 살면서 남이남긴 잔밥이나 얻어먹고 살아야 될 운명을 겪게 된다.

이것은 십간의 향배와 작용을 통해서 알 수 있다. 앞에서 설명했듯이 십간 십이지(十干 十二支)로 표시되는 모든 오행의 속성은 제일먼저 합을 찾아간다. 그리고 다음으론 생(生)으로 가고 생·합(生合)이 없을 땐 극(剋)으로 간다.

여기에 따르면 辛일간은 辛酉월주를 얻어 아주 신왕하다. 그러므로 년주에 있는 癸水에게로 생(生)을 해주려 갈수밖에 없다. 그런데 월주 辛酉비견이 년주 癸水를 나보다 먼저 생해주고 있으며 나는 그 뒤를 따르고 있는 형상이다. 이런 상태는 힘있는 형제 친구동료(辛酉月)가 뒤에 있는 나(辛酉日)를 데리고 가는 모습이며 나는 앞에 있는 형제 친구 등을 뒤따라가 합세하여 활동(癸水식신)하는 모습을 나타내고 있다.

흔히 재성(財星)이 있을 때 비견겁재를 보면 재(財)가 탈취 당하게 되므로 비견겁재를 크게 꺼린다. 하지만 이 사주처럼 되어 있을 때는 월주 비견은 癸水를 생하기 바빠서 시간의 甲木을 극하려하지 않는다. 즉 탐생망극(생함을 탐해서 극함을 잊는다)이 되는 것이다.

그런데 戊대운되어 년간 癸水가 戊에게 합을 당해 水의 역할이 중지되었다. 이렇게 되면 갈 길이 없어진 월주 辛酉는 시간의 甲木을 극하게 되니 바로 손재·탈재에 극처(剋妻) 별처(別妻)문제가 생기게 되는 것이다. 따라서 甲木재성이 합거되는 己丑년은 처가 사라질 수밖에 없는 것이다.

예2)

丁	丙	庚	壬	남	乙	甲	癸	壬	辛	대운
酉	午	戊	寅		卯	寅	丑	子	亥	
		공망								

이 사주의 丙火일간은 寅午戌화국의 중심인 午火위에 앉아있고 년월간에 壬·庚의 재(財) 관(官)을 보고 있다. 丙火는 월지 戌에 통근했고 시지 酉에 양인을 얻은 강왕한 庚金을 녹여 그릇을 만들기에 어려움이 많다.

그래서 일지 午중 丁火를 이용하여 월간에 庚金을 제련시키려 한다. 즉 일간 丙火는 한조직의 우두머리격이고 丁火는 고용인 및 타인이며 객(客)이 된다. 하지만 癸丑대운까지는 남의 밑에서 직장생활했다. 관성운이어서다. 甲寅대운에 신발생산업에 뛰어들었으나 庚金이 寅에 절(絶)이 되고 丁火는 사(死)가 되니 실패가 따랐다.

乙대운 癸未년에 공망된 문서(乙)로 돈(庚)을 만들려 했다.

예3)

					43	33	23	13	3	
庚	乙	丁	辛	남	壬	癸	甲	乙	丙	대운
辰	巳	酉	亥		辰	巳	午	未	申	

乙木일간 酉月생으로 시지 辰에 뿌리 있으나 일지 巳가 巳酉로 금국을 짓고 일간 乙은 시간 庚과 합을 하여 화금(化金)되었다. 음간 乙木이 化金되면 庚金이 일간 대행하는 주체가 된다. 그리고 일간 乙木은 재성(財)이 되고 월간 丁火는 관성이 된다. 일지 巳중 丙火역시 관성이 된다.

년간 辛金은 庚의 겁재가 되니 乙木처의 첫 남자이고 월간 丁火는 辛과 乙木사이에 태어난 딸자식이다. 乙木처는 丁火 딸자식 낳고 2년만에 辛金과 갈라섰다. (丁火는 2수)

월주 丁酉가 주체인 庚辰과 辰酉로 합하므로 처(乙)와 자식(丁)이 모두 내게로 왔다. 乙木처가 약하므로 그 록이 되는 卯생여자와 인연이라 乙卯생 여자 만났다. 甲午대운에서였다. 庚金이 강왕하므로 월간 丁火로 제극될 수 없고 년지 亥水로 설기해야만 한다. 그런데 亥水는 나보다 먼저 년간 辛金의 생을 받고 있다. 그러므로 나(庚)는 남(辛)이 하는 일에 끼어들어야 하고 남이 하는 일을 돕는 역할을 해야하며 남(辛)이 토해낸 밥찌꺼기(亥中甲)나 주워 먹는 운명이다. 丁火관성이 득록하는 甲午대운까지는 직장생활했다. 그러다가 癸대운(庚의 상관운)만나 퇴직했다. 午대운엔 월간 丁火가 득록하여 년간 辛金을 제거해서 남의 것(乙)이 내 것이 되었고 조금의 돈도 만졌다. 그러나 癸대운되어 丁火가 힘을 못쓰게 되자 년간 辛金이 乙木을 치게 되니 재정적으로 어렵게 되고 부부사이도 깨질 위험에 봉착하게 되었다.

예4)

庚	庚	乙	癸	남	辛	壬	癸	甲	대운
辰	申	卯	巳		亥	子	丑	寅	
	수옥살								

庚申일주가 庚辰시를 얻어 일주 불약이다. 월주 乙卯정재가 일간 및 시간과 乙庚庚으로 합하고 있다. 이것을 거꾸로 보면 두 사람(庚庚)이 乙卯정재를 서로 먹으려 경쟁하고 있는 상이다. 이렇게 되면 소유욕이 아주강하며 비견(경쟁자)을 싫어하게 되며 의심이 많고 탐욕이 많게 된다.

그런데 이 사람은 남이 노력하여 만들어놓은 재물을 잡아채어 자기 것으로 하려하는 도둑의 심보를 지니고 있다. 그리고 이로 인해 구속수감(수옥살)까지 되는 운명이다. 이렇게 풀이 할 수 있는 근거는 년간 癸水상관이 시지 辰에서 투출되었기 때문이다.

즉 癸水상관은 재성 乙木을 만드는 노력이고 활동인데 이것이 시주 비견중(辰)에서 나왔고 월간 乙木정재역시 시주에서 투출되어 있으므로 남(시간庚)이 활동하여(癸상관)이룬 재물(乙)을 뜻한다. 그리고 일주 庚申이 乙卯재성을 乙庚으로 합하고 있음을 그렇게 남이 만들어놓은 재물을 잡아채게 됨을 말하고 있는 것이다.

이런 사주구성 탓인지 이 사람은 子대운에 월지 卯를 子卯형하여 돈을 뺏고자 제자를 유괴하여 결국 죽게 하였다.

예5)

丙	己	己	丁	남	癸	甲	乙	丙	丁	戊	대운
子	未	酉	丑		卯	辰	巳	午	未	申	

이 사주는 己土 酉월생으로 土金식신격이다. 신왕하므로 가는 길은 당연히 월지 酉金이다. 원래 己土는 木을 받아들여 키움이 제일 큰 소임인데 木이 없고 酉월 金旺의 때이므로 木을 심고자는 하나 키울 수 없는 팔자다.

따라서 법관이 꿈이었으나 이룰 수 없었고 쇠(酉)만지는 사업쪽으로 진로를 잡게 되었다. 그런데 월간에 己土비견이 酉金을 己土일간보다 먼저 생하고 있다. 그러므로 이 사람 역시 남의 고용인이나 참모노릇을 해야 마땅하다. 하지만 이 사람은 평생 남의 밑에서 돈벌어본 일없고 자신이 사장이 되어 조그만 기업이나마 꾸려갔다. 어째서 일까?

그것은 己未일주의 未중에있는 己土가 월간에 표출되어서이다. 즉 월간 己土비견은 일지의 표출신이 되어 자기 자신을 대표하기 때문이다. 만일 己未일주가 아니고 己巳일주라면 남에게 빌붙거나 남이 하는 일에 동참하는 삶의 형태로 나타나게 된다.

예6)

					73	63	53	43	33	23	13	3	
壬	癸	壬	己	남	甲	乙	丙	丁	戊	己	庚	辛	대운
戌	巳	申	巳		子	丑	寅	卯	辰	巳	午	未	

癸일간 申월생에 월시간에 壬水있어 신왕이다. 木이 있으면 설하여야 하지만 없으므로 년간 己土편관으로 용신 삼아야 한다. 그러므로 火土운은 좋아야 된다. 그러나 戊辰, 己巳의 火土

운에도 발복을 못했다. 년주 己巳가 희용신이라면 이것을 돕는 火土운은 좋아야 당연한데 어찌된 일일까? 이 문제는 주객(主客)관계를 모르면 절대로 풀리지 않는다.

위 사주에서 보면 년간己土와 이를 돕는 巳火는 癸水일간의 것이 아니고 형님이되고 남이 되는 壬申의 것이다. 즉 己巳는 庚午, 辛未를 거쳐 壬申에게로 진행하여 巳申으로 합한다. 그러므로 형님(壬申)은 재관을 얻어 잘살며 나(癸)는 그 밑에서 얻어먹으며 지내게 되었다. 형님댁을 떠나서도 평생 남의 일이나 거들어주며 입에 풀칠할 정도로 살았다. 그리고 己土는 자식성인데 여기에 의지하므로 평생 자식덕보며 살았다.

그리고 년지 巳중 丙火는 형수고 남의 여자가 되며 내 여자는 일지 巳중 丙火다. 그런데 巳는 시지 戌에 입고되어 火의 작용을 못하고 있다. 즉 고(庫)는 쉬는 곳이고 활동을 못하는 곳인데 입고되면 그 오행이 작용을 못하게된다. 따라서 처(妻)가 우둔하며 능력없었으며 미신숭상하여 부루단지를 모셔놓기까지 했다. 己土용신이 합되어 입절(入絶)되는 甲子대운에 종명했는데 癸未년이었다.

예7)

					35	25	15	5	
壬	癸	乙	己	여	己	戊	丁	丙	대운
子	巳	亥	未		卯	寅	丑	子	

癸水일간 亥월생으로 壬子시를 얻어 아주 신왕하다. 따라서 년주 己未, 월간 乙木, 일지 巳가 희신이다. 그런데 년간 己土편관은 월지 亥水와 亥未로 암합이고 반목국이다. 그러므로 己未편관은 언니의 남편이고 내 남자는 일지 巳중 戊土다. 하지만

월지 亥의 충을 받아 깨질 위험이 있다. 그러나 년지 未가 亥를 亥未(丁壬)로 암합하여 잡아주므로 巳亥충이 보류되어있다.

이런 암합상태는 아주 힘이 약하므로 년지 未를 충하는 丑운과 형하는 戌운을 만나면 그 즉시 깨어진다. 즉 丑, 戌운을 만나면 亥未합이 풀려 巳亥충이 발동되어 남편과 불화 이별이 따른다는 말이다.

丁丑대운에 丑未충하여 巳亥충까지 발동되어 부친(巳중 丙)에 유고있었다. 戊대운은 일지 巳의 투출신되어 결혼운인데 27세 乙酉년에 했다. 그러나 곧바로 丙戌년을 만나 戌未로 년지를 형하여 巳亥충을 발동시키므로 이혼했다. 세운간 丙은 癸일간의 정재(돈)이므로 돈 문제로 시비한 후 이혼했다.

일지 巳중 丙火 戊土는 필요한 역할을 하는 희신이긴하나 월지 亥와 시지 子에 극을 받고 있으므로 믿을 수 없고 믿을 것은 언니의 관성인 년주 己未뿐이다. 따라서 남이나 언니(亥)밑에서 일도와주고 살아야 될 객(客)의 운명이다. 癸水가 가는 길은 월간 乙木식신에게로 이고 乙식신은 亥水겁재에 앉아 겁재(언니, 타인)의 관성인 未속에서 표출된 것이므로 언니 학원에 강사로 근무하게 되었다.

己土편관운까지 그렇게(남의 밑에서)일보며 살아갈 것이고 유부남과 인연 걸게 될 것이다.

예8)

					42	32	22	12	2	
己	庚	辛	癸	여	丙	乙	甲	癸	壬	대운
卯	辰	酉	卯		寅	丑	子	亥	戌	

庚일간 酉월생으로 양인격이다. 신왕하므로 년간 癸水로 간

다. 즉 상관생재격이다. 癸水가 용신이라 할수있는데 겁재가 먼저 癸를 생하고 있다. 그렇지만 년간 癸水는 일지 辰에서 투출된것이므로 庚辰일주가 주인이되고 辛酉겁재는 객(客)이 된다.

따라서 본인이 주인이고 많은사람(辛酉)들이 내게 붙어(辰酉) 활동하며(辛生癸)먹고 산다. 년간에 상관하나 투출이며 도화살(酉)과 합하여 도화발동이니 미인이다. 관성인 火없다. 그러므로 일간 합신인 卯중 乙木이 남편이다. 시지 卯중 乙木이다. 재성이 남편되어 돈되는 남자다.

예9)

甲	辛	庚	乙	남	甲	乙	丙	丁	戊	己	대운
午	酉	辰	未		戌	亥	子	丑	寅	卯	

신왕하므로 재관이 용신이다. 辛酉일주가 庚辰겁재와 辰酉합했고 辰중 乙木이 년간에 투출되어 乙庚합하고 있다. 따라서 남(庚辰)이 하는 일(乙庚)에 내 힘을 거드는 식이니 타인(庚)이 주(主)고 본인(辛)은 객(客)이 된다.

辛酉일주가 庚辰과 辰酉합되어 입묘(入墓)되고 있다. (辛은 辰에 墓). 이리되면 강한사람(庚)이나 자신보다 위에 있는 사람에겐 꼼짝 못하게 된다.

그런데 辛酉일주는 시주 甲午의 재관을 얻고 있다. 이리되면 월간의 庚金겁재가 내 재성(甲)을 충파시키는 역할을 하게 된다.

따라서 가정적으로 형님이나 누님이 내처(甲)을 극해하게 되며 사회적으론 친구, 형제, 동료 및 상사가 내 재물을 손상시키고 내 처를 노리게 된다. 이런 쟁재는 년간 乙木이 辛金운을 만나 깨어져 없어질 때와 庚운을 만나 乙庚합으로 없어질 때에 발동된다. 즉 월간 庚은 년간 乙木과 합을 하여감으로서 시간의

甲木을 충극치 않게 된다. 그러나 乙木이 없어지게되는 庚은 甲木을 극하는 쪽으로 움직이게 된다.

이것을 막기 위해선 시지 午중 丁火관성을 쓸 수 밖에 없으니 이 사람은 직장생활 할 때는 큰 손재가 없다. 시간 甲木이 처가 되는데 상대적 통변으로 보면 辛金남편보다 남편과 한 뭉치되어(辰酉)노려보는 庚金이 더 두렵다. 그리고 辛은 정관 庚은 편관되어 많은 남자가 나를 맛있는 먹잇감으로 노리게 된다. 일시가 3급 소용돌이되어 부부간에 갈등많다. 甲木이 홍염지되고 도화살되는 午에 앉아있으니 처(妻)는 끼 많고 미모다.

10. 오행의 가는 길

십간 십이지(十干 十二支)로 그려진 모든 오행이 가는 길은 다음과 같다.

1. 합으로 간다.

① 오행(五行)이 가는 길은 첫 번째가 합(合)이다. 이러므로 합을 탐해 극을 하지 않는다.(탐합망극)

② 합을탐해 생을 하지 않는다.(탐합망생)

③ 합을 탐해 충(冲)을 하지 않는다.(탐합망충) 등의 용어가 생겨난 것이다. 이러한데도 합을 무시하게 되면 그 사주풀이가 정확할 수 없다. 일간의 합(合)부터 예를 들어 설명한다.

예1)

壬	辛	丙	丁	남	庚	辛	壬	癸	甲	乙	대운
辰	酉	午	酉		子	丑	寅	卯	辰	巳	

辛酉일주가 월주 丙午정관과 丙辛합이되어 있다. 그런데 일지 酉는 상관 壬水가 있는 시지 辰으로 합을 하고 있다. 이렇게 되면 직장(丙火)에 묶여있지만 생각(辰土인수)은 자유분방함(壬水상관)으로 가고있다. 따라서 보수적인것(丙辛合)같지만 진취, 혁신적 자유성향이 있고 경우 바르고 숨김이 없는 성격구조다.

丙丁, 午火가 도화살되고 辛은 반영체가 되므로 여럿중에서 두드러져 보이게되고 시력이 나쁠 것이다. 자식(丙)은 재혼하게 되고 본인역시 이성에게 인기 좋다. 마음만 먹게 되면 쉽게 애인을 만들 수 있는 사주다. 순리적인 사람이다.

예2)

		46 36 26 16 6	
壬 戊 癸 戊	여	戊 己 庚 辛 壬	대운
戌 申 亥 戌		午 未 申 酉 戌	

戊일간이 월간 癸와 합하고 있는데 년주 戊戌 역시 癸월간과 쟁합하고 있다. 이런 모양은 누런 개(戊戌)와 누런 원숭이(戊申)가 돼지고기 한 점(癸亥)을 서로 입에 물고 놓지 않으려하는 형상이다. 따라서 아주 소유욕이 강한사람이며 의부증까지 있다.

또 戊土일간에서 보면 癸水정재말고도 시간의 壬水편재가 있다. 즉 癸水아니라도 먹을것(壬)이 있는데도 불구하고 '너는(癸) 내 것이니 죽더라도 내 밑(申)에서 죽어' 하며 놓아주지 않는 형상이다. 이 사주는 木관성이 보이지 않으므로 합신(合神)인 癸水가 남편성이다.

癸에서 보면 년주 戊戌과 먼저 합한 후에 일간 戊와 戊癸합했다. 따라서 남편은 전처가 있었고 나는 재취로 왔다. 그런데 癸水는 戊申일주와 합하여 입사(入死)하며 癸의 사신인 申중 壬水가 시간에 나타나 있으니 이것은 癸水 夫의 사(死)발동신이다. 그리고 壬戌은 백호살인데 일간 戊는 백호살 발동신되어 있다.

따라서 夫사별할 팔자다. 己未대운의 未에 癸(夫)는 묘(墓)가 되며 일주 戊申과 일급소용돌이를 이루므로 아주 불길하다.

壬午년(44세)만나 癸水는 세운지 午에 절을 만나고 년주와 4급소용돌이 이루어 남편과 사별했다. 癸水남편은 돈창고(戌)가 두 개나 있으므로 상당한 재력가였다.

예3)

		43 33 23 13 3	
甲癸己戊	남	甲癸壬辛庚	대운
寅亥未寅		子亥戌酉申	

癸亥일주가 寅亥합되어 木으로 변했고 월지 未와도 亥未로 반목국하려 하고 있다. 따라서 태약한 癸일간으로서는 왕한것에 따를 수밖에 없다. 일지 亥가 시지 寅과 合하고 木의세력이 왕성하므로 시간 甲木에 따르고 싶다. 하지만 未월 土가 왕한 때이고 癸일간이 년간 戊와 戊癸합하고 일지 亥역시 년지 寅과 寅亥합하고있다. 바로 천간지합이 되었다.

이렇게 되면 戊土에 따르게 되니 합을 우선으로 하기 때문이다. 그러하지만 월간 己土가 가로막고 있음이 문제다. 그러나 戊土가 체(体)가 됨에는 큰 지장 없다.

따라서 癸水일간이 처가 되고 甲寅木이 자식이다. 월간 己土는 형제성이 되나 癸水재성을 노리는 경쟁자가 되고 처의 애인도 된다. 그런데 사주천간지지에 木이 아주 많으므로 월간 己土는 木의 세력을 분산 수용케하는 역할을 하기도 한다.

이 사주는 木旺함이 병이다. 이렇게 병이 많으면 제극해줄 金이 있어야하고 木의 기운을 빼줄 火가 투출되어야 한다. 그런데 火는 지지 寅, 未에 숨어있고 金은 보이지도 않는다. 金은 癸水처의 인성(母)인데 없다. 그러므로 장모없는 여성에게 장가들게 되었다. 壬편재 대운에 여자 나타났는데 壬은 일지 亥의 투출신이어서이다.

戌대운에 월지 未를 형하니 년일지간에 寅亥합이 이뤄져 결혼했다. 癸대운은 戊土의 정재운이라 돈벌이 잘되었다. 亥대운에 癸水財가 뿌리 얻어 재운따랐다. 그러나 亥대운은 甲木편관은 강왕해지고 戊土체는 절이 되는 때이므로 병들게 되어 많은 돈 까먹었다.

甲대운은 戊의 편관발동이고 甲이 월간 己와 甲己합한다. 그러므로 戊는 癸와 쉽게 합이 되어 입절(入絶)하게 된다. 즉 戊癸합을 막아주고 있는 己土가 甲己합으로 사라지게 되면 戊는 癸와 합하여 입절(入絶)하게 되어 저 세상으로 가게 된다. 따라서 亥대운 44세 辛酉년이 戊土의 사지(死地)가 되므로 사망했다.

병명은 당연히 간(肝)병인데 암이었다. 甲寅木이 왕하므로 자식은 크게 잘된다. 이 사주에서의 戊土역할은 자식(甲)낳고 키우는 일밖에 없으며 癸와 합하여 입절하면 亥중 甲木에 극까지 받게 된다. 그러므로 결혼하여 막내(시주 甲寅木)낳고 3년내지 8년되면 죽음으로 가는 것이다.

예4)

					54	44	34	24	14	4	
丙	庚	乙	庚	남	辛	庚	己	戊	丁	丙	대운
戌	戌	酉	戌		卯	寅	丑	子	亥	戌	

庚金일간이 금왕절(金旺節)인 酉월에 태어나 양인을 얻었고 년주 庚戌과 일시지 戌있어 아주 신왕하다. 따라서 재관을 위용해야 한다. 하지만 시간 丙火는 戌에 입고되었고 酉에 사지(死地)가 되어 가을녘 戌시의 태양불이 되었다. 그러므로 왕강한 庚金을 다스릴 수 없게 되었고 일간 庚은 월간 乙과의 합을 탐해간다.

따라서 직장생활 보다 사업 쪽으로 진출하게 된다. 하지만 년주 庚戌과 乙木하나를 두고 경쟁하고 있다. 즉 하얀개(庚戌)두 마리가 닭 뼈다귀에 붙어있는 살점(乙酉)하나를 두고 서로 뺏기지 않으려 으르렁거리는 상이다. 이리되면 소유욕이 많게되며 항상 경쟁 속에서 일거리를 찾게 된다. 그리고 乙木은 돈이기도 하지만 처(妻)도 되는데 乙木처에서 보면 두 남자 사이에 앉아 합정하고 있다. 즉 이 사람의 처는 본인 외에 딴 남자가 있게 되며 본인에서 보면 남의여자 또는 유부녀 및 이혼녀와도 합정하게 된다.

己丑대운 戊子년 39세 때에 부인 몰래 卯생 여자와 합정했다. 庚寅년되어 庚乙庚庚의 구조가 되니 卯생 애인이 본인 외에 딴 남자와 합정하게 되었다. 인연법으로 보면 乙木정재가 뿌리 없으므로 乙木의 록이 되는 卯생이 들어온 것이다. 이 사주처럼 개(戌)가 3마리 되면 개떼처럼 모여 다니든지 또는 여러 사람 모아서 하는 일에 인연있게 된다.

丙火관성은 백호살인데다 戌에 입고하고 酉에 사(死)를 만나며 사신인 庚이 년간에 발동되어 있다. 그러므로 자식 사별하는 팔자다. 고신인 戌이 발동되는 54세 부터의 辛대운에 丙辛합하여 응하게 될 것이다. 이 사람의 처(乙)역시 庚대운에 乙庚합되어 사별할 것이다.

예5)

					49	39	29	19	9	
己	庚	己	乙	남	甲	乙	丙	丁	戊	대운
卯	子	丑	未		申	酉	戌	亥	子	
		天乙	天乙							

庚일간 丑月生으로 土多신왕이다. 丑月에 己土 2개 투출되어 木財를 키울 수 있는 大平이라 재정관리가 적성이다. 따라서 木火운 좋고 金운은 木이 자랄 수 없고 여린 겨울나무가 그 뿌리

를 상하게 되므로 不美스럽다.

넌 乙木정재가 처(妻)인데 백호살되어 있으며 乙木은 未에 입고되고 未중 己土투출되어 백호와 고(庫)발동신 되어 있다. 그런데다가 처궁과 庚子일주는 乙庚合으로 큰 땅을 가운데 두고 있는 견우 직녀가 되어있으며 子未원진 되어있다. 그러나 다행히 庚은 처궁 未가 천을귀인이고 乙財는 일지 子가 天乙귀인 되므로 서로가 필요한 사이다.

따라서 처(乙)는 흉액 흉사(백호살)지니고 있게 되며 나와는 멀리서 서로 한번씩 만나보는 견우·직녀 사이로 미웠다, 좋았다(子未원진) 다투다가도 서로를 못잊어 하는 관계가 된다.

酉대운은 乙木의 뿌리인 卯木을 충하므로 처에게 大厄이 닥치는 때로 실질적인 부부연이 끊어지는 때다. 甲대운은 乙木이 큰 나무(甲)만나 의지하면서(등라계갑) 희망을 가지며 도움 얻는 때다.

申대운은 申子水局되어 庚일간의 활동력 넓어지고 乙木역시 申(天乙)을 만나 생기를 얻는다. 그러나 己丑년되면 년지 未를 충하여 乙木이 상할 수 있으니 크게 근심할 때이다.

예6)

					48	38	28	18	8	
丙	庚	己	乙	여	甲	癸	壬	辛	庚	대운
子	辰	卯	酉		申	未	午	巳	辰	
			도화							

庚辰괴강일이 년주 乙酉와 천간지합하고 있다. 辰酉는 도화합인데다가 년지 酉가 일지 辰에서 보면 도화살되니 진도화 합이다. 이렇게되면 색정에 강하고 또 乙木정재가 도화 합신이므로

돈만 주던지 돈된다 싶으면 서슴없이 합정하게 된다.

시간의 丙火편관은 子위에 앉아 약하므로 庚金을 녹이는 역할은 못하고 어둠을 밝히는 광명의 역할뿐이다. 따라서 본서방으로 오게되는 남자는 이 여성의 욕망을 만족시켜주지 못하니 그야말로 빛좋은 개살구 같다는 표현이 어울린다.

巳대운에 丙火가 득록하여 결혼운인데 정관세운인 丁未년(23세)에 결혼했다. 그러나 시지 子水상관의 투출신되는 壬대운 壬子년에 丙火가 극되어 이별했다. 午대운은 도화정관운이므로 애인생기고 색정사 분분하게 된다.

따라서 乙卯년에 일지 辰중 乙木이 세운간에 투출신되어 일간과 합하므로 재혼하게 되었다. 하지만 午대운은 子午卯酉로 四冲이 성립되고 卯午로 월지 卯木재성을 파한다.

그러므로 불화 이별에 파재까지 겹쳤다. 그래서 丙辰 32세에 이혼했고 36세 庚申에 또 재혼했다. 그러나 상관운인 癸대운에 또 약한 丙火를 극하니 壬戌년 38세에 또 이혼했다.

未대운엔 卯未로 재국을 이루므로 큰재물 운이고 사업영역 확대되었다. 甲대운 역시 좋았다. 申대운은 申子辰 상관국을 이루므로 사업 크게 벌리게되나 축재는 어렵다. 酉대운에 卯酉충 하여 파재에 건강까지 상하게 된다.

예7)

					46	36	26	16	6	
壬	壬	庚	丁	남	乙	丙	丁	戊	己	대운
寅	申	戌	酉		巳	午	未	申	酉	
	홍염		도화							

壬일간이 늦가을 (戌)에 태어났으나 申戌酉로 금방국(金方局)

을 이루고 월간에 庚金시간에 壬水투출되어 신왕하다.

이렇게되면 재관이 용신이 된다. 하지만 월간 戌은 공망이되어 쓸모없이 되었고 년간 丁火는 월지 戌에 뿌리두고 시지 寅에 수생하고 있으나 戌은 공망이고 寅은 寅申충으로 파괴되어 역시 쓸모없다. 그러나 壬水일간이 합을 탐해 별로 힘없는 것이라도 괜찮다며 찾아가고 있다.

또 이 사주의 병은 申酉戌금국에서 투출된 월간 庚金이다. 일지 홍염살인 申에서 투출이고 도화살인 년지 酉에서도 투출이다. 그런데 기신이 일지에서 투출되면 그 운명이 아주 나쁘게 전개된다. 즉 일지에서 표출된 庚은 인수성이고 인수는 생각이다. 그러므로 이 사람은 조삼모사한 꾀와 생각으로 가득차 있다.

그런데 일지 申에서 또 하나의 기신인 壬水비견이 표출되어 년간 丁火와 丁壬으로 간합하려 하고 있다. 丁壬합이 발동되는 丁대운에 壬水일간은 먼저 庚金을 내세워 丁火의 마음을 유혹하려한다. 즉 庚은 壬水일간이 지니고 있는 색욕(色慾)이지만 丁에서 보면 庚은 돈이고 음식이고 일거리이다. 丁火는 庚金을 좋아하므로 壬水일간의 꾀(庚)에 넘어가 丁壬합을 하게 된다. 그러나 시간의 壬水비견은 일지 申에서 표출이므로 또 하나의 일간도 된다.

이것이 壬丁으로 합하여 丁火를 사지(死地)인 寅에 이르도록 하여 꼼짝 못하도록 만든다. 따라서 甲辰생 여자를 감언이설로 유혹하여 데리고 살았다. 월지 戌이 재고(財庫)이므로 이를 충파하는 辰생이 인연된 것이다.

그러나 丁火(처)에서 보면 일시간의 壬水가 두 개이므로 남편이 두 명이 된다. 그리고 일시가 寅申충되어 부부궁 역시 깨어져 있다. 따라서 결국 이별하게 되는데 午대운에 寅午戌로 화국을 이루어 丁火의 힘이 막강해져 이 사람의 손아귀에서 벗어날 수 있었다.

이 사람의 재물(丁)운 역시 여자관계와 마찬가지로 전개된다. 즉 조삼모사한 꾀(庚)로 丁火(재물)를 유인하고 또 寅木으로 丁火를 살려주고 더 크게 불붙도록 해준다며 유인(壬丁)하니 바로 사기꾼이다.

그리고 시간의 壬水는 자신의 표출신이기도 하지만 친구형제 및 경쟁자이기도 하다. 시주 壬寅이 년간 丁火를 壬丁으로 합하여 丁火로 하여금 사(死 : 丁은 寅에 死)에 이르게 함은 돈(丁)키워주겠다는 남(시간 壬)의 감언에 속아 돈 날리게 됨을 말하고 있다.

이런 운명이 전개된 것은 壬丁으로 탐합함에 있다. 즉 돈(丁)이 인생길의 최대 목표가 된 사주이기 때문이다.

예8)

					46	36	26	16	6	
乙	丁	壬	甲	여	丁	戊	己	庚	辛	대운
巳	未	申	辰		卯	辰	巳	午	未	

丁火일간은 일지 未에 뿌리있고 시주 乙巳가 도우므로 약하지 않다. 따라서 월지 申중 庚金을 녹여 그릇을 만들 수 있을 것 같다. 또 뿌리있어 열의 작용을 갖춘 丁火의 역할은 申중 庚을 녹여 그릇을 만듦에 있다. 하지만 申중에서 투출된 월간 壬水에 丁壬합당해 그만 그 역할을 상실하게 되었다.

이젠 월간 壬水에서 살펴보자. 申위에 앉은 壬水는 丁火를 유혹할 때 반드시 자신이 부자(富子)임을 내세운다. 그리고 壬水에서 보면 홍염지(未)에 앉은 丁火가 아주 먹음직스럽게 보인다. 그런데다 申辰으로 수국(水局)을 이루고 있으며 申辰사이에 협공된 子水는 도화살을 띄고 있다. 따라서 바람기 많은 남자가 나(丁)를 잡아먹으려고 노리고 있는 상이다.

庚대운은 월지 申의 투출신이고 남편궁(壬申)의 발동이다. 그러므로 남자 만나는 때다. 여성에게 있어 일지는 자궁에 속한다. 따라서 일지 未에서 투출된 乙木은 자궁의 나타난 모습이며 홍염(未)에 뿌리둔 생각(乙편인)이다.

庚대운이 이를 乙庚으로 강제지합 함은 강제로 당함을 나타내나 본인의 생각(乙)역시 그것을 기대하고 있었을 것으로 생각된다. 즉 乙木편인(생각)이 未홍염에서 투출되어서다.

시지 巳가 역마이고 乙巳와 대운간 庚이 합하므로 길거리 쏘다니다 길거리에서 당함을 나타낸다. 따라서 20세전 壬戌년에 丁壬합이 되어 남자에게 자의반 타의반으로 정사하게 되었고 이후 동거생활로 들어갔고 甲子년엔 자식까지 낳았다. 36세부터 시작되는 상관대운(戊)에 이별했고 돈벌이 전선에 뛰어들었다.

2. 생(生)으로 간다.

생을 탐해 극을 하지 않는다는 말이 있다. 이것은 생함이 있고 극하는 것이 있을 땐 생하는 것으로 먼저 간다는 말이다. 사주원국의 작용뿐아니라 대·세운에서 오는 운이 사주원국과 어울릴 때도 적용되는 하나의 원리 원칙이다. 이 원칙은 천간뿐아니라 지지끼리의 관계에서도 적용된다.

예1)

					50	40	30	20	10	
甲	癸	辛	癸	남	丙	丁	戊	己	庚	대운
寅	丑	酉	亥		辰	巳	午	未	申	
空亡			馬							

癸일간 酉월생인데 酉丑금국있고 년주 癸亥있으므로 아주신왕하다. 따라서 癸水일간이 가는 길은 당연히 시주 甲寅이다. 월주 辛酉가 癸일간을 생했고 癸일간은 甲寅 큰나무(巨木)에게로 생했으나 火가 없어 기의 진행이 연결되지 않고 있다. 이것은 노력은 했으나 그 결실이 신통치 않음을 말하고 있다.

시지 寅중 丙火있고 戊土있으나 寅木이 공망되어 丙火 戊土의 힘이 약해졌다. 그런데다 丙火재성과 戊土관성은 월지 酉에 사(死)요 년지 亥에 절(絶)을 만났는데 월간 辛, 시간 甲木이 丙,戊의 사절(死絶)발동신이 되어있다. 따라서 그 처와 자식이 부실하다.

시지 처궁(寅)과 삼합하는 壬戌생 여자 만났다. 그리고 己亥생 아들을 두었다. 하지만 그 처는 자질이 부족했고 자식은 멍청하다 못해 천치에 가까웠다. 다행히 火대운을 만나 발복할 수 있었는데 戊대운 결혼했고 午대운 발전했다. 庚子년(38세)에 국회 위원에 출마하기까지 했다. 그러나 庚세운간이 甲을 충극했고 대운 午와 시지 寅의 寅午합을 세운지 子가 충하여 낙선의 고배를 만났다.

丁대운은 동아일보 논설위원으로 재직했다. 사주원국이 수목상관격(水木傷官格)되어 가는 길이 언론·출판·정치등이 된것이다. 丙대운까지 사회적 명망도 높았고 자산도 증식되었다.

辰대운은 습토되어 사주원국을 더욱 습하게 하므로 좋지 않은 중에 59세 辛酉년에 퇴직하게 되었다. 초년 己未대운은 癸일간이 가는 길인 甲寅木과 甲己합하고 木이 대운지 未에 입고하므로 갈 길이 보이지 않고 내 활동력이 발휘 안되는 때다. 이런 때에는 학문연구나 심신단련으로 후일을 도모함이 좋은데 이 사람은 미국 유학가서 정치학 박사를 취득했다. 甲寅木이 거목(巨木)이고 癸일간이 가는 길이므로 항상 거물행세하고 살았다.

예2)

					58	48	38	28	18	8	
甲	癸	辛	癸	남	乙	丙	丁	戊	己	庚	대운
寅	卯	酉	酉		卯	辰	巳	午	未	申	

이 사주 역시 예1)의 경우처럼 辛金 生 癸水, 癸水 生 甲木인데다 甲은 시지 寅에 득록이고 일지 卯에 양인을 얻어 아주 큰 나무가 되어있다. 대운의 흐름역시 예1)의 경우와 똑같다. 그러나 이 명조의 주인공은 시장에서 식품과 잡화를 파는 업을 했으며 사회적 명망뿐 아니라 재산역시 많지 못했다.

사주는 비슷한 구조인데 왜 운명은 이렇게 많은 차이를 보일까? 이 명조는 월주 辛酉가 년지 酉를 얻어 아주 강해졌으며 이렇게 강한 金의 기운과 木의 기운이 卯酉로 상충상극하고 있기 때문이다.

즉 천간은 辛金 生 癸水 · 癸水 生 甲木이지만 지지끼리는 화해의 정이 없이 부딪치고 있다는 말이다. 예1)의 명조를 보면 辛酉월주가 일지 丑과 酉丑금국이되어 그 수기(秀氣)가 辛金으로 나타나 있는데 이것은 바로 크게 이름을 떨칠 조건이 되는 것이다. 그리고 酉丑금국은 년지 亥水를 생해줌으로 인하여 시지 寅木을 극하지 않는다. 그러므로 화해와 양보의 정이 들어있다.

그런데 예2)의 명조는 년월지 酉酉가 자형(自刑)이고 일시가 1급 소용돌이를 이루고 있으므로 살벌함만 보이고 화해와 양보의 뜻은 보이지 않고 있다.

예3)

					56	46	36	26	16	6	
甲	癸	庚	戊	남	丙	乙	甲	癸	壬	辛	대운
寅	巳	申	辰		寅	丑	子	亥	戌	酉	

이 사주를 기존의 논리로 보면 이렇다. '癸일간이 년지 辰에 통근했고 월주 庚申에 생을 받고있으나 아직도 약간 신약하다. 그러므로 일간을 돕는 金水운은 좋고 木火土운은 좋지 못하다.' 그러나 이 사주는 년간 戊土가 월간 庚을 생하고 庚은 일간 癸를 생하며 癸는 시간 甲木을 생한다.

그리고 甲寅木은 일지 巳火를 생해주니 기의 흐름이 막히지 않고있으며 천간에 있는 것은 모두 지지에 뿌리를 내리고 있다. 그런데다 甲·戊·庚의 천상삼귀(三奇)까지 있어 더욱 좋다.

이 사주에서의 일간 癸의 역할은 시간의 거목(甲寅)에게 물주는 역할이며 庚申金과 甲寅간의 상극을 화해 통관시킴에 있다.

그리고 이 사주의 중심과 핵(核)은 시주 甲寅이다.

그러므로 甲寅木을 돕는 운은 좋고 치는 운은 불길하다. 사주 해석에 있어 난해한 것 중의 하나가 그 사주에서의 중심 역할 하는 것을 찾아내는 것이다.

이것은 십간의 역할작용을 생각하지 않고 오로지 월지 격국과 용신론에만 치우친 까닭에 생겨난 것이다. 이러므로 맨앞에 기재한 '…·金水운 좋고 木火土운은 좋지 못하다.'는 해석을 할 수 밖에 없는 것이다.

이 사주에 있어서 시주의 甲寅木이 어째서 중심이 되고 핵(核)이 되느냐. 하는 것을 먼저 살펴보기로 한다. 일간이 불약(不弱)하여 주체성을 잃지 않으면서 생으로 갈 때는 억부법을 적용할 것이 아니라 가는 대상 (이 사주에선 甲木)의 희기에 따라 길흉을 판정해야 한다.

즉 내가 가야될 길은 인생의 목적이 될 수 있고 목적에 도달하는 징검다리가 될 수 있다. 그러므로 이것이 파괴되던지 쓸모없이 되어버리면 그 사람의 인생길이 실패로 끝날 수밖에 없으며 불운이라 할 수밖에 없는 것이다.

따라서 이 사람의 가는 길인 甲木을 치는 초년 辛酉대운은 아주 좋지 못하여 조실부모하고 어렵게 컸다. 壬대운은 월지 申역마의 투출신이므로 타향으로 나갔다.

戌대운에 결혼했다. 戌이 재고(財庫)이며 戌중 戊가 癸일간과 명암합하기 때문이다. 癸일간이 년지 辰에 입고되어있는데 이를 충파 시켜야 하므로 甲戌생 여자와 인연되었다.

癸대운부터 甲木이 수생하므로 발전하기 시작하여 甲子, 乙대운까지 승승장구했다. 甲寅木이 가는 길이라 목재업, 직물업 인연인데 乙대운까지 직물공장을 8개나 운영했다. 그러나 丑대운은 巳丑 반금국되어 庚金이 강해지므로 부진했다.

丙寅대운은 병이되는 庚申을 제극하여 큰 발전 있었으며 丁卯 대운 역시 좋았다. 甲木을 따라 李씨 만났고 甲戌생 만났으며 본인 역시 李씨이니 조상의 음덕을 입게 되었다.

※억부법으로 보면 庚申인수성이 병(病)이 될 수 없으나 일간의 가는 길에서 보면 甲木을 극하는 庚이 병이되는 것이다.

이 사주에서 어설픈 억부법이 얼마나 오류와 잘못을 일으키는지 또 한 번 알 수 있다.

예4)

					46	36	26	16	6	
癸	癸	辛	甲	여	丙	丁	戊	己	庚	대운
亥	酉	未	辰		寅	卯	辰	巳	午	
馬	도화									

癸일간이 오뉴월 염천인 未월에 태어났으나 년지 辰. 월간 辛金편인. 일지 酉金. 그리고 시주 癸亥있으니 아주신왕하다. 따라서 당연히 년간에 있는 甲木에게로 길을 잡아간다. 년지 辰이 일지 酉와 辰酉합을 하므로 더더욱 癸水는 甲木을 생하러 간다.

여기서 초보자들의 의문은 '신왕하면 재관(財官)을 먼저 찾아라.' 했다. 그리고 월지 未중 己土 년지 辰중 戊土의 관성이 있는데 왜 관성을 쓰지않고 상관(甲)으로 가느냐? 일 것이다.

월지 未중 己土가 관성이긴 하나 未土는 월간의 辛金을 생하므로 쓸 수 없고 년지 辰土는 甲木이 앉아 극을 하므로 쓸 수 없는 것이다. 년간 甲木이 癸일간의 가는 길이므로 이 여성은 자유분방하고 예속되지 않는 삶을 지향한다. 그런데 일지에 뿌리둔 월간 辛金이 甲木을 극제하고 있으며 년월주간에 3급 소용돌이까지 이루고 있다.

따라서 모친(辛)이 내 갈길을 방해하고 내 인생길을 망치는 역할을 하고 있다. 약한 辛金이면 쉽게 제거할 수 있겠지만 일지에 들어붙어 때어내기조차 힘들게 되어있다.

년지 辰중 戊土가 癸일간과 명암합하고 지지끼리도 辰酉로 도화합하므로 연애로 맺어진 첫 남자다. 그러나 모친궁 辛未가 甲辰년주와 3급 소용돌이 이루며 辰酉합을 방해하고 내 뜻과 행동(甲)마저 극제한다.

따라서 연애하여 결혼 약속까지 한 癸卯생 남자를 모친이 자기 마음에 들지 않는다고 깨어버렸다. 그리고 그 대신 辛丑생 남자와 결혼시켰다. 월지 未중 己土가 바로 모친(辛)이 붙여준 남자다.

그런데 未중 己土는 시지 亥중 甲木과 암합하고 未중 丁火는 亥중 壬水와 암합하며 亥未로 목국을 이루려고 하고 있다. 따라서 辛丑생 남자는 밖에나가 외정(外情)을 지니게 되었고 그로인해 이별했다.

즉 己巳대운에 癸卯생 남자 만나 헤어졌고 戊대운에 모친의 권유로 결혼했다. 丁대운은 도화운(丁은 午)이고 월지 未土의 투출신되어 남편이 바깥여자(시주 癸亥)와 합정하게 되었고 卯대운초에 일지 酉를 충하여 갈라섰다.

卯대운은 亥卯未목국을 이루므로 甲木상관이 아주 강하게 작용한다. 그러므로 이때부터 마음속에 담아두었던 자유분방한 삶을 찾아가게 되었다. 그래서 역마 亥에 몸을 싣고 바람따라 물결따라 흐르며 부평초같은 삶을 살기 시작했다.

丙대운은 월간 辛金을 합하고 甲木이 丙火를 보므로 상관생재가 되어 돈도 벌고 간섭하는 모친도 더 이상 힘을 쓰지 못하게 된다. 寅대운까지 유유낙낙 할 것이다.

예5)

		46 36 26 16 6	
甲 癸 癸 壬	남	戊 丁 丙 乙 甲	대운
子 未 丑 申		午 巳 辰 卯 寅	

癸水가 수왕절인 겨울(丑)에 태어났고 壬申, 癸丑 子시되어 아주 신왕이다. 癸水일간이 가는 길은 당연히 시간의 甲木이다. 이 사주는 천간에 비견겁재가 날뛰고 있으므로 불미스런 팔자로 보기 쉽다. 그러나 癸水의 역할적인 면에서 보면 따뜻한 흙인 일지 未土를 이용하여 시간의 甲木을 키우고 살리는 일이다.

따라서 가야할 길이 분명하고 목표가 뚜렷한 사람이다. 丑월의 甲木은 곧이어 닥치는 봄을 맞이할 수 있으므로 생목(生木)이다. 따라서 火土운이 오면 가는 길에 발전이 오게 되고 결실이 있게 된다.

시간 甲木은 일지 未가 천을귀인이면서 따뜻한 흙이므로 뿌리내려 잘 자랄 수 있다. 이런데다가 시지 子가 활인성이므로 의사의 길을 택하게 되었다. 년지 申중 庚金이 모친이고 월간 癸水가 부친이다. 부친성이 비견이 되어있고 癸丑의 丑이 일지 未를 충함은 부친이 돈 깨먹게 되고 그로인해 고통 오게 됨을 나타낸다.

丁편재 대운은 일지 未의 투출신이므로 내 돈이 밖으로 나와있는 상인데 년간 壬水겁재가 丁壬합하여 없어지니 부친 빚 갚아준다고 2천만원을 날렸다. 처는 일지 未중 己土와 명암합하는 시간의 甲木이다. 따라서 甲의 록이 되는 寅생 여자를 처로 맞았다.

일지 未중 丁火편재가 약하나마 처성일 것 같으나 丑未충으로 깨졌으므로 쓸 수 없고 합신을 택한 것이다. 丙火 정재 대운에 결혼이다. 일지 未중 己土와 월지 丑중 己土가 아들이다. 甲木이 癸의 가는 길인데 甲이 좋아하는 火土운을 만나 행복하게 살았다. 다만 첫 자식(월지 丑土)이 백호살 맞았고 子丑으로 절(絶)과 합하므로 첫 자식이 불구 아니면 사별하게 됨이 옥에 티다.

예6)

					58	48	38	28	18	8	
辛	癸	辛	甲	여	乙	丙	丁	戊	己	庚	대운
酉	卯	未	戌		丑	寅	卯	辰	巳	午	

癸일간이 염천인 未월에 태어나 신약하다. 따라서 월간 辛. 시주 辛酉편인으로 일간을 생해주는 희용신으로 삼아야 될 것 같다. 아마도 한밝신사주학을 배우지 않은 모든 사람들의 한결같은 풀이법일 것이다.

그러나 이 사주는 卯未로 합국했고 그 원신이 년간 甲으로 나타나있으므로 甲木이 체(体)가 되고 사주의 중심핵이 된다.

왜? 신약한데도 辛酉金의 생을 받지 않는 것일까? 이것은 일지 卯가 월지 未와 卯未합하고 또 년지 戌과도 卯戌합을 하기 때문이고 편인과는 卯酉충을 하여서다.

즉 未월의 癸일간이 할 수 있는 일은 일지 卯木에게 수기를 제공하여 말라죽지 않도록 하는 것이다. 따라서 卯木의 뿌리를 잘라내는 酉金의 충을 싫어할 수밖에 없는 것이다.

이렇게 되면 아주 약해진 癸水는 주체성을 상실하게 되고 그 자리를 일지 卯중 甲木에게 물려줄 수밖에 없는 것이다. 주체가 甲木이 되면 월간 辛金시간 辛金은 남편성으로 변화되고 戌未의 土는 甲木의 재성이고 일간 癸水는 인수성이 된다.

그리고 戌未중의 丁火는 자식성이 된다. 그런데 남편에 해당되는 辛酉는 외면적으론 癸水를 생해주지만 내부적으론 卯木을 충하여 파괴시키는 역할을 하고 있다.

그러므로 남편은 내게 외견상으론 도움을 주지만 내면적으론 나의뿌리까지 충파해버리는 나쁜 역할을 하고 있다. 결혼은 己대운에 했다. 19세 壬辰년이었다. 남편궁(辛未)에서 己土투출되어 甲己합하기 때문이다.

巳대운은 역마되어 이동변동이 많았고 戊辰대운부터 돈 모이기 시작했다. 대운간 戊는 년지 戌의 투출신이고 戌은 화고(火庫)이므로 연탄 장사로 치부했다. 辰대운에 년지 戌화고를 충하여 화재있었고 손재도 있었으나 辰은 습토되어 甲木이 착근할 수 있으므로 더욱 재산증식되었다.

丁대운은 甲木의 상관되어 辛金정관을 충극하므로 남편과 이별수 있는데 부부불화 극심하여 본인은 이별을 작정했다. 丁火상관이 甲木下에 있는 戌에서 투출이므로 본인의 마음이 별부(別夫)로 굳혀진 것이다.

또 丁火는 월지 未에서도 투출이므로 남편(辛)이 스스로 제극될 행동을 하게 되었다. 卯대운되어 卯酉충이 발동되어 辛金남편의 뿌리를 뽑게되니 辛酉년에 호적팠다.

辛酉년은 甲木이 제극되므로 스트레스 많이 받게되어 신경예민해지고 土재성의 기운이 누출되므로 돈 나가는 일이 발생되었다. 壬申생 남편 만났으나 丁亥생 여자와 바람을 피워 속을 썩이는것도 모자라 재산마저 빼돌렸다. 일남사녀(一男四女)를 두었으나 아들은 남편에게 갔다.

예7)

		52 42 32 22 12 2	
乙 癸 辛 辛	여	丁 丙 乙 甲 癸 壬	대운
卯 未 丑 巳		未 午 巳 辰 卯 寅	
天乙 天乙			

癸일간이 수왕절인 丑월에 태어났으나 巳·丑·未·乙卯로 극설이 많고 일주를 돕는 것이라고는 辛·辛과 丑중 癸水뿐이다. 따라서 일간이 약하므로 辛金이 용신이고 대운에선 金水를 만나야 좋아질 것이다. 그러나 겨울이므로 년지 巳중 丙火는 조후역할이니 좋다할 수 있겠으나 천간에 투출치 못했으므로 크게 좋은 팔자 못된다.

억부법에 따른 풀이다. 그러나 입춘이 코앞에 닥친 癸水의 역할작용으로 보면 시주의 乙卯木에게 영양분 공급이다. 즉 乙卯木을 생해주는 것이 癸水의 역할이고 乙卯木은 癸일간의 가는 길(목적·소망)이다.

乙卯木은 일지 未와 卯未로 합되어 영역확대 되며 未중 己土에 뿌리내릴 수 있으므로 아주 잘 자랄 수 있다. 따라서 癸일간으로서는 목적달성 잘될 수 있고 소망을 잘 이룰 수 있게 된다.

더욱이 년지 巳중 丙火가 조후까지 해주므로 부모조상의 덕까지 있게 된다. 乙卯木이 癸水의 소망이고 사주의 중심핵이다. 그러므로 水木火土운이 좋고 酉金운이와 卯酉충됨을 꺼리게되니 참으로 좋은 팔자라 아니할 수 없다.

년지 巳중 丙火정재가 부친이고 년월간 辛金은 모친이다. 따라서 부친한명에 모친 두 분이다. 년간 辛金이 부친의 첫여자고 월간 辛金이 부친의 후처이며 나의 친모다. 년간 辛은 년지 巳에 사(死)고 월지 丑에 입고며 시지 卯에 절(絶)되어 부친과 결혼한지 얼마 안 되어 저승사람되었다.

巳중 丙火에서 보면 丑재고가 있고 재성 辛과 명암합하니 큰 부자다. 년지 巳중 戊土가 남편인데 天乙귀인되고 조후역할하므로 쓸모있고 능력있는 사람이다. 따라서 巳중 丙·戊가 투출될 때 남편이 두각을 나타내게 된다. 부친과 남편이 동궁인 巳에 있으므로 아버지같은 남편이고 부친과 닮은 점 많은 남편이다.

또 년간 辛은 전모(前母)이기도 하지만 부친(丙)의 표출신이기도 하다. 이것이 丑에 입고하고 卯에 절되며 辛·乙이 고절발동신(庫絶발동신)이므로 본인결혼 후 자식(乙)낳은지 8년째에 부친의 유고있게 된다.(乙은 8수) 대운으론 乙대운이니 辛金(父표출신)의 절신이 발동되어서이다.

따라서 33살 甲寅년에 寅巳형으로 년지 巳중 丙火가 형출되어 辛金이 합거하므로 부친은 세상하직하게 되었다. 巳대운은 월간 辛金(모친)이 사지(死地)에 당하므로 모친사별운이다.

그러나 하는 일은 잘되었고 아이들 또한 잘 자랐으며 총명을 발하기까지 했다. 火가 재성되어 본인은 석유사업에 손을 대어 치부했고 남편은 시멘트 회사를 경영했다.

3. 극으로 간다.

일간이 합도 없고 생해줄 대상도 없을 때 재성이 있으면 곧바로 극으로 간다.

예1)

					55	45	35	25	15	5	
己	壬	壬	庚	남	戊	丁	丙	乙	甲	癸	대운
酉	子	午	申		子	亥	戌	酉	申	未	

壬水일간 午월생이나 庚申·壬·子 酉의 도움이 있어 아주 신왕해졌다. 따라서 월지 午에 뿌리를 둔 시간의 己土정관을 용신으로 하기쉽다. 그러나 己土는 壬水를 흐리게만 할뿐 왕한 물을 막는 역할은 못한다. 그런데다 己土는 시지 酉金을 생하기에 바빠 壬水를 극하지 않는다.

하지만 시간에 정관이 인성위에 앉아있으므로 외견상으론 준법정신 강하고 부정 불의를 싫어하는 것 같다. 그러나 내부적으론 비견이 타고 앉아있는 월지 午火를 일지 子가 충하여 내 것으로 하려한다. 즉 남의 것을 취하여 내 것을 만드니 처 외에 처 있게 되고 남이 던져주는 돈으로 먹고 살게 된다.

즉 水火가 상쟁하고 있으므로 탁한 명조다. 식상(食傷)없이 구재(求財)하려는 것은 노력없이 돈만들려는 것과 같으므로 두뇌 비상하다. 년지 申이 홍염살이고 시지 酉가 도화살인데 庚으로 발동되어있다. 따라서 반드시 부인 외에 애인 두게 되며 이성에게 인기도 많게 된다.

일지 子水양인이 기신되어 子午충하니 본처와는 불화이별있게 되고 중풍·고혈압·심장계통질환으로 세상 뜨게 된다.

丙戌, 丁대운에 역술가로 이름 날리며 돈도 제법 벌었다. 丙戌대운부터 애인생겼다. 子대운에 子午충 발동되니 癸亥년 64세에 중풍으로 사망했다. 이(李)씨였는데 성이 木이 되어 부모 조상의 음덕이 많았다.

예2)

					49	39	29	19	9	
癸	丁	庚	丙	여	乙	丙	丁	戊	己	대운
卯	丑	寅	戌		酉	戌	亥	子	丑	

丁火일간이 寅월에 태어났고 년주 丙戌있고 시지 卯木있으므로 신약하지 않다. 丁火일간이 가는 길은 일지 丑중 己土에게로 생을 하여야 하지만 丑중 癸水가 시간에 투출되어 丁火를 충극한다. 그러므로 남편(癸)이 나의 가는 길을 방해한다.

따라서 丁火는 생으로 못가고 월간 庚金을 극하여 그릇을 만드는 쪽으로 나아간다. 그렇지만 이번에도 시간의 癸水가 나(丁)를 충극하여 힘을 못 쓰도록 하고 있다. 원칙적으론 재성하나를 가운데두고 비견겁재가 서로 대치하고 있을 때는 관성으로 비겁을 제해야만 재물이 보존된다.

하지만 내 남자 癸水는 내 뒤에 바짝 붙어 나를 극하여 남(丙)만 좋게 해준다. 따라서 이 사람은 남편과 같이 있을 땐 그 능력발휘 못하게 되고 남과 싸우면 꼭 남의편만 든다. 그러므로 결혼과 동시에 아차 잘못 걸렸구나 하며 탄식하게 되고 헤어질 궁리만 하게 된다.

월간 庚金정재는 부친인데 절지인 寅에 앉았고 일지 丑에 입고되어있으며 丙·丁火의 협공을 받고 있다. 따라서 부친과 일찍 사별할 것인데 본인 태어나고 10년 안에 응한다.

癸水남편은 도화지인 卯에 앉아 멀리있는 丙戌과 합할 궁리만 하고 있으니 바람꾼이다.

戊子대운이 戊癸합 子丑합일지하여 결혼운인데 23살 戊申년에 했다. 그러나 대운간 戊는 상관이며 일주 丁丑과 戊子대운사이에 1급 소용돌이가 이뤄져 결혼즉시 이별 및 불화갈등이 있게 된다. 癸水관성이 약해 이를 돕는 己酉생 아들 낳았고 곧바로 25살 庚戌년에 이별했다. 대세운이 모두 일주와 소용돌이 겹쳤고 세운지 戌이 일지 丑을 형하여 癸水의 뿌리뽑게되어 호적팠다. 丁대운에 식당업하여 돈모았다.

그러나 亥대운이 월지 寅과 寅亥합하므로 丑戌형이 발동되어 돈창고(丑)을 형파했다. 따라서 丑에 있던 辛金이 투출신되는 辛酉년에 돈(辛)이 남에게 가니(丙辛) 보증 서주고 돈날렸다.

丙戌대운은 겁재운인데다가 대운지 戌이 일지 丑을 형하므로 일은 이뤄지지 않고 하는 일마다 손해만 보게 되었다. 이처럼 극으로 가게되면 그 삶이 파란만장하게 되며 오직 돈밖에 모르는 삶이 된다.

예3)

					49	39	29	19	9	
癸	癸	丙	丁	남	辛	壬	癸	甲	乙	대운
亥	巳	午	丑		丑	寅	卯	辰	巳	
馬		도화								

癸일간 午월생으로 재다하고 신약이다. 따라서 일간을 돕는 운이 좋을 것같다. 그러나 이 사주는 癸水일간이 갈 곳이라곤 극하는 쪽 즉 재성으로 밖에 없다. 그러나 木이 없어 水火간에

상쟁되고 있으니 불미스런 운명이다.

재다신약되어 29세부터 시작되는 癸대운이 좋다. 로 말할 수 있지만 이는 水火간에 싸움만되어 좋지 못한 운이다. 그래서 癸대운까지 남의 집 운전수 생활했다. 그러다가 卯대운되어 시지 亥와 亥卯로 木局을 이루면서 水火간의 싸움이 해소되어 행운이 찾아왔다. 卯가 癸일간의 천을귀인이기도 하다.

壬寅대운역시 壬水는 년간 丁과 丁壬합하고 寅은 寅亥合 寅午합되니 목재사업으로 큰돈 벌었다. 이 사주처럼 癸癸가 나란히 있고 일간의 힘이 되면 '우리 같이 삽시다.' '우리같이 밥 먹으러 갑시다.' 하는 소리 많이 한다. 바람기 많고 양처 팔자다.

예4)

					57	47	37	27	17	7	
癸	癸	丙	丁	남	庚	辛	壬	癸	甲	乙	대운
丑	巳	午	卯		子	丑	寅	卯	辰	巳	

癸일간 午월생으로 火가 왕하다. 그러나 癸일간 역시 시주 癸丑에 힘을 얻고 巳丑으로 반금국하여 힘을 얻고 있어 재(財)에 임할만하다. 즉 巳丑사이에 酉를 협공하므로 암암리에 인수를 끌어들이고 있다.

水火간에 싸움이 되고있으나 년지 卯가 癸일간의 식신문창이고 천을귀인되어 水火상쟁을 해소시키니 이를 수화기제라 하게 된다. 따라서 학문 교육 쪽으로 진출하게 된다. 하지만 정·편재 혼잡에 안방을 뜻하는 시간에 癸水비견이 있으므로 양처(兩妻) 및 재혼(再婚)할 것은 분명하다.

辰대운은 왕한 火의 기운이 시원하게 설기되고 약한 癸일간의 뿌리가 되므로 안정된 삶이 오고 직장생기며 결혼역시 이뤄진다.

癸대운은 丙·丁火와 3개의 癸水가 서로 싸우므로 재정적 손실과 부부불화 다툼이 있었다. 37세부터의 壬寅대운은 시주 癸丑과 1급 소용돌이 되고 년간 丁火가 대운간과 丁壬합되니 애정문제로 부부상쟁하다 결국 이혼했고 곧바로 재혼했다. 丁卯생 본처였고 乙亥생 후처다. 교직으로 진출했는데 중학교 교장까지 되었다. 子대운에 중풍으로 폐인이 되었다. 예3)의 팔자와 비교하면 그 우열을 알 수 있을 것이다.

11. 질병 및 흉액 당할 때

一. 일간과 간합하는 재성(財星) 그리고 일지에서 투출된 식신과 재성이 대운에서 사절묘고(死, 絶, 墓, 庫)를 만나면 적신호가 온다. 재성은 육신(肉身)을 뜻하는데 특히 일지에서 투출된 것과 일간과 합하는 재성은 나의 육신을 뜻하기 때문이다.

즉 사주에 여러 개의 재성이 있다면 그중에는 형제 친구의 재성도 있고 나 자신의 재성도 있는데 나와 합을 맺거나 내 일지에 있는 재성은 바로 나 자신의 것이기 때문이다. 식신은 재성을 생해주기 때문에 수명성 또는 명줄이 된다. 그러므로 일간과 밀접한 관계가 있는 식신을 상하게 되면 위험해지는 것이다.

예1)

					32	22	12	2	
己	壬	己	丁	여	癸	壬	辛	庚	대운
酉	戌	酉	丑		丑	子	亥	戌	

년간에 있는 丁火정재는 일지 戌중에서 투출된 것으로도 볼수 있다. 그리고 일간과 丁壬합 하므로 나의 육신이 분명하다. 丁火에서보면 丁丑으로 백호살 맞고 있으며 월시간에 己土는 년지 丑에서 투출되어 백호 발동신되어있고 묘(墓)발동신을 겸하고 있다. (丁火는 丑에 墓).

그리고 일간 戌은 丁火의 고(庫)가 되니 丁火(육신)가 심히 허약하고 위태롭다. 이런차에 壬子대운만나 합(丁壬)입절 (入絶 : 丁은 子에 絶)한다. 따라서 고(庫) 묘(墓) 절(絶)이 모이게 되니 아주 위험하다. 이런때에 丁未년(31살)만나 또다시 丁壬합이 성립되고 丑戌未 삼형이 발동되어 丁火의 뿌리를 뽑게되어 폐결핵으로 사망했다.

예2)

					61	51	41	
乙	壬	己	丁	남	壬	癸	甲	대운
巳	寅	酉	丑		寅	卯	辰	

년간 丁火가 일간과 합하고 있으므로 나의재성이다. 그런데 丁火는 丑에 묘(墓)가 되고 일지 寅에 사(死)가 되며 월간 己土가 丁火의 묘(墓)발동신과 백호살 발동을 겸하고 있다. 辰대운에 약한 丁火의 기운을 설기시키는데다가 壬水일간일 입고(壬은 辰에 入庫)한다. 따라서 위장병 발생되어 고통당했다. 癸대운에 丁火를 극하여 병세악화되었다. 그러다가 壬寅대운에 丁壬합하여 입사(入死)하므로 저세상으로 가고 말았다.

예3)

					32	22	12	2	
丁	壬	癸	辛	여	丁	丙	乙	甲	대운
未	戌	酉	亥		丑	子	亥	戌	

시간 丁火가 일간과 합하고 있으며 일지 戌에 입고하고 있다. 그런데다가 壬戌일간이 백호살 맞고 있으며 인체의 심장에 해당되는 戌이 戌未로 형되고 있다. 그리고 년간 辛은 일지 戌에서 투출이므로 壬戌백호 발동신이 되어있다. 이리되면 흉액 흉사 당하는데 子대운 들어 丁火 재성이 절(絶)을 만나니 28세 戊

寅년에 심장병으로 쓰러졌다.

戊寅년의 戊는 壬戌일주의 戌중에서 투출되었고 세운지 寅은 丁火의 사지(死地)이기 때문이다. 즉 원명과 대운, 세운에 사(寅) 절(子) 고(戌)가 병림했기 때문이다.

예4)

					42	32	
丙	庚	丁	乙	남	壬	癸	대운
戌	辰	亥	未		午	未	

년간 乙木은 일지 辰의 표출신되어 있고 乙庚으로 일간과 합하고있으니 나의 재성이다. (肉身이고 명줄이다) 그런데 乙木은 년지 未에 입고되면서 乙未로 백호살되었고 월간 丁火가 백호발동신과 乙木의 고(庫 : 未)발동신을 겸하고 있다. 그리고 乙木은 월지 亥에 사(死)가되고 시지 戌에 묘가되니 단명살을 타고 있다.

격국론으로 보면 월지 식신격이 년·일지 未·辰의 협공을 당하고 있으니 바로 식신이 편인(辰)을 보면 단명한다는 명리서의 구절에 부합된다. 그리고 신살론으로 보면 庚辰괴강 일주는 형충을 싫어하는데 시지 丙戌(백호살)과 년주 乙未(백호살)의 형충을 맞고 있으니 심히 위태롭다.

癸未대운에 乙木은 未에 입고하고 未土는 亥水식신을 극하여 흉한데 甲戌년(40세)만나 辰戌충이 발동되는데다가 乙木은 戌에 입묘지 만나고 戌土는 亥水식신을 극하여 불에 타죽었다. 辰戌충으로 화고(火庫 : 戌)가 터졌다.

예5)

		29 19 9	
壬 丁 丁 癸	남	甲 乙 丙	대운
寅 未 巳 卯		寅 卯 辰	

丁火일간 巳월생이고 아주신왕하다. 년간 癸水는 년지 卯木을 생하니 월간 丁火를 제극하지 않는다. 시간 壬水가 일간과 丁壬합하여 유정하나 지지에 일점의 뿌리없으니 이 역시 소용없다. 할수없이 일지 未중 己土에게로 설할 수밖에 없다.

未중 己土가 용신이라하여 이것을 생하는 火운이 좋다로 해석하면 안된다. 조토(燥土)가 되어버리면 강왕한 火를 설기시키지 못하기 때문이다.

丙辰대운은 무난했다. 辰土가 강왕한 火기운을 설해서이다. 卯대운에 卯未로 목국을 이루는데다가 식신이 도식(편인)을 만나는 격이 되어 수명이 위태롭게 된다. 庚午년 28세에 돈 및 여자(庚)문제로 피살되었다.

예6)

		35 25 15 5	
癸 戊 甲 戊	여	庚 辛 壬 癸	대운
丑 辰 子 申		申 酉 戌 亥	

일지 辰중 癸水가 시간에 표출되었다. 또 시주 癸丑(백호살)이 일간과 합하여 입고(入庫)하고 있다. 그리고 癸는 戊辰백호살의 발동신이되어 년지 申에 사지(死地)를 만나고 있으며 년일간 戊가 癸의 사(申)발동신 되어있다.

申대운만나 나의 재성인 癸水가 또다시 사(死)에 임하니 낙명

수가 들어왔다. 戊子년만나 辰(庫神) 申(死神)중의 戊土가 발동되어 戊癸합을 이루니 그만 약먹고 자살하고 말았다. 인기 배우였던 최진실씨의 명조다.

예7)

					45	35	25	15	5	
丙	戊	癸	壬	남	戊	丁	丙	乙	甲	대운
辰	辰	卯	辰		申	未	午	巳	辰	

戊辰일주가 卯월에 태어났다. 년지·시지에 辰土있으나 음습한데다 卯辰으로 대목지토(帶木之土)되어 신약이다. 따라서 시간의 丙火가 아주 중요한 역할을 하는 희용신이다. 하지만 일간 戊土는 월간 癸水와 합을 맺어가니 바로 탐재괴인(財를 탐하여 인수가 무너진다)의 명조가 되었다.

그런데다 丙火는 辰에 앉아 아주 심하게 설기되는데다가 壬, 癸水의 극까지 받게되니 학업불성이고 광명(丙)을 잃게 된다. 초년 甲辰대운에 대운지와 일지 사이에 辰辰자형하고 甲木剋戊土일간하여 심히 위태롭다. 이런운에 庚子년(9살)만나 기신인 壬, 癸가 뿌리얻어 丙火를 제극하니 안맹(眼盲)이 되었다.

이 사주역시 일지 辰중 癸水가 천간에 투출되어 일간과 합하여 일지 辰에 입고하고 있다. 戊申대운에 합 입사(入死)하여 사망했다.

12. 일간이 극을… 만나는 경우

예1) 45 35 25 15 5

戊	壬	己	庚	남	甲	癸	壬	辛	庚	대운
申	戌	卯	辰		申	未	午	巳	辰	

壬戌일주 백호살이고 戌중 戊土가 시간에 투출되어 백호살 발동했다. 신약한 壬일간이 월간 己土에 또 극당하고 월지 卯에 사(死)가 되며 년지 辰에 입고 되고있다. 따라서 월지 사(死 : 卯)가 투출신되는 甲대운이 위험하다. 이런 운에 丁卯년(48)만나 壬일간이 丁壬합하여 卯(死)에 입사(入死)하므로 생명이 위험한데 뇌혈관이 터져 입원했다. 그러나 戊辰년에 백호살 발동신인 戊가 壬戌일간을 천충지충 하므로 저세상 사람 되었다.

예2) 33 23 13 3

戊	丁	壬	戊	남	丙	乙	甲	癸	대운
申	亥	戌	子		寅	丑	子	亥	
					馬				

丁火일간이 아주신약한데다 월주 壬戌백호살과 丁壬합하여 입고(入庫)한다. 그리고 년지 子에 절을 만났고 월간 壬水는 丁火일간의 절 발동신이 되어있다. 따라서 물귀신(子)에게 붙들려(丁壬) 가게된다.

丙寅대운만나 일간이 사(死)에 들어가고 사신(死神)인 寅은 일지와 寅亥로 합하고 들어온다. 바로 역마 사신이 찾아온다는 말이다. 따라서 타향 객사하는데 원명의 년지 子水가 丁火의 절신이므로 배타고 가다가 물에 빠져죽었다.

37살되던 乙丑년이었다. 乙丑년의 丑은 丁火의 묘(墓)이고 일주와 2급 소용돌이를 이루어서이다. 丙寅대운은 약한 丁火일간을 도와주므로 좋을 것 같다. 하지만 丙火는 년간 戊土를 생하여주며 년주와 2급 소용돌이를 일으키면서 시지 申을 충하여 土水간에 싸움을 일으키게 하므로 대흉한 운이다.

*** 소용돌이란 丁亥일주가 乙丑년과 천간은 乙丙丁으로 진행되고 지지로는 亥子丑으로 진행되어 나감에 따라 소용돌이를 만든다는 말이다. 이러면 말그대로 뱅글뱅글 도는 운이다.**

소용돌이에 대한 더 자세한 내용은 한밝신사주학 하권책에 많이 나와 있으니 참고하시길 바랍니다.

예3)

					21	11	1	
辛	戊	己	壬	남	壬	辛	庚	대운
酉	辰	酉	子		子	亥	戌	

戊辰일주 酉월생으로 상관격이다. 꼭 필요한 火가 없어 불길하다. 戊일간이 오로지 일지 辰에 의지하고 월간 己土가 약간의 도움을 주고있다. 그런데 일지 辰은 월·시지 酉와 합하니 바로 약한 일간일지가 사신(死神 : 戊는 酉에 死)과 합을 맺었다. 또 辰酉합하면 戊土는 뿌리 상실되어 존립이 불가하다.

金이 병이고 戊土의 사신이므로 골(骨)에 대한 병인데 子대운 庚辰년(28세)에 골수암으로 사망했다.

戊土일간의 절이되는 丁亥월이었다. 壬子대운이 흉한 것은 원명에 일주 戊辰과 년주 壬子가 4급소용돌이를 이루고 있는데 복음되어서이다.

庚辰년에 응한 것은 세운간 庚이 戊土의 사(酉)발동신이고 세운지 辰과 일지 辰이 辰辰자형하여 戊土일간의 뿌리를 완전히 없앴기 때문이다.

예4)

					29	19	9	
丙	癸	庚	己	남	丁	戊	己	대운
辰	巳	午	丑		卯	辰	巳	

癸일간이 아주 신약하다. 시지 辰에 입고되고 월지 午에 절(絶)이 되는데 년간 己土편관은 癸일간의 절 발동신까지 겸하고 있다.

戊辰대운에 약한 癸일간을 戊癸합하여 입고시키며, 癸일간의 고(辰)발동신까지 겸하고 있으니 크게 흉하다. 辛亥년 (23세)에 시간 丙火를 丙辛합하고 일지 巳를 충하니 신병을 비관하여 자살하고 말았다. 신왕신약을 불문하고 일지의 재성은 명줄이므로 충거되던지 합거되면 명줄 상하게 된다.

예5)

					27	17	7	
丁	己	壬	壬	남	乙	甲	癸	대운
卯	丑	寅	辰		巳	辰	卯	

己土일간이 지지에 寅卯辰을 만났고 년월간에 壬水가 寅중 丙火의 기운을 제압하고 있다. 즉 재관(財官)이 기신이다. 그런데다가 己土일간은 월지 寅에 사(死). 일지 丑에 묘(墓)를 만나고

있다.

사주에 寅卯辰있을때 운에서 甲乙木이 오면 己土일간은 木의 극을 크게 받는다. 己土일간뿐 아니라 다른 일간역시 지지에 관성이 국(局)을 이루고 있을 때 이것이 투출 발동되는 운이 오면 그 극을 크게 받게 된다. 원명의 희용신은 시간의 丁火인데 이마저도 일시간의 2급 소용돌이 때문에 유정치 못하게 되어있다.

이런 소용돌이가 있을 때 대운에서 또 소용돌이를 이루면 아주 대흉하다. 따라서 乙巳대운은 이리보고 저리봐도 면할 수 없을만큼 아주 좋지 않다. 이런 운에 己土일간의 묘신(墓神)인 丑의 투출신이 되는 癸亥년(31살)을 만나 丁癸로 충극하니 간(肝)질환으로 사망했다. 재관이 기신이 되는 이런 사주는 결혼한 후 아이 생기게 되면 곧바로 황천행 열차를 타게 된다.

13. 사주푸는 순서와 방법

사주 명리를 제법 오랫동안 해온 사람이라도 막상 명조(命造)를 눈앞에 두면 어떻게 풀지? 무슨 말부터 해야하지? 하고 혼란에 빠져 멍해지는 경우가 많다. 이것은 체계적인 훈련이 안되어 그런 것이다. 따라서 이장에서는 사주푸는 순서와 통변방법 등을 기재하여 독자 여러분들의 학습을 돕도록 하겠다. 격국용신론(格局用神論)에만 매달리지 말고 순서대로 차근차근 하다보면 아주 쉽게 풀 수 있고 점점더 높은 곳까지 도달하게 될 것이다.

1. 신왕 신약을 분석하여 체(体)를 정한다.

'일간은 사주의 주재자로서 사주의 주인공이다.' 는 것이 이때까지의 명리정설이었다. 그러나 일간이 사주천간지지 그 어디에도 뿌리가 없어 아주 아주 허약할 때도 일간이 사주의 주인공이 될 수 있을까? 이것은 오랫동안 명리를 심도있게 다뤄본 사람들의 공통된 의문이었다. 하지만 그 어느 누구도 이에 대한 해답을 제시하지 못했다.

그러나 한밝 신사주학에서는 일간이 아주 허약할 땐 일간을 버리고 딴 곳에서 체(体)를 찾는다. 이 세상 모든 것에는 반드시 체(体)와 그에 따른 용(用)이 있으므로 체(体)만 정확히 찾게되면 용(用)을 찾는 것은 그리 어렵지 않다. 따라서 일간의 강약을 따져 일간이 주체가 되느냐 아니냐 하는 것을 먼저 파악해야 한다.

2. 사주의 구조를 파악하라.

1) 사주지지엔 어떤 합이 있고 어떻게 누구와 형충하고 있으며 어떤 신살에 해당되느냐. 하는 것을 살펴야 된다. 그리고 12운과 신살은 발동되어있는가? 발동되어있다면 연월일시 어떤간(干)이 그것이냐. 하는 것을 파악하여야 한다. 예를 들면 아래와 같이 하면 된다.

예1)

庚	癸	辛	己	여
申	卯	未	亥	
홍염 鬼	급각	급각		
死	長生	墓		旺

위 사주를 아래와 같이 그 구조를 하나하나 파악하여 기재하던지 머리에 입력한다.

① 정, 편인 혼잡되어 투출이다.

② 卯未亥로 식신국을 이루었다.

③ 시지 申이 癸의 홍염살이고 시간 庚은 홍염살 발동이다.

④ 월지 未는 급각살이고 년간 己土는 급각 발동신이다.

⑤ 일시지 卯申이 귀문살 되어있다.

⑥ 12운은 한자로 기재된 것이다.

예2)

편관		정관		
甲	戊	乙	戊	여
寅	戌	卯	戌	
		도화		

① 정, 편관 혼잡되었는데 일주를 에워싸고 있다.

② 월지 卯 관성은 도화살이고 월간 乙과 시간 甲은 도화 발동신이다.

③ 도화 관살이 일주와 육합, 반삼합(寅戌)하고 있다.

④ 재성인 水와 식상인 金이 없고 乙卯정관이 나보다 먼저 戊戌과 합했다가 戊戌일주와 합을 맺고 있다.

이 사주의 구조에서도 다음과 같이 풀이 할 수 있다.

'당신은 남성들에게 인기 많아요. 그렇게 너무 인기 많다보니 재혼 할 수 있겠네요.' 위 ①과 ②,③의 구조에서 나온 말이다.

'당신은 유부남과 연애 합정했네요.' '그리고 자식낳기가 어렵네요.'

④의 구조에서 쉽게 할 수 있는 풀이다.

예3)

					35	25	15	5	
甲	壬	癸	庚	남	丁	丙	乙	甲	대운
辰	子	未	子		亥	戌	酉	申	
백호	羊刃	원진	羊刃						

① 년지 일지에 子水양인있고 월간 癸水가 겁재 양인 발동이다.

② 시주 甲辰백호살인데 子辰으로 일주가 입고(入庫)하고 있으며 辰중 癸水(월간)가 백호발동신 되어있다.

③ 월지 未중 丁火가 일간 壬과 명암합하여 처(妻)가 되는데

일지와 子未원진이다. 그리고 일지 子水양인이 월간에 발동되어 未중 丁火를 극하고 있다.

④ 신왕하여 시간 甲木을 생하는 길로 간다.

⑤ 월지 未중 丁火는 년지 子중 壬水와 암합하고 있다. 이 다섯 개의 구조에서 다음과 같이 말할 수 있다.

'당신은 의처증 심해서 처(丁)에게 폭언·폭행 심하군요. 견디다 못한 처(丁)는 결국 가출하던지 딴 남자 찾아 갑니다.'

①과 ③, ⑤의 구조분석에서 나온 풀이다. '당신은 마누라와 원수처럼 지내며 어떤 때는 처를 피나도록 때려죽일 생각까지 하게 되네요.' ②와 ③의 구조에서 찾아낸 풀이다.

이 사람은 25세에 결혼했는데 의처증 심해 날마다 폭언 폭행을 하게 되었다. 견디다 못한 처는 결국 그 다음해 乙丑년에 가출하고 말았다. 여기저기 찾아다니던 이 사주 주인공은 '이년이 감히 딴놈과 눈이 맞아 도망을 가. 어디잡히기만 해봐라. 갈기갈기… 죽일거야.' 하며 독을 품고 다녔단다. 乙丑년 己丑월 丙辰일 乙未시에 스승께 찾아온 사람이다.

3. 일간지의 향배(向背)와 유정무정.

일간이 어떤 육신과 등을 지고 어떤 육신을 찾아가느냐 하는 것을 알면 그 사람의 생활 모습을 쉽게 알 수 있다.

예1)

					37	27	17	7	
丙	丁	庚	乙	남	丙	丁	戊	己	대운
午	巳	辰	未		子	丑	寅	卯	

丁火일간 辰월생이나 지지에 巳午未있고 乙·丙이 있으므로 신왕하다. 가는 길은 당연히 상관생재(傷官生財)로 간다. 그런데 일지 巳중에 있던 丙火와 庚金이 월, 시간에 투출되어 있다. 일지는 처궁인데 여기에 있던 丙火겁재가 투출 발동되어 있음은 처를 극하게 됨을 뜻한다. 庚金처는 년간 乙木과 합을 탐해 가는데 합신인 乙木아래엔 未土가 있고 여기엔 丁火정관이 있다.

이런 구조에서 알 수 있는 것은 결혼하자마자 이별하게 되고 그 처는 본인보다 더 돈많은 사람과 결합하게 된다. 또 월간 庚은 부친인데 년간 乙木과 乙庚명합이고 년지 未중, 乙木, 월지 辰중 乙木과도 명암합하고 있다. 이는 부친이 여러 여성과 결합했음을 나타내고 있다.

丁대운에 庚金이 극을 당해 부부이별했다. 庚에서 보면 대운간 丁은 또 하나의 관성이다. 그러므로 처(庚)에겐 곧바로 남자 나타난다. 癸亥년 29세 때 본처 이별했는데, 癸水가 丙火겁재를 극제하여 庚金재성을 보호하므로 이별운 아니다로 말할 수 있다. 그러나 庚金에서 보면 癸는 상관이 되어 丁火를 극한다. 그러므로 처가 이혼을 요구한 것이다.

예2)

			41 31 21 11 1		
癸 癸 己 丁	남		甲 乙 丙 丁 戊	대운
丑 巳 酉 亥			辰 巳 午 未 申	
馬 馬				
天乙귀인				

癸일간 酉월생으로 신왕하다. 년간 丁火편재는 년지 亥중 壬水와 명암합한다. 그러므로 나의 여자가 아니고 형님의 여자다. 내 여자는 일지 巳중 丙火다. 그런데 시주에 癸丑비견과 일지 巳가 丙辛암합, 戊癸로 명암합하고 있다. 그리고 일지 巳火는 월지 酉와 巳酉로 금국이 되니 배임(背任) 역할을 하고 있다. 신왕하여 재관(財官)이 희용신인데 재성이 인성으로 변함은 좋은 것이 나쁜 것으로 변한 것이다. 재성의 역할을 하지 않고 인성의 역할을 하므로 배임이라 하는 것이다.

따라서 본인의 처(巳)가 남(시주 癸)과 사통(私通)하여 나를 등지게 되는데 乙대운에서다. 이 사주는 월간 己土로 시간의 癸水를 제극해야 한다. 그러므로 乙대운은 己土가 乙木에게 제극되어 힘을 쓰지 못하게 된다. 이리되면 癸水비견이 거리낌없이 내 재성을 노리게 되는 것이다.

癸亥년 36세에 비견이 일지 巳를 충하므로 처가 타남과 합정하고 나를 등졌다. 년간 丁火가 월간 己土를 도우므로 형수덕이 많다. 이 사주처럼 비견겁재가 시에 있게되면 안방에 남(친구, 동료등)이 들어와 있는 격이 되어 반드시 부부이별 및 큰 손재가 있게 된다. 이것은 신왕신약을 막론하고 그렇다.

예3)

					42	32	22	12	2	
辛	戊	乙	辛	여	庚	己	戊	丁	丙	대운
酉	辰	未	丑		子	亥	戌	酉	申	
도화			冲							

戊일간 未월생 되었고 일지 辰, 년지 丑土 있으므로 신왕이다. 그런데 일지 辰이 시지 도화 상관인 酉와 합하고 있다. 그리고 도화 상관인 酉에서 년시간의 辛金이 투출되어있다. 즉 도화상관이 두 번 발동한다. 따라서 이 사람은 바람기로 인해 두 번 이혼하게 된다. 그리고 辰酉합은 도화합이고 서비스 직업을 의미하므로 술장사 인연있게 된다.

그런데 월간 乙木정관은 백호살되어 있고 예리한 辛金의 충극까지 받고있다. 그러므로 명 짧은 남자면 이 여자와 살다가 비명횡사 하게되고 명이 긴 남자라면 이혼하게 된다.

戊대운은 일지 辰의 투출신이므로 배우자감 나타나는 운되어 23세 癸亥년에 결혼 동거했다. 甲子년에 약한 乙木을 도와주니 생남했고 乙丑년에 乙辛충이 발동되어 이혼했다. 戊辰상관도화(酉)와 합이니 미인형이다. 백부가 비명횡사 했는데 戊辰백호살 발동되어서이다. 子대운에 제법 돈벌었는데 물장사했다.

예4)

					45	35	25	15	5	
己	丁	丙	壬	남	辛	庚	己	戊	丁	대운
酉	未	午	午		亥	戌	酉	申	未	
天乙										

丁火일간 午월생에 월간 丙火있고 년지 午火있으며 일지 未중

에 丁火 乙木있으므로 아주 신왕하다. 신왕하므로 당연히 시간 己土에게로 기운을 설해야 한다. 이리되면 己土는 시지 酉金재성을 생하게 되니 바로 식신생재라 할 수 있다.

그러나 일지 未는 기신인 년월지 午와 午未로 합을 지었고 丁火일간 역시 년간의 壬水와 丁壬으로 합을 하려고 하고 있다. 즉 일주의 정이 합을 탐해 시간 己土를 생하지 않는다.

따라서 나쁜 운명이며 일찍이 정신이상이 되어 처도 없고 자식도 없이 고단한 삶을 이어가고 있다. 정신 이상이 된 것은 火土의 조열한 기운이 꽉 뭉쳐있어 운행이 되지 못하기 때문이다.

예5)

					43	33	23	13	3	
壬	壬	丁	甲	여	壬	癸	甲	乙	丙	대운
子	戌	卯	辰		戌	亥	子	丑	寅	
		도화								

壬水일간 卯월생이고 년주 甲辰. 월간 丁火 일지 戌土되어 신약이다. 그러나 시주에 壬子를 만나 壬일간의 뿌리는 있다. 이런 경우 대부분의 역술인들은 '일간이 약하므로 시주 壬子에 의지해야 하고 子, 癸亥, 壬의 水대운은 약한 일간을 도우므로 평길하다. 그리고 丙寅, 乙丑초년 대운은 신약한 일간의 힘을 빼므로 불미스런 때였다.'로 감정하게 된다.

그러나 이런 억부법에 따른 해석으론 풀이가 미비하다. 그것은 일간 일지가 월주 丁卯와 천간지합을 했기 때문이다. 즉 합(合)을 하게 되면 변하게 되는데 천간 지지가 이 사주처럼 합을 이룰 땐 확실하게 변하게 된다.

따라서 丁壬合化木格이 되었고 시주 壬子는 나의 합신인 丁化

와 쟁합을 하므로 기신이 된다. 그러므로 격이 떨어진다. 이처럼 목왕절인 卯월에 丁壬합목 되었으므로 사주의 중심은 木이 되고 木의 희기에 따라 길흉을 정해야 한다.

그렇지만 壬水일간의 뿌리가 시지 子에 있고 순수한 丁壬합화목격이 아님으로 일간의 주체성은 잃지 않는다. 즉 사주의 중심이 되는 木의 희기에 따라 길흉을 정하지만 일간의 주체성이 상실된 것은 아니다는 말이다. 그러므로 년간 甲木은 식신(자식)이 되고 일지 戌중에서 표출된 월간 丁火재성은 돈과 재물이며 또 남편이 된다. 그리고 시주 壬子는 형제, 친구, 동료가 된다.

일주의 동향을 보면 일주가 도화 상관에 재성(丁)과 천간지합하고 있다. 이것은 돈이 된다면 색정에 몸을 내 맡길 수 있는 뜻이다. 그리고 도화 상관으로 생재(生財)하고 있는데 이것은 남편등지고 다소 불법적인 방법, 즉 몸을 팔거나 입으로 돈벌이함을 말하고 있다.

여기서 **눈여겨 볼 것은** 신약하지만 시주의 壬子를 등지고 卯木상관과 丁火정재에게로 합을 탐해 간다는 것이다.

이젠 木을 중심으로 하여 그 좋고 나쁨을 살펴보자. 춥지도 덥지도 않은 卯월의 木인데 년지 辰중에 癸水있고 일시간의 壬水와 시지 子水가 있으므로 수기(水氣)는 충분하다. 木이 자라고 크려면 火가 있어야 하고 木이 뿌리 내릴 수 있는 土가 와야 한다.

그리고 생목이므로 金은 아주 싫어하게 된다. 따라서 초년 丙寅대운은 태양(丙)이 떠오른 격되어 행복한 유년기였다. 乙대운은 발전없는 운되어 학업이 신통치 않아 丑대운에 여상(女商)을 졸업하고 주산학원 강사로 취직했다.

甲대운은 木중심에서 보면 비견겁재운이고 卯도화의 투출신되어 색정가(色情家)에서 몸팔게 되었다. 子대운에 戊申생 남자

알아 유흥가 생활 청산하고 동거에 들어갔다. 子, 癸亥, 壬대운까지 보험모집원으로 생활했다. 당연히 힘든 세월이었다. 보험모집원 생활하면서도 돈된다면 서슴없이 합정했다. 壬辰년되면 남편과 사별할 것으로 생각된다.

예6)

辛 戊 甲 辛　남
酉 戌 午 卯

무더운 여름 午월의 戊土되어 무엇보다 水가 필요하다. 하지만 물한방울 보이지 않고 있다. 따라서 돈 여자(財)에 갈증많다. 그러므로 물계통이 좋고 물있는 곳에 살면 좋다. 또 물이 많은 여자와 궁합 좋을 것이다. 여기까진 사주공부를 조금한 사람이라면 누구나가 쉽게 할 수 있는 통변이다.

그렇지만 '이 사주 주인공은 처에게 폭행 폭력을 행사하며 그 처가 밖으로 나가는 것을 꺼리며 의처증있겠소.' 하는 말은 아무나 할 수 없다. 그러나 일주의 동향과 어떤 것이 처(妻)이며 그것이 어떻게 움직이고 있느냐 하는 것을 알 수 있다면 쉽게 할 수 있는 말이다.

그러면 이 사주에서는 재성이 되는 水가 없으므로 어느 것이 처가 되느냐부터 살펴보자. 지면관계로 이 책에 모두 싣지는 못했지만 한밝 신사주학의 삼대비법 활용법중 합신(合神)을 처(妻)로 한다. (한밝 신사주학 상권 참고) 그러므로 일지 戌과 육합하는 년지 卯도화 정관이 처성이 된다.

그런데 처궁인 일지에서 辛金상관이 두 개나 투출되어있다. 년간에 있는 辛金상관은 년지 卯木정관이 고개 내밀지 못하도록 타고 앉아 극하고 있다. 그러나 卯중 甲木이 월간에 투출되어 홍염살이 되는 午火위에 앉아 木生火(甲木 生 午火)하면서 午중 丁火로는 辛金을 극하고 午중 己土와는 甲己로 명암합 하고 있다.

이런 구조는 관성이 되는 처를 억누르며 폭행·폭언(辛傷官)하고 있음을 나타낸다. 그리고 바람기 많은 처(卯도화)는 甲木으로 나타났다. 그리곤 나를 받아들여 키울 수 있는 능력도 없는 바짝 메말라 빠진 네놈의 잘난척하는 행동(辛)에 본때를 보여주마. 하며 화극금(火剋金, 丁火剋辛)하며 년하남자와 놀아남을 말하고 있다.

그리고 午월의 염천에 卯木, 甲木은 바짝 말라 타죽을 지경인데 戊土일간은 辛金상관으로 설하긴 했으나 金生水로 돈(水)을 만들어 내지 못하고 있다.

이리되면 이 사람의 자식과 처는 술(酒)을 좋아하게 되며 상관인 辛金이 두 개이므로 잔소리와 험담, 독설을 연이어 내뱉게 된다. 그리고 월지 午중 己土와 처성인 卯중 甲木이 甲己로 암합하므로 의처증 있게 된다.

예7)

					48	38	28	18	8	
癸	壬	己	壬	여	甲	乙	丙	丁	戊	대운
卯	午	酉	辰		辰	巳	午	未	申	
도화		공망 도화								

壬水일간이 년간 壬水. 시간 癸水있고 金왕절인 酉月에 태어나 년지 辰土있으므로 신왕으로 보기 쉽다. 그러나 시간 癸水는 시지 卯木을 생하기에 바빠 일간을 돕지 못하며 월지 酉金은 공망되어 힘이 약화된데다가 년지 辰과 합하므로 해서 壬水일간

을 생하려하지않는다. 즉 탐합망생 (합을탐해 생을 안한다)이다.

따라서 외견적으로는 신왕같으나 신약이며 언니 및 오빠(년주 壬辰)는 공부운있고 모친의 사랑도 받았으나 본인은 공부운도 없고 부모사랑도 윗형제보다 많이 못받는다.

일간이 약하면 관성을 싫어하고 인성을 좋아하지만 이 사주의 구조는 좋아하고 가까이 하고 싶은 인수는 나를 뒤돌아 보지않고 년지 비견에게로 정을 준다. 이리되면 일간 壬水가 가는 길은 시지 卯木에게로 가게되니 卯는 도화상관이다.

따라서 규칙 및 질서(法:정관)를 싫어하고 자유분방한 삶을 즐기며 반항적인 성품이다. 그런데다 壬午일 태어나고 천간에 관살이 투출되면 남편두고 정부(情夫)둔다. 그리고 월지 酉金인수와 시지 卯木상관이 도화살에 해당된다.

인수는 생각이고 식신상관은 행동이다. 그러므로 연애와 색정생각나면 곧바로 행동으로 연결된다. 일지 午중 丁火가 투출신되는 丁대운부터 이성교제 있었고 未대운초에 결혼했다.

丙대운은 어쩌면 돈벌이 할 수 있을까 생각하며 돈벌이 전선에 뛰어들었다. 午대운되어 월간 己土가 득록하여 강해지므로 남자문제 생기는데 丙寅년 34세에 丁酉생 남자와 합정하게 되었으니 사주팔자대로 운명이 진행된 것이다.

예8)

					39	29	19	9	
甲	己	丁	甲	남	辛	庚	己	戊	대운
子	巳	丑	午		巳	辰	卯	寅	
天乙			도화						

己土일간이 겨울의 끝자락인 丑土월에 태어나 丁, 午, 巳가 己

土를 도우니 신왕하다. 따라서 곧이어 봄도 오므로 년시간에 있는 甲木을 키울 수 있다. 그런데다 2개의 甲木이 모두 나와 甲己로 합을 맺고있다.

시지 子水가 처고 시간 甲木은 子水의 식신상관이므로 처의 행동 및 표현력이 된다. 그리고 년간 甲木은 나의 합신이므로 나와 합정(合情)하는 사람이기도 하다. 게다가 甲木은 홍염지인 午에 앉아있고 이 午는 일지 巳에서 보면 도화살이다. 따라서 월간 丁火와 일간 己土는 도화살 발동을 나타낸다.

그러므로 본인은 색정(도화살)의 기운을 타고났다. 또 월간 丁火는 甲木의 홍염지인 午의 표출신이므로 甲木(己土일간의 合神)이 내뿜는 요염한 유혹의 행동이 된다. 일주 己巳는 도화홍염살의 발동신인 丁火가 앉아있는 丑으로 巳丑으로 암합(丙辛)하여 丑중 癸水편재와도 인연을 맺는다.

이 사주는 기존의 이론에 따르면 정관격에 해당되는데 己土가 년시간의 甲과 이리저리합한다. 그러므로 뜻이 전일치 못하고 이리갈까 저리갈까 하며 우유부단한 행동을 나타내게 된다. 정관격엔 상관운을 크게 꺼리는데 29세부터의 庚辰대운은 상관운인데다가 일주 己巳와 1급 소용돌이를 이룬다. 따라서 반드시 구설시비 퇴직사 및 관사(官事)까지 있게 된다.

이런운에 시주와 복음되는 甲子년(31살)을 만나 三甲이 己土일간과 쟁합하고 子午충으로 년지 도화살을 충동시키므로 꼬리치는 여자와 간통하게 되었다. 그러다가 乙丑년 32살에 상대여자에게 혼인빙자 간음으로 고소당해 입건되었다.

예9)

					34	24	14	4	
戊	丁	壬	癸	여	丙	乙	甲	癸	대운
申	巳	戌	未		寅	丑	子	亥	
겁살	馬	귀문							

丁火일간의 뿌리는 년지 未, 월지 戌, 일지 巳에 있다. 丁火 戌월생이니 월지 상관격이다. 그런데 년간에 癸水편관있고 월간에 壬水정관있다. 이중에 어떤 것이 진짜 내 남자일까? 원칙적으로 월간 壬水정관이다.

그렇지만 시간 戊土는 일지 巳에서 투출되어 내자식인데 이것이 년간 癸와 戊癸합하고 있다. 따라서 자식(戊)과 합된 癸水가 자식낳고 살게 된 첫남자다. 그런데 癸는 년지 未에 묘(墓)고 시지 申에 사(死)가 되며 묘발동신이 일간(丁)이고 사(死:申)발동신 壬水가 월간에 있다.

따라서 본 남자(癸)는 아이(戊) 낳고 5년(戊는 5)째에 사망(死:申)의 길로 갔다. 그 후 만난 남자가 월간 壬水다. 壬水는 戌중 丁火년지 未중 丁火와 명암합하여 未중 己土 戌중 戊의 자식이 있는 사람이다.

그런데 두 번째 남자(壬)는 나(丁)를 합(丁壬)하여 입고(戌)시키며 나(丁)는 壬水를 합하여 巳에 입절시키므로 서로간에 巳戌로 귀문살과 원진살이 작용하므로 불행한 부부생활이다. 또 일월지 사이에 귀문살 있으므로 공줄 심한 집의 남자와 인연이 되었다.

일주를 중심으로 좌우에서 식신상관이 합신해온다. 그러므로 남이 낳은 자식 키우게 되었다. 월주 壬戌이 일간 丁巳와 丁壬합하여 일지 巳火를 戌에 입고시킨다. 또 丁火일간이 壬水와 합하여 월지 戌에 입고한다.로 말할 수 있다. 이렇게 되면 壬水남자와 만난후부터 남자가 여자(丁火)를 통제관리 복종시키려 한다. 巳戌귀문살 이루므로 의처증, 변태성 작용한다.

4. 통변방법

통변법에는 1)상대적 통변 2)빼고 더하는 통변 3)물상적 통변 4)신살 통변 5)생극제화의 통변 등이 있다. 자세한 것은 한밝 신사주학(1, 2, 3)에 기재되어 있으므로 생략하고 여기선 아주많이 쓰이는 상대적 통변과 빼고 더하는 통변법만 기술하기로 한다.

이 두 가지 통변술만 자유자재로 구사할 수 있다면 이것만으로도 세인의 경탄을 얻을 수 있다. 이것저것 많이 아는 것도 중요하지만 하나라도 정확하게 또 완전무결하게 운용할 수 있어야만 다음으로 넘어감에 무리가 없고 쉽다.

1). 상대적 통변

고수(高手)소리 듣는 많은 역술인 들이 알게 모르게 구사한 방법이다. 하지만 그 어느 누구도 자세하고 정확하게 밝혀놓지 않았다. 그러나 한밝 스승께서는 후학(後學)을 위해 그 이름그대로 환하게 모두 밝혀내셨다. 따라서 여기에 기재 되어있는 대로만 하면 누구나 쉽게 통달할 수 있다. 예문을 들어 설명하기로 한다.

예1)

					38	28	18	8	
丁	甲	甲	癸	여	戊	丁	丙	乙	대운
卯	辰	子	未		辰	卯	寅	丑	
공망 羊刃	백호	도화							

甲木일간이 음습하고 추운 子월에 태어나 아주신왕하다. 사주에 관성이 되는 金이 없다. 따라서 甲일간과 명암합하는 년지 未중 己土가 남편성이다. 겨울의 未土는 추위에 떠는 나무가 뿌리박기 좋은 흙이다.

그러므로 나와 비견 겁재되는 木들이 모두 未土를 좋아한다. 그런데다 월간 甲木이 나보다 먼저 未중 己土와 명암합하고 있고 未중에는 남자식이 되는 丁火까지있다. 따라서 남편은 전처에 자식하나 까지 있는 사람이다. 이젠 시간에 떠있는 丁火자식의 입장에서 주위상황을 살펴보면 다음과 같다.

① 일간 甲과 월간 甲의 인수가 2개다. 그러므로 모친은 두 명 이상이다. ② 겨울 습목이 많아 丁火가 생을 받기 어렵다. 그러므로 자식은 공부능력이 신통치 않다.

그리고 자식자리인 시지가 공망이며 일지가 辰子로 인수국되어 丁火가 극을 받게되므로 자식운 약하다. 丁火자식은 겨울 눈(癸)바람(甲, 甲) 속에 서있는 형국이다.

이젠 년간 癸水 모친입장에서 보면 ① 甲甲은 癸水(모친)의 상관이다. 그러므로 모친은 입이 험하고 남편을 일찍 극하는 운명을 타고났다. ② 丁火는 癸水의 편재인데 아주 약하다. 따라서 모친은 재운이 약하며 기술이나 입(口)으로 돈벌이 했던 분이다.
③ 년지 未土가 癸水모친의 남편이고 나의 부친인데 乙丑대운이 겁재운이고 丑未충으로 년지를 깨므로 18세전에 부친 사별했을 것이다. 그리고 부친이 남겨준 약간의 땅(未)이 있었을 것이고 그것이 모친의 활용재산(丁)이다.

여기다 신살통변을 도입하면 ① 甲辰백호살이고 이것이 년간 癸水로 발동되었다. 따라서 10여세 전에 부친 흉사(凶死)했다. ② 子水도화살인데 년간 癸水로 발동되었다. 따라서 모친은 바람기 많은 사람이고 바람기많은 언니(월간 甲)가 있다. ③ 년지

未土가 癸, 子의 도화살에 휩싸여 있다. 남편과 부친 역시 바람기 많은 사람이었다.

예2)

					43	33	23	13	3	
壬	辛	乙	庚	남	庚	己	戊	丁	丙	대운
辰	酉	酉	子		寅	丑	子	亥	戌	
	도화	홍염	공망							

辛金일간이 酉월 금왕절에 태어났고 비견, 겁재 많아 아주신왕이다. 이리되면 당연히 년지 子水에 뿌리 둔 시간의 壬水상관으로 설기해야 한다. 따라서 辛金일간이 壬水를 보므로 깔끔하며 정직한 사람이다. 그러나 金水가 모두 냉하므로 음양 불균형이다.

시지 辰중 乙木이 나의 처(妻)이고 월간 乙木은 庚金겁재의 여자이다. 하지만 乙木은 시지 辰에서 표출이므로 나의 처이기도 하다. 乙木처에서 보면 도화지인 酉金위에 앉아 일간 辛과 년간 庚사이에 있다. 따라서 가을 바위틈에 붙어있는 난초(乙) 같다.

乙木에서 보면 일지 酉는 절지(絶地)이고 庚아래의 子는 천을귀인이다. 그러므로 처(乙)는 남(庚)과 합정해 간다. 또 乙木은 庚을 만나 乙庚합해야만 연장의 손잡이 역할을 할 수 있다. 火가 필요한데도 없으니 반드시 결함이 있게 되는데 火관성을 찾아 법대(法大) 졸업했다.

하지만 관성이 사주원국 그 어디에서도 터를 잡고 뿌리내릴 수 없으며 상관격 사주이므로 사법고시에 실패하고 일반 직장에 들어갔다. 子대운까지는 왕강한 金의 기운이 설기되므로 무난했다.

그러나 己丑대운되어 불미스러운데 (가상관격에 인수운되어) 대운지 丑이 년지 子를 子丑으로 합하여 물길을 막았다. 년지 子水는 생식기능인데 년간 庚金이 도화겁재 이므로 성기능이기도 하다. 따라서 물(정액)이 막혀 발기부전이 왔고 40세 己卯년에 일지 酉와 충되어 처에게 이혼당했다.

庚寅대운되면 子水가 寅木을 보고 잘 흐르므로 정력이 회복될 것이고 좋은 여자(寅은 天乙 財)도 생기며 돈도 붙을 것으로 생각된다.

예3)

					48	38	28	18	8	
辛	庚	庚	壬	여	乙	丙	丁	戊	己	대운
巳	申	戌	午		巳	午	未	申	酉	

庚申일주가 늦가을(戌)에 태어나 월시간에 비견겁재 있으므로 아주 신왕이다. 따라서 먼저 관성을 찾아야 하는데 午戌, 巳로 火관성의 기운역시 강하다. 신왕한 사주가 강왕한 관성을 봄으로 남편덕은 있다 하겠으나 재성이 하나도 없다. 그러므로 대부분의 역술인들은 '丁未, 丙午, 己巳대운에 관성을 도우므로 잘살았겠네요. 물론 남편덕도 있고말고요.' 하게된다.

그러나 상대적통변으로 보면 '당신 남편은 당신과 결혼하고부터 큰 부자가 되었네요.' 할 수 있다. 즉 丁火관성에서 보면 庚申庚 辛의 재성이 많고 午戌화국으로 관성의 힘 또한 강하므로 많은 재성을 요리할 수 있는 것이다.

丁火관성에서 보면 庚, 庚, 辛의 재성이므로 여러 가지 업으로 치부하게되며 여자를 녹이는 솜씨 비상하므로 많은 여자와 합정하게 된다. 金의 세력보다 火의 세력이 약간 약하므로 巳午未 남방운에 남편이 큰돈 벌었던 것이다.

예4)

						46	36	26	16	6	
庚	庚	辛	辛	여		丙	乙	甲	癸	壬	대운
辰	戌	卯	丑			申	未	午	巳	辰	
冲		도화 공망									

庚戌괴강일이 재왕절인 卯월에 태어나 월지 정재격이다. 그러나 넌 일지 丑戌중에서 투출된 辛金겁재가 년월간에 앉아있으므로 정재파격이다. 명리서에 보면 괴강일은 신왕을 좋아하고 형충을 꺼린다 했다. 그런데 이 사주는 신왕하므로 좋다할 수 있고 庚辰의 충을 만났으니 나쁘다고 말할 수 있다.

즉 어느 쪽으로 갈피를 잡아야 할지 난감하다. 괴강일이 신왕을 좋아한다는 말은 이 사주처럼 재격이 아닐 때에 해당된다. 따라서 정재 파격된 사주이므로 아주 흉한 팔자다.

먼저 남편성부터 찾아보면 일지 戌중 丁火가 원칙적인 남편이다. 그러나 辰戌충되어 丁火는 못쓰게 되었다. 따라서 일지 戌과 육합하는 월지 卯木재성이 남편이다. 재성이 남편성되면 돈을 보고 결혼하게 된다. 卯재성이 도화살되어 일지와 卯戌합하므로 돈된다 싶으면 누구와도 색정사를 갖는다.

상대적 통변으로 보면 즉 卯에서 보면 년지 丑중에 癸水있고 己土있으므로 몸 붙이고 클 수 있다. 하지만 卯木財 하나를 두고 庚辛의 비견 겁재가 서로 먹으려고 노리고 있는 형상이다.

이런 형상은 도박판을 벌려놓고 돈따먹기 하는 모습이며 '니돈 네돈 할 것없이 먼저 따먹는 놈이 임자지.' 하며 눈에 불을 켜고 설치는 판국임을 말하고 있다.

특히 년월간의 辛金은 나와 재물을 놓고 다투는 경쟁자이기도 하지만 일지 戌에서 표출되었으므로 본인의 탐욕(겁재는 탐욕)이기도 하다. 또 이 사주의 형상은 사면초가에 몰린 힘없는(공망) 토끼 한 마리를 하얀 사냥개(庚戌)가 잡아먹는(卯戌) 것으로도 말할 수 있다. 卯木이 남편성이므로 이것의 투출신되는 甲대운에 결혼했다. 卯와 삼합하는 己亥생 남자였다.

午대운에 일지 戌과 午戌화국 이루므로 많은 남자상대로 도화업했다. 乙대운에 군비쟁재되어 남편과 돈이 모두 상처입고 깨졌다.

未대운은 木이 입고되므로 돈줄 막히고 남편은 병들었다. 丙대운에 관성(丙)이 辛金과 합하여 없어지므로 남편 죽었다. 丙戌년에 자살했다.

예5)

					55	45	35	25	15	5	
戊	丙	丙	丙	여	庚	辛	壬	癸	甲	乙	대운
戌	戌	申	寅		寅	卯	辰	巳	午	未	

이 사주를 기존의 명리론으로 해석하면, '월지 편재격이다. 편재격엔 비견겁재가 기신인데 이 기신이 년월간에 있고 년지 寅에서 장생하고 있다. 그리고 寅申충으로 편재의 손상이 가중되고 있다.

따라서 좋지 못한 운명이며 재복역시 약하다.' 그러나 상대적 통변으로 보면 다음과 같다. 월지 申중 壬水가 남편이다. 남편 壬에서 보면 丙, 丙, 丙의 편재있고 재고(財庫)가 2개 있다. 그리고 壬水에서 보면 종재하는 형국이다. 따라서 남편이 본인 만나고 나서 사업가로 성공해 큰 부자 소리를 들을 수 있고 그 덕분에 본인역시 부잣집 사모님 소리를 듣게 된다. 남편(壬)은 역마(申)속에서 장생하므로 아주 활동력 좋고 신규적 발상 뛰어난 사람이다.

35세부터의 壬대운은 남편(壬)이 두각을 나타내는 때다. 壬에서 보면 丙, 丙, 丙이므로 3가지 업을 하게되는데 첫째는 양조업했고 두 번째는 석유업했고 세 번째는 운수업으로 진출했다. 辛대운까지 떵떵거리고 지내다가 卯대운 만났다. 卯는 壬水(남편)의 사지(死地) 이므로 남편의 건강이 염려스러운 때다. 丁巳년(51세)만나 년월지와 寅巳申 삼형을 이루었고 형출(刑出)된 壬水는 丁壬합되어 입절하므로 사망했다. 세운간 丁이 일주 丙戌 백호살의 발동신 된 것도 하나의 원인이다. 남편성이 약하여 이를 돕는 丁亥생 아들과 乙酉생 딸을 두었다.

예6)

					53	43	33	23	13	3	
丙	丁	丙	丙	여	庚	辛	壬	癸	甲	乙	대운
午	丑	申	寅		寅	卯	辰	巳	午	未	

丁火일간이 申월에 태어나 월지 정재격이다. 그런데 기신되는 겁재가 년월시간에 발동되어있고 이 기신의 장생지가 되는 寅이 월지를 충파하고 있다. 따라서 일찍 부친(申)과 이별했으며 재복과 인복(人福)마저 없는 대흉한 팔자다. 다만 壬癸水운은 조금 좋았을 것이다. 이상의 내용은 월지 격국용신론으로 살펴본 것이다.

그러나 한밝 명리학의 이론으로 보면 다음과 같다. 월지 申중 庚金은 부친이고 정재성(재물)이며 申중 壬水정관이 남편이다.

그런데 申金이 년주와 월간의 충극을 심하게 받아 만신창이가 되어있다. 두들겨 맞게 되면 도망가서 숨어야 됨이 인간 세상의 이치이다. 申金에서 보면 도망가 숨을 곳이라곤 일지 丑밖에 없다. 따라서 남들에게 두들겨 맞고 깨진 돈들이 스스로 내 엉덩이 아래로 찾아와 머문다. 그러므로 남들이 하다가 망해먹은 것도 내가 하면 돈되고 申은 역마이므로 운수업으로도 크게 치부할 수 있다.

이 사주역시 예5의 경우처럼 월지 申중 壬水(남편)에서 보면 여기도 돈 저기도 돈으로 돈에 둘러싸여있다. 또 군비쟁재격엔 관성이 약하고 용신이니 남편덕 있게 되고 법이 내편이 된다.

丁火일간은 별다른 역할없고 굴러들어오는 돈을 잡아넣기만 하면 되니 일지 재고(財庫)의 작용이다. 하지만 사주천간에 丙火는 하나만 있어야 편안하고 2개 이상 되면 반드시 시끄럽고 소란스런 삶을 살게 된다. 이것은 丙火는 태양(日)으로 비유되며 태양은 하나만 있어야 되기 때문이다.

월지 申정재 하나를 두고 자식궁인 시지 午火에 양인을 얻은 3개의 丙火가 노리고 있다. 따라서 반드시 쟁재(爭財)가 있게 되는데 시지가 겁재의 본거지가 되어 일지와 丑午원진 하니 자식이 칼(羊刃)든 도둑(劫財)이 되어 나와 원수(丑午원진)가 된다.

대운을 보면 23세 癸대운이 일지 丑의 투출신 되므로 결혼운이다. 巳대운은 월지 申과 巳申형되어 힘든 세월이었다. 壬대운 되어 남편이 두각을 나타내게 되어 하는 일마다 잘되었다. 이때 운수업을 시작했다. 辰대운은 약한 申金을 돕고 丙火의 기운을 빼주므로 좋았다. 辛대운에 군비쟁재되었고 卯대운은 壬水남편의 사지(死地)이므로 남편이 득병했다. 庚대운은 월지 申의 투출신되고 군비쟁재되며 시주 丙午와 대운간에 4급 소용돌이마저 이뤄지므로 대흉한 때다.

辛酉년 56살 되어 또다시 군비쟁재를 이루며 일주 丁丑백호살이 발동되면서 일주와 4급 소용돌이되어 남편이 병사(病死)했다. 辛酉년 남편죽고 곧바로 큰아들과 유산상속을 놓고 불화생겨 결국 법정으로까지 가게되었다. 대운지 寅이 월지 申을 충하므로 모두 날라가게 되었다.

2). 빼고 더하는 통변

빼다는 말은 사주에 있는 어떤 육친을 없다고 가정한 다음에 생기는 변화를 말함이다.

이와 반대되는 더하기 통변은 사주에 없는 오행이라도 있다고 가정하여 그에따른 변화를 보는 법이다.

예1)

癸 丙 辛 丙　　남
巳 申 丑 戌

丙火일간의 록이 시지 巳에 있으나 공망이다. 따라서 재왕하나 신약이다. 이리되면 재성(辛)이 관성(癸)을 생하게 되면 癸水는 丙火를 제극하게 된다. 그러므로 처(辛)가 아이(癸) 낳은 후부터 남편을 통제 관리하려 하게 되고 본인은 공처가가 되게 된다. 여기서 다시 한 번 살펴볼 것은 일주 丙申이 辛丑월주와 丙辛합하게되면 일지 申金역시 월지 丑에 입고(入庫)된다는 점이다. 즉 일지 편재는 몸(肉身)이 되는데 丑에 입고되면 이 사람의 정신(丙)뿐 아니라 육신(申)까지도 처에게 꼼짝 못하게 된다.

예2)

					42	32	22	12	2	
丙	壬	己	庚	여	甲	乙	丙	丁	戊	대운
午	子	丑	寅		申	酉	戌	亥	子	
冲		合								

壬일간이 水旺절인 丑월에 태어났다 하나 丑중 己土정관이 월간에 투출되어 극 일간한다. 그리고 일지 子가 양인이되어 일간의 뿌리가되나 시지 午의 충을 받았고 월지 丑이 子丑으로 합하여 흐리고 미약한 물로 만들었다. 그러므로 이 세상 대부분의 역술인들은 '약한 壬水일간을 돕는 金水운은 좋고 木火土운은 불길하다.' 로 말하게된다. 바로 억부법에 따른 논리다.

그러나 이 사주는 병약의 논리로 봐야된다. 즉 己丑土가 壬水를 흐리게하고 약화시키므로 년지 寅중 甲木으로 己土를 제극하는 용신으로 해야한다. 이렇게 寅木이 약이되면 년간 庚金이 아주 나쁜 역할을 하게되고 시간의 丙火는 己土를 돕지만 얼어있는 땅(丑)을 따뜻하게 하여 寅木이 자랄 수 있도록 하며 庚金 기신을 제압하는 역할을 하므로 희신이다.

이 사주의 상황을 빼고 더하는 통변을 도입하면 남자와 결혼하고부터 건강이 나빠지게 되고 아이(寅)낳고 난후부터 좋아진다. 또 아이에게 사고 생기던지 아이가 아프게되면 본인역시 건강이 나빠지게 된다. 그리고 식신은 음식이고 회식이며 환락과 즐거움이므로 환하게 웃으며 기분좋게 살아야 도움된다. 丙戌대운 결혼했다.

戌대운이 월지 丑을 형하여 子丑합을 풀게되니 건강도 좋았고 남편도 발전했다. 己土남편이 丙戌의 생조를 얻어서이다.

乙대운은 己土를 제극하므로 좋았고 酉金대운은 酉丑금국을 이루어 土의 기운을 빼고 일간을 생하여 무난했다. 다만 년간 庚金이 酉에 뿌리얻어 년지 寅을 극하나 酉丑금국이 壬子水를 생하는 것이 우선이므로 무난했던 것이다.

甲대운 역시 좋았으나 申대운되어 년지 寅을 충극하니 己卯년 50세에 뇌출혈로 뇌수술 받던중 사망했다. 己土남편은 寅木을 받아들여 키워야하는 역할이므로 공무원이었다. 庚寅생 李씨 남편만났고 乙卯생 아들 두었다.

예3)

					46	36	26	16	6	
丙	乙	甲	戊	여	己	庚	辛	壬	癸	대운
戌	酉	寅	寅		酉	戌	亥	子	丑	

乙木일간이 초봄인 寅월에 태어나 신왕하며 생목(生木)이다. 따라서 년간 戊土 시간 丙火가 희신이고 일지 酉金이 기신이다. 따라서 남편으로 인해 고통온다. 酉중 庚金 남편은 년월지 寅에 절(絶)이고 월시간의 甲, 丙이 절 발동신이다. 따라서 丙火상관(자식)생겨나고 7년째 될 무렵에 남편(庚)이 사망하기 쉽다.

木일간이 丙火를 보면 木火통명(通明)이라 하며 총명영리함이 남보다 두드러진다. 년간 戊土 부친인데 甲木의 제극을 심하게 받고있다. 그리고 일지 酉에 사지가 되므로 부친과는 일찍 이별하게 된다. 따라서 癸대운초 壬午년(5살)에 戊癸합되어 부친 사망했다. 子대운 결혼했고 庚대운에 상관격에 정관을 만나는 격되어 남편과 이별인데 36살 癸丑년에 庚金입고되어 남편과 사별했다. 일지 酉와 삼합되는 丁丑생 남자였다. 木火통명되어 박사학위는 받았으나 대운이 나빠 크게 성공하지 못했다.

예4)

						45	35	25	15	5	
丙	丙	甲	癸	여		己	戊	丁	丙	乙	대운
申	午	子	巳			巳	辰	卯	寅	丑	
	도화										

丙일주가 子월생이나 년지 巳火와 월간 甲木이 돕고 있으며 일지 午양인과 시간 丙火까지 있으므로 일간이 아주 신왕해졌다. 이리되면 관성이 길신이므로 남편운 좋고 덕있다. 로 말하기 쉽다.

그러나 이 사주는 水火간에 싸움만 하고 있다. 子午충이 눈에 바로 들어오는데 이것을 더하기 통변하면 '당신은 남자가 필요하여 많이 불러들이게 되나 곧바로 다투다가 헤어지게 됩니다. 그리고 남자와 결혼한 후 6년 후에 큰 수술 및 부상있게 됩니다.'로 말할 수 있다.

즉 일지 午火가 양인인데 子水관성이 들어옴으로서 양인 충이 발동된 것이다. 水火사이의 싸움은 木이 있어야 통관되는데 이렇게 되면 수화기제(水火旣濟)의 팔자라 하여 좋게 본다.

그러나 水火가 木이 없어 서로 부딪치며 싸울 경우엔 화수미제(火水未濟)라 하여 불길한 팔자가 된다.

이 사주에는 월간 甲木이 있으므로 水火의 싸움이 해소되는 것 같다. 그러나 월간 甲木은 천간끼리의 싸움은 통관시킬 수 있지만 지지의 싸움을 해소할 수 없다.

이럴 경우엔 외견적으론 남편(癸)이, 일간 丙火를 癸水 生 甲木. 甲木 生 丙火하여, 내게 자상하게 하는 것같다. 그러나 내부적으론 子午충으로 부딪치면 싸우게 되는 부부생활이 되는 것이다. 여기다 상대적 통변을 도입하여보면 다음과 같다. 즉 癸水

남편의 편에서 보면 일간 丙火와 시간 丙火가 두 개나 있고 년지 巳중 丙火까지있다.

따라서 남편은 본인만나기전에 여자(년지 巳火)있었고 나 만난 후에도 여자(시간 丙火)있게 된다. 그리고 남편은 나 만나고부터 돈벌이 잘된다. 대운으로 보면 홍염살되는 寅대운에 결혼했다.

寅은 水火의 싸움을 통관시켜 좋은 세월이다. 丁대운은 일지 午火의 투출신이고 겁재다. 따라서 수술, 부상등이 따르고 애정문제(午는 도화살)따르며 癸水남편에서 보면 편재(丁)되어 애인생기는 때다. 卯대운은 水火간의 싸움을 해소하기보다 도화살되어 월지 子를 子卯刑한다. 그리고 일지 午와 卯午파(破)가 된다.

따라서 애정문제로 시끄럽고 이별사 있게 되었다. 午가 도화양인이라 많은 남자 상대해도 양에 차지 않는다. 월간 甲이 통관신인데 己대운 己卯년에 뇌종양 판정받고 큰수술했다. 戊辰대운엔 癸水가 合입고되어 남자죽었다.

예5)

					45	35	25	15	5	
乙	乙	甲	戊	여	己	庚	辛	壬	癸	대운
酉	丑	子	申		未	申	酉	戌	亥	
도화										

乙木일간이 子월에 태어났으나 戊申, 丑 辛酉의 土金이 많으므로 신약하다. 한겨울이므로 반드시 따뜻하게 해주는 火가 있어야 하는데 없다. 이렇게 되면 그늘속의 삶이 된다. 그늘속의 삶이란 빛을 못보고 사는 생활이고 암암리로 남모르는 사생활도 있게 된다.

그리고 항상 무언가에 갈증을 느끼게 되며 소심하게 된다. 火는 인체에서 심장기능을 뜻하기 때문에 이 사주처럼 되면 소심(小心)할뿐 아니라 건강에도 문제가 생기게 된다. 주로 음습함에 따른 질병이 많다. 사주의 구조를 보면 다음과 같다.

① 乙丑일주가 甲子월주와 子丑合했고 子는 乙의 天乙귀인이다. 따라서 힘있는 사람에게 의지하여 살려한다.

② 일지 丑이 시지와 酉丑반금국을 짓고 있으며 酉는 도화편관성이다. 편관성이 국을 이루면 많은 남자와 상대하게 되는데 도화살이 붙어 있으므로 색정 상대하는 애인 많이 두게 된다.

③ 乙木은 생목인데 辛酉金를 보면 다친다. 이것을 더하기 통변하면, 당신은 결혼 후 많은 애인 두게 되는데 그때부터 당신에겐 몸에 지장오고 마음도 편치 않게 됩니다. 애인사건 후 빠르면 4달되면 불상사있고 늦어도 4년이면 큰문제 야기됩니다.

이 사주에서 본남편은 년지 申金이다. 申은 天乙귀인이고 申子로 인수국이되어 乙木을 생해주려 하므로 좋은 남자다. 그러나 乙丑일주는 본남편 등지고 애인을 따르게 되는데 그것은 일시지간에 酉丑편관국을 지어서다. 즉 乙丑일이 돈(戊)도 있고 자상하게 대해주는 년지 申을 등지고 乙酉에게로 가게 됨은 일지 丑의 작용이다. 누차 말했지만 좋은 길로 가느냐 나쁜 길로 가느냐 하는 것은 전적으로 일주에게 달렸다 해도 과언이 아니다(이런 일주의 동향에 대해선 한밝신사주학 완결편에 있으니 참고하세요).

이 사주에서 또 하나 눈여겨봐야 될 것이 있다. 乙木일간의 자식성은 丙, 丁火인데 그 어디에도 없다. 애기 낳을 수있는 시기인 辛酉, 庚申대운 역시 火가 힘을 못쓴다. 그런데도 이 여자에겐 甲戌생 아들이 있다. 어째서일까? 이 문제역시 한밝 신사주학의 일간대행 논리에 따르면 해결된다.

예6)

		42 32 22 12 2	
己 乙 辛 癸	남	丙 丁 戊 己 庚	대운
卯 亥 酉 未		辰 巳 午 未 申	

乙일간이 辛酉월에 태어나 편관격으로 말하는 사주다. 편관은 제살(制殺)해주던지 합살(合殺)하던지 아니면 인수가 그 살의 기운을 설하여 생일간 해줌을 요한다. 이것은 기존의 명리론에 따른 것인데 한 가지 큰 오류가 있다. 즉 일간인 乙木이 생목이냐 사목(死木)이냐를 구별하지 않았기 때문이다.

木은 생목(生木)이냐 사목(死木)이냐에 따라 그 쓰임이 달라지는데 생목(生木)은 대체로 金을 꺼리고 사목(死木)은 金을 좋아한다. 이사주에서의 乙木일간은 일시지에 亥卯목국을 얻었으므로 생목이다. 다만 木의 기세가 절멸되는 酉월의 생목이다. 그러므로 월주 辛酉편관을 아주 꺼리게 된다. 다행히 일지 亥水가 월지 酉金의 기운을 빼내어 시지 卯木을 생해주고 있다. 따라서 일지 亥水가 제일 좋은 역할하는 희신이다. 그러므로 어느 대운이 좋고 나쁜지 금방 알 수 있다.

乙木의 처성은 년지 未중 己土가 있고 시간의 己土있다.

이 둘 중에서 시간의 己土가 정처(正妻)며 년지 未土는 바깥에 있는 유부녀이다. 未중엔 일간 乙과 똑같은 乙木이 들어있기 때문이다.

그런데 년지 未土와의 만남은 큰 위험성을 안고 있다. 월주 辛酉편관이 乙亥일주와 未土사이에 앉아 있기 때문이다.

이 辛酉金(편관)에 대한 빼고 더하는 통변을 하면 자식(辛酉) 생기기전엔 년지 未土(유부녀)와 아무 거리낌없이 합정할 수 있다. 그러나 자식 생기고 난 다음 특히 4년째 되던 때엔 큰 위험에 봉착하게 되니 자칫 잘못하면 구속되던지 입원하는 일까지 생기게 된다.

戊년에 돈 및 여자로 인해 문제발생인데 戊가 년간 癸를 합거시키면 탐생 망극하던 辛金이 생해줄 것이 없어짐에 따라 乙木 일간을 충극하기 때문이다.

丁대운에 유부녀와 통정했다. 巳대운에 일지 亥를 충하니 卯酉충 발동되어 관사(官事)있고 퇴직사 있었다. 辛酉년 퇴직이고 癸亥년 사업시작이다. 시간 己土 처는 병지(病地)인 卯에 앉아 있고 일간 乙木이 己土의 병 발동신이므로 처는 결혼 후부터 병약해졌다. 아들딸 4남매 낳았는데 辛酉가 관성이기 때문이다.

이때까지 설명한 방법으로 어지간한 사주는 곧바로 정확하게 풀 수있다. 하지만 위 방법을 적용해도 쉽게 안 풀리는 알쏭달쏭한 명조들도 많다.

그런 사주들 대부분은 일간이 아주 아주 약하거나 일간의 뿌리가 있는 것 같아도 그것이 일주의 뿌리 역할이 안되는 경우다. 그리고 일주가 천간 지합하므로서 변화되는 경우의 사주들이다. 이런 사주들을 한밝 스승께선 크게 두 가지 유형으로 분류하여 하나의 새로운 격을 만드셨다.

첫째는 일간대행격이라 이름붙인 것으로 일간이 그 주체적 역할을 일지 및 타 오행에게 넘겨준 것이다. 그리고 둘째는 일간이 그 주체성은 간신히 유지하고 있으나 사주전체의 중심이 되는 오행을 찾아 그것의 희·기와 소용지신을 찾는 방법으로 오행중심체국이라 이름붙인 것이다.

이런 새로운 격(格)은 한밝 신사주학(완결편)에 자세히 기재되어 있으므로 여기선 생략한다. 다만 몇몇 실례사주를 들어 독자여러분들의 고정된 틀을 깨는데 도움 되도록 하겠다.

예7)

		47 37 27 17 7	
壬 己 辛 丙	여	丙 丁 戊 己 庚	대운
申 亥 丑 申		申 酉 戌 亥 子	

己土일간이 丑월에 태어나 그 뿌리가 될 것 같으나 丑중 辛金이 월간에 투출되었으므로 丑중 己土는 허약해졌다. 그런데다 己土일간의 인수인 丙火는 지지에 아무런 뿌리도 없는데다 辛金에게 丙辛합을 당했다. 그러므로 己土일간을 도울 수 없는 빛(光明)에 불과하다.

이렇게 음간인 己土일간이 의지할 데가 없으면 강한 오행에 따르게 되는데 水의 세력이 제일 강하다. 기존의 명리론으론 '종재격이다. 따라서 재성인 水를 돕는 운은 좋고 이를 역하는 土운은 좋지 못하다.' 로 말하고 있다.

아주 간단 명료한 것 같으나 이 여성은 언제가 결혼운 이었소? 하는 등의 물음을 받게되면 심히 당황할 수밖에 없다. 그리고 金水운이 좋다면 당연히 亥子운과 申酉운은 좋고 戊戌, 己丁, 丙운은 나빠야 된다. 기존의 명리론은 잠시 접어두고 한밝신사주학의 이론을 적용시켜보면 다음과 같다.

己土일간 태약하여 음간인 己土는 세력에 따를 수밖에 없다. 그런데 제일 강한 세력을 지닌 시간 壬水는 일지 亥의 본기이고 여기서 표출된 것이다. 그러므로 약해빠진 일간 대신에 강왕한 힘을 지닌 일지의 표출신인 壬水를 주체로 한다.

즉 壬水가 주체가 되며 일간의 대행자가 된다. 따라서 년간 丙火는 壬水의 편재가되니 가족으론 부친이되고 시어머니가 된다. 그리고 丙火와 합하는 월간 辛金은 모친이 되고 일간 己土는 관성이되니 육친으론 남편성이며 일지 亥중 甲木이 자식성이 된다.

먼저 년간 丙火부터 살펴보면 丙火는 병(病)이 되는 申에 앉아있는데 申은 문창성이기도하며 申중 壬水가 시간에 나타났으므로 丙火의 문창성, 병(病)이 발동되어있다. 그리고 겨울의 丙火는 여러 오행에게 빛을 주며 약간의 온기마저 지니고 있다.

따라서 부친(丙)은 남들에게 환영받는 존재이며 밝고 떳떳함을 반영(丙辛)하는 존재다. 문창성(申)에 앉아 상관(丙에서 己土는 상관)생재(己土生辛金)하므로 부친은 교육자 및 학자다. 그러나 丑月 申시의 丙火이므로 몸이 약할 것이다.

이 사람의 말에 의하면 부친은 초등학교 교사로 있다가 교장으로까지 나갔다한다. 辛金모친은 황소(丑)처럼 고집 강하고 또 예술적 감각있으나(辛이 亥, 壬을보면 金水상관이다.) 己土가 辛金을 흐리게하고 때묻게하므로 학문적 성취없고 모친덕도 없었을 것이다. 壬水(본인)가 辛金(모친)의 상관이 되고 壬申의 申은 丙火의 병지(病地)이므로 본인(壬)태어난 1년후에 부친이 병으로 신음했을 것이며 부모사이가 좋지 않았을 것이다.

壬水(본인)는 申(학당성)에 앉아있으나 己土가 壬水를 흐리게하고 辛金인수와 편재(丙)가 합하여 여상(女商)을 졸업했다. 水가 태왕하여 金인수가 오면 흐르는 물이 되고 丑土를 동반한 인수(辛)이므로 학문을 좋아하지 않는다. 그러므로 겨우 여상졸업에 그쳤다. 己土남자는 辛金아래의 丑에서 나왔으므로 모친이 맺어준 남자다. 하지만 己土가 壬水를 흐리게 하므로 남편역량미흡하고 덕 없다. 강왕한 壬水가 가는 길은 당연히 일지 亥중 甲木에게로 간다.

따라서 애기(甲)낳고 3년쯤 되던 때에 포목, 섬유 및 생선취급의 업을 하게 되는데 겨울이므로 포목, 섬유업(옷)에 인연 있다. 일지 亥중 甲木이 자식이니 3명의 딸 두었다. 亥子운은 壬水의 겁재, 비견운이므로 재정적으로 힘들었다.

己대운은 관성운(壬水의)되어 연애사 있었다. 27세 부터의 戊戌대운은 강하고 많은 물을 막아주는 관성운이다. 그러므로 결혼운이고 안정된 삶이 있게 되었다. 27세 壬戌년에 결혼했고 甲子년(29세)에 첫딸낳았다.

丁酉대운의 丁은 壬水의 정재운되어 丁壬合한다. 그러므로 돈벌이는 제법 잘 되었다. 하지만 사주원국의 己亥일주와 壬申시주가 3급 소용돌이를 이루고 있는데 丁酉대운의 丁火가 壬水를 합하므로 아주 불길한 일이 생기게 된다.

酉대운으로 넘어간 42살 丁丑년이 일주 己亥와 2급 소용돌이를 이루니 대운 세운모두가 소용돌이 속에 휘말리게 되어 유방암선고 받고 절제 수술했다. 다음해 戊寅년은 주체인 壬申일주를 천간지충한다. 壬水에서 보면 戊土는 편관이고 寅申충은 나의 장생지를 깨뜨리는 운이다. 하여 갑상선에 암이 전이되어 수술하게 되었다. 기존의 이론대로라면 金운인 酉는 좋아야 될 것이나 실제는 아닌 것이다.

예8)

					58	48	38	28	18	8	
辛	乙	戊	丙	여	壬	癸	甲	乙	丙	丁	대운
巳	丑	戌	午		辰	巳	午	未	申	酉	
			도화								

乙木일간이 사주의 천간지지 그 어디에도 뿌리없다. 따라서 종할 수밖에 없는데 일지 丑중 辛金이 투출되어 왕한 土의 기운을 설하고 있으며 일시지 사이에 巳丑으로 금국을 지으려 하고 있다. 따라서 辛金을 일간대행으로 하게 된다.

부부생활에 있어 남편(天干)이 그 역할을 못하게 되면 부인

(地支)이 밖으로 나가 활동하여야만 가정을 꾸려갈 수 있다. 일간대행의 원리도 바로 이런 인간 삶에서 찾아낸 것이다.

辛金이 체(体)가 되면 일간 乙木은 편재(돈, 재물)가 되고 丙火는 정관이 되어 남편이 된다. 丑중 癸水가 자식성이 되나 戌戌土의 형을 받아 깨졌다. 년주 丙午관성은 도화살되었고 午戌로 戌중 辛金과 명암합하고 있으므로 유부남이다. 그러나 이마저도 산(戊)을 사이에 두고 견우직녀처럼 멀리서 서로 합하기 위해 바라보고 있는 구조이다.

乙木은 늦가을(戌)의 난초나 넝쿨있는 식물에 비유되는데 뿌리 하나없이 말라 있어 불을 피우는 역할밖에 할 수 없다. 따라서 평생 재복없고 조금의 돈벌이되면 남자가 가져가 없애든지 스스로 소진되어 버리게 된다. 그런데다 년지 午와 일지丑 그리고 월시지 戌巳사이에 귀문, 원진이 쌍으로 구성되어 있다. 그러므로 남자(丙)와 돈(乙) 그리고 부모(戊) 때문에 애태우게 되고 공줄(神줄)있는 집안 태생이다. 그리고 본인역시 종교 철학 및 신령(神靈)의 세계와 인연 있게 된다.

18세부터의 丙대운에 임자있는 남자와 합정했고 申역마대운에 집떠나 타향 생활했다. 乙未대운의 乙은 辛金의 편재되어 돈벌이 시작했으나 丑戌未 삼형으로 未(財庫)가 꺼지니 밑천까지 몽땅 날렸다. 다단계업 했다가 모 종교단체에 들어가 허송세월했다.

甲대운에 종교단체 탈출하여 돈벌이 전선에 뛰어들었는데 '뭐했냐'고 물었더니 마사지업소에 종사했단다. 열심히 일해서 제법 돈도 벌었는데 빚갚고 나니 몇 푼 남지 않았다고 했다.

'午도화대운이고 辛金의 관성운되어 남자 나타날 것인데 어찌되었지요?' 하니 壬寅생 유부남 만났다한다. 색정상대에 불과했고 애시당초 결혼은 생각도 하지 않는다했ㄷ   은 또 정재성으로 육친으론 부친인데 사지(死地)인 午에 앉아있다. 따라서 부친이 사망의 길로 가는 때인데 丁亥년 말에 부친과 사별했다.

戊子, 己丑년까지 부동산소개 회사에 근무했다. 아직까지 독신으로 지내고 있다.

예9)

					70	60	50	40	30	20	10	
庚	乙	戊	戊	남	乙	甲	癸	壬	辛	庚	己	대운
辰	酉	午	午		丑	子	亥	戌	酉	申	未	

乙木일간이 시지 辰에 뿌리 있다하나 辰酉합하여 그 뿌리는 손상되었다. 따라서 태약한 乙木일간으로서는 강한 것에 종할 수밖에 없는데 일지 酉에서 투출된 시간 庚金이 乙庚으로 일간을 합하므로 일간 대행격이 되었다. 일간대행격과 종격(從格)에는 커다란 차이가 있다. 이런 대행격은 庚의 희기와 사주전체에서 무엇을 요구하고 무엇을 기(忌)하느냐 하는 것을 봐야한다.

즉 乙木이 庚을 따랐으므로 金을 도우는 土金운은 좋고 木火운은 나쁘다는 단순한 논리는 안된다는 것이다. 이 사주에서의 기신은 午火이고 희신은 水가 된다. 바로 조열한 사주이기에 음양의 균형을 맞춰야 한다. 즉 午火가 병이고 이를 제하는 水가 약이 되는 사주다.

午午로 병(病)은 중한데 이를 제압해줄 약은 시지 辰중 癸水뿐이다. 그러므로 水운을 절실하게 원하는데 병중(病重)에 약을 만나면 발복하기 때문이다.

따라서 癸亥대운부터 이름과 명예가 따르게 되니 이때에 문교부 장관직을 제수받았다. 戊午를 천지충하여 제거하는 甲子대운엔 부산대학 총장직을 맡게 되었는데 60세 丁巳년이었다.

乙丑대운에 주체인 庚이 乙과 합하여 입고(入庫)하므로 종명했으나 그 이름은 아직까지도 세인의 입에 오르내리고 있다. 乙木이 일지 투출신인 庚정관과 합했으므로 내 몸이 모범과 규칙규율(法)이 되는 직책을 지니게 되고 그 행동 또한 그렇게 된다. 고(故)문홍주님의 명조다.

예10)

					56	46	36	26	16	6	
丙	壬	庚	甲	남	丙	乙	甲	癸	壬	辛	대운
午	戌	午	戌		子	亥	戌	酉	申	未	

壬水일간 午月生으로 사주지지에 일점의 뿌리없고 午戌화국에 丙火투출되었으므로 종재격이다. 일지 戌이 午戌되어 丙火표출이므로 일간대행격을 겸한다. 따라서 일간 壬水는 편관이 되고 월간 庚金이 재성이고 년간 甲木은 인성으로 변한다. 이때까지의 논리는 '종재격이되면 재성을 생해주는 것과 재성운은 좋으며 재성을 극하는 비견겁재운과 이를 도우는 인수는 좋지 않다. 따라서 木火운이 좋고 金水는 불길하다.'였다.

그러나 이 사주에서의 한밝신사주학의 논리는 이렇다. 丙火는 午戌화국을 얻어 염열(炎熱)로 변했으므로 해야할 역할은 월간 庚金을 녹여 그릇을 만드는 일이다. 즉 庚金이 用이다. 그런데 위 사주는 庚이 午戌화국위에 앉아있으므로 심히 허약하며 丙火의 극을 받고 있으므로 庚金이 훼손되어 그 용모가 왜소하고 못생겼다.

그리고 이 사람의 처되는 사람은 폐기능이 상하게 될 것이다. 천간지지로 오는 金운은 약한 庚金을 도우므로 일거리 많아지고 노력에 따른 성취도 있게 된다. 그러나 水운이 오면 旺火를 건드려 노하게 하니 대흉하다. 다만 천간으로 오는 水운은 년간 甲木이 통관 역할하고 壬·癸水가 생을 탐해 丙火를 극하지 않으므로 무난하다.

원명의 甲木인수(丙火의 인수)는 왕화에 타버렸고 庚의 충극 받았다. 그러므로 모친과 일찍 사별했을 것이고 학업에 인연은 없다.

丙火일간대행의 관성인 壬대운에 철공소 공원으로 생활했고 申대운에 庚金재성이 록을 얻어 결혼했다. 己卯生여자였다. 癸대운까지 공원 생활하다가 酉대운에 철공소를 운영했다.

甲대운은 丙火를 도우므로 발전은 되었으나 금전적으론 쪼달렸다. 戌대운에 午戌화국이 발동되어 동업했다. 원명에 午戌 午戌이 있어서 戌대운에 동업사가 들어온 것이다.

乙대운에 약한 庚金이 합을 당해 재정적으로 어려움 겪는데 동업자가 발을 빼게되어 그 투자금을 회수하려했기 때문이다. 그리고 庚은 처(妻)이고 이것이 乙庚合되어 사라지므로 처가 폐결핵으로 입원요양하게 되었다.

예11)

					45	35	25	15	5	
戊	丙	壬	丁	여	丁	丙	乙	甲	癸	대운
戌	子	子	亥		巳	辰	卯	寅	丑	

丙火일간 子월에 태어나 亥, 壬, 子로 水태왕하다. 丙火일간의 뿌리는 시지 戌에 있고 년간 丁火가 있다. 그러하지만 丁火는 壬과합하여 丙을 돕지 않으며 戌중 丁火하나만으론 태왕한 관성에 대적할 수 없다. 그러므로 종살할까 하나 시주 戊戌이 강하여 태왕한 水를 막을 수 있을 것 같다.

바로 식신제살(食神制殺)로 가야할 것 같다. 하지만 이 사주역시 일지 子중 壬水가 월간에 있고 水태왕하므로 壬水가 일간대행하는 주체가 된다. 식신제살격이 맞느냐 아니면 한밝 신사주학의 일간 대행격이 맞느냐 하는 것을 판별하려면 이 사주의 육친관계와 살아온 과정을 보면 될 것이다. 식신제살격이라면 丙火일간이 주체가 되니 壬水는 남편이고 亥, 子, 子로 관성이 태왕하므로 많은 남자 상대해야 될 것이다. 그리고 乙卯대운은 戊戌식신을 극하므로 불미스럽고 辰대운에 戌을 충하여 식신제살격이 깨지므로 자식이 상하게 되고 본인역시 위험한때다. 그러나 월간 壬水를 주체로 하면 시주 戊戌은 남편이고 丙火는 편재되어 시어머니이며 부친이다.

그리고 壬水주체는 년간 丁火와 합을 하므로 돈벌이 전선에 뛰어들게 되며 시어미 두 분된다. 戊土가 남편이면 丙, 丁火는 남편의 모친이기 때문이다.

그리고 남편은 큰물을 막아주는 큰산(戊)이므로 인물 좋으며 많은 여자(子, 子, 壬, 亥)와 인연맺게 되는데 그러했다. 태왕한 물(水)은 木을 만나야 순류(順流)하므로 甲寅, 乙卯대운은 평길했고 丙대운엔 조후되어 무난했다. 그러나 辰대운되어 시지 戌을 충하므로 남편과 이별했다. 丁대운부터 본격적으로 돈벌이 전선에 뛰어들었으나 큰 치부는 없었다. 따라서 식신제살격은 아니고 일간대행격이 분명하다.

예12)

					43	33	23	13	3	
辛	丁	辛	壬	남	丙	乙	甲	癸	壬	대운
亥	亥	亥	午		辰	卯	寅	丑	子	

丁亥일주 亥월생이고 시지에 또 亥水만났으며 월시간의 辛金 마저 水를 생하고 있다. 丁火일간은 년지 午에 록이되어 있다. 따라서 왕초보는 '년지 午火가 약한 일간을 돕는 용신이요.' 하게 된다.

그리고 좀 더 오랫동안 많은 경험을 쌓은 역술인들은 '水태왕하므로 이에 따르는 종관격이다.'로 말하는 사주다.

그러나 이 사주역시 일지 亥水가 년간에 투출되었으며 강왕하므로 주체가 된다. 이리되면 년지 午중 丙火는 편재성으로 변해 부친이되고 월시간 辛金은 모친이되니 부친 한명에 모친 두 분이고 배다른 형제도 있게 되었다.

그리고 년지 午중 丁火는 일간으로 나타나있으니 정처(正妻)가 되고 년지 午중 丙, 丁火는 스쳐가는 여자가 된다. 子대운에 년지 午火를 충극하니 7살 戊子년에 또한번 子午충하여 부친 사별했다. 일간이 재성으로 변하면 자수성가 하게되고 자기 사업(개인사업)많이 한다.

丁火재성에서 보면 좌우에 辛金(거울, 보석, 귀금속)을 보며 빛을 반영시키므로 금방, 액세서리 등의 일을 하게 된다. 그리고 辛亥는 술(酒)이 되므로 유흥업도 인연있다. 하지만 물(水)들어오면 불(火)꺼지니 하게 되면 망하게 된다. 水왕하므로 木운은 순조롭게 나아가는 운이며 辰대운은 왕한 水가 입고되므로 아주 흉하다.

결혼은 寅대운에 년지 午와 寅午 반삼합하여 火를 강화시키므로 己丑생 여자와 30세에 결혼했다.(辛亥년) 그러나 결혼전에 잠시 스쳐간 여자가 두 명 있었는데 한명(午중 丙火)은 잠시 인연이고 또 한명(午중 丁火)은 결혼약속까지 했던 사람이었다.

14. 사주 풀이 연습

여기선 이때까지 습득하고 받아들인 이론으로 사주를 풀어보는 연습을 하기로 하겠습니다. 연습의 목적은 사주 푸는 실력의 향상에 있으므로 쉬운 것부터 시작하여 점점 더 어렵고 복잡한 것으로 진행하도록 하겠습니다.

예1)

					53	43	33	23	13	3	
壬	辛	戊	戊	여	壬	癸	甲	乙	丙	丁	대운
戌	未	午	子		子	丑	寅	卯	辰	巳	

문1) 위 사주의 남편은 어느 것이고, 남편은 좋은 역할인가? 아니면 나쁜 역할인가?

문2) 위 사주의 병(炳)은 무엇이고 약(藥)은 어느 것이며 결혼운은 언제부터 들어 왔는가?

문3) 년월지 子午충되어 있고 일지 未가 월지 午를 합하고 있다. 이것은 어떤 작용변화를 감추고 있는가?

문4) 乙卯 甲寅대운은 이 여성에게 어떤일이 주로 발생되며 癸丑운에는 또 어떤일이 발생되는가?

반드시 이 문제들을 스스로 풀어본 후에 다음의 해답을 찾아보세요.

[풀이]

답1 : 월지 午中 丙火가 일간 辛과 丙辛합한다. 그러므로 남편이다. 午火는 년월간의 戊土를 생하여 왕한 土의 기운을 더욱 강하게 해주며 사주를 조(燥)하게 한다. 그러므로 남편은 직장생활 오래 못하며 이 여성의 가는 길에 방해되는 일만하게 된다.

즉 辛金일간은 壬水를 좋아하는데 이 壬水는 남편(丙)의 관성이 된다. 그리고 년월간의 戊土는 남편의 행동인데 이것이 壬水를 극하고 壬水의 뿌리인 년지 子水마저 극제한다. 그러므로 직장생활 제대로 못하며 자식(子, 壬)또한 극하게 된다.

답2 : 사주의 병은 당연히 많은 세력을 차지하고 있는 土다. 土중에도 년월간 戊土가 제일 크게 나쁘며 그다음으로 일지 未중 己土다. 따라서 약은 土를 극하는 木이 되며 土의 기운을 설해주는 金도 약의 역할을 할 수 있다. 일지는 배우자 궁인데 未중 乙木이 투출신되는 23세부터의 乙대운이 결혼운이다.

답3 : 子午충은 水火가 서로 부딪치고 있고 일지 未는 월지 午를 합하여 子午충을 해소시키고 있다. 즉 未土가 午火를 합하므로해서 子午충이 보류되고 있다. 따라서 일지 未를 형, 충하게 되면 합에서 풀린 午火와 子水가 서로 부딪히게 된다. 이렇게 되면 먼저 午중 丙火가 子중 壬水에 의해 충극되고 午중 丁火는 子중 壬水와 암합되며, 子중 癸水는 午중 己土에 의해 극제된다.

답4 : 乙卯, 甲寅대운은 재성운이므로 당연히 돈벌이에 뛰어 들었지만 제대로 돈벌이는 안되었다. 재운인데도 왜 제대로 돈벌이가 안되었을까? 이는 두 개의 戊土가 너무 조열하여 木이 그 위에 뿌리내리기 어렵기 때문이다.

癸丑대운의 癸운은 조열한 사주에 좋을 것 같으나 년월간의

戊土와 쟁합을 일으켜 戊土를 발호케 한다. 그리고 대운지 丑은 일지 未를 충하여 午未합을 풀어 子午충이 발동되게 한다. 그러므로 남편과 이별운인데 甲戌년(47세)맞아 일지 대세운지가 丑戌未 삼형을 이루어 이혼하게 되었다. 하지만 이혼한 남편이 멀리가지 않고 이 여자 곁을 맴돌다 丁丑년(50세)에 고혈압으로 급사했다.

예2)

					33	23	13	3	
壬	庚	己	乙	남	乙	丙	丁	戊	대운
午	申	丑	丑		酉	戌	亥	子	

사주구조 파악작업

① 년월지 丑이 화개성이고 공망 인수다.

② 년시와 월시간에 丑午귀문살 되어있다.

③ 일간 신왕하고 일지 申중에있던 壬水가 시간에 표출되어 있다.

④ 일 시주 사이에 2급 소용돌이 되어있다.

문1) 이 사람의 공부운과 부모관계는 어떠할까?
즉 모친은 어떤 사람이고 부친은 어떠한가?

문2) 성격은 어떠하며 총명할까 우둔할까?
그리고 성격적 장애는 있을까 없을까?

문3) 진로는 순조로울까? 아닐까?
그냥 간단히 '예' '아니오'로 풀지말고 어째서 왜? 그러한지를 하나하나 논리적으로 설명해야 합니다. 딴 종이에 해답을 논리정연하게 써 보는 것이 아주 좋습니다.

[풀이]

답1 : 신왕하면 인수와 비견겁재를 달갑게 여기지 않는다. 그런데다 인수성이 공망이다. 그리고 己인수는 일간의 고(庫)에 해당되는 丑위에 앉아 조용히 들어앉아 공부할 것을 강요하고 있다. 따라서 이 사람의 공부운은 아주 좋지 않고 싫어한다.

모친은 己土고 부친은 년간 乙木이다. 己土모친은 강하고 乙木은 연약하다. 그런데다 일간 庚은 己土의 상관성이 되니 본인 태어난 9년 되던 해부터 부모사이는 냉랭해진다. 모친은 상관생재(己土生庚金. 庚金生水)하므로 입(口)으로 먹고사는 사람이다. 丑월 己土의 역할은 곧이어 닥치는 봄을 맞아 활기 있게 자라나려는 여린 乙木을 키우는 일이다. 따라서 보육 및 교육업인데 실제는 초등학교 교사다. 부친(乙)은 공망지에 앉았고 겨울의 초목되어 큰 능력없는 사람으로 모친(己)의 덕으로 살아가게 된다. 또 모친 외에 딴 여성과도 합정하는 사람이다.

답2 : 신왕하면 설(泄)함을 좋아하는데 시간의 壬水는 일지 申중에서 표출되었으므로 총명하게 태어났다. 그러나 월간 己土가 壬水를 흐리게하고 丑월 겨울의 壬水이므로 차디차게 얼어있는 물이다. 그러므로 모친의 지나친 간섭으로 인해 총명이 흐려졌다고 볼 수 있다.

그리고 이 사주에서는 시지의 午火역시 희신이다. 겨울을 따뜻하게 해주는 역할이다. 그런데 일지에서 나온 壬水가 午火를 극하고 있으니 스스로 필요한 것을 파괴하여 받아들이지 않음을 나타내고 있다. 그런데다 丑午로 귀문살을 겹으로 구성하고 있다. 따라서 성격장애가 반드시 있다.

그래서 이 명조를 내놓은 모친에게 물었다.

'아드님의 성격에 문제가 있군요. 보살님들에게 보러가면 십중팔구(十中八九)는 아드님에게 귀신붙었다 할 것입니다. 그렇지 않든가요?' '예. 여기 오기 전에 몇 군데 가보았더니 모두들 그렇게 말하며 굿을 해줘야 한다고 합디다.'

답3 : 시간의 壬水가 가는 길이고 시지 午火가 이 사주의 조후 역할하고 있는데 壬水는 午火를 극하고 午중 丁火는 壬水를 명암합하여 활동치 못하게 한다. 그런데다 일시주 사이에 2급 소용돌이가 되어 진로에 장애와 갈등 있음도 내포하고 있다. 따라서 이 길로도 못가고 제 길로도 못가니 진로가 막막하다. 26살 되는 현재까지 대학도 못가고 헤매고 있다.

예3)

					51	41	31	21	11	1	
戊	甲	辛	丙	여	乙	丙	丁	戊	己	庚	대운
辰	戌	卯	申		酉	戌	亥	子	丑	寅	

사주구조 파악작업

① 甲木일간 卯월생되어 월지 양인격(羊刃格)이라한다.

② 일시 辰戌충있고 辛金관성은 丙辛합되어있다.

③ 관성 申酉공망이다.

문1) 부모를 찾고 그 부모의 상황을 통변하라.

문2) 남편은 어떤 것이고 나와의 관계는 어떠하며 남편의 주된 직업은?

문3) 어느 대운이 좋고 나쁜가?
또 어떤 대운에 어떤문제 발생인가?

[해답]

답1 : 시간의 戊土편재가 부친이고 辰중 癸水가 모친성입니다. 戊辰은 백호살인데다 약한 癸水가 입고(入庫)되며 辰戌충으로 백호살발동이므로 모친과 흉하게 일찍 이별입니다. 甲木이 戊土를 극하여 癸水를 보호하고 있는데 己대운되어 甲己합으로 甲木의 역할이 잠시 중지된다. 이렇게 되면 戊土가 거리낌없이 癸水를 극합하게된다.

따라서 己대운 戊申년(13살)에 모친과 사별하게 되었다. 이것을 상대적 통변법으로 보면 戊土 부친에겐 己土운은 겁재운이다. 그러므로 부친에겐 큰 손재가 있던지 배우자를 잃게 된다. 그리고 부친은 寅대운까지 직장 생활했고 己대운에 직장생활 접었다.

답2 : 남편성은 년지 申중 庚金과 월간 辛金이 있으며 일지 戌중 辛金도 있다. 이중 월간 辛金이 남편이다. 일지 戌중 辛金은 월간에 표출된 것으로 보므로 보지 않는다. 甲木일간이 신약하여 월지 卯양인에 의지하는데 관성은 卯木을 극제하므로 도움이 되지 않는다. 그러나 辛金의 관성은 년간 丙火이고 丙辛합을 하고 있다.

그러므로 辛金은 卯木을 극제하지 않으니 바로 탐합망극이다.

이것은 남편(辛)이 직장(丙)따라 타향(申)에 감으로써 甲일간에게 큰 고통을 주지 않게 됨을 말하고 있다. 辛金남편은 卯에 앉아 丙申과 천간으로 丙辛합하고 지지로는 卯申(乙庚)암합한다. 乙은 줄, 코일 등이고 丙火는 전기, 조명등 이므로 전기 기술 및 조명관계의 직장생활이다.

답3 : 庚寅대운은 일주와 4급, 시주 戊辰과 2급 소용돌이 되는데다가 대운간 庚이 甲일간을 충극하므로 교통사고 및 노상사고와 질병이 따랐다. 庚대운간은 년지 申역마의 투출신이므로 교통, 노상사고 있었던 것이다.

戊대운은 배우자 궁인 일지 戌의 투출신이므로 결혼운이었고 돈벌이 하였다. 子대운은 기신인 년지 申과 申子로 합하여 卯木을 생해주므로 좋았으나 子卯형이 되어 수술사 역시 있었다. 丁亥대운의 丁火는 일지 戌의 투출신이기도 하므로 남편이 다치던지 떨어져 있게되는 일이 발생했다. 아이도 생기는 운이다. 亥대운은 亥卯로 합목국되어 좋았다. 丙대운은 丙辛합이 발동이고 또 남편에겐 두 개의 직장(丙,丙)을 놓고 저울질하게 되는 운이었다.

戌대운은 辰戌충이 발동되어 돈 나가고 자식이 아프던지 다치고 부부간에도 불화 및 이별이 따르는 때다. 乙酉대운의 乙은 乙辛충되어 남편이 직장 그만두고 사업하겠다하며 남편에게 여자 따르는 운이다. 酉대운은 월지 卯양인을 충하여 甲木의 뿌리를 뽑으니 어찌할꼬…

예4)

					37	27	17	7	
丁	己	壬	壬	남	丙	乙	甲	癸	대운
卯	丑	寅	辰		午	巳	辰	卯	

사주구조 파악작업

① 지지에 寅卯辰으로 木의 기운이 태왕하다.

② 일시주 사이에 2급 소용돌이 되어있다.

③ 시간 丁火편인이 월간 壬水에 합을 당하고 있다.

문1) 이 사주의 희신과 기신을 구별하세요.

문2) 이 사주의 최대약점은 무엇일까요?

문 1, 2의 사항으로 통변하세요.

[풀이]

답1 : 己土일주가 목왕절인 寅월에 태어나 크게 신약하다. 그러므로 火土가 희신이고 水木이 기신이다.

답2 : 최대 약점은 년월간의 壬水이다. 이 壬水는 월지 寅중 丙火를 위에서 극제하며 시간의 丁火를 합거한다. 재성이 기신이되면 돈, 여자 및 부친의 덕이 없다. 또 재성 기신되어 관성을 생하여 극일간 하게되면 결혼하고 아이(官)생기게 되면 곧바로 건강에 문제 생기게 된다. 그리고 지지에 위 사주처럼 寅卯辰의 관성이 있을 때에 甲乙의 운이오면 木의 극을 곧바로 크게 받게 된다.

그리고 소용돌이 있을때 또다시 대운에서 소용돌이가 오게 되면 아주 흉하다. 따라서 甲대운이 크게 좋지 못하나 甲木은 월지 寅의 투출신이고 寅木은 丙火를 품고있는 양목(陽木)이므로 죽을 고비 있었으나 무사했다.

그러나 乙巳대운되어 시주 丁卯와 2급, 일주 己丑과 4급 소용돌이를 이루고 乙己로 충극하므로 아주 흉하다. 이런 대운에 癸亥년(31살)만나 寅亥합하여 寅중 丙火없어지고 癸水극 丁火하므로 간질환으로 사망했다. 하지만 甲辰대운부터 간질환이 생겨난 것이다.

예5)

					49	39	29	19	9		
乙	戊	癸	乙	여	戊	丁	丙	乙	甲	대운
卯	辰	未	巳		子	亥	戌	酉	申	
	홍염									

사주구조 파악작업

① 염천(炎天)인 未월의 戊土로 태어났다.

② 일주 戊辰은 백호살이고 월간 癸水가 일간과 합하여 입고하고 있다.

③ 일지 辰중에있는 癸, 乙이 모두 천간에 투출되어있다. 자식성인 金이 보이지 않는다.

문1) 초년운은 어떠한가요? 즉 부모복의 유무와 학업 및 건강운을 보면 됩니다.

문2) 결혼운은 언제부터 들어왔으며 자유결혼일까? 아니면 중매 결혼인가? 그리고 어떤 것이 남편성이며 부부사이는 어떠할까?

문3) 재운(財運)은 어떠하며 어떤 성격을 지녔을까? 그리고 자녀운은?

문4) 현재 丁亥대운에 있는데 어떤 특별한 문제가 있을까.

[풀이]

답1 : 이 사주의 용신은 乙木정관입니다. 월간 癸水는 희신입니다. 따라서 초년 申酉운은 용신에 거역하므로 아주 좋지 못했습니다. 따라서 부모복 없으며 학업 또한 중단하게 되었습니다. 그리고 이 사주는 일간이 癸水정재와 합하고 있습니다. 이렇게 되면 공부는 뒷전이고 돈이 목적이 되는 경우가 아주 많습니다. 그리고 삶의 방식 또한 아주 실리에 밝고 현실적입니다.

답2 : 일지 辰은 戊일간의 홍염살이고 여기에 乙木관성이 들어있습니다. 따라서 19세부터의 乙대운에 결혼상대가 나타나며 연애사 있게 됩니다. 乙이 홍염살의 발동이 되므로 당연히 연애 및 자유결혼입니다.

년간 乙木은 원칙적으론 형제 및 친우의 남자이나 일지 辰의 표출신도 되므로 연애했던 남자 및 거쳐간 남자가 됩니다. 시간 乙木이 내게 튼튼하게 뿌리내리고 살아가는 남편인데 卯록에 앉아있으므로 건실하고 괜찮은 남자입니다.

그런데 戊辰일주는 코가 높으며 지망과 이상이 남다르게 큰 것이 특징인데 癸水를 받아들인 土이므로 나무가 잘 자랄 수 있는 큰 언덕 및 산(山)에 비유됩니다. 따라서 乙木보다 甲木(巨木)을 더 반기게 되고 乙木은 조금 낮추어 보게 됩니다. 그러므로 남편(乙)이 있다하나 마음 한켠엔 허전함이 도사리고 있게 됩니다.

시주 乙卯木의 입장에 보면, 즉 상대적 통변으로 보면, 일간 戊辰은 아주 먹음직스런 음식이고 먹어도 먹어도 넘쳐나는 밥상입니다. 그런데 년간의 乙木이 戊辰과 기를 통하고 있는 것같은 생각이 시간 乙木에게 들게 됩니다. 따라서 남편(시간 乙)은 다소의 의처증을 지니게 되며 처(戊辰)가 밖으로 나가면 (년지 巳역마) 딴 놈(년간 乙)과 합정하지 않을까 하여 집에만 있으라 하게 됩니다. 그리고 乙卯남편은 戊辰일주 만나고 크게 치부할 수 있습니다.

답3 : 식상이 보이지 않으므로 말수가 없을 것 같지만 이런 사람은 속심(內心)을 잘 드러내지 않습니다. 그리고 한번 말이 나왔다하면 술술 잘 나옵니다. 자존심세고 준법정신도 강하며 알뜰한 성격입니다. 년지 巳중 庚이 戊일간의 식신이므로 자식은 딸자식 1명으로 나타나있습니다. 일지 辰중 乙木이 주인공의 표출신이므로 이 아래에 있는 巳중 庚은 나와 동성인 딸자식입니다. 만약 아들이 있다면 어떠할까요? 아들은 나와 음양이 다른 酉에 해당되고 辛에 해당되는데 년지 巳에 사(死)가 되며 일간 戊가 발동신입니다.

그리고 일지 辰에 묘(墓)가 되는데 역시 일간과 년시간의 乙木이 발동신 되어 있으며 시지 卯엔 절(絶)이 되어있습니다. 따라서 남자 자식이 있다면 반드시 오래 살지 못하게 될 것이고, 그나마 오래부지하려면 몸에 큰 댓가를 지녀야 될 것 같습니다.

재운은 癸水정재가 일간과 합하므로 좋게 봅니다. 바로 재(財)

가 나를 따르는 격입니다. 그런데 癸水의 뿌리가 일지 辰에만 있고 딴곳엔 없으므로 재복이 크지 않다고 말할 수 있습니다. 그러나 여성의 재복은 남편의 역량에 달려있다는 부부지도(夫婦之道)를 감안해야 합니다. 즉 남편이 부자면 본인은 부자집 마님이 됩니다. 그러므로 이 사주 주인공의 재복은 아주 좋습니다. 그러나 본인이 돈벌이 하려면 癸水의 역량과 대운의 상관관계를 살펴야 할 것입니다.

이 사람의 말인즉 딸 하나와 아들이 있는데 딸은 아주 똑똑하다합니다. 그런데 아들이 큰 장애자라고 합니다. 그래서 남편의 사주를 참고하여 보도록 하겠습니다.

답4 : 丁火는 戊일간의 인수입니다. 그리고 대운지 亥는 역마이고 일지와는 辰亥원진살되고 귀문살을 이룹니다. 그리고 시지 卯와 합하여 亥卯未목국을 이룹니다. 그러므로 39세 丁亥대운부터 정신적문제 예컨대 우울증 불면증 등과 종교, 철학등에 인연있게 되는데 이때부터 역학공부했다 합니다. 그리고 亥는 역마고 재성이므로 밖에 나가 돈벌어 보고 싶어집니다. 亥는 재운이므로 돈많이 들어올 것 같습니다만 亥卯未로 되어 남편의 영역확대가 따르며 내 창고(辰)로 입금되는 돈은 만족할만 하지 않게 됩니다.

※ 戊辰은 황룡인데 辰중에있는 癸, 乙이 천간에 투출되면 황룡이 구름을 토해내는 상이고 누에(辰)가 실(乙)을 뽑아내는 상입니다. 그러므로 창조성있고 신통방통한 능력을 갖추고 있는 분이 많습니다. 이외에 자세한 것은「일주편」을 참고하세요.

예6)

					41	31	21	11	1	
己	甲	乙	戊	남	庚	己	戊	丁	丙	대운
巳	辰	卯	申		申	未	午	巳	辰	

사주구조 파악작업

① 甲辰백호살이고 월지 卯는 양인이며 공망이다. 그리고 월주와 일주 사이엔 1급 소용돌이 되어있다.

② 년간 戊土편재있고 시간 己土정재있어 정편재 혼잡되어 있다.

③ 庚申대운은 원명의 소용돌이 되어있는 乙과 합하고 있다.

④ 재성도 강하고 일주도 약하지 않다. 관성 巳申)은 지지에 숨어있다.

문1) 이 사람의 가는 길은 직장인 인가? 아니면 자유업일까?

문2) 정·편재 혼잡이므로 재혼팔자 아니면 부인외에 애인 두게 될까?

문3) 재복(財福)은 어떠하며 庚申대운은 좋은 운일까?

문4) 자식운?

[풀이]

답1 : 卯월 甲辰木이므로 생목이다. 생목은 土를 좋아하고 火와 水도 형편에 따라 취용한다. 이 사람의 사주중엔 년지 申이 관성이나 천간에 투출되지 않았다. 그러나 월지 卯와 암합(乙庚) 하고 있다. 그러므로 직장생활보다 개인 사업쪽으로 가게 되는데 31세부터의 己未대운부터 본격적으로 사업했다. 甲己합되어 돈이 따랐다. 섬유, 포목계통이라 했다.

답2 : 년간 戊土는 월간 乙木의 정재고 甲일간의 정재는 己土다. 그러므로 戊土는 친구형제의 처가 된다. 따라서 재혼이나 혼외 정사는 없을 것같다. 그러나 년간 戊土는 일지 辰중에서 표출되었고 년지 申이 일지 辰중 乙木과 乙庚합하므로 인연줄있다.

庚申대운이 월간 乙木을 합하면 甲과 戊의 사이는 가깝게 당겨진다. 따라서 이 대운에 외정(外情)발동될 것으로 생각된다.

답3 : 생목인 甲이 己巳시를 만나 甲己합으로 재가 따르는 상이므로 재복있다. 庚申대운은 乙木겁재를 제거하므로 좋을것 같다. 그러나 소용돌이 있는중에 그것과 합하는 운이 오면 크게 흉하다. 따라서 뜻밖의 사고를 조심해야 하는데 辛卯년은 시주 己巳와 2급 소용돌이 이루며 양인(卯)이 발동되는 세운(卯年)이다. 그러므로 아주 조심해야 한다.

답4 : 이 명조는 예9) 乙巳생 여성의 남편되는 사람의 것이다. 乙巳생 여성의 명조에서 아들자식이 아주 나쁘게 되어있는데 남편사주에서도 그러한지 살펴보자. 이 명조에선 甲일간과 음양이 같은 년지 申金을 아들이라 보기 쉽다. 그러나 재성(戊)아래의 관성은 처(妻)와 같은 여성으로 봐야한다. 그러므로 申金은 아들이 아닌 딸자식이다. 이리되면 남자식은 申과 음양이 다른 酉(辛)가 된다.

이 酉(辛)를 월지 卯에 인종하면 절(絶)이 되고 일간 甲은 절발동신이 된다. 그리고 일지에는 묘(墓)가 되는데 乙木이 묘발동신 되어있으며 시지 巳엔 사(死)가 되는데 년간 戊가 발동신되어 있다.

따라서 그 자식(酉)이 붙어있을 자리가 없다. 년지 申에만 의지할 수 있으므로 20살까지는 그럭저럭 넘어가나 그 이후는 참으로 어렵게 되어있다. 다행히 庚申대운이고 辛酉대운으로 흐르므로 무난무탈하지 않을까? 하는 생각이 든다. 부부의 사주에 동일한 문제가 보이니 장애자가 되므로 인해 흉액을 땜했을 것으로 믿는다.

예7)

壬	**庚**	**己**	**乙**	**남**	**乙**	**丙**	**丁**	**戊**	**대운**
午	**申**	**丑**	**丑**		**酉**	**戌**	**亥**	**子**	

사주의 구조파악 작업

① 년월 丑이 화개성이고 일간의 고(庫)인데 공망이다. 그리고 丑은 庚일간의 天乙귀인이다.

② 년간 乙과 월간 己土가 庚金을 입고시키려 하고 있다. 년월지와 시지 사이에 귀문 탕화살 구성이다.

③ 신왕한 庚일간은 일지 申에서 표출된 시간 壬으로 가려한다.

④ 시지 午火는 겨울 음습한때의 조후 역할이다.

문1) 학업운은? 부모와 나와의 관계는 어떻게 움직이고 있나?

문2) 모친과 부친은 어떤 사람이고 두 분의 사이는 어떠한가?

문3) 어느 쪽으로 진로를 잡아야 하나?

[풀이]

답1 : 원래 신왕하면 인수성을 필요로 하지 않는다. 그러므로 학업에 태만해지고 악착같이 공부하지 않는다. 따라서 대학을 나왔다해도 졸업장이나 받는 정도고 학문엔 뜻이 없게 됨이 보통이다. 이 사주역시 신왕하여 인수를 필요로 하지 않는다. 그러므로 재수 삼수(三修)하여 3류 대학에 들어가기는 했지만 학문과는 거리가 멀다.

월간 己土인수가 모친이고 년간 乙木재성이 부친이다. 己土인수는 庚일간을 도와준다며(天乙귀인) 丑에 입고시키려하고 있으며 乙木부친역시 나(庚)를 잡아끌어 丑에 입고시키고 있다. 그러나 庚申일주의 가는 길은 시간의 壬水에게로 간다.

이런 구조는 배불러 밥먹기 싫어하는 아이에게 '더먹어. 더먹어.' 하면서 강요함을 나타내고 있다. 그리고 밖으로 나가려는 아이(庚)의 소매를 잡고(乙庚) 답답한 곳(丑)으로 들어가도록 이끌고 있음을 뜻한다.

답2 : 己土 모친에서 보면 (상대적 통변), 일간 庚이 상관이 되고 시간 壬水는 재성이 된다. 즉 己土생 庚金, 庚金생 壬水로 상관생재가 되는데 일지 申은 己土의 천을귀인이다. 그러므로 모친은 입(口)으로 돈벌이 하던지 기술(상관)로 돈벌이하는 사람이다.

실제론 초등학교 교사다. 그리고 모친은 나(庚)낳고 9년 정도에서 부친과 사이 벌어졌다. 乙木부친은 지지어디에도 뿌리없어 재관이 되는 己土와 庚金에 종하게 된다. 따라서 그 지향하는 바는 권력(庚정관)과 남을 통제하는데에 있다.

그러나 己土에서보면 제역할도 제대로 못하는 乙木이 마치 목뒤에 붙어있는 혹같이 느껴진다. 이 사주에서 木의 역할작용은

土를 소토시킴에 있으나 뿌리없는 乙木이라 己土에겐 아무런 도움이 되지않기 때문이다.

움직이고 있는 모양으로 보면 己土는 庚쪽으로 土生金하며 가고 있는데 乙木은 등뒤에서 쫓아와 나의 갈 길을 잡고 있다. 따라서 己土는 乙木이 너무 싫고 乙木역시 己土가 좋아서 이기보다 권세 권력(庚)을 잡는 징검다리로 이용할 뿐이다.

그리고 乙木은 庚을 합하여 입고시키므로 관(권력·법)을 장악 통제할 수 있다고 생각하며 그럴려고 행동하는 사람이다. 실제 직업은 2류 신문사의 기자라 한다.

답3 : 庚일간의 가는 길은 시간의 壬水식신이다. 이 壬水가 午火위에 앉아 끓는 형상이다. 그러므로 요리사, 술 만드는업, 목욕탕 등의 직업에 인연있다. 그러나 일시주간에 2급 소용돌이가 이뤄졌고 壬水는 조후 역할하는 午火를 극하므로 항상 진로에 대한 갈등을 안고 있다. 그런데다 丑午귀문살까지 발동되어 작용하므로 정신적 정서적 결함까지 지니고 있다.

예8)

					47	37	27	17	7	
庚	戊	乙	壬	여	庚	辛	壬	癸	甲	대운
申	子	巳	申		子	丑	寅	卯	辰	
		劫殺								

사주구조 파악작업

① 일간 戊土는 巳월 초여름에 태어났으나 신약이다. 월지 巳에만 의지하고 있다. 그리고 巳는 겁살 맞고 있다.

② 식신이 좌우에서 일주와 합하고 있다. 년지 申식신은 월지

巳와 巳申合이고 일지와 申子로 합이다. 시주의 庚申식신역시 일지 子와 申子로 합하고 있다. 乙庚합있다.

③ 월지 巳는 년지 申과 합이고 시지 申과도 합이다.

문1) 부친과 모친성을 찾고 부모관계를 분석하세요. 그리고 학업운은 있는지 없는지?

문2) 남편은 어느 것이고 나 만나기 전에 어떤 문제 있었나요? 그리고 남편은 어떤 사람인가요. 즉 착하냐 아니냐?

문3) 평생 재복은 어떠하며 남편과는 언제 어느 대운에 만났으며, 37세부터의 辛丑대운엔 무슨 일이 생겼을까요?

[풀이]

답1 : 당연히 월지 巳火편인이 모친이고 년간 壬水편재가 부친이다. 그런데 년월주 사이엔 3급 소용돌이가 이뤄져있다. 따라서 부친과 모친사이에 불화, 이별의 갈등이 내재되어있다. 그리고 壬水편재는 월지 巳와 壬申巳로 합하여 입절(入絶)하고 있으며 일간 戊가 巳중에서 투출되어 壬水의 절발동신이 되어있다.

따라서 총명 준수한 부친은 언변도 좋았으나 본인(戊)태어난 5년~10년 사이에 유고있게 되는데 초년 甲辰대운에 사망했다. 壬水가 申(학당성)에 앉아있으므로 총명준수하며 乙을 보므로 언변좋은 것이다. 그리고 초년 甲辰백호살 대운은 일주 戊子, 시주 庚申과 4급 소용돌이 이루며 대운지 辰은 水의 고(庫)가 되므로 초년에 부친 사별한 것이다.

일간이 약하면 인수와 비견겁재를 좋아하므로 공부 하려는 의지가 있다. 그러나 辰대운은 巳火인수의 힘을 빼므로 어렵고 癸대운은 정재운되어 인수를 등지므로 초등학교 및 중학교정도의 학업밖에 없다. 그리고 巳火모친은 시지 申과 巳申합하고 일지 子중 癸水와 子巳로 암합(戊癸)한다. 그러므로 첫남 자 사별한 모친은 재취가게 되고 본인 역시 모친을 따라 의붓아비 밑에서 자라게 되었다.

답2 : 월간 乙木정관이 남편인데 乙에서보면 월지 巳중 戊土 정재가 있고 년지 申중 庚金자식도 있다. 그러면서 시간의 식신과 乙庚합하여 申子로(일지합) 들어오고 있다. 따라서 유부남에 자식까지 있는 남자와 합정하여 애기(시주 庚申)낳았고 나중엔 전처소생의 자식(년지 申)마저 키우게 된다.

이것이 '식상이 좌우에서 일주와 합하면 여기저기서 애기 낳던지 남이 낳은 애기 키운다.'는 추명가 구절과 일치되는 것이다.

乙木남편에서보면 년간 壬水가 인수성이 되고 월지 巳火는 식신상관이 되는데 여기서 정재성 戊土가 투출이므로 상관생재가 된다. 따라서 남편(乙)은 머리에 든것도 있으며 정직하며 기술이나 입으로 돈벌이하는 사람이다.

답3 : 재성은 申子, 申으로 되어있고 년간에 壬水로 나타나있으니 강하고 많다. 그러나 이를 막아주고 관리해야할 戊土일간은 약하다. 따라서 재다신약을 못 면하니 평생 어렵게 지내게 된다.

17세부터 시작되는 癸卯대운이 일간과 합하며 관성이 달려있으므로 결혼운이고 남자 만날 운이다. 그리고 辛丑대운은 정관(乙)있는데 상관(辛)을 보므로 당연히 乙木이 위험하다. 따라서 남편에게 큰 흉액이 닥치던지 이별하게 된다.

예9)

					41	31	21	11	1	
癸	丁	庚	癸	여	乙	甲	癸	壬	辛	대운
卯	卯	申	未		丑	子	亥	戌	酉	

사주구조 파악작업

① 월 정재격에 신약하다.

② 월지 申중 壬水가 일간 丁과 명암합하므로 남편이다.

③ 월 일시지간에 卯申귀문살되어있다.

④ 년시간의 癸水편관이 기분 나쁘다.

문1) 이 여성은 결혼 후 집안 살림을 살까요 아니면 돈벌이에 뛰어들까요?

문2) 남편복있나 없나요?

문3) 년시간의 癸水편관은 어떻게 해석 통변해야할까요.

문4) 제일 나쁜 대운은? 어떤 문제가 발생되었나요?

[풀이]

답1 : 丁火는 지지에 뿌리가 있으면 열(熱)이 되며 庚金을 좋아합니다. 바로 쇠(庚)를 녹여 그릇을 만들 수 있으니까요. 따라서 재주와 역량도 있으며 반드시 돈벌이에 뛰어듭니다.

답2 : 남편은 월지 申중에 있습니다. 丁火일간이 약하므로 水관성은 도움되지 않습니다. 따라서 남편복 없습니다. 이 사주처럼 남편이 재성속에 암장되어있으면 바로 돈이 남편이고 남편이 큰 돈이 됩니다. 이런 경우엔 돈을 보고 결혼을 하던지 돈벌이중 돈벌이처에서 만나게 됩니다. 그리고 丁火가 뿌리얻어 강해지면 庚金을 다스릴 수 있으므로 남편역시 잘 데리고 놀게 됩니다.

답3 : 월지 申중 壬水정관이 남편이면 癸水편관은 애인이고 외간 남자로 치부하는 경우가 많습니다. 그러나 그것이 아니고 남편의 여형제로도 봐야 합니다. 丁火는 癸水를 아주 싫어하는데 신왕할 때는 癸水를 받아들이기도 하지만 이 사주처럼 신약할 땐 남의남자는 쳐다보지도 않고 피하게 됩니다. 따라서 癸水는 남편의 여형제로 봐야합니다. 년간 癸水는 묘(墓)가 되는 未에 앉아있는데 일간 丁火가 묘발동신입니다.

그리고 申에는 사지(死地)가 되는데 월간 庚이 癸의 사발동신되어 있습니다. 따라서 시누이(癸)는 본인이 남편(庚申)과 결혼하고 난후 사망하게 됩니다. 그런중 시누이 자리인 癸未와 일주사이엔 4급 소용돌이까지 형성되어있습니다.

일월지 사이의 卯申귀문살있어 영적으론 빙의되기 좋은 체질을 지니고 있습니다. 그러므로 죽은 시누이의 영향을 받게 되기도 합니다.

답4 : 당연히 일지 시지의 卯를 충하는 辛酉대운이 제일 나빴습니다. 이 세상을 하직할 수도 있는 운이나 卯, 卯가되어 하나는 충파되어도 하나는 남기 때문에 존명했습니다. 그러나 모친과 사별하고 어렵게 컸습니다.

壬戌대운은 관성(壬)이 나타나 丁壬합하여 戌에 입고시키므로 어린나이에 남자와 연애했고 동거생활 시작했습니다. 癸대운은 아주 힘든 시기였는데 시누이들의 행패도 많이 당했습니다.

亥대운은 亥卯未목국을 지어 영역확대 되었으나 여전히 좋지 못했습니다. 甲대운은 丁火를 생해주므로 조금 살만해졌습니다.

그러나 子대운되어 일시지 卯를 子卯형했고 申金이 申子로 물로 변하여 시비구설(子卯刑)에 돈(申)은 물처럼 흘러가는 (申子) 일이 발생됩니다.

또 子는 년시간 癸의 록이되어 癸水의 극을 심하게 받게되므로 반드시 법(편관)의 제제를 받게 됩니다. 대운을 쉽게 볼 수 있는 방법은 다음과 같습니다. 사주원국에 있는 오행이 나쁜 역할을 하느냐 아니면 좋은 역할을 하느냐 하는 것을 분석한 후 나쁜 것을 도우면 나쁘고 좋은 놈을 도우면 좋은 것으로 판단하면 됩니다.

이런 대운에 辛酉년(38세)을 만났습니다. 辛은 편재(돈)요. 酉는 수옥살인데 이것이 나의 유일한 의지처인 卯를 충하므로 돈으로 인한 관재를 지고 구속되었습니다. 물론 卯木인수가 날아가니 집문서까지 몽땅 날라 갔습니다.

예10)

					49	39	29	19	9	
辛	壬	辛	辛	여	丙	乙	甲	癸	壬	대운
亥	寅	卯	丑		申	未	午	巳	辰	
역마	식신 문창	도화								

사주구조 파악작업을 하세요. 그런 다음 아래의 문제를 들어 보세요.

문1) 이 사주주인공의 성격은?

문2) 어느 것이 남편이며 남편은 어떤 사람이며 부부운은 어떠한가?

문3) 부모운은 어떠한가?

문4) 결혼은 어느 대운에서 했으며 운로(運路)는 어떠한가?

힌트 : ① 월지 水木상관격이고 壬水일간이 가는 길은 木을 생해줌에 있다.

② 남편성을 찾는 것으로 만족하지 말고 그 남편의 성격과 행동 등을 상대적통변법으로 살펴라. 그리고 나의 행동은 나의 식·상을 보고 알 수 있듯이 남편의 행동역시 그러하다.

[풀이]

답1 : 水木상관격이므로 자유분방하며 억제됨을 싫어하며 끼도 제법있으며 총명 민첩하다. (日支식신문창성)

답2 : 년지 丑중 己土정관이 남편이며 년월시간의 辛金은 남편의 표출신이다. 그러므로 남편(己)은 말많고 주인공을 애기취급하며 밖으로 돌아다님을 억제한다. 즉 木이 壬水의 상관인데 辛金(夫의 표출신)이 木을 억누르고 있다. 그러므로 남편은 잔소리쟁이(己土의 식신 辛이 3개되어)며 이 여성의 활동과 바람기(卯도화)를 억제하게 된다.

남편궁 丑에서 그 표출신인 辛이 천간에 3개나 튀어나와있으므로 3번 결혼할 운명이다. 따라서 상관이 발동되는 운이 오고 남편자리를 충극하는 운이오면 이별하게 된다.

답3 : 일지 寅중 丙火편재가 부친이며 辛은 모친성이다. 따라서 모친 외에 모친있게 된다. 그런데 寅중 丙火부친은 시지 亥와 寅亥합함에 따라 상처를 입게 되며 그 명줄을 잃게 된다. (앞장의 합에 대한 변화편을 참고하세요.) 본인은 부친의 3번째 여인에게서 태어났는데 시간 辛金이 친모다. 친모(辛)는 본인(壬) 낳고 일년 되던 해에 부친과 이별운이 있었다. 이는 辛에서 보면 壬이 상관이고 寅亥합으로 丙火가 합하여 절(絶)을 만나기 때문이다(丙火는 亥에 絶).

답4 : 남편궁 년지 丑에는 癸, 辛, 己가 있는데 19세 부터의 癸운은 남편궁이 발동이며 남편궁의 투출신이 되는 때다. 그러므로 어린나이인 19세부터 남편감이 나타나게 된다. 그래서 己未년 19세에 혼전동거 했다.

그리고 庚申년 20세에 생녀했고 26살 丙寅년부터 밖으로 나가 돈벌이 전선에 뛰어들었다. 甲대운은 월일시지의 투출신이 되어 3개의 辛金과 부딪치게 되나 큰 탈은 없다. 다만 나의 행동(甲)에 대한 남편의 잔소리(辛)가 너무 심했다.

午대운은 도화운인데다가 寅午로 일지 식신과 합을 짓게 되니 돈벌이는 잘되었으나 바람기 또한 불붙듯 타올라. 여러 남자와 합정했다. 乙대운은 상관운이고 亥寅, 卯의 투출신이나 乙木은 辛金에게 제극당하게 된다. 그러므로 남편의 폭언과 폭행(乙辛

冲)이 있었고 결국 이혼하게 되었다. 辛巳년 41세 때였다.

예11)

					51	41	31	21	11	1	
丙	己	甲	戊	남	庚	己	戊	丁	丙	乙	대운
寅	卯	寅	戌		申	未	午	巳	辰	卯	
	도화										

사주 구조 파악부터 해보시고 아래의 문제를 풀어보세요.

문1) 水가 재성인데 일점도 보이지 않습니다. 따라서 어떤것이 처성(妻星)이 될까요. 처성을 찾아서 부부관계 및 그 처(妻)의 성격 등을 추리하세요.

문2) 이 사주 주인공의 성격과 생활태도는?

문3) 이 사주의 문제점은?

힌트 : ① 한밝신사주학의 3대비법(합신, 표출신, 투출신)을 활용하면 처성은 금방 찾을 수 있습니다.

② 己土일간이 필요로 하는 것과 己土의 성격 및 己卯일주의 개성을 엮어보면 될 것입니다.

③ 사주풀이의 순서대로 차근차근 생각해보세요.

[풀이]

답1 : 한밝 신사주학의 3대 비법중의 합신(合神)을 찾아보면, 배우자는 나(己)와 합하는 것입니다. 따라서 甲寅木과 시지 寅木

이 처성이 됩니다. 월주 甲寅은 첫 여자인데 제 홀로 잘났다는 자부심을 지닌 여자입니다. 그리고 공주병도 지니고 있습니다.

이것은 寅卯寅중에서 甲木하나만이 투출되어 있어서이고 甲寅자체가 대단한 힘을 지니고 있어서입니다. 甲寅은 일간 己와 甲己합하고 있으나 땅(己)이 너무 약하다고 생각하여 년주에 있는 크고 높은 땅과 정을 맺어 갑니다. 이것은 甲寅이 戊戌과 寅戌반 삼합하기 때문입니다.

午대운에 寅午戌로 완전한 삼합이 이뤄졌고 午는 甲의 홍염살이므로 이 사람의 처(甲寅)는 외정을 지니게되어 결국 이혼하고 말았습니다. 두 번째 여자(시지 寅)는 丙火를 투출시켜 己土를 생해주므로 아주 자상한 여자로 마치 모친처럼 행동합니다. 따라서 해로할 수 있는 여성입니다.

답2 : 己土일간 약하여 丙火인수와 년주 戊戌겁재에 의존합니다. 따라서 모질지 못하고 친구 형제 부모에게 기대려는 마음 강합니다. 그러므로 매사에 적극적이지 못합니다.

답3 : 사주뿐 아니라 이 세상에 존재하는 모든 것에는 음양의 균형이 맞아야 정상적입니다. 그런데 이 사주는 水가 한 방울도 없어 그야말로 조열합니다. 따라서 음양이 불균형되어 있습니다.

예12)

					50	40	30	20	10	
丙	庚	甲	丁	여	己	戊	丁	丙	乙	대운
戌	子	辰	未		酉	申	未	午	巳	
백호	도화	공망 백호								

사주구조 파악작업해보세요.

문1) 남편운은 어떠한가? 어째서 좋으며 어째서 나쁜가?

문2) 일간의 강약은 어떠하고 어디에 의지할까?

문3) 돈복과 자식복 그리고 부모복은?

문4) 어떤 직업 인연있나?

먼저 사주풀이의 순서대로, ① 일간의 강약 ② 사주의 구조파악 ③ 통변법으로 살펴보세요. 그리고 해답은 반드시 나중에 보세요.

[풀이]

답1 : 남편성은 년간 丁火정관과 시간의 丙火편관 있습니다. 따라서 관살 혼잡되어 있습니다. 이렇게 관살 혼잡되면 남편외에 남자있게되고 재혼, 및 삼혼(三婚)까지 하게 되므로 아주 않좋은 팔자로 표현하기도 했습니다. 이것은 남존여비(男尊女卑) 사상 속에 빚어진 것으로 남녀 평등을 신봉하는 요즘에는 맞지 않는 해석입니다.

즉 결혼을 몇번했든, 애인을 많이 두었든 아니든 그것으로 귀하고 천함을 따지지 않는다는 것입니다. 따라서 관살혼잡에 대해 스승께 지도 받은대로 말하면 다음과 같습니다.

관살혼잡이 되면 ① 남편외에 남자있고(재혼도 하고) ② 신(神)이 오게 되기도 하는데 산신할배, 천상장군, 등등으로 남신

(男神)이 많이 접한다 했습니다.

그런데 이 사주의 첫 남자는 년간 丁火이고 庚子일과는 子未로 원진살 되어있습니다. 그리고 월간 甲木 편재성이 丁火를 생하고 있는데다 시간에 丙火까지 있습니다. 그러므로 돈벌어 남편먹여 살리나 도리어 그 남자에게 극을 당하니 속담에 있는 '뭐주고 뺨맞는 팔자.' 와 일치된다 하겠습니다.

午대운이 丁火관성의 록지가 되어 결혼운이나 일지 子水와 충되므로 결혼과 동시에 불화 이별사가 따르게 됩니다.

답2 : 庚일간이 辰월의 戊土에게 생을 받고 년지 未. 시지 戌土있어 신왕하다 하겠습니다. 그러나 월지 辰은 공망인데다 子辰반수국이 되어 그 土의 역량이 반감되어있고 戌土는 조토되어 생금하기 어렵습니다. 그러므로 신약이고 미약한 힘을 지닌 월지 辰중 戊土에 의지하며 년지 未중 己土에 의지할 수밖에 없습니다.

답3 : 신약사주인데다 인수성에 의지하게되면 재성(財星)이 기신이 됩니다. 그러므로 돈이 원수이지요. 또 시주 丙戌은 백호살이고 일지 子水(자식)는 辰에 입고(入庫)되며 시지 戌土의 극까지 받고 있습니다. 따라서 자식 잃을 팔자라 할 수 있습니다. 월간 甲木편재가 부친이고 년지 未중 己土가 부친의 본부인입니다.

그리고 월지 辰중 戊土는 부친의 애인이고 두 번째 여자라 할 수 있습니다. 인수성이 희용신이 되면 원칙적으론 부모복있고 공부복있다 하겠으나 이 사주의 인수성은 공망을 맞았고 년지 未중 己土는 천을귀인이 되어 좋으나 子未원진이되어 좋고 나쁨이 섞여 있습니다. 그런데다 월간 甲木에 의해 인수가 맥을 못추고 있으므로 부모덕없고 학업또한 좋았다 할 수 없습니다.

답4 : 사주풀이에 있어 제일 어려운 것이 직업찾기입니다. 그러나 이 사주는 정편인 혼잡이고 월지 辰중 戊土 편인에 의지하는데 일지 子水상관이 子辰으로 연결되어 있습니다. 그리고 편인(辰)위에 甲木편재가 있으니 상관(子辰) 생재(生財)가 되어있습니다.

그런데다 관살혼잡까지 되어있으므로 무업(巫業), 역술(易術), 종교업에 인연있는데 실제는 무당입니다.

예5)

					48	38	28	18	8	
甲	甲	壬	甲	남	丁	丙	乙	甲	癸	대운
子	辰	申	午		丑	子	亥	戌	酉	
수옥	백호	馬								

먼저 사주의 구조부터 파악하세요.

문1) 부모운을 자세히 설명하세요. 즉 어떤 것이 부친이고 어떤 것이 모친인가를 먼저 찾은 다음에 그 해석에 들어가면 됩니다.

문2) 처성은 어떤 것이고, 처덕은 어떠한지 그리고 해로할 수 있는지 어떤지를 설명하세요.

문3) 사주팔자 중에서 좋은 역할 하는 것과 나쁜 역할 하는 것을 구별해보세요.

[풀이]

답1 : 일지 辰중 戊土편재가 부친이며 子중 癸水가 모친성이다. 그런데 월일시지가 申子辰으로 삼합 水인수국을 짓고 있다. 따라서 부친 한명에 모친은 여러명 있게 된다. 그런데 子水는 일지 辰에 입고되며 월지 申에 사(死)가 되며 년지 午에 절(絶)이 된다.

그러므로 모친 사별하게 되고 월간 壬水는 후모(後母)다. 그리고 甲辰백호일 태어나면 부친이 비명횡사 있게 되는데 년 일시간에 甲木비견이 있으므로 부친역시 오래 못 살게 된다. 따라서 戊土부친성이 절을 만나는 乙亥대운에 부친과 흉사별했다.

답2 : 년지 午火가 甲일간의 홍염살이고 午중에는 己土가 있으므로 년지가 처궁이다. 午火는 음습한 사주에 필요하므로 남들에게 인기좋고 능력있는 여성이며 내게 득도된다. 하지만 午중 己土는 년시간의 甲木비견과도 명암합하므로 해로하지 못한다.

답3 : 이 사주는 申子辰 水局이고 壬水까지 투출되어 있으므로 부목(浮木)에 가깝고 생목(生木)이다. 그러므로 壬, 子, 申이 기신이고 년 시간의 甲, 甲역시 나의 재성을 노리므로 기신이다.

따라서 癸酉대운에 모친죽고 큰 고생했으며 戌대운에 년지 午와 午戌로 합을 지어 결혼했다. 戌은 좋은 역할하므로 좋은 대운이었다. 그러나 戌이 일지 辰을 충하므로 부부이별사 있게 되는데 좋은운의 이별이므로 돈벌이하러 외국갔다.

乙亥대운은 겁재운이고 戊土재성이 절을 만나고 사주를 더욱 음습하게 하므로 아주 나쁜 때다. 따라서 부친(戊) 사별했고 돈날렸는데 5천만원이었다. 丙대운은 반짝하고 해뜨는 운되어 반짝 좋았다. 丙은 년지 午(역마)에서 투출이므로 길거리 장사로 조금의 치부있었다.

그러나 子대운되어 년지 午火를 충하므로 부부불화 및 이별수 따랐고 돈마저 나갔다. 이때에 이 사람의 처(己)가 외간남자와 두 번의 합정했다. 丁대운역시 좋으나 월간 壬水가 丁壬합하므로 좋다가 말았다. 丑대운되어 일지 辰을 파하고 년지 午와 원진하며 시주 甲子의 子와 子丑합하므로 처가 남 따라가고 말았다.

丙戌년 53세 때였는데 대운 丁丑과 일주 甲辰 3급 소용돌이 되었고 丙戌세운이 일지를 충하면서 시주 甲子와 2급 소용돌이를 이뤘기 때문이다.

예13)

					45	35	25	15	5	
己	癸	辛	甲	여	丙	丁	戊	己	庚	대운
未	酉	未	辰		寅	卯	辰	巳	午	
	도화									

사주의 구조를 파악하세요. 종이에 적어보시고 그에따라 통변 해석하세요.

문1) 남편운은? 첫남자는 어떻게 만났나? 중매냐 연애결합인가?

문2) 성격과 행동은?

문3) 희신(좋은놈)과 기신(나쁜놈)을 구별하세요.

문4) 어느 대운에 어떤 일이 생겼나?

[풀이]

사주구조 파악

① 상관 관성(辰)이 동궁에 있고 일주 합이다.

② 甲己합토(合土)되어 土아닌 土있다.

③ 辰, 未, 未가 관성이고 도화편인 辛으로 관살의 기운을 순화시키고 있다.

답1 : 첫 남자는 년지 辰인데 「상관(자식)+정관(辰)」이 일주와 합(辰酉)하므로 자식낳고 결혼이며 연애로 맺어졌다. 위는 사주구조파악의 ①항을 적용시킨 해석이다.

답2 : 관살(辰, 未)이 극신 하고 있는 것을 일지 도화편인(酉 : 辛)으로 순화시키고 있다. 편인은 임기응변이고 조삼모사한 꾀인데 이것이 도화살을 머금고 관살의 힘을 빼고 있다. 따라서 재치와 색정적인 끼(도화살)로서 사내들을 요리한다. 따라서 부딪쳐 싸우기보다 타협과 협상 및 재치있는 임기응변으로 해결한다. 사주구조파악③항을 적용시킨 해석이다.

답3 : 당연히 일지 酉와 월간 辛이 희신이고 시간 甲木은 병이되는 土를 극하므로 희신이다. 己未, 未 辰중 戊가 기신이다. 따라서 남자덕 없고 3번 결혼하나 행복하진 못하다. 특히 未는 癸일간의 묘(墓 : 12운)이고 시간 己土는 癸일간의 묘발동신되어 극하고 있다. 이는 남자(己)로 인해 답답하고 고통스럼(묘)을 당한다는 뜻이다.

답4 : 己巳대운은 아주 불미스런 운인데 癸일간의 묘발동신(己)이 발동되어서이다. 이럴 땐 남자에게 강제 추행 등을 당하거나 건강을 상해 고생하게 된다.

巳대운은 반길 반흉인데 巳火는 기신인 土를 도우나 巳酉금국을 이루고 일간의 天乙귀인이어서이다. 戊정관대운은 년지 辰의 투출신되어 癸일간과 戊癸합한다. 그러므로 남자만나 혼전동거했다.

辰은 癸일간의 고(庫)이므로 남자에게 굴복하여 지냈고 질병도 있었으며 辰辰자형되어 이별이 따랐다. 34살 丁丑년에 나의 유일한 용신인 辛金이 극제되며 丑未충으로 살성(殺星)이 충동되어 극신하므로 이혼이다.

丁대운은 월시지 未土편관의 투출신이므로 남자 나타나는 운이다. 戊寅년되어 정관(戊)이 나타나 일간과 합하므로 쉽게 합정했다. 그러나 丁대운은 돈 때문에 문서와 체면(辛)이 깨져 남자와 법에 고통받게 되므로 己卯년되어 일지 충하고 己土편관은 년간 甲木과 합하여 사라지니 이별했다. 그러나 己土세운되어 곧바로 남자 나타났다. 丁卯대운은 천신만고(千辛萬苦)다.

예14)

					56	46	36	26	16	6	
丙	戊	辛	戊	남	丁	丙	乙	甲	癸	壬	대운
辰	辰	酉	辰		卯	寅	丑	子	亥	戌	
	홍염	도화									

사주의 구조를 파악 기재하세요.

문1) 처(妻)는 어떤 것인가요? 처 및 여자 운은 어떤가요?

문2) 戊辰 辛酉 戊辰의 구조는 무엇을 말해주나요?

문3) 모친은 어떤 것이고 어느 대운에 모친이별인가요?

문4) 癸亥, 甲子, 乙丑대운은 어떠한가요?

[풀이]

사주의 구조

① 戊辰백호날 태어나 도화상관과 합인데 년주 戊辰과 쟁합이다.
② 도화, 홍염, 백호살, 발동이다.
③ 신왕하므로 설하는 식신으로 간다.

답1 : 처성은 년지 辰중 癸水. 일지 辰중 癸水 시지 辰중 癸水가 있고 戊癸합한다. 그러므로 모두 3명의 여자와 연애 합정한다. 그리고 丙辛 合水로 水아닌 水있게되니 처 아닌처(妻)즉 애인까지 두 개된다. 水는 辰에 입고이므로 여자(水)가 내게 잘 빠져든다. 두여자에게 자식 낳았고 癸未생 첩(妾)까지 두었다.

답2 : 두 마리 황룡(戊辰)이 도화빛 나는 여의주(辛酉)를 서로 차지하려하니 경쟁사 많이 생기고 동업사도 많이 들어온다.

답3 : 시간의 丙火편인이 모친인데 辛酉와 합하여 입사(入死)하고 있다. 그런데다 辰土를 많이 보므로 설기 태심하다. 그러므로 단명하게 되는데 辰중 癸水발동되는 癸대운이 불(丙火)꺼지는 때다.

따라서 甲申년(17세)에 모친 사망했다. 甲년에 응한것은 대운지 亥가 甲년에 발동되어 응한 것이다. 즉 丙火는 亥에 절(絶)인데 亥중 甲木이 투출되면 丙火의 절신이 발동된 것으로 본다는 말이다.

답4 : 癸亥대운은 水재성운되어 좋다. 甲대운에 부산시청 근무했는데 관(官)운이어서다. 子대운에 子辰으로 水가 辰으로 들어왔다. 따라서 돈많이 들어왔고 여자도 많이 따랐다. 乙대운은 상관에 정관을 보므로 퇴직하게 되었고 개인사업 시작했다. 丑대운은 酉丑금국되어 활동영역확대 되었다.

예15)

					41	31	21	11	1	
乙	辛	庚	丙	여	乙	丙	丁	戊	己	대운
未	亥	子	申		未	申	酉	戌	亥	

사주의 구조를 파악 기재해보세요.

문1) 사주의 병(病)은 어느 것이고 약(藥)은 어떤 것일까요?

문2) 사주팔자중 어디에 의지해야할까요? 의지처를 찾고 통변해 보세요.

문3) 남편 및 남자운은? 그리고 어떤 삶을 살까요?

[풀이]

사주의 구조파악

① 년지 申金은 월지 子(도화살)와 申子합하여 배임하므로 뿌리역할하기 어렵다.

② 申子, 亥子로 水가 태왕하니 이를 막아주는 시지 未土가 아주 필요하고 좋은 역할한다.

③ 년간 丙火가 申에 앉아 월간 庚金을 사이에 두고 일간과 丙辛합하고 있다.

답1 : 사주의 병은 水가 태왕함이다. 따라서 이를 막아주는 시지 未土가 약이 된다.

답2 : 당연히 시지 未土에 의지할 수밖에 없다. 未는 조토(燥土)이므로 음한한 子월에 꼭 필요한 존재다. 따라서 모친(未중 己)의 지극한 사랑을 받을 수 있고 학문적 소질도 뛰어났다. 또 未중에는 乙木편재와 丁火편관이 있는데 丁火편관은 일지 亥중 壬水와 암합하고 있다. 따라서 숨어있는 돈많은 남자와 암암리로 합정하며 재정적 지원받는 삶이 오게된다.

乙未, 亥가 木재성국을 지으므로 재정적 지원이다. 未土가 참으로 좋은 역할을 하지만 戊戌대운에 戌未형파되어 모친사별에 학업중단이다.

답3 : 년간 丙火정관이 남편인데 한번 거쳐서 오는 유부남이다. 따라서 본인은 후처 팔자다. 그리고 남편 두고도 숨겨 논 남자(未중 丁)와 돈 때문에 합정한다.

예16)

					44	34	24	14	4	
戊	癸	癸	己	여	戊	丁	丙	乙	甲	대운
午	丑	酉	亥		寅	丑	子	亥	戌	

문1) 사주의 구조파악과 그에 따른 통변을 하세요.

[풀이]

답1 : ① 재성(午) 하나뿐이나 인수는 국을 이루었다. 재성은 부친이고 인수는 모친이다. 인수국있으면 모친 외에 모친있고 또 모친에게 배다른 형제 있기 쉽다. 따라서 이 사람은 모친 두 분이다.

월지 酉중 辛金이 친모인데 일지 丑에 백호살입고(入庫)되고 시지 午에 절(絶)을 만났는데 고, 절 발동신 己土가 년간에 있다. 그러므로 모친과는 초년에 흉사별(凶死別)하게 된다. 대운으로 보면 乙亥대운이다. 일주 癸丑과 2급 소용돌이 되었고 癸丑 백호발동신인 癸가 월간에 있어서다.

② 시주 戊午 도화정관과 癸丑, 癸酉가 戊癸癸의 구조로 쟁합하고 있다. 戊土정관은 남편인데 상대적 통변으로 보면, 즉 戊土에서 보면 일간 癸水와 월간 癸水로 두 개의 정재성이 있다. 이것은 남편인 戊土가 나말고 딴여자와 합정했다가 나와 만났던지 아니면 나와 살다가 딴 여성(월간 癸)과 합정하게 됨을 말한다. 또 남편은 나와 결혼 후 개인사업을 하면서 남(년간 己)이 하던업(월간 癸)를 인수하게 됨을 나타낸다. 인수하게 되면 어떻게 될까?

戊가 癸酉와 합하여 사지(死地)인 酉에 들어가므로 망하게 된다. 남편이 나 말고 딴 여성(癸酉)과 합정해도 마찬가지다.

③ 戊癸 戊癸로 합하여 火가 되어있다. 戊癸合火는 진짜 불이 아닌 가짜 불을 의미한다. 즉 불같지 않은 불이다. 癸일주에겐 火는 시어미인데 남편(戊)과 본인(癸)이 합하여 火아닌 火가 만

들어졌다. 그러므로 시어미 아닌 시어미 있게 되니 시어미 두 분이던지 시어미가 시어미역할을 못함을 말한다. 그리고 시어미(午)는 하나이고 그의 남편성은 癸, 癸, 亥로 많다. 따라서 시어미가 여러 번 결혼했던 분이다.

④ 신왕사주에 酉丑인수국있다. 인수는 일간이 약할 때 크게 쓸모가 있다. 거꾸로 신왕하면 인수가 소용이 없어진다. 따라서 인수가 병이 되므로 부모 특히 모친의 덕이 없고 학문에 인연없으며 잡생각 많게 된다. 그리고 그 생각들은 도움되지 않는다.

⑤ 신왕하므로 재성과 관성이 필요하다. 시간의 戊土정관성이 용신이 되고 午火재성은 희신이 된다. 남편덕있고 사는곳은 산(山)자 들어간 곳이 좋으며 火글자들어간곳도 도움이 된다. 따라서 부산(釜山), 마산(馬山), 성남(成南), 고양(高陽)등의곳은 좋고 수원(水原), 인천(仁川), 용인(龍仁)등은 불리한곳이다.

예17)

					45	35	25	15	5	
辛	己	辛	辛	남	丙	丁	戊	己	庚	대운
未	未	丑	丑		申	酉	戌	亥	子	

사주의 구조파악 해보세요.

문1) 己土일간의 역할작용은 어떠하나요?
그리고 己土가 가는 길(用神)은?

문2) 육친관계중 처와 자식운만 풀어보세요.

문3) 이 사람은 무슨 일을 하며 어떻게 살아갈까요?

문4) 어느 대운이 결혼운일까요?

사주 구조파악

① 년월지 丑이 공망이고 일시지와 년월지가 서로 상충(丑未)하고있다.

② 辛金식신이 년월시간에 흩어져있다.

[풀이]

답1 : 丑월 己土는 자라나올 木을 키워야 하나 辛金이 하늘을 덮고 있으므로 木이 자라고 크기 어렵게 되어있다. 따라서 辛金에게로 설(泄)할 수밖에 없으니 辛金이 가는 길이다.

답2 : 년월지 丑이 자갈밭이고 일시지 未는 木의 고(庫)다. 그런데다가 木을 극하는 辛金이 자식궁인 시간에까지 떠있다. 그러므로 자식 키우기 어렵고 사별하는 자식까지 있게 된다. 戊대운에 丑戌未삼형되는 未중 乙木이 형출되어 辛金에 제극되니 이때에 자식 잃었다. 처(妻)는 丑중 癸水인데 일지와 丑未충되므로 서로 떨어져서 견우직녀처럼 만나는 사이가 될 수 있다.

답3 : 식신 辛金이 용신이므로 쇠연장으로 밥벌이 하게된다. 辛용신이 분산되어 있으므로 여기저기 동쪽 서쪽 북쪽으로 다니면서 벌어먹는 사람이다. 식신생재(食神生財)가 잘 안되므로 일거리는 여기저기 많아도 돈 안된다.

답4 : 亥대운에 亥중 壬水정재있고 亥중 甲木과 己土일간이 명암합이며 未亥사이에 암합되므로 결혼이다. 亥水는 역마이므로 타향에서 결혼했다.

※ 년월 丑이 공망되어 부모덕없고 특히 부친의 덕이 없다. 식신이 3개되어 장모 아니면 조모(祖母)님 3분이다. 未대운에 丑未충이 발동되어 부부이별했다.

예18)

					50	40	30	20	10	
丁	辛	丁	辛	남	壬	癸	甲	乙	丙	대운
酉	巳	酉	卯		辰	巳	午	未	申	

사주구조파악 작업 해보세요. 특이한 점을 먼저 파악하시고 그다음에 생극 회합 신살 등을 보면 됩니다.

문1) 처(妻)는 어느 것이고 처운은 어떻나요?
그리고 재복은?

문2) 가는길(用神)은?

문3) 50세부터의 壬辰대운은 무슨일이 생기고 어떻게 사주에 작용하나요.

구조파악작업

① 일지 巳火가 월시지 酉와 巳酉, 巳酉로 합을 하여 巳火의 힘이 金으로 바뀌고 있다.

② 巳酉 金국에 년지 卯木이 튕겨나가고 깨진다.

③ 水와 土오행이 없고 일지 역마며 수옥살의 발동신이 일간과 년간이 되어있다. 卯財星이 수옥살을 만들고 있다.

[풀이]

답1 : 처는 당연히 년지 卯木이다. 왕한금에 卯酉로 충거되므로 본처와 이별있게 되고 처복없다.

답2 : 신왕하면 식상으로 가는 것이 순리이나 이 사주엔 水가 없다. 그러므로 일지 巳火에 뿌리둔 월시간의 丁火로 금을 제극하여 재성을 보호해야 한다. 그러나 구조파악 ①에 따르면, 巳酉가 됨은 巳가 火의 속성을 버리고 金과 붙어 金으로 변화함을 말한다.

이것은 내 용신(丁)의 뿌리역할을 하던 巳火가 그 역할을 버리고 기신 역할함이니 바로 배임(背任)작용을 한다. 따라서 처(巳火 : 日支는 처궁)가 어느 날 갑자기 남과 합정하여 내 뒤통수를 치게 된다.

답3 : 乙未, 甲午대운은 火를 도와 무난하게 지냈다. 癸대운에 잠시 어려움 당했는데 癸가 丁火를 제극해서다. 그러나 여우가 두 개의 굴을 파놓고 있는 것처럼 이사람 역시 준비성이 철저하다. 그것은 월·시간의 丁火가 두 개이기 때문이다. 즉 丁火는 눈살미이고 사물을 살펴보는 안목(眼目)이기도 하다.

따라서 이런 丁火가 두 개있으면 하나가 깨져도 하나는 살아남는다. 그러므로 이 사람의 성격과 행동은 보고 또 보고(丁, 丁) 살피고 또 살피며 살아가는 것이다.

역마 巳대운에 巳酉 : 巳酉합이 이뤄져 발동되므로 이때부터 이 사람의 처(巳중 丙火)가 밖으로 나돌며 이것저것 닥치는대로 돈벌이 했으며 그 와중에 타남과 합정하기까지 했다. 본인에겐 이

놈저놈과 동사(同事) 동업등의 일이있게되나 모두 실패로 돌아간다. 그리고 일지 巳가 좌우로 巳酉합을 짓는 것은 여기저기 이 사람 저 사람과 합을 잘하는 것이므로 마당발이라 할 수 있다.

壬대운되어 丁壬으로 월간 丁火를 먼저 합거시키니 쟁재(爭財)가 벌어져 파재(破財)가 생기고 처와도 상쟁하게 된다. 이런데다 일주와 壬辰대운사이에 1급 소용돌이마저 이루니 실패, 불화, 이별 등의 불행을 당했고 수옥살마저 발동되어 관재(官災)까지 있었다.

처(卯)가 나(辛:酉)를 수옥했으므로 처의 고소로 구속되게 되었다. 甲申년에 간통 및 폭행죄로 입건되었다. 甲申년에 발동된 것은 丁火편관이 대운간 壬에 의해 묶여 작동치 못하자 甲木을 두고 년·일간 辛金이 쟁재를 하게 되어서다.

그리고 甲년은 년지 卯의 투출신이므로 여자 나가고 여자 들어오는 운이니 甲申이 辛巳일주와 巳申형합해서이다. 이 사주처럼 양다리(酉. 巳. 酉)걸치게 되면 기회주의자 이기도하고 이리갈까 저리갈까하며 우왕좌왕하는 생활태도도 나타나게 된다.

그리고 辛은 巳에 사(死)가 되는데 巳가 酉로 합하여 巳酉금국으로 강왕해진다. 따라서 이 사람은 모험심이 많고 겁이없다. 그것은 사(死:巳)가 변해 金이 더 강왕해지기 때문이다. 즉 죽을 경우를 당하고 죽었다고 생각될 때에 더 크게 되살아나는 특성이 있다.

예19)

					49	39	29	19	9	
辛	甲	辛	壬	남	丙	乙	甲	癸	壬	대운
未	寅	亥	寅		辰	卯	寅	丑	子	

사주의 구조를 파악기재하세요.

문1) 처(妻)는 어느 것이고 처와의 합은 어떤가요.
또 결혼운은 어느 대운일까요.

문2) 사주팔자에 있는 기신과 희신을 구별하세요.

문3) 성격은 어떠하고 총명할까요?

사주구조파악

① 甲寅일주가 월지 亥와 합을 했다.
② 시지와 일지 사이에 귀문살되어 있고 未는 일주의 고(庫)다.
③ 신왕한데 조후가 투출되지 못하고 있다.

[풀이]

답1 : 시지 未土가 처성인데 천을귀인을 띠고 있고 겨울에 필요한 따뜻한 흙이다. 따라서 좋은 처고 처복있다 할 수 있다. 하지만 일지 寅이 월지 亥와의 합을 탐해 감으로써 일주는 시지를 등지고 있다. 따라서 좋은 조건을 갖춘 처(未)가 합하자고 손짓해도 엄마(亥)찾아가는 꼴이다. 대운역시 처(未)와 등지는 운되어 40세까지 미혼으로 있다. 이럴때 寅亥합을 풀어야 결혼이 되니 卯대운되어 亥卯합으로 寅亥합이 풀리면 결혼된다.

답2 : 년지 일지 寅중 丙火와 시지 未土가 희신이고 년간 壬水와 월지 亥水가 제일 기신이고 월시간 辛金역시 기신이다. 그런데 寅亥합으로 희신 丙火가 파괴되었다. (寅亥合破)

답3 : 丙火는 甲木의 식신인데 寅亥합으로 파괴되었으므로 아는 것을 표현하는 능력이 떨어진다. 그리고 식신은 언어요 명랑성인데 이것이 파괴되었으므로 언어가 어눌하고 명랑함이 없으며 총명하지도 못하다. 壬水(모친)가 기신이니 기가 센 모친의 영향 때문으로 추측된다.

15. 인연법

인연(因緣)이란 용어는 불가(佛家)에서 비롯된 것으로 어떤 원인이 있다면 그에따른 결과가 이뤄짐을 말하는 인과(因果)와 같은 뜻을 지니고 있다.

즉 콩심은데에 콩이 나오고 팥심으면 팥이 나온다는 말과 같다. 그리고 지금의 이 삶은 과거 및 전생(前生)의 결과라는 것이다. 따라서 제일 가까운 육친관계와 연인, 친구, 라이벌, 사제(師弟)지간의 인간관계 역시 어떤 인(因)에 의해 나타난 결과(緣)로 말하고 있다. 위 불교적 인연설을 우리들의 삶에 적용시켜보면 좋거나 나쁜 배우자를 만나게 된 것도 과거(전생)에 그런 원인을 만들었기 때문이다.

만나고 헤어지는 이런 인연에 대한 사주추명학의 입장은 다음과 같다. 첫째 과거적 인(因)에 의해 이뤄지는 만남이 있다. 흔히 숙명적이다. 운명적 만남이다로 말한다.

둘째로는 자유의지에 의해 선택하게 되는 인연이 있다. 예를 들면 배고픈 사람이 식당에 갔다. 볶음밥, 비빔밥, 칼국수, 만두국 등의 수많은 메뉴 중에 밥은 늘상 먹어봤으니 오늘은 만두국을 먹어야겠군. 하고 만두국을 선택한 것과 같다. 사주추명학의 목적은 어떻게 하면 주어진 삶을 더 행복되게 할 수 있을까에 있다.

그러므로 사주 추명학에서 다루는 인연법은 어떤 사람이 내인생에 도움이되고 행복의 요소를 가지고 오느냐를 중요시한다. 동일한 사주팔자를 지녔더라도 어떤 배우자 또는 어떤 가문(환경)에서 태어났느냐에 따라 차이가 있기 때문이다. 예를들면 다음과 같다.

예1)

		60 50 40 30 20 10	
庚 庚 甲 癸	남	戊 己 庚 辛 壬 癸	대운
辰 午 寅 酉		申 酉 戌 亥 子 丑	

이 사람은 삼성(三星)장군 출신으로 戊대운에 퇴직했다. 己대운에 부산시장(市長)했고 퇴임후 시골 중학교 교장을 했다. 슬하에 아들은 없고 딸만 4명 두었다. 金씨 성을 지닌 사람이다.

예2)

		50 40 30 20 10	
庚 庚 甲 癸	남	己 庚 辛 壬 癸	대운
辰 午 寅 酉		酉 戌 亥 子 丑	

위 金씨와 똑같은 사주다. 다만 태어난 환경을 뜻하는 성씨만 다르다. 본인은 정(鄭)씨다. 이사람 역시 양인(羊刃)에 상관(傷官)있고 寅午 火관국(官局) 있으므로 군인 출신이다. 戊대운 丁巳년(45세)에 대령으로 진급했다. 통신장교였다. 丙子생 처를 만났고 슬하에 사녀일남(四女一男)을 두었다. 처 丙子생은 초등학교 교사를 했다. 위 두 명의 사주는 똑같다. 하지만 군인의 직급과 자식문제에서 차이가 있다.

이 비교에서 보듯 어떤 가문에 태어나 어떤 기운을 지닌 배우자를 만났느냐에 따라 그 운명의 대소(大小)와 방향등이 달라진다. 따라서 어떤 배우자를 만나느냐. 그리고 어떤 자식을 낳느냐 하는 것은 아주 중요한 문제가 아닐 수 없다.

사주 추명학 즉 사주풀이에 인연법을 활용하여 크게 이름이난 사람은 해방이후 오늘날까지 딱 한사람 있었다. 부산의 박도사였다. 그는 건강이 좋지 않아 산사(山寺)에서 수양하며 사주공부도 했다. 그러던 중 절집에서 전해지고 있던 사주 인연법을 전수받게 되었다. 그러나 그 인연법 역시 100% 정확하진 않았다. 인연이란 숙명적인 것도 있지만 선택에 의한 인연도 있기 때문이다.

그렇지만 두 사람 중에 한사람만 잘 맞아도 소문나게 되어있는 것이 이 세상 이치다. 따라서 어떤 사람은 '박도사 그 사람 귀신같아. 내 생년일시만 보고 우리 집사람 나이와 아들의 띠까지 알아내지 뭔가.' 하고 입에 침이 마르도록 떠들고 다녔다. 또 어떤 이는 '소문듣고 가봤지만 그렇게 귀신처럼 딱 집어내지 못하더군.' 했다. 하지만 소문은 소문을 낳았고 박도사 문전엔 줄을 선 사람들로 시끄러웠다.

박도사를 이름나게 한 이 인연법은 속칭「박도사 인연법」이란 이름으로 항간에 전해졌다. 박도사가 별세하고 난후 많은 사람이 박도사 제자라 자칭했다. 박도사 인연법은 제자라 자칭하는 사람들에 의해 암암리로 거래되었다. 50여 가지 구결(口訣)만 적힌 것 뿐인데도 비싼 값을 받았다. 박도사에게 직접 전수받은 부산의 유명 역술인과 타지의 역술인들 대부분은 공개하길 꺼렸다. 비법(秘法)이란 것은 혼자만이 알아야 된다고 생각했기 때문이다.

그러다가 십몇 년 전에 서울지역의 진여원이란 곳에서 그 구결만을 간추려 진여비결이란 이름으로 약간의 모습을 드러냈다. 이 책에서 공개하는 인연법은 박도사에게서 흘러나온 단편적인 구결들을 실제 상담에 활용할 수 있도록 **한밝 스승님께서 새로이 정리**한 것이다. 그러므로 여기엔 어떤 띠의 배우자를 만났는가와 그에따라 어떤 문제가 생겨날 수 있는가 하는 점까지도 살필 수 있다.

그리고 배우자뿐 아니라 태어난 자식의 띠와 그 자식이 태어나므로 해서 파생되는 길흉까지 살필 수 있으므로 큰 인기를 얻을 수 있을 것이다.

因 緣 論

1). 正 綠 法(透暗一体法)

寅 = 甲　甲 = 寅　　巳 = 戊　戊 = 巳
卯 = 乙　乙 = 卯　　申 = 庚　庚 = 申
巳 = 丙　丙 = 巳　　酉 = 辛　辛 = 酉
午 = 丁　丁 = 午　　亥 = 壬　壬 = 亥
午 = 巳　己 = 午　　子 = 癸　癸 = 子

無祿者는 有祿과 得祿을 요한다.
祿이 없으면 록을 원한다.
원할바엔 정록을 원한다.

壬 丙 甲 乙)坤　丙日干의 록은 巳이다. 따라서 辛巳生夫만났다.
辰 辰 申 酉　　일간 丙 이 지지에 뿌리없다.

癸 丙 甲 乙)坤　丙火의 正官은 癸이고 巳는 日干의 록이다.
巳 辰 申 酉　　癸未生夫 만났다. 丙日干 女命은 癸를 만남을 좋아한다. 그러므로 癸巳時 따라 癸未生 夫다.

2). 開 庫 法

命中 自庫(日干의 庫)는 大忌하는데 庫를 冲해야 吉하며 수명 장수한다. 冲하는 띠가 배우자다. 命中 自庫를 不冲하는 인연은 不吉하며 장수하기 어렵다. 그럼으로 命中 일간의 庫가 있으면 그를 충해야 한다.

庫를 破(冲)하는 것이 배우자 띠며 좋은 인연이다. (단 四柱內에서 開庫되어 있는 경우는 不用한다.)

癸 丙 丁 己) 男 丙日이 戌에 입고되었다. 고(庫)를 破해야되니
巳 戌 卯 未 辰이다. 戊辰生처.

A) 男命이 財庫있을때

癸 甲 丙 戊 男 戌이 財庫. 辰이와서 破해야 하므로 辰生이
酉 戌 辰 子 처다. 辰生못만나면 상처, 이별한다.

위 주인공은 甲日干의 록인 寅(庚寅)生이 본처였으나 자식낳고 이별했는데 처는 외국갔다. 후처 壬辰生만나 잘 살고 있다.

※위 사주는 甲木일간 하나에 처성은 戊, 辰, 戌로 3개다. 년간 戊土첫여자. 일지 戌중 戊土 두 번째 여자이다. 년주 戊子가 시 자식궁과 戊癸로 합하므로 酉金은 전처소생의 딸이다.

B) 女命官庫 있을때

女命이 관고(官庫)를 만났으나 破庫못하면 대개의 경우 平生 고생한다.

癸 丙 辛 乙) 女 丙은 癸水를 좋아한다. 그러나 日支에 夫庫를 만
巳 辰 巳 酉 났다. 癸未生 夫 만났으나 癸가 辰에 庫지 되어

해로 못하고 丙戌生을 後夫로 만났다. 辛金正財가 巳火에 극되고 있으니 丙으로 묶어주고(丙辛)관고 辰을 충하는 戌이 好하여 丙戌生夫.

3). 因緣 맞이 法

인연 分別法 : 일주와 상대의 띠로서 길흉, 화복 등을 살핀다.

A) 合緣 : 더디게 이뤄지나 좋다. (뒤가 좋다)

B) 冲緣 : 빠르게 진행되나 나쁘다. (빨리 이별한다)

C) 원진살 : 실제로 많이 나타난다. 정당한 사람은 극소수고 부당한 사람이 많다. 정당한사람은 영혼과 육신이 온전하게 결합하는것이며 부당한 사람은 욕구와 필요에 따른 결합이다. 즉 원진은 매력 충동 자극적 유혹이고 욕정이다.

D) 60% 정도가 日干의 비견겁재를 만나게 된다. 즉 甲일간일 때 甲, 寅, 乙, 卯生을 만나는 경우

4). 남명일때 天干에 財가 투출이면 그 록을 찾는다.

甲 壬 丙 戊) 男 월간 丙火 財있으나 지지에 무근하다. 따라서 그
辰 申 辰 子 록인巳를 취해 癸巳生 처를 만났다. 그러나 巳가 일지 申을 형합하여 불편하다.

戊 甲 壬 戊) 男 재성 戊는 지지에 뿌리 있으나 甲日干은 무근하
辰 申 戌 子 다. 따라서 日干록을 취해 庚寅生 처를 만났다.

5). 三 合 法

二字만으로 三合을 이룰 때 그 虛된 一字를 취한다. 虛一字는

有二字보다 더 강하게 命運에서 작용한다.

戊 辛 庚 戊) 男　申子있고 辰없어 辰을 취한다. 辛日干은 壬을
戌 巳 申 子　　好하니 壬辰生처다.

癸 壬 乙 己) 女　亥卯있고 未없어 未를 취한다. 癸未生夫 만났다.
卯 戌 亥 丑　　그러나 未가 日支를 三刑(丑戌未)하므로 남편
때문에 병 생긴다. 위경련 가슴앓이(三刑)

壬 癸 己 乙) 男　巳酉있어 丑이와 처가 될것같다. 그러나 이 사주
子 巳 酉 亥　　는 신왕하고 한습하여 일지 巳중 丙火가 희신이
다. 따라서 巳중 丙火를 취해 丙子生처를 만났다. 丑生이 오면 사주는 더욱 한습해지므로 취하지 않는 것이다.

壬 己 庚 丁) 女　無官四株다.
申 巳 戌 丑　　시주 壬申이 희용신이고 時에서 年까지 6번째
에 해당된다. 그리고 시지 申이 일지 巳와 합하는 合神이다. 合神은 남편 노릇한다. 그러므로 壬申生夫 만났다. 원명에 巳丑이 있어 酉를 취해야 할 것 같으나 희신과 合神. 그리고 時 ~ 年까지 5 · 6에 해당되는 경우를 취한 것이다.

6). 拱挾法

사주에 공협(拱挾)이 있을 때는 꼭 기재하여 참작해야한다. 그것이 어떤 육친에 해당되며 희신이냐 기신이냐?를 보고 그 경중을 헤아려야 한다. 또 공협된 것이 어떤 신살이냐. 庫이냐?도 파

악해야한다.

丁 乙 丁 乙) 男 사주八字에는 土 財星이 없다. 그러나 酉亥사이
亥 酉 亥 酉 에 戌이 3개나 공협되어 있다. 이런 경우엔 반드시 남모르게 숨겨놓은 여자와 재물이 있게된다.

戌이 財庫되며 3개니 3번 결혼하게 된다. 丁火가 조후되고 亥水가 통관신되어 丁亥생 여자와 인연있으나 이별. 일주 乙木의 록이 되는 辛卯生인연 있었으나 역시 이별. 壬辰생 만나 공협된 재고를 충하므로 결혼했다.

7). 진신퇴신법. 地冲法.

壬 戊 庚 戊) 女 년지 寅木이 관성인데 월지 申에 의해 충극되고
戊 戊 申 寅 있다. 이럴 땐 寅을 진신시켜 卯를 취하니 卯生夫다.

만일 寅生夫를 만났다면 申(자식)이 충하므로 생자 別夫된다.
※地冲은 一대 一로 성립되고 二대 一은 不冲.

8). 時 緣 法

時干	日干	月干	年干
7	5	3	1
8	6	4	2
時支	日支	月支	年支

일간이 주체인 나(나)이다. 1 · 2 · 3 · 4는 이미 정해진 과거적인 인연이므로 나의 뜻과는 무관하다. 故로 나의 뜻이 작용되는 영향권은 6 · 7 · 8에서 찾아라.

A) 時柱가 년주까지 5·6번째에 해당되면 배우자다. (時에서부터 년지로 세어간다)

B) 시간 시지중 一字가 용신일 경우는 그 一字를 머금은 것이 배우자 띠다.

C) 日支 암장간을 투출시켜 配星을 찾는다. 일지는 배우자 궁이기 때문이다.

丁 辛 庚 壬) 女 일간 辛에 시간 丁火는 관성이고 時支酉에서 년
酉 卯 戌 寅) 　지寅까지는 6번째에 해당되므로 丁酉生夫만났다.

丁 乙 壬 庚) 男 시지 丑에서 년지 午까지는 6번째다. 따라서 丑
丑 巳 午 午) 　生인연있다. 그러나 午午두개고 午중 己土 財星있으므로 辛未生을 만났다. 午午는 未를 合해온다. 乙木일간에 財星많아 丁丑生 妾두었다.

庚 辛 壬 丁) 女 辛日干의 正官은 월,시지 寅中에 두 개가 있다.
寅 卯 寅 丑) 　따라서 재혼팔자다. 辛日 壬水좋아하여 壬申生夫만났으나 申이 월시지 寅을 충파하므로 破産後 이별했다. 년간 丁火관성이 투출되어 있으므로 丁火의 록인 午를 취해 庚午生을 後夫로 맞았다.

※여러 경우중에 두세 가지가 겹칠 때는 틀림없는 配星이다.

9). 干合 地合法 (合化法)

合은 新生体며 생산된것이며 변화다. 陽干이 干合하면 陰으로 化하고 陰支의 支合은 陽으로 化한다.

	己	辛	癸	乙	丁	
A)	甲 己	乙 庚	丙 辛	丁 壬	戊 癸	
B)	子 丑	寅 亥	卯 戌	辰 酉	巳 申	午 未
	戊, 壬	甲	丙	庚	壬	丙, 戊

乙 丁 甲 戊) 女 月德 壬 正官壬인데 子丑合하여 壬이 되므로 壬
巳 丑 子 寅 申生夫다. 또 子丑合하여 戊가 되고 戊는 월지
子中癸와 戊癸合하므로 戊寅生 情夫두었다. 化神이 日干의 官이면 定配할 수 있고, 財가 되면 남명의 定配로 할 수 있다.

10). 二字 合 緣 論.

子子있으면 丑이 인연되어 들어온다.
丑丑있으면 子가 인연되어 들어온다.
寅寅있으면 亥가 인연되어 들어온다.
卯卯있으면 戌이 인연되어 들어온다.
辰辰있으면 酉가 인연되어 들어온다.
巳巳있으면 申이 인연되어 들어온다.
午午있으면 未가 인연되어 들어온다.
未未있으면 午가 인연되어 들어온다.
申申있으면 巳가 인연되어 들어온다.

酉酉있으면 辰이 인연되어 들어온다.
戌戌있으면 卯가 인연되어 들어온다.
亥亥있으면 寅이 인연되어 들어온다.

경우에 따라 조후처리 할 때는 冲으로 당겨와 配하는 특별한 경우도 있다.

예)

壬 己 乙 甲) 女 　己土일간 하나인데 관살혼잡이고 亥중 甲木
申 亥 亥 申 　　　까지 있어 多官이다. 따라서 重婚 못면한다.
甲申生만나 헤어지고 辛巳生夫 만났다. 申申이 巳를 合해와서. 巳申刑殺되어 辛巳生은 군인중령

11). 透配 着根法. 透配 通祿法.

男命 : 配星인 財가 투출했으나 無根할 때는 日干의 록보다 財의 록을 먼저 취한다.

女命 : 배성인 관이 투출 무근할 때는 일간의 록 보다 관성의 록을 먼저 취한다.

庚 庚 癸 丁) 女 　日干 庚의 록은 申인데 년간 丁火관성이 투출되
辰 子 卯 卯 　　　어 있으므로 丁火의 록인 午를 먼저 취해 庚午生夫 만났다.

丁 庚 庚 乙) 女 　시간 丁火관성의 록을 취해 庚午생 夫 만났다.
丑 辰 辰 酉 　　　그러나 관성 미약하고 합신(日干)인 乙木이 년

간에 앉아 庚庚乙로 쟁합하므로 남(月干庚)의 합신을 내 것으로 한다. 즉 유부남 애인둔다. 辰辰있어 酉를 合해오고 旺金이 泄氣해야 하므로 일지 辰中癸를 취해 癸酉生 애인 두게 되었다. 본남편과 이별치 않으면 애인이고 이별하면 癸酉生이 後夫가 된다.

A) 남명에 정편재 혼잡일 땐 正財는 그대로 두고 편재를 충거하는 것으로 配星으로 한다.

丙 癸 丙 甲) 男 일지 巳중에서 월 시간에 두 개의 丙火정재성이
辰 巳 寅 午 투출 되어 있다. 이리되면 두 번 결혼이다. 년지 午가 편재이므로 이를 충거하는 子生이 처다. 따라서 庚子生처 만났다. 그러나 년지 도화살이고 편재성 있으므로 年上女와 合情하고 시간 丙火는 어린여자라 딸 같은 어린여자와도 합정했다.

년지 午도화 편재 있고 비견 겁재가 그 주위에 보이지 않으므로 年上女는 임자없는 사람이다.

B)女命이 관살혼잡일 때는 정관은 그대로 두고 편관을 冲去하던지 合去시켜라.

壬 丁 庚 癸) 女 년간 癸. 시간 壬水있어 관살혼잡이다. 따라서
寅 卯 申 酉 癸水편관을 合去시키는 戊辰生 正夫다. 그러나 癸酉生 情夫 두었다. 이는 관살 혼잡인데다가 丁卯와 癸酉가 同旬에 있고 丁卯가 癸酉에게로 찾아가는 진행이어서이다.

12). 日干 別 喜神

A) 男命 一般論 (日配 年 : 상대의 띠)
甲 - 己午　乙 - 戊己丙甲　丙 - 辛壬亥酉(庚)　丁 - 申午(丁)
戊 - 亥子巳　己 - 壬癸午　庚 - 丁午己卯　辛 - 壬寅午亥
壬 - 巳己丁午　癸 - 午丙巳(戊)

B) 女命
甲 - 丁辛午,　乙 - 丙庚申甲,　丙 - 亥癸巳,　丁 - 戊亥壬
戊 - 辛乙卯(甲), 己 - 亥壬甲己,　庚 - 癸午乙,　辛 - 壬寅庚酉
壬 - 己巳丑,　癸 - 丙戊庚巳

男命은 淸하면 正財록이다. 탁하면 比星을 配妻星한다. 女命이 淸하면 관살의 록을 찾고 탁하면 食傷을 配夫星으로 취한다.

13). 初大運 論

A) 초 대운이 本人命년주의 五年이내에 해당되면 그것이 곧 配星이다.
B) 初大運이 配星이면 그 天干또는 地支를 좇아 띠를 찾는다.
C) 초 대운이 용신이면 그 천간 또는 지지를 좇아 配星한다.
※ 초 大運은 첫 번째 맞이하는 大運을 말한다.

14). 조후론

A) 조후법은 명리학의 王法이므로 모든 법칙에 우선한다.

B) 월건과 일간의 특성을 살펴 조후하라.

C) 가능하면 월건과 三合. 用神과 三合하는 조후신을 찾는다.

D) 透出無根 용신이라도 그대로 착근시켜라.

※ 기억 되살리기

A) 配星투출 무근이면 무조건 그 록을 취하라.

甲 壬 丙 戊) 男 丙火투출무근이라 록되는 巳를 찾으니 癸巳生처
辰 申 辰 子 다.

丙 庚 庚 乙) 女 시간 丙火官투출이나 무근하므로 巳를 취하니
子 辰 辰 亥 己巳生夫다.

B) 남녀 막론하고 日干이 심히 약할때는 일간의 록을 찾아 配星한다. 四地支에 無, 比, 初 일 때 더욱 확실하다.

壬 丙 甲 乙) 丙火일간이 심약하고 지지에 일점의 火없다.
辰 辰 申 酉 따라서 丙의 록이 되는 巳生이 배필이다.

15). 년지도화(도삽도화) 있을 때

A) 配星이 淸한 男命이면 年上女定配. 배성이 탁한 女命이면 年下男定配

B) 배성이 탁한 男命은 年上女와 합정하나 이별. 배성이 탁한 女命은 年下男과 合情하나 이별.

丙 壬 甲 丁) 男 년지에 卯도화살있어 년상녀와 연애 했으나 이

午 午 辰 卯　　　별. 정편재 혼잡하므로 시간 丙火 편재를 合去시키는 辛이 와야하고 지지에 午午있어 未를 합해오므로 辛未生과 결혼했다.

16). 남녀불문하고 일간이 입고될 땐 고를 충파하는 것이 배성이다.

단 괴강일 (壬辰, 戊戌日등)은 戌이 와서 또 辰이 와서 충파하나 해로 못한다. 壬辰日生은 丑이 와서 破를 해야되니 丑生과는 해로한다.

17). 空亡은 冲으로 配星한다.

丙 癸 乙 乙) 男　癸卯日이라 辰巳 空亡인데 巳中丙火가 시간에
辰 卯 酉 酉　　　있으며 공망(辰)위에 앉아 있다. 따라서 辰을 冲하는 戌生이므로 丙戌生 女와 결혼했다. 시간 丙火는 역마 재성(巳 : 丙)이므로 섬유(乙木) 의류(乙)생산, 수출업하게 되었다.

18). 男命 편정재 혼잡이고 도화겁살 망신 등을 동반하거나 日時가 冲 및 원진될 때는 本妻해로 못한다.

이런 경우엔 비견, 겁재로 定配한다.

19). 女命

A) 관살혼잡하여 복잡

B) 식상이 見官

C) 식상 太旺등등일때 일부종사 못한다. 따라서 A)의 경우는 食傷이 오히려 夫星이고 B)의 경우는 관살로 配星삼으며 C)의 경우는 食傷을 冲하는 것으로 配星한다.

辛 乙 甲 癸) 女 巳火상관이 3개되어 辛金관성을 극한다. B)의 경
巳 巳 子 巳 　　우다. 따라서 官殺이 配星되므로 일지 巳중 庚金을 취해 庚辰夫만났고 辛巳生애인과 戊子生애인 두었다. 이렇게 많은 남자 만나게 된것은 년 일지 巳중에 乙日干과 合하는 官星庚이 있어서이고 多傷官되어서다. 戊子生 애인은 일지 巳중 戊土있어서다.

辛 乙 甲 癸) 女 辛巳生과 合情했고 巳巳되어 冲하는 亥生(丁亥)
巳 巳 子 未 　　남편 만났다. 夫는 화학공장하다 실패했고 딸만 셋 두었다.

20). 日支 配星있으면 투출 正配한다.

A) 男命은 일지 장간에 財星있으면 그것을 투출시켜 正配한다.

B) 女命은 日支장간의 관성을 투출 정배한다.

C) 男子사주가 탁하면서 日支에 비견,겁재 있으면 그 비겁이 配星이다.

D) 女命탁할 때 일지에 식,상,비,겁 있으면 그 식상비겁중에서 配正한다.

壬 辛 乙 甲) 男 일지 巳중 丙火가 조후신이고 辛日干의 合神이
辰 巳 亥 戌 다. 丙子生처다.

己 辛 壬 甲) 男 丙子生처.
亥 巳 申 戌

21). 辛日 壬, 午 正配한다.

남녀 불문하고 壬을 취하나 주중에 壬, 亥가 있을땐 不用이다.

戊 辛 庚 戊) 男 辛日干 旺하고 水火조절 되어있다. 申子있으므로
戌 巳 申 子 辰을 취하고 辛日好 壬하여 壬을 취하니 壬辰生
처 만났다.

辛 辛 壬 丙) 男 년간 丙火 日干合神이 月干 壬水에 의해 충극되
卯 巳 辰 子 어 壬은 년지 子에 통근 旺하다. 따라서 년지 子
를 충하여 去시키는 午生만났다. (壬午생). 壬은
년간 丙을 충극시켜 시간의 辛과 合하여 가지 못하도록 한다.

辛 壬 癸 丙) 女 일지 寅중 丙火가 년간에 있다. 또 월지 巳중 戊
亥 寅 巳 申 土가 夫星인데 년간 丙火는 夫의 표출신 역할이
다. 그런데 월간 癸水가 丙火를 극하고 있으며
년월지가 巳申刑하고있다. 따라서 그 夫는 비행기(丙火 역마고 申

도 역마) 사고(巳申刑)로 북방(癸水)에서 죽는다.

癸亥년 만나 癸剋丙火하고 巳亥충되어 夫가 KAL기 사고로 北海에서 죽었다. 丙火夫표출신을 극하는 월간 癸水가 병이므로 이를 제거하는 己丑생 夫다.

일주 壬寅과 己丑년(夫)을 대조하면 己土는 일지 寅에 巳가 되어 自座丑에 入墓하므로 己丑생 夫는 해로못한다. 癸를 제거하는 것은 戊 (戊癸로 合去)이므로 戊子生 情夫두었다.

丙申년주는 서방(申)이고 일지 寅은 東方이다. 그런데 丙申년주는 壬寅일주와 同旬으로 丙申, 丁酉, 戊戌, 己亥, 庚子, 辛丑, 壬寅으로 찾아오고 있다. 따라서 서쪽에서 비행기타고 동쪽 한국으로 오다가 癸水의 극을 받아 죽게된 것이다.

22). 壬일 女命은 己,午,戊가 夫星이요. 壬日男命은 巳,丙이 配星이다.

壬 壬 癸 壬) 女　己丑生 夫만났다.
寅 子 卯 辰

辛 壬 甲 癸) 女　년지 巳중 戊土夫星있다. 巳와 三合하는 丑을 취
亥 子 寅 巳　　하고　己土좋아하여 己丑生 夫만났다.

甲 壬 丙 戊) 男　癸巳生처 만났고 丙申生애인 두었다.
辰 申 辰 子

丙 己 壬 壬) 男　정재성 壬水 두 개되어 하나를 없애야된다. 또 子
寅 酉 子 午　　　水재를 년지 午가 충하고 있다. 충받아 극되면
진(進)하던지 퇴(退)해야 하는데 년지에서의 冲

이므로 퇴신되므로 丁亥생 처 만났다. 亥는 子의 퇴신이고 丁은 년간 壬水를 합거시킨다.

23). 己日 男命은 특수상황아니면 壬, 亥생이 配星된다.

壬이 있으면 亥生이고 壬이 주중에 없으면 壬生이다.

戊 己 辛 乙) 男 己日干 되고 壬水없어 壬辰생 만났다.
辰 丑 巳 酉 이 사주는 土生金되었으나 金이 旺해져 水를 찾아 그 기운을 泄해야 한다.

戊 己 辛 辛) 男 이 사주역시 두 개의 辛金있어 卯未木과 상생하
辰 卯 卯 未 므로 통관시켜주는 水가 필요하다. 壬申生 만났다.

24). 사주 八字안에서 가급적이면 配星을 찾는다. 연결시켜 찾아도 된다.

男 乙
命 亥 未 일 때 월지 未중 己土재성있고 일지와 合局하므로 己亥생 만난다.

丁 庚 甲 己) 男 시에서 年까지 5번째며 년지 卯재성과 亥卯로
亥 子 戌 卯 합국한다. 丁亥生 처다.

25). 庚日 女命 丁, 午生 夫가 되나 사주가 탁하면 癸生 夫다.

丁 庚 庚 乙) 女　庚午생 夫만나 이별하고 癸酉生 만났으나
丑 辰 辰 亥　　　死別했다.

乙 丁 壬 戊) 女
巳 丑 戌 子

火土상관격에 壬水정관보아 生子別夫격이다. 壬水정관이 戊土의 극을 받고 있으므로 丁으로 합거시켜 보호해야 한다. 丁亥생 夫만났으나 이별했다.

26). 甲, 乙, 丙, 丁, 戊. 寅, 卯, 巳, 午, 未, 戌은 조열한데 이런 것들이 많아 크게 조열할 때는 辛, 壬, 亥, 癸, 子, 辰 등에서 配星찾는다.

木多할땐 庚, 酉, 癸가 配星

27). 己, 庚, 辛, 壬. 庚, 申, 癸, 子, 丑, 辰이 많아 다습하면 冬生이면 무조건 丙, 巳生인연이다.

水土多할때는 甲, 寅生 인연.
金多할때는 丁, 午生 인연.
水多할때는 戊, 巳生 인연.
또 日干과 비견, 겁재가 되는 띠와 인연 많고 日干의 合緣多 日干의 配星연이 많다. (男一財, 女一官) 日支와 三合, 之合 또는

冲원진살 되는 띠

28). 壬日 己年生多 (女命) 正配
壬日 丁年生多 (男命) 正配

甲 壬 丙 戊) 남 丁酉生처.
辰 申 辰 子

乙 壬 丙 戊) 남 癸巳生처.
巳 申 辰 子

29). 女命에 상관이 官을 극할때는 그 상관을 퇴신시킨다. 또 傷官剋官할 때 그 관성을 진신시킨다.

※ 관성이 년에 있을 땐 진신시키고 時에 있을 땐 상관을 퇴신시킨다.

甲 戊 辛 戊) 여 월 辛酉상관이 시주 甲寅관성을 극하고 있다.
寅 子 酉 子 　　따라서 상관을 퇴신시키니 申生(甲申)夫다.

壬 戊 庚 戊) 여 년지 寅 관을 월 庚申이 충극 하므로 寅을
戌 戌 申 寅 　　진신시키니 卯生 남편(己卯生)이다.

30). 男命 比劫이 財를 극할 때

A) 비겁을 合去 시킨다.
B) 비겁을 퇴신 시킨다.
C) 財星을 合 시킨다.

辛 壬 庚 甲) 남　月支午財를 子水가 충극하므로 子를 퇴신시키니
亥 子 午 申　　　亥生(丁亥) 처다. B)의 예다.

辛 丁 丁 丁) 남　丁火비견이 시간 辛을 극한다. 辛財를 보호하기
丑 未 未 酉　　　위해 丙辛合 한다. 丙申生처다. C)의 경우다.

31). 配星이 空亡이고 不일때 그 공망된 것을 취한다. 壬寅 日主는 辰巳 空亡인데 巳木을 취한다.

32). 配星 拱挾되어있을때는 그것을 취한다.

壬 ○ ○
辰 巳 未
日 月 年 일때 巳 未사이에 午가 있는데 午를 配星으로 한다.

실례감정 例

甲 甲 庚 丙) 남
戌 戌 子 戌
　　亥 亥

11월 甲木이라 겨울 나무다. 年干 丙火는 조후신 되어 吉하다.

겨울철 음습할 때는 燥土인 戌이 좋다. 그러나 이 사주엔 戌이 3개나 되어 오히려 건조한 땅이 되어 있다. 그러므로 촉촉하게 해주는 윤기가 필요하므로 월지 子水가 희신이다. 甲木二개에 財는 3개 되어 重婚八字이다. 戌중 戊土가 財星되고 子水 희신되어 戊子生과 연애했으나 혼인 不成했다.

甲日戌土는 財庫인데 이것을 파(破)해야 하기 때문이다. 따라서 壬辰生과 결혼했으며 生子했다. 그후 이별하고 癸巳生과 결합 生子했다. 癸巳生이 들어온 것은 월지 子중 癸水를 취했고 년간 丙火 희신을 취했기 때문이다.

(丙 : 巳) 월지 子인수가 희신이고 丙火식신역시 희신이므로 교육예술 등에 인연있다. 그러나 財庫인 戌은 火庫도 되므로 기술, 공업 등을 뜻한다. 그런데다 甲木은 頭,毛,衣의 물상이고 戌은 術이다. 그러므로 甲戌은 미용, 의료, 양복점, 이발 등의 업에 인연있다.

양복점하고 있다. 그리고 년지 월지 戌子사이에 亥가 있고 월일지 사이에도 亥가 들어앉아 戌亥천문성을 구성하므로 역술(易術) 인연있게 된다.

<실습문제>

癸 丙 丙 辛) 여 도삽도화(년지도화) 있고 년간 辛과 일간 丙이
巳 午 申 卯 　合하고 있다. 따라서 年下男인연있다. 시주 配星있
어 癸巳生 夫만났다. 夫 癸는 巳역마에 앉아 딴세계에 있는 월주 丙申에게로 3급상순으로 다가가고 있다. (癸巳와 丙申은 他旬이므로 다른 영역 및 딴세계) 그리고 癸夫에서 보면 丙,丙, 巳, 午로 여자가 많다. 夫는 외교관이다.

壬 辛 戊 庚) 남 月支 子도화이고 시간 壬水는 子중에서 투출이
辰 卯 子 辰 므로 도화살 발동이다. 申子辰生은 酉가 도화살
인데 일간 辛(酉)이 도화살띠고 있다. 따라서
이성관계 복잡한 사람이다. 辛日은 壬水좋아한다.

그러나 사주가 일점의 火氣없어 음습하므로 火를 지닌 寅,午생 인연있다. 그리고 辛卯일은 午未가 空亡이므로 午생 (壬午)과 결혼해 자식 낳았다. 그러나 이별하고 辛卯生과 동거중이다. 壬寅生여자 와도 인연있다.

戊 乙 丙 辛) 여 官殺혼잡되어 一夫종사못한다. 庚辰生夫 庚辰生
寅 酉 申 卯 情夫있다. 밤무대의 가수다. 새벽(寅) 닭(酉)되어
목청 뽑아낸다. 닭 울음소리 들리면 호랑이(寅)
같은 오빠는 山으로 가고 잔나비같은 남자(申)는 잠 덜깬 눈 부비며 사방을 두리번거린다.

癸 己 戊 乙) 남
酉 未 子 未

한겨울인 子月논밭(己)에 눈비(癸)날리고 있으나 천간엔 조후해줄 火없어 乙木은 얼어 죽게되고 癸水역시 제구실 못하는 얼음덩이로 변하게 된다. 따라서 丙,丁火를 절실히 필요로 한다.

그런데 처궁인 일지 未중에 丁火있어 투출시켜 써먹을 만하니 丁酉생 처와 인연있다. 월지 子도화가 시간에 나타나 도화발동인데 癸酉는 술(酒)이므로 유흥업으로 먹고산다. 또 도화재성되

어 처는 미인이며 월간 戊土겁재와 통정한다.

일지未 년지未는 관성의 고(庫)인데 년주 乙未 백호살 중의 己土가 일간이므로 자식 잃는 팔자다. 癸水財가 일지 未에 입묘(入墓)되고 未중 乙木이 년간에 나타나 발동이며 백호살되어 있으니 처(癸)는 자식(乙)낳다가 사망한다.

※己土 일간 旺하고 子未 이면 그 처가 産亡이다. (추명가)

乙 庚 癸 丁) 여
酉 寅 丑 酉

庚金 丑月生 身旺. 丑중 癸水 상관 투출되어 丁火정관을 극하니 生子別夫格. 차고 음습하므로 조열하게 하는운 만나야 잘산다. 酉丑 金局있고 乙庚合金 있으므로 이복 및 이부형제 있게 된다.

년간 丁火정관이 도화살되어 夫는 미남자다. 丑이 일간의 고가되므로 충파하는 未生 인연있어 乙未生과 결혼이나 生子別夫格되어 아기 낳으면 이별이다. 다음남편은 丁火관성의 록이 되는 午生(甲午)이다.

戊 丙 丁 辛) 남
戌 子 酉 卯

년간 辛이 도화살되어 年上女 인연되어 辛卯生 (생일이 나보다 빠르다.) 만나 연애했으나 월간 丁火 겁재가 충극 辛金하여 不婚. 시주 戊戌이 년으로 6번째 이므로 戊戌생 여자와 인연되어 결혼. 天乙貴人 財(辛,酉)가 日과 合(丙辛)하므로 재가 나를 따른다.

신왕운과 월간 丁火제극 및 합되는 운에 치부한다. LA에 있는 큰 시계상. (무역업)

丙 乙 庚 戊) 여
子 丑 申 戌

乙庚으로 정관과 합하는데 시간 丙火가 방해한다. 따라서 丙火를 합거시키는 辛卯생 남자와 인연 있다. 또 乙木일간 無根하여 일간 록 卯를 취해 辛卯生이다. 그러나 丙火가 乙庚合을 깨므로 이혼하고 재혼한다. 乙庚合化金格되었고 시지 子水 얻어 旺金이 설기되므로 총명영리하며 친정이 부자다.

乙 乙 庚 戊) 여
酉 丑 申 戌

乙木일간 무근하여 월간 庚과 합하여 化金되었다. 그러나 乙乙庚의 구조되어 不美한데다 旺金이 水를 보지못해 기가 막혀있다. 그러므로 답답하며 우왕좌왕하며 결단력 없다.

乙丑일주가 월주 庚申과 합하면서 지지로는 乙酉시와 酉丑으로 합을지어 몸과 마음이 서로 어긋나게 가고 있어서이다. (천간은 행동, 지지는 숨어있는 마음) 丙申生남자와 교제했으나 실패하고 丁酉生과 사귀게 되나 이뤄지기 어렵다.

甲 辛 壬 己) 남
午 未 申 丑
도화

시주 甲午가 도화 정재되어 연애로 인연 맺는다.

辛金 日의 庫는 년지 丑. 따라서 丑을 충파하는 乙未생도 인연있다. 또 日支未중 己土가 년간에 있고 辛日干 壬水있으면 亥가 그 록이되므로 己亥生도 인연있다. (亥중 甲木정재있고 일지 未와 亥未合한다.)

壬辰생 여자만나 無子이혼했고 甲午생 유부녀와 합정했으며 乙未生만나 교제하고 있으나 己亥生과 혼인식 올릴것이다. 壬辰생 여자와의 사이에 무자식 인것은 壬이 상관되며 壬辰에서 보면 일지 未가 공망이고 자식궁 午마저 공망시키기 때문이다.

庚 壬 庚 辛) 남
子 寅 子 未

壬水신왕하고 겨울이라 丙,丁火를 좋아한다. 년지 未중 丁火가 첫 여자이다. 그러나 未중 丁火는 월지 子도화중의 壬水와 암합하고 일지 寅과는 귀문살되므로 인연끊어진다. 따라서 丁丑生과 인연있었으나 여자의 변심으로 이별했다. 일지 寅중 丙火있어 丙子生. 丙戌生인연있다.

따라서 丙子生여자 만났으나 헤어지고 丙戌생 만나 아이낳고 해로하게 된다. 丙子生보다 丙戌生이 좋은것은 戌土가 旺水를 제해주고 제습해 줄 수 있기 때문이다.

乙 壬 戊 庚) 남
巳 午 寅 寅

寅午있어 戌을 당겨오므로 戌生인연있다. 또 寅寅두개가 申을 暗冲해오고 寅중 丙火있으므로 丙申生 인연있다. 사주가 조열하므로 癸巳生인연있으나 癸는 종격에 기신이므로 오래 못간다.

丙 庚 壬 己) 남　申子있고 辰없어 辰生인연 子時에서 巳까지 6번
子 子 申 巳　　째 되고 년지 巳가 음습함을 제거 하는 희신이므
로 巳生인연있다. 子子있어 午를 暗冲해오므로 庚午生도 인연있다. 金水상관되고 水旺하여 년지 巳중 戊土가 음습함을 제거하므로 戊生(戊寅) 인연있다. 이중에서 내게 제일 필요한것은 戊寅生, 己巳生이다.

庚 乙 甲 辛) 남　乙木일 午月生되어 水가 필요한데 일간과 합을
辰 卯 午 未　　맺는 庚下 辰이 있고 이중에는 癸水. 戊土가 있
어 辰이 희신이다. 따라서 辰중 戊土가 정재성 되므로 戊寅生처다.

己 己 丙 甲) 남　시주 己巳가 나의 관성과 재성을 노리는 기신이
巳 丑 寅 戌　　다. 따라서 이것을 충거시키는 乙亥生이 배필이
다. 己巳는 년간 甲木정관을 쟁합하고 있으며 일지 丑중 癸水를 巳중 戊土로 암합하려한다.

壬 庚 丁 甲) 남　午戌 있어 寅을 당겨온다. 또 년간 甲木재성이
午 午 丑 戌　　무근 하므로 그 록을 취하니 寅이다. 따라서 戊
寅生 처 만났다. 甲木처는 戊土위에 앉아 丁火로 泄氣한다. 따라서 아기(丁)낳고 그처가 비만증에 걸렸다. 즉 甲木에서 보면 戊土와 명암합하는 월지 丑중 己土는 財星이다. 財는 음식이고 물질이며 육신인데 정신인 甲木弱하고 육신인 財가 많아 비만증이다.

壬 庚 丁 甲) 남　년간 甲木 財가 子水上에 앉았으나 子丑合土되
午 午 丑 子　고 甲木生 丁火하여 丑중 己土와 명암합하므로
역시 그 처가 아이 낳은후 비만증에 걸렸다. 子丑合을 午가 冲子하여 깨려하므로 비만치료수술 받았다.

癸 辛 戊 戊) 여　辛金이 午月 火旺되었으니 보석이 단련되어 영
巳 未 午 戌　롱해 지는 격. 따라서 美人이다. 그러나 巳午未로 官方局되어 많은 남자 거쳐야 되는 천격이다. 조열태다 하므로 이것을 풀어주는 水운을 만나야 좋다. 辛 日干은 壬水를 좋아하므로 壬辰生만나야 좋다. 그러나 午戌있어 寅을 끌어 오므로 庚寅생 만났다. 하지만 해로 못한다.

丁 戊 辛 丁) 여　월지 亥중 甲木있고 辰庫는 월지 亥水와 원진
巳 辰 亥 丑　하므로 破하는 戌이 필요하다. 따라서 甲戌生夫 만났다.

※ 辰亥원진은 辰을 破해야 亥중 壬, 甲이 살 수 있다.

壬 甲 乙 丙) 여　년지 申중 庚金 夫. 시지 申중 庚金後夫. 日支
申 午 未 申　午와 암합하므로 재혼격이다. 申중 壬水있어 해갈해주므로 남자덕있다. 甲日干의 庫가 未(月支)이므로 충파해주는 丑생 만나야 잘산다. 甲午생 夫만나 二子生後 이별이다.

壬 癸 丙 甲) 남 1)寅午있어 戊生인연있고
子 丑 寅 午 2) 정, 편재 혼잡되어 있으므로 편재인 년지 午를 충거시키는 子生이 인연있다. 이중에서 戊生이 들어오면 寅午戌 財局되어 정편재 혼잡되며 신약해지므로 庚子生이 좋다. 庚子는 약한 일주를 도와준다. 년지 午도삽도화되어 年上女 인연있는데 癸巳生만나 첫사랑이었다.

그러나 癸巳는 월간 丙火정재를 극하고 月支寅(格)은 刑, 하여 깨어졌다. 辛丑生 만난다면 丙辛合으로 정재(丙)가 사라지게 되므로 이별한다. 이런 경우엔 壬申년이 이별되는 때다. (丙火 충극되어)

戊 乙 庚 辛) 남 寅時에서 년지 未까지 6번째 되므로 戊寅生
寅 巳 子 未 인연있다. 또 乙木이 월간 庚과 乙庚合하는데 년간 辛金이 방해한다. 일지 巳에 丙火있고 이것은 조후희신이며 辛金방해꾼을 합거시킨다. 그러므로 丙子生도 인연있다. 또 년지 未土가 재성이고 시에서 년지까지 6번째 이므로 辛未生도 인연있다. 日支巳에서 투출된 月干 庚金은 乙木일주의 표출신인데 년지 未중 乙木이 명암합하므로 未중 己土는 처성이 된다.

따라서 戊寅生과 결혼하여 生子한후 이별했다. 처궁 戊寅과 乙巳일주는 寅巳刑이고 일지 巳중 庚金(자식)이 투출되면 일간 乙木의 정은 戊寅과 寅巳刑으로 상쟁하여 변심하게 된다. 즉 乙木이 庚이 투출되면 庚과 合을 맺으면서 戊土에겐 돈을 돌리게 되는 것이다. 庚은 일지 巳에서 투출되었고 巳중엔 또 하나의 戊土재성이 있으므로 일지 巳중 戊土의 표출신이 되어 戊土(日支)를 대표한다.

또 庚은 자식이고 직장이므로 직장(좋은)생기면 戊土에 대한 애정은 식게된다. 이혼후 辛未生을 후처로 맞았지만 辛金이 乙庚合을 깨므로 결혼(재혼)후부터 자식과 직장인연 끊어지고 골치 아픈일 많이 생긴다. 이런중에 丙子生여자 알았고 이때부터 자식 및 직장관계가 좋아졌다.

월지 子인수가 天乙귀인되어 약한 日干을 도우므로 학문, 교육관계 직업이다. 일지 巳중 丙火상관이 조후용신이라 글(문장) 언론으로 세상을 밝힌다.

己 乙 庚 辛) 여　관살 혼잡되어 이성관계 복잡하다.
卯 巳 寅 未　　년간 辛金 初夫.

辛下 未土가 시간에 투출(己)되어 乙木이 뿌리박을 수 있어서이다. 辛은 未중 乙木있고 월지 寅과 명암합하여 寅중 甲木을 정재(正妻)로 하므로 유부남 및 이혼남. 월간 庚金 後夫. 또 時 卯에서 년지 未까지 5번째되어 辛未生인연.

일지 巳중 庚있는데 月干에 庚으로 투출되어 庚午生인연. 또 庚金정관있으나 무근하므로 庚의 록인 申生인연 인데 壬申生 年下男은 조열한 四柱를 조후시켜 주므로 나의 갈증을 풀어주는 귀한(天乙:申) 남자다. 그러나 申이 月支格을 충파하므로 혼인 남자는 아니고 애인이다. 木은 仁이고 火는 禮되어 교육업에 종사했다.

癸 癸 己 庚) 여　水木상관격으로 亥卯未 상관국을 이뤘다.
亥 未 卯 寅　　따라서 여기 저기 아이낳던지 남이 낳은 아이

키우게 된다. 물론 남편운 좋지 않아 一夫해로 못한다. 년지 寅중 戊土정관이 첫남자이고 寅중 甲木 卯중 甲木은

첫남자와의 사이에서 태어난 자식. 월간 己土 後夫인데 癸日干되어 男인연있다.

년주 庚寅과 일주 癸未가 서로 合을 교환한다. 庚은 日支未중 乙木과 癸는 년지 寅중 戊와 명암합이다. 이렇게되면 일주가 配星이 되니 癸未生 夫만났다. 그러나 乙亥대운 초에 사별했다.

월간 己卯가 일지 투출 편관되고 일주와 同旬으로 4급상순 관계되어 유정하므로 己卯生 이혼남 만났다. 甲木은 頭毛고 寅중 丙火는 돈이되므로 머리털 만져 돈을 번다(미장원)

庚 壬 癸 辛) 남
戌 寅 巳 丑

寅戌있어 午生인연될것 같다. 또 巳丑있어 酉生도 인연일 것같으며 壬日干 無根하므로 亥生도 들어올 것 같다. 그러나 년주 辛丑과 壬寅일주가 서로간에 관성을 교환한다 (辛은 寅중 丙火가 官이며 壬은 년지 丑중 己土가 정관이다.

이런데다가 년지 丑중 癸水가 월간에 앉아 일지 寅중 戊와 명암합한다. 즉 서로간에 합을 교환하고 있다. 그러므로 일주 壬寅이 配星되었다. 壬寅生처 만났다. 이는 壬日干과 비견관계다.

丁 庚 庚 乙) 여
丑 辰 辰 未

庚日主 탁한 명조다. 따라서 癸生 인연있다. 년지 未중 丁火부 인데 未중 乙木이 년간에 투출되어 庚庚乙의 쟁합 구조가 되어있다. 따라서 初夫는 남(月干庚) 따라가던지 남의 남자다. 시간 丁火는 後夫이나 丑묘에 앉아있고 일주와 同旬으로 3급 상순관계다. 따라서 丁火의 록이되는 午生이 첫남자고 년지 未중 丁火는 두 번째 남자다.

甲 甲 丁 辛) 남　일지 戌중 辛,丁이 년월간에 투출되어 있다.
戌 戌 酉 卯　　　丁火 상관이 년간 辛金을 극하니 剋子之命이다.
일시지 戌은 財庫되어 破하는 辰生인연이다. 壬辰생 처가되니 월간 丁火를 壬丁합하여 극관(剋官)치 못하게 한다.

壬 癸 戊 丁) 남 시지 戌이 財庫다. 충파하는 辰生인연이고 일지
戌 亥 申 酉　　亥중 甲木이 生 財(丁)하므로 甲辰生처다.

丙 乙 甲 辛) 여 木火상관격에 無水되어 조열하니 不吉命이다. 일
戌 酉 午 巳　　지 酉에서 투출된 년간 辛金이 夫다. 辛은 死地
인 巳에 앉아있고 旺火가 극합(丙辛)하고 있으므로 아이 둘 낳고 夫死한다. 巳酉있어 丑生(丁丑) 만났다.

그러나 丁火가 원명의 辛金관을 극하고 丑은 辛金의 庫다. 따라서 辛金관은 속절없이 죽는다. 따라서 甲午生과 결혼했으나 이혼하고 癸巳생 남자(이혼남)과 재혼했다.

丁 庚 庚 乙) 여　丁火官의 록을 취해 庚午生夫.
丑 辰 辰 亥　　　庚日干 탁한 사주되어 癸酉生 情夫.

甲 戊 丙 癸) 남　寅午있어 戌生인연있을 것같다.
寅 午 辰 未　　　그러나 財星투출 무근이면 우선적으로 그
록을 찾아야 하니 戊子生이 배필이다. 또 癸水정재가 多土(비,겁)에 극되므로 합거시켜 보호해야하니 戊生이다.

丁 戊 庚 癸) 여 일지 辰중에서 투출된 년간 癸가 戊일간과 합하
巳 辰 申 丑 므로 癸丑은 夫宮이다. (合神을 夫로도 본다)

戊일간은 甲,乙木을 필요로하는데 일지 辰중 乙木있고 년지 丑과 巳酉丑합을 맺는 巳를 취하니 乙巳生 夫만났다.

辛 乙 甲 癸) 여 乙木子月生이나 지지에 3개의 巳火있어 오히려
巳 巳 子 巳 癸水 가 희신이다. 乙木이 土가 없으므로 뿌리내

리기 어렵다. 따라서 재복없다. 乙木은 甲木에 기생한다. 일지 巳중 庚金있어 夫星되며 庚은 癸水를 돕는다. 그리고 약한 子水는 辰이 오므로 해서 辰子되어 힘이 생긴다. 따라서 庚辰生. 辛巳生인연있다. 시간 辛金夫는 巳중 丙火를 봐야 빛이나고 丙火뜨면 거울되어 빛을 반사한다.

丙火의 기궁 巳가 3개되어 불빛이 번쩍번쩍 거린다. 夫는 사진사였다. 월지 子水天乙貴人이고 편인성인데 이것이 약한 乙木돕고 火氣 旺한것을 다스린다. 시간 辛(酉)은 癸水생하며 子와 더불어 귀문살 이룬다. 따라서 결혼후부터 신령이 왔다.

巳중 丙火상관은 辛金만나면 거울에 밝은그림자(형상)을 만든다. 따라서 무엇이 거울에 비치는 것처럼 보인다. 辛은 巳에 死地이고 庚의 아우니 죽은 남편의 여동생 귀신이다.

辛 乙 甲 癸) 여 辛巳生夫만났다. 년지 未중 己土있어 甲乙木이
巳 巳 子 未 뿌리 박고 살 수 있으니 재복있다. 이 사주는 음

양조절이 되어있다. 천간(外)은 추우나 지지는 따뜻하니 방안에서 하는업이다.(本人화가) 未중 丁火딸. 日 時支 巳중 丙火역시 딸이라 딸만 셋이다.

夫 辛金은 역마(巳)에 앉아 있고 巳중 丙火있어 화공약품 수입상이다. 상관(巳)과 관성(辛)이 同宮에 있으며 日干 日支와 서로간에 명암합하므로 혼전 임신했다.

丙 乙 丙 戊) 남
子 未 辰 寅

辰月 戊정재 투출하여 정재격이니 월급쟁이며 財多신약이니 비견으로 용신한다. 식상이 두 개 투출되어 旺하므로 욕심많고 투기성 강하다. 따라서 財界에 월급생활하다가 부동산 투기하며 돈벌었다. 시간 丙火가 역마되어 운수업(사장) 乙日干의 正財인 戊가 투출되었고 년지 寅이 용신이므로 戊寅生처 만났다. 25세 壬寅년 결혼했다.

壬 戊 丁 戊) 上人의 妻
戌 午 巳 寅

년지 寅木 夫. 조열한 사주되어 亥子丑운이 좋다. 시지 戌에서 년지 寅까지 5번째되어 寅生夫만났다. 종왕격되어 夫 있으나 寅木이 말라버려 간이 좋지 않다. 따라서 담낭수술(寅巳刑)했고 만성간염있다. 년간 戊土는 夫 神이라 친구(比)같은 남편이다.

己 辛 丙 壬) 여
丑 卯 午 午

辛日 壬상관이 丙정관을 沖하고 있으므로 壬水를 合去시키는 丁丑生이 夫다. 女命 傷官있고 官있으면 傷官을 합시키는 것이 配星이다. 丁丑生

夫 들어오면 년월 午午와 쌍 귀문되고 午午가 引合해온 未가 丑을 충하므로 사별한다. 그리고 沖年. 辰年은 大凶하다. 壬申. 癸酉 壬午. 癸未生 만나면 좋다.

乙 甲 己 癸) 여
丑 午 未 未

日干 甲木의 庫인 未가 있어 이를 沖하는 丑生 인연 있으나 未未丑으로 沖되어 凶하다. 시지 丑은 官庫이므로 未生만나면 官은 좋아지나 甲木은 未에 입고되니 자신은 불행해진다. 丁丑생 만나 日干庫를 충하며 本人은 무사하나 夫는 죽는다. 乙丑년에 未未丑으로 沖되어 大.

庚 庚 戊 癸) 남
辰 申 午 未

년지 未중 乙木 妻인데 午未合火되어 乙木 타 죽는다. 癸未생 여자 만났다. 辛未年에 상처했다. 庚日干이고 직장인 일 때 사주에 未있고 丑을 만나면 天乙이 짝을 이루므로 반드시 승진, 영전된다.

壬 庚 丙 庚) 여
午 辰 戌 寅

丙火官이 戌에 入庫되었으나 辰이 있어 개고되어 辰은 필요치 않는다. 시간 壬水가 丙火를 충극하므로 壬을 制去해야 成된다. 따라서 戊子生 인연있다.

庚 丙 甲 己) 남 火土상관격.
寅 子 戌 丑

시간 庚金처 되었고 시지 寅이 희신이라 庚寅生처.

인수 男: 부모가업(月印)
女: 친정가업.
사업체 사장이다. 庚寅生만나 발전했다.

戊 乙 甲 壬) 남 辰月乙木이나 寅卯辰 方局있어 극신왕.
寅 卯 辰 午

월지 辰에서 투출된 시간 戊土 財를 두고 兄弟간에 상쟁있다. 시간 戊土정재고 시지 寅이 년지 午까지 5번째에 해당되므로 戊生(戊子)배필이다. 戊子生처가 년지 午(조상자리)를 충하므로 우리도 조상버리고 외국가자 조른다.

정재격되어 財界의 봉급자로 진출했으나 甲木이 剋戊하여 그만둔다. 木多한 사주라 강직하고 火를 필요로 하므로 교육계를 꿈꾼다. 兄弟권유로 학원했으나 실패했다. 다시 직장생활했는데 土用이라 논밭과 관계있는 농약회사였다. 그러다 무역회사로 바꿨다.

※ 戊土역마재 되어 무역회사고 土木상쟁하므로 午火로 통관시키니 농약(화공)회사다.

庚 丙 戊 庚) 여 월지 寅中戊土가 月干에 투출되어 식신격인데
寅 子 寅 寅 寅中 甲木용신이다. 甲引火해야하므로 申生(甲申)배필「참고사항」 內格 定 (80~90%)

1) 月支암장 干中에서 투출된 것으로 格定한다.
2) 月支암장 干中에서 多出되었으면 本氣로 格定.

3) 月支암장 干中에서 比,劫투출되면 不定格한다.

4) 月支암장 干中에서 無透出時엔 中 제일 강한 것으로 格을 잡는다.

5) 子, 午, 卯, 酉月은 本氣로 定格한다.

6) 寅申巳亥月은 定格에 한해서만 戊土를 가산한다.

戊 丙 丙 甲) 남 丙丙은 하늘에 태양2개 떠있는것같다.
戌 寅 子 申 따라서 파란, 분망, 다변(변화많다)
궁합에서 딸(月)을 뜻하는 丁日干 男이 丙日女를 만나면 丙女의 깔봄과 무시당하게 되고 이혼제의 받는다. 申子있어 辰生인연이다.

甲 癸 壬 辛) 남 辛卯生처. 庚子生애인.
辰 巳 寅 卯

戊 丙 庚 甲) 여 午戌있어 寅生인연있을것같다. 그러나 戌이 日干
戌 午 午 午 庫이므로 沖하는 壬辰生만났다. 그러나 이 사주의 용신은 戊土식신이고 戌은 子宮인데 辰이 戌을 충하여 子宮이 石支되므로 자식낳지 못한다. 따라서 이별했다. 戊戌이 용신이고 戌중 辛金있어 丙火日干과 명암합하므로 戊戌生 애인있다.

※ 丙午日 壬辰時 女命은 無子며 丙午日生女가 壬辰生夫만나도 無子다. 壬辰時 경우 역시 子宮인 戌을 충하기때문.

己 丁 辛 丙) 여 년지도화는 도삽도화라 하기도한다. 女命이 도삽
酉 亥 卯 子 도화면 年下男좋아한다. 편관이 도화를 띠면 夫
도화 도화 부끄럼을 모르고 염치없이 풍류작첩을 일삼는다.

시지도화는 울밖의꽃 및 들꽃이라 하여 아무나 꺾을 수 있다. (바람기 심한 경우)

A) 土日無木. 土日 木多. 土日 地支火局有者.
B) 日干자체가 도화살. 도화중중.
C) 水日 太旺. 木日木多. 金日 三刑殺有者.
D) 合多官(女) 合 財多(男).
E) 도화살이 원진살겸 日支 偏財者 他財合者.

乙 丁 戊 丙) 남 火土상관격. 도삽도화되어 年上女인연, 丙子生
巳 亥 戌 子 (生日三月) 일간 丁의 록인 午를 취해 壬午생 인연

庚 庚 辛 丁) 女 庚戌괴강일이 辰의 충을 맞고 金水상관되어 不
辰 戌 亥 亥 美한 八字. 丁火정관의 록인 午를 취해 壬午생
夫만났다.

그러나 해로 못하고 고독해진다. 사주원국이 나쁘다. 괴강살이면 개과해선 안된다. 만일 開庫者만나면 못살고 헤어진다.

戊 庚 己 丁) 여 寅戌있어 午를 취하는데 丁火官투출되어 午(록)
寅 戌 酉 亥 를 취하니 壬午生夫다.

丙 己 壬 壬) 남 壬壬으로 정재가 二개며 월지 子財가 午의 충을

寅酉子午 맞고있다. 子財가 충맞게되면 퇴신되므로 亥를 취하고 두 개의 壬水중에 하나를 제거해야 하므로 丁를 취하니 丁亥생 처 만났다. 水旺하여 水火상전하므로 혈압, 중풍 위험있다.

癸辛丙己)여 관살혼잡이다. 일지 巳중 丙火정관이고 午火는
巳巳午卯 편관인데 하나를 제거해야하니 子生(丙子)夫 만났다.

乙丁癸癸)여 丁火일간 무근하여 록을 취하니 壬午生夫다.
巳亥亥未

己辛癸壬)남. 시지 丑이 日庫니 충파하는 癸未生 만났다.
丑酉卯午 日干庫를 충파하여 나는 좋으나 卯木財가 未에 입고. 묘(墓)하므로 처는 多病하다. 辛日主 不弱하여 癸水식신으로 酉의 沖맞은 卯木을 키우고 살려야 하니 재무부 근무한다. 시간己土는 卯木이 자라나와 뿌리박을 수 있는 땅이다.

즉 깨어진 재물(卯)을 살리고 키우는 역할을 하니 재무부에 근무다. 癸未生처 만나니 未는 財庫되나 卯木財는 卯未로 잘큰다. 따라서 처만나 재운 및 관운 좋다.

乙己甲乙)여 己土의 뿌리가 巳에 있으나 시지 亥가 충하여
亥巳申亥 뿌리 날라갔다. 따라 日主무근이다. 이리되면 日干의 록을 취하니 午生이다.

그리고 천간엔 甲乙木관살이 혼잡이므로 乙木편관을 제거하는 庚이 필요하므로 庚午生 만났다. 그러나 庚은 日干己土의 상관이므로 해로못한다. 辛未生이 좋다.

戊 己 己 乙) 남　시지 辰에서 년지 酉까지 6번째되어 辰生배필이
辰 巳 丑 酉　　다. 辰중엔 癸水재성있고 乙木자식성있으며 己土
일간의 홍염살된다. 辰이 財庫되어 沖하는 丙戌生과도 인연있으나 불합이다.

戌辰沖되면 辰중 癸水투출되어 시간 戊가 합거하기 때문이다. 대체로 甲午生 女命은 壬辰男많이 만나고 乙酉生 男命은 壬辰생 처 많다.

壬 癸 乙 己) 남　亥卯있어 未를 당겨오니 癸未生 인연있다. 시지
戌 丑 亥 卯　　戌이 財庫되어 충파하는 辰生인연있다. 癸丑백호
일이 壬戌백호의 刑을 맞아 처 및 父親凶死命이다. 따라서 癸未生처 흉사했고 後妻庚辰女도 흉사했다.

壬 癸 丁 己) 여　水木상관격되어 년간 己土가 多剋된다. 癸丑백호
戌 丑 卯 卯　　살인데 년간 己土는 백호살 발동신되어 夫흉사한
다. 또 壬戌백호가 癸丑을 형하니 백호살 발동. 시지 戌이 官庫라 沖하는 辰生인연있다. 또 卯天乙이라 巳天乙을 당겨오니 巳生인연있다. 시간 壬水겁재가 丁火財를 노리고있어 제거해야하는데 시지 戌 夫宮에 戊土정관있으므로 戊寅生 만났으나 夫凶死했다. 後夫 庚辰생 만났으나 辰이 癸를 入庫시키므로 毒夫다.

42 32 22 12 2

癸 癸 庚 辛) 女　乙 甲 癸 壬 辛) 大
亥 丑 子 巳　　　巳 辰 卯 寅 丑

년지 巳중 戊土정관이 夫고 月干 庚金은 夫표출신이다. 庚이 사지인 子上에 있고 日支 丑에 입고되며 丑중 辛金 庫神이 투출되었다. 그러므로 첫남자 사별할 운명이다. 년지 巳가 상하면 巳중 戊土도 존립하기 어렵고 장생지(庚은 巳에 장생)를 잃게되는 庚金도 살지못한다.

다행스럽게도 대운에서 亥,申을 만나지 않아 夫가 무사했다. 그러나 乙卯대운의 乙木이 月干 庚金을 合去하므로 夫가 사라지게된다. 甲子년(43살)만나 甲庚沖하고 庚金이 死地인 子(세운지)를 만났다. 그런데다 甲子년은 일주 癸丑과 1급 소용돌이를 이루면서 일지 丑을 子丑으로 합했다. 이리되어 夫가 교통사고로 세상떴다. 子丑合하게되면 원명의 子丑合이 발동되어 시지 亥가 년지 巳를 충하게된다. 月干 庚金이 夫표출신되고 旺水는 入庫해야 하므로 庚辰生夫만났다. 아들없고 一女만 두었다.

38 28 18 8

癸 甲 辛 戊) 여　丁 戊 己 庚) 大
酉 子 酉 子　　　巳 午 未 申

甲木일간 하나뿐인데 정관성은 월시에 많다. 따라서 재혼팔자다. 仲秋(酉月) 甲木이라 곡식이고 열매다. 따라서 癸水는 곡식을 썩게하고 열매를 녹게하므로 不用이고 火가 좋다. '신약하고 官旺하므로 癸水인수로 용신한다'는 억부법의 논리로 보면 전체를 알 수 없다. 따라서 火없어 貧命이다. 사주에 일점의 火없고 子子가 午를 충해오므로 壬午생 夫만났다. 戊午 대운에 일주 甲子와 천지충되고 대운간 戊가 시간 癸水를 合去시켜 좋지 않은데 己未년(32세)만나 己癸沖하여 夫死했다. 다음상대는 甲木 일주 무근하므로 寅을 취해 戊寅생이다.

壬 壬 壬 丁) 남.　결혼 실패한 여자(丁)와 결혼한다.
寅 戌 子 亥　　　년간 丁火가 月干壬水와 나보다 먼저 합되었고 丁火는 일지 戌에 뿌리 있으므로 남과 합했던 여자가 나에게 오게 된다. 많은 비견이 財를 剋合하므로 壬水비견을 극제 해주는 戊가 필요하고 일지 戌중 戊土있어 戊子生여자만났다.

寅,戌있고 丁火재성의 록이 午이므로 午生과도 인연있으며 일지 財庫인 戌을 沖破하는 辰生과도 연분있다. 그러나 午生이 들어오면 子午沖하여 旺한 비견겁재가 난동하게되고 辰生들어와 戌을 충하면 충출된 丁火를 많은 비견(壬)이 合해가므로 살기 어렵다.

戊 丙 癸 丁) 남.　도삽도화되어 丙申,丁酉生과 연애했으나 모친
子 申 卯 酉　　　(卯)이 반대하여 깨졌다.
　　　도화

庚子生 및 辛丑生과 인연. 모친은 부친의 후처이다. 丁火겁재가 酉財위에있고 부친 申과 모친 卯가 암합해서이다. 년지 酉는 모친의 첫남자다.

庚 戊 己 壬) 남.　土金상관격(兩氣成象格)
申 辰 酉 辰

1. 酉月戊土다. 가을의 큰산이고 큰무대인데 가을 山에 나무하나없고 光明을 던져주는 火도 없다. 辰辰이 있어 山은 윤습하고 庚申,酉가 있어 산중 기암괴석이 되어있다. 년간 壬水는 辰을 깔고 앉아 득근했으므로 山下호수다. 그런데 月干己土가 壬水를 흐리게 하고 있다. 따라서 己土를 제거하는 甲午, 乙未생이 필요한데 일지 辰중 乙木이 있으므로 乙未生 처이다. 그러나 辰 財庫는 破해야 하므로 己丑生이 들어왔다. 이리되면 己土가 병이 되어 壬水財를 탁하게하므로 좋지 못하며 결국 깨어진다. 土金상관격되고 상관생재되므로 입으로 돈을 만드니 교육업 인연있는데 庚申(호텔)있고 辰酉(도화合)있으므로 호텔경영학강사다. 戊日干 庚申時만나 키크고 辰申合 財局되고 辰酉로도 합하니 좌우로 벌어졌다. 따라서 비만거구다.

庚 戊 戊 癸) 여.　戊日庚申時되고 戊癸로 合을 지어가니 키크고
申 午 午 酉　　몸크다. 戊土午月生에 日支午火있어 水가 필요
하다. 식신용신이고 식신생재로 가니 유흥업 및 모텔 호텔경영에 인연있다. 그러나 사주에 木없어 머리털 만지는 미장원 및 의류업에도 인연있지만 돈 안된다.

辛 乙 乙 乙) 여.　巳酉있고 年支未 日干庫있어 己丑生인연들어왔
巳 酉 酉 未　　다. 그러나 旺金이 乙木을 치므로 통관시키는 壬
水필요하고 己丑은 未고를 破하고 金旺하게 하므로 받아들이지 않았다. 그래서 己丑生과의 혼담거절하고 壬辰生

夫만났다. 酉酉두개되어 辰을 暗合했다.

년간 乙木입고되고 乙木의 絶神(酉)辛이 투간되어 큰오빠 早死別했다. 시간 辛金夫가 巳역마상에 앉아 있으므로 夫는 여행관광사업했다. 乙木일주가 가는길은 巳火이고 巳火는 乙木의 꽃이다. 그리고 木生火는 仁術,教育이며 乙木은 붓이기도 하다.

丙 甲 壬 戊) 남. 九月 甲木은 과일이고 곡식이라 水를 不好하고
寅 子 戌 寅 　　 火를 좋아한다. 신왕한데다 시간에 丙火떠있어 좋다. 하지만 日支子에서 투출된 壬水편인이 있어 좋지않다. 일지는 처궁이고 여기서 壬水나왔으므로 惡妻만나며 사주의 格이 떨어진다.

다행히 년간 戊土가 있어 壬水를 제압하니 크게 나쁜일 당하다가 좋아진다. 사주 년월지에 寅戌있어 午를 당겨오니 午生 배필이 大吉이다. 그러나 년지에 日干록이 있고 년간에 戊土편재 있으므로 戊寅生처 만났다. 악독한 여자로 어려움 많이 당했다. 이혼하고 壬午생 만나 生子했고 재산도 늘어났으며 잘살았다. 현재 준장인데 소장까지 가능하다.

甲 甲 辛 丙) 남. 월지 丑天乙귀인중에 己土정재가 있어 甲日干과
子 寅 丑 寅 　　 명암합한다. 그런데 시간의 甲木이 쟁 명암합하고 있다. 따라서 시간 甲을 합거시키는 己巳生이 배필이다. 丑月 甲木되어 년간 丙火가 좋은데 일지 寅에서 투출이므로 처덕있으며 자신역시 좋은 길을 택해간다.

위 戊寅生과 비교된다. 육군대장을 지냈다. 이 사주 년월간이 丙辛으로 합하고 있다. 이리되면 항간의 술사들은 '정관이 합을 당해 관록없다.' 또 '식신 丙火가 합을 당해 그역할 상실한다.'로

말한다. 그러나 辛은 丑에 앉아 강하고 丙역시 寅에 앉아 장생하므로 약하지 않다.

따라서 辛, 丙 모두가 합되어 사라지지 않는다. 이럴 때는 丙火는 솟아오르는 태양(丙寅)이 큰 거울(辛丑)을 만나 그 빛이 사방으로 번쩍거린다. 丙寅운이 오면 丙辛合이 발동작용하므로 丙寅年에 크게 좋았다. 丁卯년은 丁火剋辛金하여 거울(辛)이 부셔지고 卯羊刃이 시지 子를 刑하여 子寅 사이에 협공되어있던 丑(天乙)을 달아나게 한다. 그러므로 대흉하다.

戊 己 辛 辛) 남. 겨울논밭인데다 辛辛이 투간되어 솟아나오려는
辰 卯 丑 未 木을 극제한다. 日支 卯에 木있으나 辛金에 제극되어 나무 한포기없는 땅이다. 그러므로 관록과 명예 및 직책 지위없다.

丙 甲 癸 甲) 여. 시지 寅록이 일시 申에 충되어 不吉하다. 따라
寅 申 酉 午 서 남편과 이별불화있으며 자식에 흉액이 있게 된다. 시지 寅에서 년지 午까지 5번째 이므로 庚寅生인연있으나 해로 못한다. 년지 午홍염살이 시간 丙火로 나타났고 월지 酉정관이 도화를 띠고 있어 끼 많고 예쁘다.

丁 丙 己 辛) 여. 身弱. 寅亥,亥卯로 卯局놓아 母外母象. 月支亥水
酉 寅 亥 卯 관성 위에 己土상관있으면서 일과 寅亥合하니 아이낳고 결혼한다. 그러나 亥水官은 년지 卯와 亥卯로 합을 맺어 死地로 들어가고 己土상관이 亥水를 흐리게 하므로 生子 5년안에 이별이다.

일간 丙이 년간 辛과 合하는데 시간 丁火가 방해하므로 이것을 제거해야 하니 壬辰生인연있다. 또 도삽도화되어 年下男인연있다. 壬辰生 夫들어오면 시주 丁酉와 천간지합하므로 夫는 바람피우는데 丁酉生이 그 상대다. 月支 空亡이면 모친 多病이던지 마음고생과 고난많이 당한다. 월지 己亥는 시주 丁酉와 同旬이며 亥中 壬水와 시간 丁火가 명암합하므로 夫는 타녀(他女)와 합정한다.

壬 壬 甲 戊) 남.
寅 子 子 子

연월일에 子羊刃이 중중하다. 시지 寅중 甲木이 月干에 있으나 부목(浮木)되어있어 먹고살기위해 여기저기 떠돈다. 시지 寅중 丙火부친이고 년간 戊土편관은 부친의 표출신이다. 戊는 三개의 子와 명암합하므로 모친 3名이다. 羊刃에 칠살(戊)있어 군인이나 戊土의 뿌리약해 고위직 안된다. 戊土(父表出神)가 甲木의 극을당해 부친 일찍 이별한다.

壬日干 丙,巳를 좋아하므로 癸巳生처 만났다. 또 시지 寅중 丙火처성인데 년간 戊土가 寅중에서 투출이므로 처의 표출신이다. 戊가 비견겁재인 子중 癸水와 명암합하므로 처는 과거있는 여자고 나외의 남자와 사통한다. 戊土의 록이되는 巳生부인이다.

※ 羊刃殺 : 性强氣高
年月羊刃 : 死兄弟. 고독하다(외톨이)
日時羊刃 : 剋妻剋子 고독인(홀아비)
七殺있으면 : 권세와 명예를 희망한다. 군경출세.
七殺없으면 : 파란만장 기기묘묘한 고난 겪는다.

辛 甲 丁 己) 남.　甲子일주 卯月生에 년지 卯羊刃있다. 七殺없어
未 子 卯 卯　　　평생 무직업으로 별볼일없이 산다. 부모유산탕
진하고 중년부터 처에게 의지하며 얹혀지낸다.
月干丁火로 泄氣용신하나 시간 辛金정관만나 傷官見官되었다. 旺木에 土가 필요하여 戊寅生 만났다.

壬 戊 庚 丁) 여.　년간 丁火인수 용신이다. 月支戌이 일간 고(庫)
子 寅 戌 酉　　　되어壬辰생 인연있을것같다. 그러나 壬辰생오면
년간 丁火용신이 합거되어 안좋다. 또 寅戌있어
午생(甲午) 인연있을 것 같다. 그러나 癸巳生 夫만났다.

戊土일간이 조열하여 시지 子중 癸水가 좋고 명암합하기 때문이다. 또 用神이 앉은 자리인 酉와 巳酉丑으로 三合하는것중 丁火를 돕는 巳生을 취했다. 庚戌은 산골짜기. 戌과 일지 寅은 산골짜기 속의 범이 포효한다. 庚金식신이고 이는 酉(닭)에서 투출되어 丁火(도화살)로 다듬어진다. 따라 산골짜기 범(寅)이 개(戌)를 보고 으르렁거리며 개(戌)를 본 닭(酉)은 푸드덕 거리고 소리 지르는데 이것들이 아름답게(丁火도화)다듬어지니 음대 선생이다.

월지 戌중 戊土형제인데 범(寅)을 만나 밥이되니 내가 태어나고 3년 8년 안에 형제죽는다. 丁火모친이고 시간 壬水부친인데 丁壬합목이나 戊土가 그 사이에서 합을 깨므로 부모는 나와 형제낳고 많은세월을 견우직녀처럼 떨어져서 한번씩 만난다. 시상편재되고 역마 財되어 지방에 근무한다. 일시 寅木夫星이 일간 戊土를 장생시키고 寅戌로 합을 지어 일간 戊를 도우니 夫德있다.

癸 癸 丙 癸) 남. 일시지 丑卯사이에 寅이 협공되어 丑寅卯辰巳로
丑 卯 辰 巳 　겨울에서 봄, 여름으로 기가 통하고 있다. 따라
天乙 天乙 　서 天干에 3개의 癸水있지만 신왕이 아니다. 巳

丑있어 酉生인연있고 일간의 고인 辰이 있어 破하는 戌生이 인연있다. 이중 戊戌생은 신약한 日干을 극하여 약하게 하므로 巳酉丑으로 生 癸水하는 酉生이 배필이다. 水火 싸우는데 일지 卯가 통관시키고 天乙귀인이므로 처덕있다. 卯는 文昌식신이고 붓이되어 美大교수다. 또 일지 卯는 용신이다. 上命(女)의 夫다.

39 29 19 9
戊 戊 丙 丁) 여. 　庚 己 戊 丁) 大
午 午 午 亥 　戌 酉 申 未 　종왕격으로 인수에 따른다.

년지 亥水가 종왕격에 병이되고 기신이 될것같으나 水不透되었고 丁壬명암합되어 水火가 싸우지 않는다. 그러면서 조후역할한다. 亥중 壬水 父에서 보면 여자많고 돈많다. 따라서 부친은 큰사업가며 여러 여성과 관계 맺었다.

인수격(종왕격)되어 학문성이 왕하므로 음악전공 석사다. 이렇게 火를 따르면 金식상을 보면 火에 녹게되고 木을 보게 되면 타버리게되므로 오히려 좋지 못하다. 즉 金, 木이 없는 것이 복이다.

戊己 日主신왕하면 老男인연있고 壬癸일주 신약해도 老男인연있다. 따라서 甲申生과 연애했으나 모친(火)의 반대로 不合했다. 午중 己土를 취해 己卯生남자 만났다. (모친이 주선했다) 一男二女낳았으나 酉대운 甲子년(37살)만나 부부불화있고 상쟁있

었다.

己酉대운은 년주 丁亥(부친궁)와 2급소용돌이되어 부친에 대한 문제발생인데 丁巳년(30살)만나 월주 丙午와 1급소용돌이되며 년지 亥水를 충하여 부친의 사업망했고 혈압으로 급사했다.

甲子년은 甲木나타나 旺火에 타버리게되며 세운지 子가 旺神午를 충하여 왕신이 노하게 되며 일주 戊午와도 천충지충이므로 夫와 상쟁있게 되었다. 乙丑년에 이혼했다.

庚 乙 乙 乙) 여. 시간 庚 夫. 庚辰이 년월주 乙酉와 도화合한다.
辰 卯 酉 酉 즉 庚夫에서 보면 일간외에 두 명의 여자있다. 乙丑년에 乙木이 발동하여 乙庚合이뤄지므로 남편에게 여자가 있다. 甲子년부터 남자에게 여자가 들어온다.

壬 辛 丙 丙) 여. 일간 辛이 년월간 丙과 두 번합한다. 따라서 남
辰 巳 申 申 편 외에 남자있고 재혼하는 팔자다. 丙寅년 만나 丙辛合발동되고 寅巳申 三刑되니 이성교제로 인해 망신당하고 시끄럽다.

庚 庚 乙 壬) 남. 月干乙木처가 시간 庚비견과 합하므로 처가 외
辰 申 巳 申 정 갖는다. 년지 申중 庚과도 명암합하고 지지로도 巳申형합하므로 처는 나와 혼전에 남자있었고 자식 유산시켰다.

庚 乙 庚 乙) 여. 乙日干이 월시간 庚과 합하니 여기도 남자 저기
辰 巳 辰 亥 도 남자있다. 월간 庚金에서 보면 년간 乙木 일

간 乙木있어 왼쪽 오른쪽에 여자있다. 따라서 夫도 바람피우고 나도 바람피운다.

乙 壬 乙 癸) 여. 乙木딸이고 시지 巳중 庚金사위. 사위하나에 乙
巳 辰 卯 卯 　　卯木 많으니 사위는 바람둥이.

辛 壬 辛 丙)
丑 戌 卯 戌

년간 丙火부친인데 월시간에 辛金2개있고 卯戌로 도화합되어 부친은 바람둥이. 일지 戌중 丁火정재 처인데 戌중 辛金두개 투출되어 양처 之命.

乙 壬 庚 癸) 여. 시간 乙木딸이고 월간 庚金사위인데 申申巳巳
巳 申 申 巳 　　중에 庚金있으므로 딸은 많은 남자 겪는다.

42 32 22 12 2
壬 癸 丙 己) 여. 辛 庚 己 戊 丁) 大
戌 卯 子 卯 　　巳 辰 卯 寅 丑

癸日干 子月生되어 월간 丙火가 참으로 반갑다. 이리되니 부모덕있고 재복있는 팔자되었다. 丙火재성은 시지 戌에 뿌리있고 卯戌合火되어 火를 도우니 財도 약하지 않다. 일지 卯있고 년지 卯있어 동합(同合)인데 년간에 夫星인 己土가 있어 이것이 첫남

자다. 己卯대운에 己卯生夫만났다.

시지 戌중 戊土가 일간과 명암합하므로 후부다. 戊土가 丙火재성의 뿌리되고 卯戌合火하게 하므로 後夫덕있고 그로인해 부자된다. 월지 子도화살이고 일간 癸도 도화살되었으며 장생지인 식신문창인 卯에 앉아 그 모습과 행동이 남자들의 애간장을 녹일만하다. 癸卯日이 또 卯를 보고 卯戌合을 짓게되면 약사직업 인연있어 약대나왔다. 己卯生남자와 아들하나 낳고 약국하며 잘살다가 庚辰대운에 사별했다.

癸일주 老男인연있어 辰대운에 己巳生남자 만났다. 癸卯일주에 己巳는 역마되어 夫와 함께 외국나갔다. 그러나 己巳生과 인연되는 과정에 관재구설겪었다. 己巳들어와 월간 丙火가 득록하므로 夫의 도움으로 사업기반 잡아 여사장소리 들었다. 그러다가 辛巳대운만났다.

辛이 월간 丙火를 합거하면 일주와 2급 소용돌이를 이루어 어두운 그림자 비치는데 癸亥년(44세)만났다. 세운 癸亥는 丙火용신을 극하니 천지가 캄캄해지는데 남편궁인 년주 己卯와 4급소용돌이마저 만들었다. 그리하여 己巳生夫를 천충지충하니 夫가 교통사고로 황천객이 되었다.

월간 丙이 子에 앉아 약한데 대운간 辛金이 오면 合去된다. 그러나 辛金이 끌고온 巳에 록을 얻게되므로 巳대운부터는 오히려 더 좋아진다. 巳에 득록한 丙火는 대운간 辛金(거울)에 그 빛을 사방으로 발산하니 財名을 크게 떨치게된다.

甲子년 45세 때 년하남인 己丑生만났다. 년지 卯는 시지 戌에서 보면 도화살에 해당되어 도삽도화 연하남 인연되어서이다. 甲子년은 子도화이고 甲木은 년일지 卯도화에서 투출되었으므로 바람기 크게 일어난 것이다. 년간 己土가 夫星이고 자(월지)있는데 子년만나 子子되어 丑을 引合해오므로 己丑生남자 인연되었다.

그러나 甲年은 상관이라 구설이 많이 따랐다. 월간 丙火가 역마재이며 子水위에 앉아있어 타향 해변가에서 서비스업 크게하게되었다. 己巳生 夫와의 사이에 자식 낳았는데 이는 戊土(後夫)가 일지 卯식신과 합을 맺어서다. 즉 년지 卯는 己土夫의 자식이고 일지 卯는 戊土의 자식이다. 卯木이 子卯형살되고 卯戌合되어 의사자식이고 예능 전공한 자식이다.

卯木이 희신되어 자식은 현달한다. 그러나 癸운되어 丙火극되면 년지 卯木(자식)은 음형살(子卯刑)맞아 크게 다치고 본인의 재운도 끝난다.

					48	38	28	18	8	
戊	丙	癸	己	) 남.	戊	己	庚	辛	壬	) 大
子	寅	酉	丑		辰	巳	午	未	申	

정관(癸)이 己土상관보아 정관파격이다. 신약하고 재관이강해 처자식에 인연없다. 월지 酉중 辛金이 정처(正妻)이나 酉丑금국되어 재성이 넘치니 중혼(重婚)하게 된다.

일지 寅중 甲木이 희신이고 시간 戊土는 나의 표출신이며 가는 길이다. 가을태양에 비구름 덮여있는데 시간 戊土로 戊癸合火하니 노을(戊)만드는 석양이라 그 모습은 아름다우나 실속이 없다.

酉丑있고 丙火일간 약해 록을 원하니 癸巳生 처 만났다. 그러나 巳酉丑 金局되어 財旺해져 감당 못하게 되니 亥년에 이별이다. 따라서 午대운 癸亥년에 이별했다.

午대운은 신약한 丙火가 뿌리얻어 신왕해지는데 어찌 이별할까? 이는 午대운은 도화양인살되며 일지 寅과 寅午로 火局이루어 酉丑金局과 한판의 싸움을 벌리게 되어서이다. 그런데다 癸亥년 만나 戊癸合을 이뤄 戊土가 사라지게 되므로 金水의 극을 받게되어 처의 이혼요구에 굴복하게 되었다.

甲子년(35살)은 일시 寅홍염살이 발동되어 일간 丙火를 생하여 연애사가 생기는데 己卯生연상녀 만났다. 년간 己土가 도화살(午=己)되어 년상녀와 인연있어서인데 甲子가 년주 己丑을 합해서다.

					41	31	21	11	1	
壬	癸	辛	癸	) 남.	丙	丁	戊	己	庚	) 大
子	酉	酉	未		辰	巳	午	未	申	

辛酉인수 태왕하여 泄하는 壬水가 희신이다. 따라서 형제(壬子)는 잘사나 나는 힘들게 삶한다. 辛이 壬을 좋아하며 好泄하기때문이고 壬은 子에 앉아 旺金의 기운을 잘 받아들이기 때문이다.

시간 壬水에 의지하니 형제 친구덕은 있으나 남에게 빌붙어 사는 팔자다. 년지 未중 丁火있으며 未중 乙木이 일지 酉중 庚과 乙庚합하므로 未중 丁火편재가 처성이다. 따라서 丁亥생 만났으나 비견, 겁재많아 丁火가 극되므로 금방 이별된다.

다음으로 戊子生 만났지만 역시 년간의 癸水비견이 합해가므로 이별이다. 壬水역마되어 간혹 외국출입하여 入財하나 모이지 않는다. 子酉귀문살있고 子中壬癸水 투출이며 酉중 辛金투출되어 귀문살 발동이라 역술 생계하게되며 의처증 심하리라.

43 33 23 13 3
壬 丙 戊 庚)여.　癸 甲 乙 丙 丁) 大
辰 午 子 子　　　未 申 酉 戌 亥
丑

子月한겨울의 태양(丙)인데 子水는 노을(戊)아래에 있어 夫는 老男이다. 丙火는 癸水官을 좋아하는데다 子중 癸水있으므로 癸未生夫다. 관살혼잡에다 暗合도화(午子 : 丁壬)하여 정상적이지 않은 남자다. 그러므로 癸未生夫를 癸年에 만나리라. (癸亥년 24세에 만났다)

甲子년(25세)되어 丙火일간이 甲木의 생을 받으나 우뢰와 진동(甲)이 따른다. 乙丑년은 子丑合하여 일지 午를 치니 바람잘 날없다. 丙寅년에는 寅午로 合身하여 강해진 午火와 子水가 충돌한다. 글에 이르길 역마(寅)합신이면 外地로 떠난다했으니 丙寅년에 丙壬충하므로 해외로 가고 말리라.

46 36 26 16 6
庚 乙 丁 甲) 여.　壬 癸 甲 乙 丙) 大
辰 酉 丑 午　　　申 酉 戌 亥 子

丑月乙木으로 木이 동결되어 무용이다. 관성이 월지 丑에 입고하니 크게 좋지 못하다. 丑을 파하는 未生으로 定夫하니 癸未生夫다. 亥대운 丁巳년에 만났다.

癸未生 夫는 좋아져 성공한다.

그런데 甲庚충이라 겁재되는 甲年에 夫가 충동되어 놀아난다. 丙年은 상관이라 剋夫다. 庚은 강하나 天氣로는 月이 되고 乙木은 약하나 天氣로는 風이 된다. 나와 庚의 만남은 卯申(乙庚)귀문원진이니 연애결합이나 이렇고 저런 한바탕 소동이 있었겠다.

丙年은 태양(日)이라 庚(月)이 빛을 잃고 무력해 지리라.

丁 戊 壬 癸) 남. 九月戊土되어 저녁노을인데 노을지면 밤오고
巳 午 戌 未 밤오면 달과 별이 뜬다. 처음엔 丁(별,달)生오고 다음에 午(별, 달)生온다. 그다음엔 庚子生(庚은 달,별) 妾이된다. 庚子의 庚은 달(月)이고 子는 깊은밤 子時이다.

※ 亥는 壬. 霜海.
午는 丁. 달,별. 火丁(등불)
子는 癸. 비,구름 泉
戊는 山. 노을이다.

도화
丁 己 癸 壬) 남. 壬水서리. 癸水 雨. 己土밭. 丁은 星. 月. 정편재
卯 卯 卯 午 혼잡. 卯卯卯 많아 신약하므로 시간 丁火를 좋아한다.
도화

그런데 도화 財癸가 비구름되어 丁火를 극하니 여자와 바람피우다 개망신 당한다. 癸未生처 만났으나 바람피우다 개망신당하고 이혼. 다음에 丁亥생 만났으나 역시 해로못한다. 그러나 좋은 여자다.

癸未들어오면 丁火끈다. 癸도화되어 도화발동한다. 丁亥生은 丁火발동되어 生 己土하니 좋은여자. 년지 壬(亥)있고 丁火용신되어 丁亥生.

남자기준 <본처이별 애정풍파>

처는 財고 일지는 처궁이며 비견겁재는 剋妻며 多財는 妻妾多다.

1. 정편재혼잡. 2. 재성많고 비겁많을때. 3. 日支羊刃.
4. 財星太弱. 5. 財合身 6. 食傷多逢 7. 財印相沖 相戰.
8. 財星無力. 9. 財星太旺. 空亡. 10. 財入庫인데 不開庫.

戊 己 丙 乙) 남. 壬 癸 甲 乙) 大
辰 巳 戌 亥 　　　午 未 申 酉

년지 亥중 甲木이 일간 己와 명암합하므로 亥중 壬水가 본처. 시지 辰 홍염살 중의 癸水는 후처 및 애인이다. 년일이 巳亥충하므로 본처이별하게된다. 未대운에 월지 戌을 형하면 戌이 흔들려 巳亥충이 발동된다.

<女命 男便論>

1) 관성이 강하면 인수성이 남편이다.
2) 재성이 강하면 관성이 남편.
3) 식상이 왕하면 인성이 남편.
4) 식상태왕하나 印星없으면 즉 종아격일땐 財가 남편.
5) 月支格이 강하나 공망이면 月支에 해당되는 것이 배우자의 띠다. 즉 寅(月支)空이면 寅生夫.
6) 편관 정관격은 일찍 결혼이고 식상. 정인격은 결혼늦다.
7) 편관 · 편재격은 재운좋다.
8) 상관격에 財가있어 기를 통하면 잘풀리고 발전빠르다.

<男命>

1) 財가 약하면 식상이 부인이고 財强하면 官星이 부인이다.

2) 財가 中和되면 財자체가 처다.

- 子息論 -

1) 명조가 한습하면 딸많고 극히 한습하면 무자식이다.

2) 명조가 따뜻하면 아들많다. 조열극하면 무자식.

3) 관성이 殺이되고 기신 될 때는 극제되거나 암장됨을 요한다. 출현되지도 지지에 암장되지도 않았을땐 시지를 살핀다.

4) 秀氣를 유행시키는 五行을 자식으로 한다.

5) 자녀의 출생다소는 자식성의 강약과 五行의 수리로 계산한다. 또 남자일 경우엔 관성의 강약 및 암장된 관의 동태를 참작하며 대운과 연계하여 살핀다.

6) 官星태약할 때 대운이 관살과 상충하면 자식 둘수없으며 출생해도 夭死하거나 인연없다.

7) 時空亡되면 낳기힘들며 자식성을 기준으로 하여 볼때 시지가 자식성의 死墓에 해당되면 자식없다.

8) 官殺(자식성)이 투간되어있어도 그지지가 공망이나 死墓에 해당되면 자식없다.

9) 쇠약한 자식성이 月의 刑沖을 만나고 대운에서 자식성이 왕상해지지 않으면 자식두기 어렵다.

10) 사주 한습하여 조후시급한데 한습한 대운이거나, 사주 조열하여 습토나 水가 없을 때, 자식성이 충파되면 무자식되기 쉽다.

11) 일주 태약하고 관살 旺해도 자식없는데 사주에 인성있고 대운에서 인성운 만나면 어렵게 득자한다. 이때는 印星(用神)을

자식으로 보며 대운및 세운 천간지지가 사주의 인성과 충,합되는 시기를 참작해야 하며 時支의 오행과의 생극관계를 살펴라.

12) 관살이 은복되어있고 순중공망이면 대세운에서 공망을 충거해야 자식 나온다. 이 경우에도 시지의 동태를 살펴 관살과의 생극 충파관계를 참작해야한다.

13) 外格. 從格은 用神위주로 자식을 보며 시지도 참고해야 하고 五行의 편고함을 유통시켜주는 육신을 자식으로 본다.

예1)

					41	31	21	11	1	
庚	丁	壬	辛	남	丁	戊	己	庚	辛	)大
戌	亥	辰	巳		亥	子	丑	寅	卯	

월간 壬水와 일지 亥水가 자식이다. 월간 壬은 日干丁과 丁壬합되어 기반되었고 일지 亥水는 월지 辰과 원진이며 년지 巳의 충을 만나 평생 무자식일 것같다. 그런데 다행히 시지 戌이 월지 辰을 충하여 원진을 파괴했고 년지 巳만이 亥를 충하여 방해하고 있다. 따라서 日支의 亥水를 보호해주고 년지 巳를 합하여 묶어주는 申년을 만나야만 巳亥충할 수 없어 임신된다.

庚申년에 임신하여 유산시켰다. 辛亥生아들있는데 亥년이 년지 巳를 충하여 일지 亥水를 보호했기에 자식을 얻었던것이다. 甲寅生딸 있는데 寅이 년지 巳를 刑하고 일지 亥水관을 합하여 보호했기에 生女하게된것이다. 대운으로 보면 관성이 旺해지는 戊子대운 31세~40세 사이에 자식운좋다.

예2)

					32	22	12	2		
庚	己	乙	丙	남	己	戊	丁	丙	)	大
午	酉	未	戌		亥	戌	酉	申		

월간 乙木편관있으나 심히 약하다. 乙木관성이 庫인 未에 앉아 무자식 팔자라 할 수 있다. 그러나 乙木을 합해주는 庚年이나 未를 충하는 丑年에 생할수 있다. 하지만 대운이 관성과는 상극되는 金 이라 아들은 없고 庚戌生. 癸丑生 딸만있다.

36세후 亥대운에 생자 할 수 있는데 이는 未가 관성의 고장이며 未月 燥土이므로 조후해주고 亥未 三合하여 亥年이나 甲子년에 자식생길 운이다. 壬戌년 11월 현재 부인이 임신 5개월인데 生子가 아닌가. 乙丑年이면 확실히 生子다.

예3)

					36	26	16	6		
丙	戊	己	庚	남	癸	壬	辛	庚	)	大
辰	午	丑	寅		巳	辰	卯	寅		

戊土일주 신왕하나 丑月生에 辰時얻어 丙火가 조후용신. 년지 寅편관이 자식인데 일지 午와 寅午합이고 월지 丑중 辛金이 寅중 丙火와 암합하여 寅중 甲木관성을 기반되었다.

다음으론 시지 辰중 乙木이 관성인데 월지 丑중 辛金이 파극시키려하나 다행히도 년간 庚金이 乙을 명암합하여 구한다. 이러므로 庚申年에 生子할수있었다. 원국에서 자식운이 박약한데다 丑月의 午火는 쇠약하다.

이런데다 대운역시 丙火와 상극되는 壬辰이고 이런중에 壬戌

년 만나 辰戌충되고 寅午戌합되어 한냉한때의 木은 生成할수없음에 따라 처와 이별하고 자식역시 부인에게 뺏기게 되었다. 巳운을 만나야 늦게 두 아들을 둘 수 있다. 庚申生아들 낳은 후 부인과 이별했다.

예4)

					32	22	12	2	
戊	己	甲	辛	남	庚	辛	壬	癸	)大
辰	亥	午	未		寅	卯	辰	巳	

己土일주 午月생으로 신왕하다. 월간 甲이 일지 亥중에 투출되었으나 死地인 午에 앉아있으며 년지 未에 午未로 합해 들어간다. 따라서 자식운이 불길하다(일간 己와 甲이 합하여 기반되었다). 시지 辰중 乙木관성있으나 공망이므로 또한 무력하다.

일지 亥水희신이고 亥중 甲木을 써야하는데 시지 辰에 亥水입고하며 원진살되어 자식두기 어렵다. 辰을 충하여 원진을 해소시키는 戌年이나 辰을 破하는 丑年을 만나야 자식 얻을 수 있다. 따라서 辛丑생 庚戌생 아들이 있다. 甲木관성이 午사지에 앉아있으나 대운이 관운이라 년운에서 甲이 旺해지는 甲年만나야 生女한다. 따라서 甲午生 甲辰生 딸 두었다.

※ 己土 午月生이나 일시지에 亥,辰을 얻어 습윤하게되어 나무를 키울수있는 논밭이 되었다. 그러므로 二女二男의 자식을 둘 수 있었다. 甲木이 午(死)에 앉아 未로 입고하다 甲木의 情은 일주 己亥와 동순(同旬)상순관계이며 일간 己土와 합하여 일지 亥중 壬水의 生을 받아 장생하므로 자식운이 좋은 것이다. 그러

나 甲午년 첫딸은 결혼한 후 아이 낳은 후에 죽는다. 년간 辛이 甲木의 정관이고 未가 木庫이므로 해서이다.

예5)

					45	35	25	15	5	
戊	辛	乙	癸	남	庚	辛	壬	癸	甲	大
戌	卯	丑	酉	午未空亡	申	酉	戌	亥	子	

관성이 공망되었으며 시지 戌중에 丁火하나만 있어 미약하다. 또 관성이 불투되었다. 巳午未 火가 관성인데 午未가 空亡이므로 공망을 충해주는 대운이나 합하여 해공시키는 운을 만나야 자식 낳을 수 있다. 다행인 것은 미약한 戌중 丁火가 일지 卯와 합하여 (卯戌合火) 화기를 생해주니 좋다. 壬戌대운의 戌이 일지 卯와 卯戌合火되어 좋으나 묶이는 결과가 되니 관성인 巳午를 충하는 亥子年에 生子하며 시지 戌을 합하는 卯년에 생자한다.

따라서 己亥生아들 癸卯生아들 甲午生 딸 두었다. 21세~24세까지인 亥대운이 공망된 관성(巳午未)를 충하고 卯午년이 戌과 卯戌. 午戌로 합하므로 자식성(官)이 살아났다.

一. 女命의 자녀 출생운은 식상을 위주로하며 남자의 자녀운과 같은 추리법으로 한다.

1) 男命 - 관성 인수용신이면 아들많다.
재성 용신이라도 아들많다.
식상 용신이면 딸 많다.

2) 女命 - 관성 인수 용신이면 딸많다.

식상 용신이면 아들많다.

※ 부모 四柱에 있는 五行(干支)에 따라 자식의 띠가 나온다.

※ 자식성이 庫에만 있으면 충하는 것이 자식의 띠다.

一. 男命 子女論.

1) 사주가 극히 한습하던지 조열하면 무자다. 그러나 秀氣유행될때는 有子女다.

2) 조열극한 사주는 자녀 낳기어렵고 水운와도 어렵다. 다만 丑,辰습토운은 가망있다. 또 秀氣유행될때도.

3) 극히 한습하면 조열한운 와도 無子. 그러나 四柱지지에 火氣가 伏되어있으면 火운에 득자다.

4) 온난하면 아들복 많고 음습하면 딸많다.

5) 년월에 관성 유기하면 早 子女다.

6) 日時에 宮은 晩得子女다.

7) 午月에 재성유기하면 早婚이고 년월비견겁재에 財있으면 만혼이다.

8) 일지 재성은 적당한 연령에 결혼이고 時에 財있으면 만혼이다.

9) 시에 관성있고 년월에 식상이 강하여 관이 극제되면 무자다. 그러나 吉운에 晩得一子다. (늦게)

10) 한습하면 더욱 계절이고 조열하면 습운에 生子女다.

11) 관성과 용신과 희신과 조후 및 격국을 잘 살펴야 하고 德秀와 秀氣유행을 철저히 관찰하여 처의 띠와 결혼시기를 참작하여 자녀의 띠를 찾아라.

12) 조후와 용신과 처성의 강약을 살피고 지장간의 伏神을 2중3중으로 분석하여 처와 관성의 연결성 및 암합 · 합등의 연관

성을 살펴라. 이것도 연월일시와의 대조를 통하여 세세히 분석하되 대운과 년운을 나열해놓고 결혼시기등을 참작해라.

13) 무관성이라도 무자로 보지말고 재성이 유기하면 재성을 자식으로 본다. 재성이 유기해야 생산능력이 있다.

14) 財가 官을 생하니 관성운에 득자녀다. 이때만약 편인이 있어 식상을 剋制하면 무자다.

15) 관성 弱에 入庫되었으면 子女가 희소하나 입고된 관성을 沖刑할 때 生子다. 財弱일 경우 財를 달고와서 충하면 아들이다.

16) 관성있고 편관보다 정관이 강하면 多女 고 편관이 정관보다 강하면 아들많다.

17) 편관있으나 무근이면 무자다. 딸은 있다.

18) 정관이 吉神이며 장생지에 있으면 아들있다.

19) 관성있으나 空亡 体 되면 무자다.

20) 四吉神이 眞格이면 반드시 有子女다. 月德,秀氣가 있으면 자식있고 德,秀氣의 띠가 오는수가 있다.

21) 양팔통 사주는 반드시 자녀있다.

22) 月支가 合되면 딴곳에서 찾아라.

23) 년월에 식상 편인 편관등의 기신이 있으면 무자 또는 늦자식.

24) 시에 관이 있어도 忌神이면 무자다.

25) 재성이 극 강하고 무관성이면 무자인데 지장간에 관성이 숨어있으면서 힘을 받으면 子女有다.

26) 출생시기는 財를 沖하거나 수기유행(秀氣)될때 즉 木財星多하면 泄氣되는 火대운에 生子다.

27) 관성이 약한데다 인성이 강하면 子女없다. 이럴땐 財가 와 관을 도와야 된다. 재성운 득자.

28) 재성및 길신이 시에 있으면 연령차이 많이나는 처 만나고

결혼도 늦다.

29) 여명에 관성 및 희신이 시에 있어도 결혼늦고 년하남자나 연령차이 많은 남자다.

30) 년간에 官星있는 여명은 나이 많은 남자인연이고 月干에 있어도 비슷하다. 일지에 있으면 3,4세차이. 년지에 있으면 동갑 만나기 쉽다.

31) 남녀 막론하고 자식의 有無나 띠를 찾을 때는 사주의 기가 모인 곳에서, 또 사주의 핵심이 되는 곳, 보호하고 지켜주는 곳을 중점적으로 살펴라. 사주의 흐름 즉 五行이 어디로 어떻게 흐르며 어느 곳에 기가 모여 있으며 어떻게 보호하나 하는 것이 핵심이다. 그 핵심과 자녀성과는 연관이 있다.

31) 남명의 자식관계는 우선 財의 동태 즉 財의 강약왕쇠를 봐라. 자식은 처가 낳기 때문에 財强하면 자식 잘 낳고 妻弱하고 病들면 자식생산 어렵다. 財星약하면 재가 강해질 때 자식나온다.

32) 財약하면 식상이 자식의 띠다. 즉 약한 財를 도와야 생산된다.

33) 상관이 강하면 상관을 제거해야 관성이 다치지 않으니 인수가 와야 자식이 산다.

34) 財가 상관의 기를 설하게 하여 관성을 생하면 득자다.

35) 처의 띠는 희신에서 찾아라. 남녀공히 비겁 多면 만혼이다.

36) 편재가 도화와 동주하면 화류계 여자와 동거

37) 남녀공히 燥한 사주이면서 時에 화개성이면 무자다.

38) 命中에 財없으면 日支를 보고, 자식성 없으면 생시로 판별한다. 時上에 子女를 극하는 神이있고 형충공망되면 자녀가 그 성정이 불순하여 부모 애먹인다.

39) 남녀공히 자녀를 극하는 신이 年月에 있고 旺하면 첫 자

식 잃는다.

40) 財多하여 破印하면 모친과 생사별하고 불효자다.

41) 도화가 時에 있으면 色情을 접할 기회많다. 도화가 비겁상관과 동주에 있으면 이성에 대한 쟁탈있고 칠살과 동주하면 姦事를 범하여 위험을 당한다.

42) 財多신약에 財에 도화있으면 색정으로 몸을 상하게되고 破財망신당한다.

43) 年月 正印있으면 양반, 학자가문, 사업가. 金은 火가 있어야 돌아간다. 즉 火는 스위치다.

예6)

癸 乙 壬 庚) 남. 전기공고 출신으로 전기업.
未 亥 午 子

44) 旺身(神)입묘 凶하고 쇠신입묘는 不凶.

45) 泄氣多하면 生하는 인수가 자식이다. 또 나갈 구멍이 막혔으면 나가는 구멍이 자식이다.

예7)

壬 丁 丁 癸) 여. 無夫格이고 丙辰生 여식뿐이다. 조열한사
寅 卯 巳 未 주되어 아들없다. 水 夫星이 말라버렸다. 따라 夫없다. 丁壬合이나 合化木格은 안된다. 壬水夫가 寅병지에 앉아 나(丁)와 合해 사지(死)인 卯로 들어오니 夫死亡이다.

< 女命口訣 >

1) 식상없어도 관성유기하고 德秀 또는 秀氣하면 有子다. 官(夫)강해야 자식낳는다.

2) 식상약하고 財强하면 무자다.

3) 사주 한습하면 火運에 生子하는데 식상이 유기해야함.

4) 식상이 木이되면 多子女다(木은 뻗어 커가는 성질있어서).

5) 식상이 水가 되어도 多子女다. 水는 유동하며 陰하고 交尾多하기 때문이다.

6) 식상 입고하면 得子어려우나 時가 吉하면 子女있다.

7) 年,月,日에 자식성 있으나 時에서 자식성을 충극하면 자식귀하며 인연없다.

8) 남녀공히 일간이 太旺 太弱하면 무자격이다. 다만 外格과 종격은 아니다.

9) 식신있으나 官夫가 약하면 무자하기 쉽다. 관 약하면 남편의 정력 약하고 씨뿌릴 능력 약하다. 그러나 官이 강해지는 운 만나면 희망있다(약간).

10) 상관격 또는 상관강하여 官을 치면 인성을 만나야 자녀를 얻을 수있다. 또 財가 상관의 기를 빼어 관을 생하면 득자녀다.

11) 상관 공망이면 合으로 해공한다.

12) 식신 강왕하면 財운에 生子다.

13) 時에 화개성 있으면 무자이나 子星유기면 女 多.

14) 命中에 格局을 깨는 神이 있으면 이것을 제복하거나 生化시키는 행운이 와야 吉하다.

15) 지지중에 심장되어 있는것은 沖을 맞던지 合. 三合이 되어야 작용한다.

16) 男命에 年이나 時에 羊刃있으면 老年 子하고 凶함을당한다. 羊刃과 沖合될때 禍生한다. 女命역시 年이나 時에 羊刃있으

면 子女극하고 生子하면 剋夫한다. 羊刃은 正財와 상극이다.

예8)

壬 甲 癸 己) 남. 己 庚 辛 壬) 大
申 寅 酉 卯 巳 午 未 申

月支정관격이나 시지 申을 보아 관살혼잡이다. 년지에 卯양인 있다. 이 사주에서 제일 약한 것은 재성이다. 도삽도화되어 年上女인연있는데 년간 己土정재가 처라 己卯生만났다. 己土약하여 자식낳기 어려우나 대운이 돕고 있다.

그러나 이렇게 財妻가 약하면 己土를 돕고 보호해주는 띠를 자식으로 한다. 乙巳生아들 丁未生딸 己酉生딸 낳았다. 乙巳의 巳는 己土를 돕고 丁未역시 그렇고 己酉는 財의 忌神 卯를 충하여 己土를 보호한다.

예9)

丙 己 丁 乙) 남. 亥亥로 정재성두개다. 년간 乙木편관있고
寅 丑 亥 亥 시지 寅木있어 관살모두있다. 亥亥의 정재
子 두 개중에 한 개를 제거해야 하니 巳가 필요하다. 편정관중에 년간 乙木을 일지 丑중 辛金으로 제거해야하므로 辛巳生처다. 亥水의 갈길은 시지 寅木이고 寅木은 丙火가 가는길이다. 월지 亥卯未의 德(月德)은 甲(寅)이고 秀氣는 丙이다.

월일지 사이에 子水天乙귀인을 협공하고 있으며 丙火로 천지를 밝고 따뜻하게하니 好命이다. 의사 직업가졌다. 甲辰生아들, 丁未生딸, 庚戌生딸, 壬子生딸 두었다.

예10)

甲 己 庚 戊) 남. 년지 辰에서 北方 水局으로 江河를 이루
子 亥 申 辰 니 한습이 극에달해 무자다. 己土일간 太弱하며 火氣가 일점도 없으니 甲木이 꽃을 피우고 결실되지 못한다. 대운역시 金水로 향한다.

예11)

庚 丁 癸 戊) 남. 丁火일간 太弱하고 한습이 극이다. 寅중
子 亥 亥 寅 丙火있으나 시지 子水있고 월지 亥가 寅을 합해 寅중 丙火가 꺼졌다. 또 시간 庚金財가. 太弱하여 生子못한다.

예12)

丁 戊 甲 丁) 남. 戊土 辰月生으로 신왕하다. 일지 子중 癸
巳 子 辰 丑 水있고 子辰으로 水氣강해졌으며 丑중 癸水도 있어 財不弱. 月干 甲木은 辰에 뿌리있고 子辰水局에 수생되어 건왕하다. 따라서 좋은 팔자다. 火土보다 財가 약하므로 이것을 도와야하니 子水財를 도우는 庚辰生이 처다. 처성인 子를 도와주는 띠가 자식이다. (처성이 약하므로). 따라서 처를 중심으로 하여 자식을 찾으니 戊申 己酉生이다. 申은 申子辰되고 酉는 酉丑合되어 生水한다.

예13)

壬 壬 癸 戊) 남. 日干이 극왕하다. 寅申沖되어 丙火가 상
寅 申 亥 辰 　 했다. 따라서 剋처 지명이다. 寅중에서 투출된 년간 戊土가 처의 표출신이다. 월간 癸水가 合하므로 처는 남 따라간다. 癸酉生처 만나 甲午生아들, 己亥生딸낳았으나 이별했다. 甲午는 시지 寅과 寅午하여 財를 강하게했고 己亥의 亥는 寅亥合하여 寅申沖을 막았다. 두 번결혼했으나 실패.

예14)

					37	27	17	7	
丙	戊	丙	丙	) 여	壬	癸	甲	乙	) 大
辰	辰	申	申		辰	巳	午	未	

乙木이 夫이다. 陽八通되어 甲午生 夫만났다. 戊土는 山인데 山에 나무가 없으니 나무를 심어 경관을 아름답게 꾸며야 하므로 甲木을 필요로한다. 乙木은 별볼일 없다. 乙木들어와봐야 高山경치가 좋아지지않는다. 미술을 전공했다. 대학원출신인데 예술(미술)에 미쳤다. 山을 아름답게 꾸며야 하기에 미술을 전공했다.

丙寅년에 미술학원을 설립하려한다. 남편과도 이혼하려한다. 高山(戊)에 3개의 太陽이 떠있어 변화많고 시끄러움 많이 따른다. 하늘엔 태양이 하나만 있어야한다. 그러나 신약하므로 丙火를 하나라도 버리기 싫다. 癸대운은 일지 辰에서 투출되었으므로 결혼된다. 그러나 癸水가 剋丙火하여 돈문제 남편문제로 골아프다. 丙寅년(31살)은 역마장생운이며 丙火가 세운지 寅에 뿌리얻어 장생한다.

따라서 새로운 삶의 방향설정인데 학원설립하려 하게 되고 변동따른다. 세운지 寅이 월지 申을 충하여 卯申(辰,申)간의 암합을 깨므로 이혼하려한다. 庚申生딸 낳았다.

예15)

壬 丁 庚 癸) 여. 정편관 혼잡이니 년간 癸水를 제거해야
寅 卯 申 酉 　 한다. 戊辰生夫다. 甲午生아들있고 己亥생
딸 있다.

※ 자식성은 시지 寅중 戊土있다. 따라서 寅과 합하는 午生이고 甲은 약한일주를 도우므로 甲午生아들이다. 신약한 丁火에겐 癸水가 忌神이므로 이를 제거하는 己土가 필요하고 金木간의 싸움을 통관시키는 亥水가 요구되므로 己亥生딸 낳았다.

예16)

辛 癸 己 辛) 남. 身旺하나 財星이 안보인다. 그러나 다행
酉 卯 亥 酉 　 히 년월지 酉亥사이에 戌이 협공되어있고
　 　 戌 　 　 戌중에 丁火財星이 숨어있다. 따라서 남모
르게 숨겨둔 여자있게 되고 숨겨논 돈창고있다. 戌이 財庫되어 연탄공장 및 탄광해서 치부했다. 丙寅生 本妻고 庚午生후처다.

협공된 戌과 寅午戌 三合하는것에서 처를 취한것이다. 음습한 사주가 남방 火운만나 발재했다. 癸대운 辛酉,壬戌,癸亥년에 그때돈으로 어마어마한 액수인 5억을 날렸다.

예17)

					46	36	26	16	6		
壬	癸	庚	辛	여	乙	甲	癸	壬	辛	大
子	卯	寅	未		未	午	巳	辰	卯	

水木상관격이다. 월지 寅중 戊土가 남편이다. 따라서 寅중에 있는것중 제일 필요한 丙火를 취하여 丙寅生夫만났다. 즉 丙火는 조후다. 상관격에 庚辛金이 있어 旺木의 기운을 극제하므로 吉하다. 土弱하므로 도우는 午生(甲午)와 戊戌生아들 낳았다. 官星이 약할 때 이를 도와야 生子하는 예다.

예18)

庚 丁 戊 丙　　여.　　火土상관격에 관성이 없다.
戌 卯 戌 戌

丁火일주는 戌에 통근했고 卯戌合火에 도움받으며 戌土공망을 해소한다. (卯戌合으로 해공) 시간 庚金을 녹이는 丁火되어 돈만드는 재주좋다. 水관성없어 일지 卯와 乙庚 戌卯로 합하는 시간 庚金이 남편이다. 남편은 미남이다.

土多함이 병이니 金으로 土기운을 빼줌이 좋고 癸水로 戊土를 묶어도 좋다. 또 庚金을 도우는 辰土도 좋다. 따라서 庚戌生딸, 辛亥생 딸, 癸丑生아들, 丙辰生아들 두었다. 木없어 甲木 필요하고 庚(申)이 夫星되어 甲申生 夫만났다.

庚은 旺土의 기운을 설하므로 秀氣다. 戌土를 형충하여 金을 나오게 하므로 丑,辰生 자식두게 되었다.

예19)

					56	46	36	26	16	6	
乙	己	丁	己	남	辛	壬	癸	甲	乙	丙	大
丑	丑	丑	酉		未	申	酉	戌	亥	子	

土多하여 酉金에 泄해야하고 월간 丁火로 조후해야한다. 丁火 미약하여 부모덕없고 공부운없다. 丁火는 등불이고 빛이다. 酉丑 金위에 반짝 빛나게하니 도금기술자 및 염색기술자. 한습태다 하여 불을 찾아 日本으로 갔다.

乙亥대운 甲子년 16세 때였다. 25세 癸酉년 귀국했다. 發財했으나 酉대운 실패했다. 조후 시급하여 丙辰生만났다.

예20)

					49	39	29	19	9	
壬	丁	丁	癸	여	壬	辛	庚	己	戊	大
寅	卯	巳	未		戌	酉	申	未	午	

丁火일주 극旺하다. 壬癸水관살있으나 증발되어 쓸모없다. 따라서 정식결혼못한다. 시간 壬水가 월간 丁火와 合했으므로 나는 후처 및 妾팔자다. 29세부터의 庚운에 壬水수생되어 29세 辛亥년에 甲戌生 老男의 妾이 되었다. 丙辰생 딸낳고 이별했다. 34살때였다. 壬水밑에 寅이있는데 여기엔 戊土甲木있고 戊土가 자식이다.

사주가 조열하므로 無子이므로 딸 낳게 되었다. 甲子년(辛대운)에 丙申生 年下男만났다. 丙辰生딸 낳게 된 것은 월일지 사이에 辰이 협공되어있고 辰은 습토되어 旺火의 기운을 설해주는 식상이기 때문이다.

예21)

丙 己 戊 甲　남. 己土일간 寅月生되어 寅 中 甲,丙,戊가 모
寅 未 寅 申　두 투출되었다. 따라서 약간 燥하다. 년지 申
중 壬水정재가 지지 寅木의 燥함을 풀어준다. 壬水는 己土日干의 유일한 財星이나 약하다. 따라서 처성을 돕는 띠를 만나야 한다. 戊申生아들 낳았다.

申이 壬水를 돕는다. 庚戌生아들 낳았다. 庚金이 壬水돕는다. 辛亥生딸 낳았다. 그러나 戊申生은 寅申충이 되므로 좋지 않다. 甲子年에 백혈병으로 사망했다.

예22)

戊 己 辛 辛　남. 卯未있어 亥를 요한다. 己土는 壬을 좋아
辰 卯 丑 未　한다. 土多하여 申을 요한다. 壬申生처 만
났다. 처궁 卯가 申을 암합해왔다. 그러나 丁未년에 丑未沖발동되어 처 사별했다.

년지 辰이 財庫이고 戊土겁재 旺하여 처 사별 명이다. 甲午생 아들 두었는데 이는 甲木은 戊土를 제극하여 壬水財를 보호하고 午는 일지 丑未沖을 午未合하여 해서함으로 해서이다. 庚子生딸 두었다. 壬水財星을 돕는다. 丙申生 甲辰생 딸두었다.

예23)

乙 丙 乙 丁　여. 巳月 丙火되어 身旺하다. 년지 丑중 癸水
未 辰 巳 丑　있고 辛金있는데 辛金은 일간 丙과 명암합
하므로 丑중 癸水가 初夫다. 겁재가 丑上에 있고 월지 巳중 丙火가 巳丑으로 암합(丙辛)하므로 첫남자는 유부남이다.

일지 辰중 癸水 정관이 내남자인데 辰중 乙木이 월시간에 두개나 투출되어 重婚하게된다. 辰중 癸水 미약하므로 강해지도록 도와주던지 충하여 발동시켜야 한다.

그러므로 戊戌生딸 두었고 庚子生 딸 두었다. 남편성이 힘이 없어 딸은 있지만 아들은없다. 일찍 日本가서 辛巳生 애인 만났다. 년지 丑중 辛金 喜神이고 丑과 삼합하는 巳生이라 辛巳生이다. 辛未生 癸酉生인연있다.

예24)

壬 癸 己 乙) 남.	丙 己 辛 戊) 여.
子 巳 丑 亥	寅 巳 酉 寅

癸日干 丑月生이고 亥子丑있어 신왕이며 음습하다. 일지 巳중 丙火, 戊土가 喜神이다. 따라서 戊土로서 비겁을 제압하여 丙火 財를 보호해야 하며 寅으로 巳중 丙火를 도와야 하므로 戊寅生 처다. 따라서 得妻후에 발전되었다. 즉 戊寅이 희신 역할이기 때문이다.

처가 土地부동산취급하여 30억을 벌었다. 丁未생 아들두었다. 丁火生 戊土하고 未는 조토로서 비겁의 습함을 제거하여 財를 보호한다. 庚子生딸인데 巳중 庚金있고 子는 巳중 戊와 암합이고 자식궁인 시에 子가 있어 응했다.

그러나 庚子는 사주를 음습하게하고 겁재를 생하므로 이딸 낳은후 손재및 처의 질병이 따랐을 것이다. 辛丑生딸인데 자식궁인 丑에 辛金있고 일지와 巳丑으로 합하여 인연줄 걸었다.

辛丑이 사주를 음습하게 하므로 역시 이 딸 태어난 후 좋지못하다. 癸卯生딸 두었다. 巳중 戊와 戊癸合이고 卯는 天乙되어 巳를 생한다. 이 딸 낳은 후 좋아졌다. 사주전체가 음습하므로 아들보다 딸이 많다.

예25)

丁 戊 甲 丁　남. 辰月 戊土되고 甲木이 月干에 있으므로 편
巳 子 辰 丑　관격으로春山 有 木格이다. 戊土신왕하나 日

支子 財星은 弱하며 辰에 入庫다. 財弱하면 재를 보호하는 띠가 와야 生子 할 수 있다. 그리고 본인의 사주 역시 子財를 도우는 띠가와야 좋다. 庚辰生처 만났다.

庚金은 生癸水하고 辰은 子辰으로 子를 강하게 한다. 자식은 子水財를 생하거나 보호하는 띠가 와야되니 己酉生딸 낳았고 庚戌生아들과 辛亥생 딸 낳았다. 정미소와 떡방아간하여 치부했다.

예26)

己 壬 戊 庚　上人의 妻
酉 寅 寅 辰

시지 酉金희신이고 시간에 정관성있어 酉와 三合하는 丁丑生夫. 년지 辰이 일간 庫이므로 破하는 丑生이 인연. 寅月木旺節의 戊土 己土관성이 약하므로 丁火로 관성을 도와야하므로 丁丑生 인연이다. 丁未년 결혼.

예27)

		36 26 16 6	
丙 戊 己 庚	남	癸 壬 辛 庚	大
辰 午 丑 寅		巳 辰 卯 寅	

戊土일간 신왕하나 丑월의 戊土는 丙火조후없으면 나무(木)를 키울수없다. 그러나 丙火가 시간에 있어 온토가되어 二陽之節을 맞아 움트고있는 辰중 乙木. 寅중 甲木을 키울수있는 흙(戊)이 되었다. 따라서 자식을 낳을 수 있는 팔자다.

월지 丑중 癸水정재가 일간 戊와 명암합하므로 부인이다. 시지 辰중 癸水역시 처성되므로 두 번째 여자다. 년지 寅중 甲木 아들은 월지 丑중 癸水(첫여자)사이에서 태어난 아들이다. 辰중 乙木은 두 번째 여자와의 사이에 태어나는 딸자식이다.

일지 午중에서 월간 己土겁재 투출되어 월지 丑중 癸水를 극하므로 첫여자와 이별인데 월일지간에 丑午원진, 귀문되므로 결혼후 앙앙거리다 이별한다.

년주 庚寅과 월주 己丑은 同旬으로 1급 상순관계며 일시주 사이에도 동순으로 2급상순관계이니 나와 부인(己丑)은 서로 등돌리게 된다. 즉 월지 丑중 癸水는 년지 寅중 戊土와 암합해가고 나(戊)는 시지 辰중 癸水와 사이좋게 지내게된다. 년지 寅중 甲木은 년간 庚金이 억누르고 있어 고개 내밀기 어려우나 壬대운을 만나 庚金이 壬水를 생하기에 바빠 寅木을 극제하지 않는다.

즉 탐생 망극되는 운이라 寅중 甲木이 고개내밀수있다. 31세되는 庚申년은 辰대운에 들어가며, 辰은 寅중 甲木의 뿌리되어 새싹이 돋아나올 수 있는데 세운지 申이 寅을 충하니 이것이 문제다.

즉 여린새싹이 申의 충을 받아 잘리게 되는데 다행히 년간 庚이 있어 庚庚으로 복음이 되었다. 이리되면 暗來되는 乙木(乙巳)과의 합(乙庚)을 탐해 寅을 충하지 않는다. 즉 사주원명에 庚이 있고 庚申년을 만나면 음신(陰神)乙巳가 와 세운 庚申과 乙庚, 巳申으로 천간지합한다. 따라서 충하는 힘은 약해져 寅중 甲木이 충출될 수 있었고 상처받지 않아 生子할수있었다.

시간 丙火는 일지 午에서 투출되었고 년지 寅중에서도 투출된것이므로 나의 표출신이기도 하고 자식(寅)의 표출신이기도 하다. 丙火가 조후용신이며 자식과 나의 표출신이므로 이사람은 자식을 내몸같이 생각한다.

그러나 壬대운이 丙火를 극하고 辛酉년(32살)만나 丙火가 합거되므로 자식이 없어지게 된다. 세운간 辛은 월지 丑(처궁)에서 투출되었으므로 이혼한 처가 자식을 데리고 갔다. 辛酉년 이혼하게 된것은 월지 丑(처궁)과 일지 午가 원진살인데 丑중 辛金이 투출되는 운이되어 丑午원진살이 발동되어 작용되기 때문이다.

예28)

己	庚	壬	丁	) 남.
卯	午	子	丑	

金水상관격으로 일지 午중 丁火가 년간에 투출되었으나 丁壬合되었고 일지 午는 월지 子에 충되어 관성이 상했다. 시간 己土로 制水하고 일간을 도와야한다. 그러나 일지 午(역마)가 조후신이므로 운전및 선원. 년지 丑 天乙있어 天乙의 짝이되는 未生인연있을것같지만 신약한 庚일간이 丑에 의지하므로 충을 싫어하니 不緣이고 약한 庚일간을 돕는 庚辰生처 만났다. 신왕운 만나 丁未生, 壬子生 아들두었고 乙巳, 己酉, 庚戌生딸 낳았다. 46세까지 외항선 탔다.

예29)

甲	丁	丁	庚	) 남.
辰	亥	亥	午	

년간 庚정재가 午火에 앉아 월간 비견의 극 을 받고있다. 따라서 壬申生 및 乙亥生처와 인연인데 乙亥生만났다. 壬申의

壬은 월간 丁火를 合去시켜 庚金財를 보호하고 申은 庚財의 록이다. 乙亥생의 乙은 년간 庚을 합하여 丁火의 극으로부터 보호한다.

壬申生만났으면 財旺해져 좋았을 것이나 乙亥生만나 하는 일마다 실패하고 호텔에 종업원근무. 庚子生 아들낳았고 癸卯生딸낳았다. 庚은 庚財를 돕고 子는 午를 충하여 庚財를 보호. 癸는 월간 丁火를 극하여 庚財를 보호.

예30)

丁 庚 甲 癸) 남. 甲寅木(財)이 가는길은 丁火다. 년지 未중
丑 戌 寅 未 　　乙木있어 일간 庚과 명암합하므로 처성이
다. 未중에서 투출된 시간 丁火는 처의 표출신이다. 그런데 丑중 癸水가 년간에 앉아있고 일지와 丑戌刑되어 丁火가 상하므로 일찍 결혼하면 상처한다.

戌未형 중에서 투출된 丁火라 법관이나 경찰을 희망했으나 癸水 때문에 꿈은 이루지 못했다. 丁火(호텔)용신되어 호텔이사로 근무.

예31)

甲 癸 丙 甲) 남. 水木상관격. 월지 寅중 丙火가 월간에 투
寅 丑 寅 申 　　출되었으니 정재격으로 변했다. 丙火첫여
자인데 寅申沖으로 깨어진다. 시지 寅中丙火 後妻되어 재혼지명이다. 身弱하고 상관인 甲寅木多하여 破木生身하는 申이 희신되어 甲申生만났다. 그러나 寅申沖발동되어 (申生이 들어와), 一女낳고 이별했다. 2번째 여자는 연예인으로 酒店했다. 一女낳고 이별했다. 3번째 처는 庚寅生인데 庚金이

剋 甲木하고 生 癸水(日干)하는 길신이기 때문이다. 월지 寅중에 戊土정관(딸)있고 丙火처성있으며 시지 寅도 그러하므로 여기저기서 애 낳게 된 것이다.

예32)

					53	43	33	23	13	3	
壬	壬	癸	戊	남	己	戊	丁	丙	乙	甲	大
寅	申	亥	辰		巳	辰	卯	寅	丑	子	

壬水 亥月생으로 水太旺하다. 시지 寅중 丙火 戊土있어 희신이나 寅申沖으로 상했다. 년간 戊土가 월간 癸水를 합거시키려하니 희용신같다. 그러나 戊가 앉아있는 辰은 습토되어 旺水를 막을힘없고 시지 寅역시 충파되어 戊土의 뿌리가 심히약하다.

따라서 從旺格이 되고 이리되면 戊土는 旺神에 역하는 기신이고 병이다. 기신은 제거시켜야 하므로 癸酉生이 배필되었다. 시지 寅중 丙火처인데 심히 약하다. 그러므로 寅午로 합하여 財를 강하게 해주는 甲午生아들 낳았다.

己亥생 딸있는데 亥水가 寅과 합하여 寅申沖을 막아준다. 木대운에 旺水가 泄氣되어 발전했다. 戊辰대운은 戊癸합이 발동되어 癸水겁재가 戊土를 합거하는 형국되었으므로 동료 및 형제의 도움으로 기신제거하여 어려움속에서 성공했다. 원명에 癸亥水가 없었다면 戊辰대운은 흉하다. 己巳대운에 癸水충하여 戊癸合을 깨고 旺水와 충극되므로 부도 크게나 망했고 미국으로 도망가고 말았다. 水太旺한데 戊辰土가 용신이라면 己巳대운에 좋았을 것이다.

예33)

丙 癸 丙 甲) 남. 시지 辰중에 일간 癸水가 통근하나 旺火
辰 巳 寅 午 에 종할수밖에 없다. 巳정재가 처인데 상관이 강하니 巳중 庚金을 필요로 하여 申生처다. 그러나 申이 월지 寅(格)을 충극하므로 不吉하다. 申이 시지 辰과 合되고 巳중 庚金있으므로 申生자식둔다.

※ 일지 巳있고 巳중 丙火가 월시간에 투출되어 重婚하게된다. 丙申生처가 오게된 것은 丙火를 따랐기 때문. 申生이와 시지 辰과 申辰水局이뤄 종격에 역하기 때문에 不吉. 종격되면 丙火가 主体되므로 辰中癸水 및 일간 癸水는 자식인데 水弱하므로 申生. (申辰으로 水氣)

예34)

壬 癸 丙 甲) 남. 용비겁격.
子 丑 寅 午

일지 丑중 辛이 희신이며 월간 丙火와 丙辛合하므로 辛丑生처. 일지 丑중 己土자식인데 월지 寅木이 극하고 년간 甲木상관이 노리고있다. 亥水로 寅亥합하여 탐합망극케하니 癸亥生딸 두었다. 또 寅중 戊土정관 딸인데 이것과 명암합하는 癸가 와야하므로 癸亥생 딸.

예35)

甲 庚 壬 辛) 여. 上人의 . 庚일간 辰月生이고 신왕하다.
申 寅 辰 丑

일지 寅夫官중의 火가 약하므로 寅午하여 火强하게 하는 午生夫(甲午生). 夫宮寅이 申의 충받아 상해 있으므로 관을 도우고 보호해야 하니 亥生자식이다. 또 亥水는 寅申충을 해소한다. 월지 辰水庫는 자궁이고 癸水있으므로 癸生자식. 미장원한다.

예36)

丁 乙 戊 戊) 남. 木火상관격으로 일지 亥水희신. 戊土왕하
亥 亥 午 申 　 여 水氣의 상승을 억제하므로 一流大學 어렵다. 처는 亥生이 좋다.

예37)

丁 庚 乙 癸) 남. 정재격 신약인데 재관이 旺하다. 시지 丑
丑 午 卯 巳 　 이 희신이나 화개살되니 남자식없다. 사주가 조열하므로 딸자식많고 · · 巳丑있어 酉가 오고 酉는 일간을 도우니 丁酉生처다. 乙卯財가 午火보면 기름이고 불이다. 보일러 기술자다.

예38)

甲 己 乙 丙) 남. 관살혼잡되어있다. 甲己合化土格에 월간
子 巳 未 寅 　 乙木이 병이다. 병은제거시켜야 하니 庚午, 辛未生처인데 庚午는 시주 甲子를 충하여 甲己合을 깨므로 不用이다. 辛未가 乙木을 충극하니 처다. 시지 子水財이고 子上甲木은 곡물이다. 따라서 곡물 취급한다. 甲午생 아들두었다.

子중 癸와 일지 巳중 戊가 戊癸합으로 묶여있다. 子財가 왕해야 生子할수있으니 午로 沖子하여 戊癸합을 풀어야 자식나온다. 水(子)는 충해야 흐른다. 丙申生딸 두었는데 申金이 子水를 申子로 강하게한다. 즉 子水財가 약하므로 강하게 해줘야 자식낳는다.

庚戌生딸 두었다. 庚은 水를 생하고 乙木편관을 합거시킨다.

예39)

丁 己 丙 甲) 남. 54세까지 총각으로 있다. 어려서 신동소
卯 巳 寅 戌 　　리 들었고 서울법대 출신이다. 사주에 火
旺하여 조열한데다 일점의 水없다. ※ 寅月 己土되어 나무를 키울수있는 논밭이나 火旺土 燥하여 나무가 타죽으니 자식이 없다. 火인수가 병이라 많이 아는 것이 오히려 병이 되었다. 공부가 쓸모없다.

예40)

					41	31	21	11	1	
癸	戊	庚	壬	남	乙	甲	癸	壬	辛	) 大
亥	寅	戌	戌		卯	寅	丑	子	亥	

戊土일간 신왕하다. 식신생재격되어 財도 강하다. 吉命이다. 정편재 혼잡이다. 月干庚金희신이고 조후용신은 午火다. 기신은 戌중 戊土고 약신은 寅중 甲木이다. 년간 편재는 편관이 財庫門을 수호해주므로 見官해야 발복 성공한다. 戊土일간에 庚金식신이 문창성되고 년월 戌이 화개성되어 지혜와 총명이 특출하다. 年편재는 부모조상의 음덕이 지대하나 년월지 戌土기신이 있어

부모덕없고 빈한가정 출신이다. 亥子운이 財운이라하나 雜財운이라 춥고 배고픈 가운데 공부했다.

寅관이 지살되고 午火인성이 협공되어 다행이다. 午火는 문서고 공부다. 壬亥戌은 해외출입이라 寅지살이며 寅중 丙火있어 日本으로 유학갔다. 苦學으로 전문학교 수업했다.

월주 문창성 화개성있어 丑운까지(戌은 山, 庚은 골짜기며 제자.) 산골마을에서 교편생활했다. 甲운에 甲戊庚 天上三 되어 甲午년 33세에 寅午戌 火인수국되어 윗사람의 덕을 입었다. 得燈火했다.

예41)

丙 庚 辛 辛) 남. 月支정재격이나 년월간에 辛金있어 破格
戊 午 卯 卯 　되었다. 시간 丙火가 辛金을 합하여 제거하니 용신이다. 따라서 월급장이다. 일지 午火가 희신이다. 乙未生처 만났다. 일지 처궁과 午未합하고 乙木은 정재(처)이고 未는 일간의 天乙귀인이다. 水없어 木(財)를 키우는 순발력 없다. 壬戌生 庚申生딸만 두었다. 조열한 사주되어서이다.

※ 卯卯있어 旺木되므로 고(未)가 필요해서가 아닌가?

예42)

乙 戊 丁 己) 남. 卯卯卯,乙되어 木太旺하다. 月干丁火로 旺
卯 辰 卯 卯 　木의 기운을 설하게하나 배출구(丁)가 약해 불이 잘 붙지않고 연기만 풀풀난다. 일지 辰중 癸水있고 旺木은 入庫되야 하므로 癸未生처. 처성 심

히 약하므로 도우는 己酉生아들, 辛亥生아들, 壬子生 딸 두었다. 직업은 금속업, 목욕숙박업 인연있다. 木病이고 財弱하므로 재를 돕고 보호하는 것이 직업. 甲申生의 申이 辰申으로 水氣를 만드나 甲木역시 官多에 또 官星되므로 不制.

예43)

庚 戊 庚 辛) 여.　정재격이나 식상 太旺하다.
申 申 子 巳

년지 巳가 일간의 록이니 희신이다. 巳火를 따라 丁丑生이 배필이다. 木없어 李씨 남편이다. 申子水局에 식상많아 음란하다. 壬(亥)子는 밤이며 水財이므로 요정업 인연있다. 부부 불화지명인데, 남편은 공처가다. 水局에 巳火가 무력하기 때문이다.

庚申을 따라 女子생산인데 巳火따라 2子종신이다. (巳火는 2) 子水따라 水字들어간 동네산다. 비록 축재하여도 水流하므로 낭비가 많다.

※ 夫官星이 없으므로 일지 申과 합은 년지 巳가 남편이다. 巳중 庚이 월시간에 많으므로 多夫之像이고 重婚한다. 子月生에 종아했다가 종재하는 사주다. 년지 巳록은 일주의 뿌리역할하므로 기신이니 남편복없다. 그러나 巳중 丙火는 조후역할하므로 남자없으면 못산다. 잠자리 냉냉하여. 巳火夫는 旺水에 극되어 공처가이다.

丁丑生夫가 된것은 丁火는 조후역할이며 丑土는 旺金을 입고시켜야 하기 때문에 필요하다. 물론 년지 巳火조후용신이고 夫宮과의 三合도 취한다. 고급경찰이 되었다. 寅편관이 午인수 양인을 夾拱하였고 亥겁살(적장)이 寅亥合하였으니 賊을 제압하는 편관이라 경찰직업이다.

甲寅 10년간 名利있었다. 乙운은 정관이므로 文官 (郡守)직으로 癸卯년에 立志하였다. 乙운은 乙庚干合하니 食神合은 名官立志振命이다. 윗사람의 총애 받아 군수는 되었으나 戊土일간이 乙卯에 浴敗운인데다 甲辰, 乙巳(43,44)년 만나 亥겁살재를 辰亥원진 亡身하니 木材(○○山) 사건으로 누명을 쓰고 관재구설이 있었다.

※ 늦가을 산골짜기에 비내리니 창고(庚)에 저장할 곡식이 썩어없어진다. 또 산골짜기에 비내린 후 밤무지개(戊癸) 걸렸는데 달(庚)빛이 은은하다. 따라서 식신생재격이라 하나 더 이상의 水는 필요없다. 그러므로 초년 亥子丑운이 춥고 어려운 시절이었던 것이다. 甲대운은 일지 寅에서 투출이므로 발신(發身)하게 되고 협공된 午火가 생을받아 좋은 것이다. 인수는 윗사람.

乙대운 甲辰년은 년월 戊을 충하여 寅戌사이에 협공된 午火를 달아나게하고 정관운에 편관을 만나 不吉했다. 乙巳년은 寅亥合을 巳亥충으로 깨고 寅巳刑하여 역시 午火를 달아나게 하므로 不吉했다.

예44)

辛 乙 庚 丙　여. 寅月 初春의 乙木되어 庚辛金은 不 하여
巳 亥 寅 寅　忌神이다. 관살혼잡되었다. 년간 丙火상관으로 庚金을 치니 生子 別夫다. 자유분방함을 좋아하여 官의 억제를 싫어한다. 初春木이 土없어 토지부동산업이 좋다.

乙木이 丙火를 보니 나무(乙)가 꽃을 피운격 되었다. 乙木은 섬유요 옷이다. 아름답게 빛(丙)나는 옷이라 비단옷이다. (의류업, 포목점했다) 丁巳生 남편만났는데 庚,辛의 기신을 제거해야 하기 때문이다. 丁亥生, 己丑生아들 낳았다. 시지 巳를 따라 丑生아들은 吉하나 丁亥생은 巳를 충하므로 낭비가 많다.

예45)

戊	庚	丁	丁	) 남. 관살태왕하여 종관해야 하나 시간 戊土가
寅	午	未	巳	있어 不從이다. 사주가 조열하여 水를 喜
	도화			求한다. 시지 寅중 甲木이 財인데 寅은 역

마지살이므로 운송업이다. 巳午寅은 운송인데 水가 필요하므로 해상운송업. 도삽도화 되어 年上女인연있는데 월지 未 天乙귀인 있으므로 그 짝이 되는 丑생(乙丑)이 처다.

그러나 원명에서 보면 월지 未중 乙木정재가 처인데 未중 丁火가 년월에 2개나 투출되어 兩妻之命이다. 시지 寅중 甲木편재가 後妻고 寅중 戊土가 용신이므로 戊辰生 후처 만났다. 그런데 편재(寅)는 내실(內室)인 시에 있고 본처 乙木은 未庫에 들어있으면서 午未合하여 타버린다.

그러므로 본처는 빈한하던지 多病하여 후처가 본처 노릇한다. 그리고 후처(寅)는 부자인데 이는 寅중 戊土(寅편재의 財)가 건왕하기 때문이다. 木약하고 火多하여 木을 도우는 亥生, 寅生, 辰生아들 두었다. 그러나 火관성이 태왕하여 자식덕 없다.

예46)

丙 丁 庚 甲) 여. 丁火日干 旺하다. 년지 申중 壬水가 夫다.
午 巳 午 申 　財旺운에 부자된다. 그러나 대운이 不好
　　　도화 　하여 不發이다. 申중 壬水희신되어 壬午생
夫다. 申이 夫宮이고 약하므로 丙辰生아들 두었다. 火旺하여 조열하니 습토(丑辰)가 필요하다. 따라서 辰生아들 나오고 土地업이다. 庚金財가 甲木을 극제하니 의류(甲)를 자르는 재단사 직업가졌다. 申중 壬水필요하여 갈증을 풀어주는 맥주집도 했으며 역마지살 申金財라 그릇장사도 했다. 습토가 있었으면 火운에도 좋았을 것이나 없어서 재미 못 본다.

예47)

壬 己 壬 辛) 여. 辰月 己土되어 木을 키울수있는 논밭이다
申 酉 辰 巳 　그러나 월시간 壬水있어 많은 비 내리고
있으며 일지 酉중 辛金이 년간에 투출되어 솟아나오려는 辰중 乙木을 자르고 있다. 辰중 乙木夫인데 辰酉合되어 生子(딸)낳고 이별이다. 그렇지 않으면 들어올 남자없다.

辰酉合되어 乙木이 生木의 구실을 못한다. 壬水財(소금), 巳酉있어 丑을 당겨오니 소고기 소금구이로 치부했다. 丙대운에 남편 때문에 망신 실패수 있었다. 乙木夫가 丙에 浴地가 되기 때문이다.

예48)

己 甲 庚 辛) 남. 월지 인수격이나 未土보아 파격. 인수따
巳 子 子 未 　라 학자 인듯하다. 그러나 관살혼잡이 잡
되므로 武官이다. 官透하고 財는 지지에

숨어있어 장군의 命,甲己가 秀氣며 中正之合이요 子未원진되어 인수가 破되니 庚辛관살로 따랐다. 金官은 형권, 무관이다. 金은 自 다. 시지 巳火가 조후되어 辛巳生처다. 正印이 탁하여 母 2명이다. 未중 丁火있으므로 未를 따라 丁未生 戊申生아들 두었다.

예49)

壬 丁 戊 庚) 남. 월지 편관격이나 시간에 壬水 투출되어
寅 酉 子 午 　 관살혼잡이다. 년지 午火 日干록은 子午
　 　 　 도화 　 沖되었고 정관에 戊土상관 보게되어 탁

하다. 이렇게 탁한 사주는 일간의 비견인 丁火가 짝이되고 子午沖 子酉破를 해소하는 丑이 짝이 된다. 그리고 일지 酉金 天乙財星과 酉丑合하니 丁丑生이 배필이다. 酉金財가 子水를 생하니 처는 식당한다. 문창학당성 있으므로 本人은 교직이다. 丁壬合되어 여자 밝힌다. 己酉生, 庚戌生 아들 두었는데 酉를 따르고 寅을 따라왔다. 戊土상관이 生庚金財하니 역시 선생이다.

예50)

庚 丁 乙 甲) 여. 월지 亥水되어 정관격이나 戌을 보므로
戌 亥 亥 戌 　 破格이다. 상관 戌이 亥중 壬水 극하여서

이다. 정관(亥)남편이 무능하고 병약하다. 丁일간의 록을 취해 庚午生夫다. 丁火가 戌時만나 저녁에 불켜놓고 있다.

이리되면 유흥업 및 음식점한다. 亥亥는 바다다. 亥중 甲木을 用하니 횟집이나 여관이다. 壬寅生, 丙午生아들 두었다.

예51)

癸 癸 乙 癸) 여. 水木상관격.
亥 未 卯 未

官星(未)을 합하여 상관으로 변했으니 남편이 무능하다. 丁巳 대운에 乙木상관이 꽃을 피웠으니 家로 결혼했다. 戊土가 남편인데 乙卯년은 戊土의 목욕지 이므로 부부풍파 있게 되었다. 甲木상관(亥卯未二甲木)에는 巳火財가 희신이므로 辛巳生 夫만났다. (金無하여 金辛왔다)

巳火는 癸일간의 천을귀인이다. 따라서 卯天乙과 짝을 지으니 巳生남편이다. 그런데 자식이 없다 왜냐? 상관격에 無財無印이기 때문이다. 지지에 合多하면 부부 不和고통많다. 男女간에 合多하면 密情많다. 상관은 나는 손해보고 타인을 이롭게하니 희생정신이다. 식신이 변하여 상관이 되니 夫는 학교사업이다.

※ 辛巳生夫만나 乙木자식을 자르고 시지 亥水를 충하므로 無子다.

예52)

					46	36	26	16	6		
甲	己	己	己	남	甲	乙	丙	丁	戊		大
子	巳	巳	巳		子	丑	寅	卯	辰		

己土일주 조열하여 시지 子水가 희신이다. 巳는 지살역마다. 子水위에 甲木이 떠있다. 물위에 배를 띄웠다. 따라서 海洋大學 교수다. 인수격되어서이다. 기관과 교수다.

子水약하므로 子水따라 子가 오고 일지 巳중 丙火따라 丙火오니 丙子生 처다. 처는 申氏다. (金無하면 金, 申, 辛氏인연) 조열하므로 습토인 辰이 필요하고 이것은 子와 辰子하여 財를 강하게 하므로 甲辰生아들 두었다. 편재 시(時 : 內室)되어 妾있다. 妾은 金水따라 壬申生이다. 맥주장사 한다.

※ 시지 子水를 보고 三 己巳가 甲子에게로 합해가니 치열한 밥그릇 싸움 못면하고 달리기 선수다. 남보다 앞서가야 직성이 풀린다. 시지 子水에서 보면 3名의 남자있다. 즉 妾은 두 번의 결혼을 실패한 여자다. 天乙子財라 妾얻고 일 잘된다. 巳巳巳되어 申이 合來되어 오므로 壬申生 妾만났다. 壬申오면 己土가 爭財하므로 합정 과정에 말썽많다.

예53)

己	丙	甲	戊	) 남. 월간 편인격 되어 교육자, 공직자 등인데
亥	子	寅	辰	이 사람은 경찰관이다. 이는 亥子로 관살

혼잡되어 있는데 戊己식상이 관살을 制하기 때문이다. 辰子있어 申을 허합해오며 일지 子水있으나 약하므로 壬申生처 인연. 申이 오면 申子로 子水강해지고 申은 丙火의 財이다. 丙火는 子水를 좋아한다.

子水는 丙火의 거울이다. 金이 처인데 사주에 없으나 金은 희신이다. 따라서 金씨 처다. 시지 亥중에 甲木있고 상관 己土를 합하므로 甲午生아들이다. 子水따라 申金희신이며 丙火있으니 丙申生아들 두었다.

一. 여자는 위로 세어서 첫 정관이 되는 띠가 남편이다.
남자는 아래로 세어 첫 정재가 되는 띠가 처다.

壬 甲 庚 丙) 남. 己丑生이 처다.
戌 寅 寅 戌

戊 己 辛 辛) 남. 壬申生처.
辰 卯 丑 未

己 己 乙 辛) 女. 甲戌生 夫.
巳 未 未 巳

乙 癸 乙 丁) 남. 月支정재격. 대동여관 주인. 처 辛巳生. 身弱
卯 丑 巳 丑 하여 日支 丑중 辛金을 투출시켰다. 월지 巳중에
丙火정재있어 巳生. 딸 5명이고 戊午생 아들 두었다.

丙 己 戊 甲) 남. 년지 申중 壬水정재가 처성. 년간 甲木이 일
寅 未 寅 申 간 合神이라. 甲申生처 만났다. 戊申,庚戌生 아
들 두었으나 戊申生 아들은 甲子년에 백혈병으로 사망.

壬 癸 戊 戊) 남. 癸水일간 무근하여 월간 戊土에 종하니 종관
戌 未 午 寅 격. 乙酉生처. 乙卯生, 己未生아들,戊申생 딸.

癸 戊 戊 丁) 남. 辰申있어 子가 올것 같다. 그러나 財旺하고
亥 辰 申 亥 다습하다. 그래서 己丑生처다. 일지 辰財인데
丑으로 破하므로 처는 의사. 癸亥년에 병원
건축.

戊 甲 甲 己) 上人의 처. 일지 午중 丁火투출시켜 丁亥생.
辰 午 戌 丑

甲 甲 戊 乙) 남. 년지 未중 己土정재되어 己亥生처. 庚申년에
戌 寅 子 未 년간 乙木합거되어 결혼. 壬戌生아들. 父는 일
본 거주. 운수업 했다.

庚 辛 己 戊) 여. 정편인 혼잡되었고 약간 조열하다. 시지 寅중
寅 亥 未 子 丙火정관 夫. 월지 未중 丁火편관되어 관살 합
도화 신 (亥 未, 寅亥) 일간 辛이 도화되고 년지 子
水식신도화되어 마른땅에 도화물 주어 나무
키울려 한다. 화류계 출신이다. 시지 寅未宮에서 년간 戊土투출되어 있으니 戊는 부친의 표출신이고 夫의 표출신. 甲子생 아들 낳았다. 乙丑년 보증관계로 망했다.

甲 丁 丁 庚) 남. 년간 庚金정재가 월간 丁火에 극당하고 있다.
辰 亥 亥 午 乙庚合하여 보호하는 乙亥生처. 亥정관의 머리
(頭)는 甲이다. 午亥 암합(丁壬) 辰亥원진있다.
亥는 딸. 辰중 癸水 子. 庚正財약하므로 자식낳기 어려우나, 庚을 강하게하는 띠와 丁壬암합(亥午)를 깨는 子가 와야하므로 庚

子생 아들낳았다. 또 辰중 癸水자식성인데 卯중 乙이 庚과 합을 지으므로 癸卯生 딸이다.

						48	38	28	18	8	
己	壬	戊	庚	)여		癸	甲	乙	丙	丁	)大
酉	寅	寅	辰			酉	戌	亥	子	丑	

壬日 寅月生 신약인데 월시간에 戊己 관살혼잡이다. 戊寅생 남자와 연애했으나 깨어졌다. 壬일주가 己土정관있는데 戊土편관 만나 편관(戊)을 두려워 하니 자연히 이별이다.

格의 희신은 寅중 丙火다. 따라 寅을 충해야 하니 申生자식이다. 격각살 卯 (寅辰사이에 卯)가 天乙귀인이며 상관이다. 酉가 卯를 충출하니 己酉生이 자식. 寅과 酉가 원진되어 있으니 이를 해소하려면 亥가 필요하다. 亥는 寅亥合할뿐아니라 酉金生亥水. 亥水生寅木되어 원진이 해소된다. 따라서 辛亥생 子. 시간 己土정관이고 시지 酉가 희신이므로 酉와 三合 하는 丁丑生夫. 丁火조후.

※ 월주 戊寅편관은 년주 庚辰에게로 2급 상순으로 진행하여 년지 辰중 癸와 戊癸로 명암합 하니 戊夫星은 남 따라간다.

乙 丁 甲 己) 여. 火土 상관격이다. 상관은 식신보다 2배나 강열
巳 酉 戌 卯 하나 制化되면 식신으로 행동한다. 土가 자식인데 土가 갈곳은 金이다. 사주에 무관성이라 남편이 있어야 자식 낳을 수 있는데 巳酉가 丑을 허합하여 丑중 癸水 남편이다.

丁丑生 夫. 원명에 癸水 夫이므로 巳酉合을 卯가 충하여 癸卯生아들 낳았다.

乙 丙 乙 丁) 여. 火土가 太旺하다. 특히 土 太旺이다.
未 辰 巳 丑

土가 갈 곳은 (가는 길은) 金이다. 일지 辰중 癸水 夫가 태약하니 딸 많이 둔다. 辰중 癸水를 충발시키는 戊戌生딸. 辰중 揭水를 강하게 해주는 庚子生 딸 있다.

辛 癸 癸 癸) 여. 月支亥와 일지 酉사이에 戌이 협공되어 있다.
酉 酉 亥 未 　 또 酉酉있어 辰을 합해온다. 戌이 관고이고 辰
　 戌 　 이 충하므로 庚辰生 夫다.

丁 丁 庚 壬) 여. 년간 壬水夫인데 戌月에 土多하여 水弱해진
未 未 戌 申 　 진다. 壬水 夫를 도우는 庚이 필요하고 未未
　 있어 午를 당겨오니 庚午생이 夫다.

甲 己 庚 己) 여. 午月 己土이나 亥子水있어 습윤 하므로 나무
子 卯 午 亥 　 를 키울수있는 논밭이다. 신약하여 인수용신이
　 다. 夫星은 년지 亥중 甲木있고 일지 卯중 甲乙木있으며 시간에 甲木정관있다. 甲己合하는데 월간 庚이 合을 깨고 있다.

시간 甲은 년지 亥중 甲木. 일지 卯중 甲木을 대표한다. 년지 亥는 년간 己土와 명암합하면서 일지 卯와 亥卯합한다. 이는 과

거있던 남자가 나에게로 옴을 말한다. 己丑生과 약혼했으나 남자가 肺수술했다하여 파혼하고 庚子生 남자와 癸亥년 25세에 결혼했다.

그러나 남자가 아이 둘까지 두었던 이혼남 임이 밝혀져 이혼했다. (곧바로) 월지 午인수 록에 의지하므로 공부에 애착있어 연세대 대학원에서 박사과정 밟았다.

癸 甲 庚 丁) 남. 년지 丑중 己土가 정처. 酉丑있어 巳를 당겨
酉 午 戌 丑 　　 오니 辛巳生 처다. 己土 투출치 못해 충하는
丁未生아들. 건축재료 공장해서 돈벌었다. 돈놀이 (금고)한다.

※ 季秋老木이라 시간 癸水인수는 不用한다. 庚金편관旺 하므로 丁火상관으로 제살한다. 억부법으로 보면 안된다.

					45	35	25	15	5		
庚	丁	丁	丙	남	壬	辛	庚	己	戊	大
子	巳	酉	寅		寅	丑	子	亥	戌	

천간에 비견겁재 중중하니 결혼 늦다. 특히 재성이 시간에 있어서 결혼늦다. 子(시지)공망이나 희신되어 있다. 자식궁에 희신 편관(子)있으므로 자식운 좋으나 공망이라 반감된다.

亥, 寅 , 午生 子女있는데 亥는 일지 巳를 충하여 子水를 보호하고 午生은 子공망을 충하여 해공하므로 해서다. 壬寅生의 壬은 子(시지)요 子는 壬水오면 발동이라. 직업 수산업. 水 空亡이면 당뇨병. 火공망이면 종창병. 水火충하면 혈압관계 질병.

戊 丙 甲 癸) 여.　년간 癸水 夫. 년간에 있어 早婚.
子 寅 子 未　　20세 壬子년 결혼. 癸는 子이므로 丙子生 남편이다. 남편은 월급장이 本人은 목욕 숙박업했다. 3남매있다.

42 32 22 12 2
己 丁 壬 庚　남　丁 丙 乙 甲 癸　大
酉 未 午 辰　　　亥 戌 酉 申 未

사주가 조하여 水를 요구한다. 수산업으로 성공했다. 년간 庚정재 처. 년지 癸水있고 水필요하여 癸未生 처. 월간 壬水자식이 나약하여 生 해주는 戊申, 庚戌生 아들 신왕 재왕하여 부자다.

戊 戊 戊 庚) 여.　庚子生 아들 두었으나 死亡.
午 申 子 辰　　　丙午生아들. 癸卯生딸.

시지 午火羊刃인데 丁역시 羊刃으로 본다. 丁未년에 양인 발동. 午未合되어 夫死하고 己未년에 午양인과 午未合되어 不吉하므로 庚子生아들 죽었다. 羊刃은 정재를 가장 꺼리는데 子生이 午羊刃을 충하므로 庚子生아들 사망이다. 식당업했으나 실패, 현재 신모시고 점친다.

48 38 28 18 8
癸 甲 乙 丙 丁　大
未 申 酉 戌 亥

년지 辰중 乙木이 夫星인데 辰중 戊土가 월시간에 투출되어 夫표출신이다. 따라서 二夫格이다. 년지 辰중 乙木은 천간에 투출되면 庚이 合去하므로 辰속에 숨어있어야 존명한다.

丙戌대운은 일주 戊申과 2급 소용돌이 되고 년지 辰을 충하여 乙木투출시킨다. 辰戌충하면 水庫破되어 물이 쏟아져 나간다. 丁未년 27세는 夫宮 庚辰과 3급 소용돌이 이루며 시주 戊午와도 1급 소용돌이 이루며 午양인과 合한다. 또 세운지 未는 乙木夫의 墓다.

夫死亡했다. 甲대운 己未년(40세)에 庚子生아들 사망. 일지 申 자식이 子辰으로 삼합되면 申이 죽는다. 辰중에서 투출된 戊(月干)는 夫표출신이고 甲木은 戊의 편관이므로 자식인데 대운지 申에 絶되는데다가 己未년에 甲己합거되어 자식이 죽었다.

					48	38	28	18	8	
辛	癸	辛	辛	남	丙	丁	戊	己	庚	)大
酉	未	丑	巳		申	酉	戌	亥	子	

丑월 癸水되었고 巳酉丑금국인데다 辛金 3개 투출되어 신왕이다. 음습하므로 년지 巳중 丙火일지 未중 丁火가 조후역할한다. 년지 巳중 丙火처 되었고 조후필요하므로 丙戌생 처다.

그러나 戌이 월일지와 더불어 丑戌未 삼형되어 일생동안 싸우며 산다. 壬午생도 될 것 같으나 壬이 겁재되어 안되고 癸未生은 월지 丑(格)을 파하여 안된다. 결혼시기는 未중(日支) 丁火를 타고오는 丁未년이다. 丙午년도 될 것 같으나 월지 丑과 원진이고 巳午로 편정재 혼잡이다.

만나기는 丙午년일것이다. 戊申生, 庚戌生 아들두었다. 未,巳

가 자식궁이고 조후 필요하여 巳중 戊, 未중 丁火로 두 아들이다. 월지 편인이라 섬세함을 요구하니 기술자다. 월지 丑화개가 상생하니 화개는 문장신이며 편관이므로 武官성분되어 戊戌대운에 경찰직 했다. 丁酉대운부터 금속부품 취급했다. 巳火妻가 년지 大門간에 있어 처가 어른 노릇한다. 처와 정은 있으나 계속 싸운다.

丙 己 己 丙) 여. 월지 정재격. 월지 정재가 겁살이므로 욕심많
寅 酉 亥 戌 　　다. 월지 亥중 甲木夫인데 巳亥충하여 甲木을 충출시킬 수 있으니 辛巳生夫. 그런데 巳남편은 월지 亥財를 충하여 왔으므로 항상 돈 때문에 싸운다. 아들 한명이다. 시지 寅木있으나 월지 亥중 甲木을 夫로 한 것은 시지 寅이 공망되어서다. 亥水財를 己己가 쟁합하므로 욕심과 질투많다.

甲 甲 乙 癸) 여. 월지 정재격이다. 酉丑합국되어있고 辰戌에
辰 戌 丑 酉 　　편재있어 酉丑合정관격되었다. 그래서 한남자(남편)만 위한다. 火없어 불만많다. 格用神은 癸水요. 일간 火를 요하고 燥함을 원한다. 己巳生夫. 丁酉生子. 戊申生子. 일지 戌이 자궁인데 戌중 丁火 戊土를 따랐다.

辛 癸 癸 癸) 여. 木이 희신. 金水木 희신이다. 종왕격이니 木
酉 酉 亥 未 　　이 제일이고 水는 마음. 협공된 관고 戌을 충하는 庚辰生夫다. 未土가 물을 흐리게하니 忌神. 亥未하여 未土를 제거.

※ 外格은 일간을 생하는 것이 남편이다. 따라 庚辰生은 천생배필. 火가 財인데 10月 호수에 木火無하니 돈복약하고 몸이 피곤. 물이 흐르지 못하니 피곤하다. 바다사업이다.

甲 己 辛 辛) 남. 暇 食神格.
戌 卯 丑 未

辛 식신강하나 水없어 탁하다. 甲戌시라 온난하게 하는 조후역할은 있다. 시지 戌자식궁에 甲木자식 투출하여 三子格이나 卯戌合火되어 반감이다. 丑중 癸水가 처이므로 癸酉生처다.

26세 丙申년 결혼. 丁酉生子낳았다. 丁火희신이라 甲木에겐 꽃이된다. 癸水財가 강해야 生子하니 水를 도우는 酉生 亥生자식이다. 식신강하여 활동노력 많다. 그러나 水로 통기못해 큰돈안되고 小福이다. 처가 복있다. 水業,식품관계.

⊙. 水가 희신일 때 水强하면 바다. 水産物. 水가 약하여 희신이면 목욕탕, 식품, 다방, 양어장. 金식신은 금속취급. 아들이 卯장성이라 크게된다. 卯에서 甲透.

甲 甲 庚 丙) 남. 子月의 甲木이라 겨울나무다. 戌은 3개되어
戌 戌 子 戌 　 땅은 건조하다. 천간엔 丙火필요하고 지지는 윤습하게 해줌을 요한다. 財庫는 재물창고, 식상인 火의 庫(戌)는 기술성. 戌亥천문성은 종교, 역술, 巫業, 또는 活人星. 甲戌日主 女는 미용사, 의류상이고 男은 양복의류다.

첫사랑 순정연애인데 상대는 戊子生이나 혼인불성. 甲에서 戌은 처고(妻庫)인데 戊 (戊子生)는 戌에 입고되어서이다. 戌戌戌되어 처 두 명이고 양처 득자다. 戌을 충하여 개고하는 辰生이 처다 (현재) 또 丙은 巳요. 子는 癸라 癸巳生처다. 아들낳았다. 두 여자외에 또 여자 인연있으니 甲木일간 無根이므로 庚寅生 壬寅生 女와 애정맺는다.

乙 庚 癸 丁) 여. 년간 丁火가 癸에 상해 生子別夫다.
酉 寅 丑 酉 　 乙庚 合金되어 이복형제있다. 丁火 夫미남자. 丁이 도화여서다. 年도화 도삽도화되어 연하남 인연있다. 일간 고인 丑을 충하는 乙未生 夫. 生子別夫하고 丁火의 록이되는 午(甲午)生남자인연. 일지 寅중에 甲있어 甲午生.

壬 己 乙 甲) 여. 10月의 己土논밭으로 조후되는 丙火가 절
申 亥 亥 申 　 실히 필요하다. 따라서 丙子生 8살위. 丙戌生 2살아래 辛巳生 3살위 중에서 취택해야 한다. 그런데 사주원국에 申申있어 巳를 合해오고 亥亥가 暗沖巳한다.
따라서 辛巳生이 夫가 된다. 또 년간 甲木은 정관, 월간 乙木은 편관되어 乙편관을 제거해야하니 辛이다. 사주 음습하여 딸많고 아들없다. 巳夫는 巳申으로 형살되고 巳亥로 천라지망 구성하여 경찰교도관 및 군인이다. 乙丑년 현재 夫는 중령이다. 47~48세 전직될 것.

甲 辛 壬 己) 남. 辛은 壬을 좋아해. 따라壬辰生처. 일간 庫丑
午 未 申 丑 이 있어 乙未生 인연있는데 교제중이다. 甲
午도화(시주)되고 財가 時에 있어 甲午생
인연인데 유부녀다. 교제중이다. 시간 甲木정재는 년간 己土와
合하여 년지 丑중 辛金의 처다. 辛日亥를 좋아하므로 己亥生인
연있다 (미래)

乙 壬 戊 庚) 남. 早婚 早敗고 일찍부터 애정의 번뇌있다.
巳 午 寅 寅

1. 癸巳生 2. 丙申生 3. 戊戌生인연있다.

壬 甲 乙 丙) 여
申 午 未 申

년시 申중 庚金夫. 시지 申중 庚金後夫. 년지 申(庚)은 丙火와
未중 丁火에 극되어 生二子후 이별. 월지 未庫를 충하는 己丑生
夫가 좋다. 甲午生은 二子得後 必別이다.

戊 乙 庚 辛) 남. 편정재 혼잡. 편재제거 吉. 正財제거 凶.
寅 巳 子 未

戊寅時에서 未(년지)까지 5-6번째 해당되어 戊寅生처. 生子女
후 이별. 辛未生 후처 왔다. (직업과 명예보전위해) 그러면서 丙
子生과 합정이다. 인수격되어 학문, 교육, 교수직 인연. 巳(丙)

태양이라 빛이다. 언론 종사자 인데 반골기질 강하다.

○ 원진론

유혹, 매혹, 不貞, 욕정, 풍류, 색정, 충동 등이다.

1) 원진이 劫殺되면 動則 치욕많고 매사 성취 어려우며 힘들고 고단한 삶을 살게 된다.

2) 세운에서 원진이 발동 및 구성되면 직위 동요있고 가정적 어려움있다.

3) 女命에 원진살 범하면 목소리 탁하고 간음하며 천한 下人과도 사통한다. 특히 劫殺이 같이있고 亡神이 동했을땐 심하다.

4) 원진 겁살이면 매사에 욕만듣고 천한 행동한다.

5) 원진이 合하여 和하면 흉변 길이다.

6) 자기주장이 극심하고 남의허물을 들춰내기 좋아한다. 不運, 不伸이고 여러 일이 안 풀린다.

7) 원진이 문에서 통관역할하면 大癸이다.

8) 겁살은 羊刃만나면 大禍온다.

9) 劫殺과 亡神이 충하면 이별이다.

10) 女命에 일시에 원진 있으면 生子한후 근심과 고통따르며 병약해진다. 자식이 不孝, 不良하다.

○ 劫殺 및 여러 신살

1) 겁살과 망신이 충하면 범죄인이고 死絶되면 長病한다.

2) 文昌이 충되면 能小技巧하다. 一知十用이나 불성실하다.

3) 人沖되면 地人을 경시하는 경향이 있다.

4) 干合 地沖은 밖으론 좋게보이나 안으론 좋지 못하다.

5) 月이 日時 沖則 長病殺이다.

6) 沖은 전격변화요 속발 동요인데 흉신 충= 吉, 길신 충= 吉

小하다.

7) 천충지충은 변동이 극심하다.

8) 陽支沖은 吉凶발동이 속하고 음지충은 늦게 길흉이 나타난다.

9) 寅申巳亥沖은 이동, 변화, 변동, 巳亥는 내심불안이며 충 받게되면 破傷된다.

10) 子午卯酉沖은 身病, 移動따른다. 近沖은 전쟁이며 遠沖은 동요다.

11) 辰戌丑未 沖은 동요다.

12) 格局 月 用神을 沖則발동이니 가정과 직장 이동 요하고 해당육친에 移動있다.

癸 丁 乙 癸) 남.
卯 卯 卯 未

木太多하여 丁火가 꺼질 지경이다. 따라서 火가와 旺木의 기운을 빼주어야 좋다. 시간 癸水 편관있어 공무원이다. 火가 절실히 요구되며 丁火의 록이 午이므로 壬午生처. 丙午生자식 두었으나 一子는 死亡했다. 년간 癸水편관이 묘(墓)지인 未에 앉아있는데 묘신(墓神)乙木이 癸水의 기운을 설기시켜 첫 자식 사망이다.

- 終 結 論 -

1) 配星은 사주에서 제일 필요한 것을 취한다.

2) 配星은 일간에게 제일 필요한것이 된다.

3) 자식성은 남명일 경우 재성이 약하면 재성을 돕는띠다.

4) 여명일 경우 관성이 약하면 관성을 돕고 보호하는 띠가 자식이다.

5) 사주원국의 財官과 合身을 찾아 그것과 三合하는 것중 가까운 것을 配星으로 취한다.

16. 감명실례

여기서부터는 필자의 상담 실례와 음신풍월(陰神風月)을 싣기로 하겠다. 생소하게 들리는 '음신풍월법'은 스승께서 불편한 몸으로 길거리에 나가 힘들게 생활하고 있는 어떤 제자를 위해 만드신 것이다.

이 내용은 언뜻보면 두루뭉술하여 여기에도 맞고 저기에도 맞는 그야말로 코에 걸면 코걸이고 귀에 걸면 귀걸이가 되는 그런 것 같기도 하다. 하지만 찬찬히 읽어보고 또 궁리해보면 숨어있는 깊은 이치와 묘미를 지니고 있는 것이다.

따라서 그 진수를 터득한다면 보이지 않는 것을 살필 수 있는 안목을 지니게 될 것으로 생각된다.

예1) 궁합은 좋아도 운이 나쁘면 이별될 수 있다.

추적추적 장맛비 내리고 있는 7월초 어느 날 아이를 안고있는 여자를 필두로 하여 세 명의 여자 손님이 왔다. 그중 한 명이 먼저 궁합을 봤다. 아기를 안은 여인이 다가와 앉았다. 얼굴에 수심이 가득했다. '무슨 언짢은 일이라도 있으세요?' 필자가 입을 열자 곧바로 그녀의 입이 벌어졌다.

'작년에 여기서 궁합을 봤는데 좋다고 하여 결혼을 했습니다. 하지만 일년도 채 되지 않은 지금에 와서 찢어지게 되었습니다.' 내가 궁합을 잘못 봐준 것인가? 그래서 다시 한 번 궁합을 보기로 했다.

甲 辛 辛 癸 남　　戊 甲 丙 癸 여
午 酉 酉 亥　　　辰 午 辰 亥
도화 홍염 홍염

37 27 17 7　　　21 11 1
丁 戊 己 庚 대운　　己 戊 丁 대운
巳 午 未 申　　　未 午 巳

남자 사주는 신왕하므로 년주 癸亥로 설기해야 하며 시간의 甲木이 처성이다. 월주 辛酉가 내 재성인 甲木을 쟁탈하려 하고 있다. 하지만 월주 辛酉는 년주 癸亥에게로 생을 하므로 시간의 甲木을 극하지 않는다. 즉 탐생망극이 되어있다. 이럴땐 癸亥가 없어지면 월주 辛酉는 시간의 甲木을 노리게 된다.

따라서 癸亥생 여자를 배우자로 한것은 좋으면 좋았지 나쁘진 않다. 이젠 여자의 사주를 보면 甲木일간이 辰月에 태어나 뿌리 튼튼하다. 하지만 일지 午火가 월간에 표출되어 있으므로 신약으로 변했다.

그러므로 癸亥생 남자는 甲木일간을 강하게 해주므로 좋다. 남자 여자 모두 궁합으론 문제가 없다. 그런데도 왜 일년을 채우지도 못하고 찢어지게 생겼을까? 필자는 세심하게 대운을 살펴봤다.

남자사주에서 보면 己丑년 27세는 戊대운 초에 해당된다. 그런데 대운간 戊가 원국의 년간 癸水를 합거시키고 있다. 이렇게 되면 월간 辛金은 시간의 甲木을 노리게되니 재정적으론 손재, 파재가 따르며 인사적으로 처(甲)가 힘들게 되고 상처받게 되는 것이다.

그런데다가 己丑년의 세운간 己土가 시간의 甲木을 甲己합하여 없애니 어찌 찢어지지 않을 수 있을까. 혼자서 고개를 끄덕인 필자는 여자의 대운을 살펴봤다.

己未대운이었다. 일간 甲午와 己未는 천간지합하므로 연애로 결혼할 운이다. 그러나 甲木일간은 대운지 未에 합입고(合入庫)하고 있다. 이리되면 반드시 건강에 문제가 생기든지 답답한 일에 당면하게 된다. 그리고 여자사주엔 관성인 金이 없다. 이럴땐 일간과 간합하거나 명암합하는 것을 찾고 이런 것마저 없을땐 일지와 명암합 하던지 암합하는 것을 찾아야 한다. (午中 己土와 亥中 甲木)

따라서 년주 癸亥가 남편성이 된다. 이런 식으로 육친을 찾는 것은 이 세상에서 오직 한밝 스승님 한분뿐이다. 합을 이용하여 배우자를 찾는 이런 방법 외에 일지의 표출신인 丙火를 체(体)로 하여 보면 역시 년주 癸亥가 남편성이다.

그러므로 己未대운은 결혼과 동시에 이별할 수밖에 없으니 丙(体)에서 보면 己未는 상관(傷官)이 되기 때문이다. 따라서 己丑년(27세) 역시 癸亥 (남편성)을 극하게 되니 이별함은 어쩔 수없는 일이 다. 궁합이 좋아도 운이 좋지 못하면 이렇게 헤어질 수밖에 없는 것이다.

두 사람은 戊子년에 결혼했는데 세운지 子가 도화살 되고 이것이 여자 사주의 홍염살인 午火와 남자 팔자의 午(도화)를 충하여 충동적 연애감정 폭발하여서다.

'그때 오셨을 때 壬辰년 (2012년)에 결혼하면 별탈없으나 그전에 결혼하면 문제 생긴다고 말씀드렸을 터인데….' '그땐 너무나 서로에게 빠져있어서 선생님의 충고를 무시했던 것 같습니다.'

예2) 사고로 남친만….

바람이 몹시 불어대는 11월 초순에 까만 원피스를 입은 늘씬한 아가씨가 미간을 잔뜩 찌푸린 채 내 앞에 앉았다. '저의 운명이 어떤지 좀 봐주세요. 그리고 특히 올해의 운이 어떤지 잘 살펴봐주세요.' 날씬한 몸매처럼 목소리도 고왔다.

					39	29	19	9	
庚	癸	丁	己	여	辛	庚	己	戊	대운
申	酉	丑	巳		巳	辰	卯	寅	
		백호							

丑月 癸水에 巳酉丑 금국까지 있고 시간에 庚金이 투출되어 있으니 아주 신왕하다. 따라서 월간 丁火 년간 己土와 년지 巳火가 희신이다. 그리고 월지 丑土는 원래는 土가 되어 좋으나 酉丑금국으로 변하므로 기신으로 변한다. 따라서 좋고 나쁜 두 가지 역할을 겸하고 있는데 백호살되어 흉한 냄새를 풍기고 있다. 신왕사주에 己土관성운에 있고 戊子년 또한 관성운이다.

그러므로 대부분의 역술인들은 좋은 운으로 보기 쉽다. 그러나 한밝 신사주학의 논리로 보면 己土대운과 戊子년은 월지 丑이 子丑合으로 백호살이 발동되는 때다. 따라서 흉한일이 생기게 되는데 반드시 남자가 들어온 후에 관성 백호가 발동된다. 그래서 확인 작업부터 들어갔다. '아가씨! 올해 초 (戊子年)에 남자친구 사귈 운인데 사귀었나요?' 癸酉일주에 戊子년은 戊癸합하고 월지 丑관성과 子丑합을 했기에 확인해본 것이다.

'예. 작년 말에 남친 만났어요.' '그렇다면 올해 (戊子년)는 남자친구와 차타고 나들이 하면 불길한 일이 생기게 되는데 ... '

말을 끝맺기도 전에 아가씨가 울음섞인 목소리로 말했다. '예. 8월말(庚申月)에 남친과 서울쪽으로 여행갔다가 사고나서 그 사람은 죽고 나는 가벼운 부상만 입게 되었습니다.'

					24	14	4	
丙	丁	戊	乙	남	乙	丙	丁	대운
午	亥	寅	丑		亥	子	丑	

위 아가씨의 남자 친구되는 사람의 명조다. 신왕하므로 월간 戊土로 설기하여야 한다. 또 丁火를 담아두는 화로 역할을 戊土가 한다. 그러므로 戊土가 제극되어 그 역할을 상실하게 되면 불(丁火)은 흩어져 꺼지게 된다. 이 사주의 최대기신은 일지 亥(역마)水이다. 월지 寅과 寅亥합하여 木으로 변하기 때문이다.

따라서 교통사고와 노상사고가 따르게 된다. 乙대운은 년간의 乙과 더불어 戊土를 극하고 세운 戊子는 亥子丑 水局 이루고 子午沖하여 戊土가 상했고 子는 丁火의 절지라서 사망한 것이다.

예3)

					29	19	9	
庚	丁	辛	庚	여	戊	己	庚	대운
子	酉	巳	午		寅	卯	辰	
		공망						

丁火일간이 화왕(火旺)의 때인 巳月에 태어났고 년지에 午火가 있어 丁火의 록이된다. 따라서 재다신약 (財多身弱)으로 볼 수 있는 명조다. 그러나 월지 巳는 공망인데다 일지 酉와 巳酉금국을 이루어 배임하고 있다. 그리고 년월시간에 庚辛金이 아

주 많다.

그래서 억부법을 버리고 한밝신사주 학파만의 독보적 이론인 일간대행격(日干代行格)으로 처리하기로 하고 먼저 확인부터 했다. 월간 辛金이 사지인 巳에 앉아 있고 辛의 사신(死神)인 巳가 년간에 庚으로 나타나 있기에 '아가씨 10살 되기전에 형제 한명과 사별했네요. 맞아요?' '네~ 맞아요' 아가씨는 동그란 눈을 더 동그랗게 뜨며 긍정했다. '성격은 창의력 뛰어나나 너무 예민한 것이 흠이구요 예술적인 분야나 이것과 결부되는 디자인 계통도 좋네요.' 시지 子水를 숨구멍으로 하여 통변한 것이다. '예! 섬유디자인을 전공하고 있는데 남들보다 성공할 수 있겠습니까?' '(24~25살되는 卯대운이 金体의 재성이 되므로) 아가씨는 졸업과 동시에 돈벌이 잘했겠네요. 결혼 상대자는 丙寅생이 되겠구요. 하지만 사주에 木이 없으니 李, 朴, 林씨 등의 남자가 좋겠습니다.'

예4)

壬	甲	壬	己	남
申	辰	申	巳	

아이들 손님이 한참 많은 시간에 엄마 한 분이 들어와서는 한참을 기다리다 아이의 사주를 내놓으며 상담을 시작하였다. 무슨 일로 왔을까 머릿속에 공부 문제인가 여자친구 문제인가 생각하면서 상담을 시작하였다.

申月의 甲木이다. 의지할 곳이 딱히 없고 申은 甲木의 절신이다. 천간에 壬水가 절신으로 발동되어 있어 안좋은 기운을 앉고 있다. 그래도 壬水에 의지할 수밖에 없다.

己丑년에 辰土와 파살로 작용하고 己土가 壬水를 탁임시키니 좋지 않은 운이다. 壬水 탁임되니 정신적으로 힘든 운임에는 틀림없어 '아이가 힘들어 하는 운입니다.' 6월 7월도 좋지 않았겠습니다. 하고 상담을 시작하였다. 甲木의 절신이 발동한 달이기 때문이었다. '건강도 좋지 않으니 조심하여야겠습니다.' 하니 안그래도 올해 6월(庚午)에 관절에 암이 생겨 수술을 하고 지금은 치료중에 있다고 하였다.

좋아질지 상담하는 엄마의 마음이 안쓰럽게 느껴졌다. 내년 庚寅년이 기다리고 있는데 역시 안좋은 운이다. 그렇다고 실망을 시켜드리긴 싫어 좋아지겠다고만 하였다.

예5) 32살되는 딸을 끌고 온 아주머니가 언제쯤 시집갈 수 있는지를 물었다. 딸의 사주는 아래와 같다.

					34	24	14	4	
乙	甲	庚	戊	여	丙	丁	戊	己	대운
亥	寅	申	午		辰	巳	午	未	
		역마	홍염						

己丑년 (32살)은 년지 午(홍염살)가 발동되어 일간과 甲己합하며 세운지 丑에는 辛金정관성이 있다. 그래서 '올해 32살은 좋은 남자와 연애할 운이니 궁합만 좋다면 결혼 시키세요. 다만 庚申생 남자는 들어와도 피하는 것이 좋겠네요.' '올해에 남자가 들어오긴 들어왔는데… 잔나비 띠인데….' 모녀간에 서로 쳐다보더니 딸이 입을 열었다. '그렇다면 궁합을 봐야 하겠네요. 다행히 궁합이 좋으면 庚申생이라해도 괜찮을 수도 있으니 말입니다.'

○ 甲 辛 庚　남
○ 辰 巳 申

남자의 명조를 훑어본 필자는 차분한 어조로 말했다. '이분과는 연애만 하는 상대로 끝나고 결혼은 보류함이 좋겠습니다. 꼭 해야 겠다면 내년과 내후년(庚寅, 辛卯年)은 넘기고 그 다음해(壬辰년)에 함이 좋을것 같네요.' 모친되는 이가 딸의 얼굴을 쳐다보며 말했다. '봐라. 내말이 맞제. 그러니 내 말에 따르도록 해라.' 아주머니는 와서 상담하길 참 잘한 일이다며 일어섰다. 처녀의 명조를 보면 申月의 甲木이라 거목(巨木)이긴 하나 신약이므로 시주와 일지에 의지할 수밖에 없다. 그러므로 엄마와 인연이 좋을뿐아니라 모친말을 들어야 본인에게 득이 된다.

그리고 甲木은 비록 申月생이나 생목(生木)이다. 생목은 金을 꺼리는데 신약할 경우엔 더 그렇다. 그러므로 월주 庚申이 기신이고 이를 제해주는 午火와 일주를 도와주는 水木이 희신이다. 따라서 庚申생이 들어오면 甲木은 상처를 입게되므로 庚申生은 인연은 있으나 피함이 좋다 한 것이다.

예6) 딸 같은 아들 두셨네요.

丁 乙 乙 己　남
丑 未 亥 巳

단골손님이 수두분하게 생긴 아주머니를 모셔왔다. '저의 올케인데 잘 부탁드립니다.' 수두분하게 생긴 아줌마가 자기 아들이라며 불러준 명조다. '어머나! 아들이 딸같네요. 꾸미고 가꾸고 치장함을 좋아하며 엄마와도 친구처럼 지내니 이쁘기 그지

없겠네요. 말도 나불나불 잘하고 돈에 대한 애착도 많겠군요.' '저희 아들을 옆에서 본 것처럼 말씀하시네요. 딱 그대로입니다. 그런데 무엇을 시키면 좋겠습니까?' '식복과 재복이 있으며 음식 만드는 솜씨도 좋으니 요리계통으로 진로를 잡아주세요. 이것이 아니다 싶으면 디자인 계통으로 가던가~ 꾸며서 예쁘게 만드는 인테리어, 조경계통도 좋겠네요.' '네. 안그래도 제가 음식을 할때는 꼭 와서 간을 봐주고 도와주기도 합니다. 대학은 조경과로 갔습니다.' '참으로 사주팔자에 맞춰갔네요. 칭찬을 좋아하니 예쁜딸 보듯 칭찬 많이 해주세요.' '하하하. 호호호.'

초겨울 난초 (乙木)가 빨간꽃 (丁)을 피워냈지만 丑시에 태어난것이 아쉽다. 하지만 조후역할은 그런대로 하고 있다. 식신(丁)이 일지에서 투출되어 식복 좋으며 음식 만들기도 좋아하고 언어, 말투도 곱다. 亥水모친과는 亥未로 목국을 이루니 모친이 친구 형제같다. 또 乙木이 未土에 착근해야 살 수 있으므로 재물에 대한 집착이 아주 강하다.

예7)

		39 29 19 9	
辛 癸 丁 癸	남	癸 甲 乙 丙	대운
酉 丑 巳 酉		丑 寅 卯 辰	

巳月의 癸水로 태어났으나 巳酉丑금국있고 천간에 辛癸가 투출되었으니 아주 신왕하다. 이때까지의 이론으로 보면 월지 巳중 戊土로 년간 癸水를 제압해야 하니 바로 재관격 (財官格)이다.

이리되면 사업쪽으로 진출하면 백전백패되며 가정적으론 자신의 처(巳)가 남(년간 癸)과 합정해 간다. 그리고 부친 한명에 모친이 많게 된다.

그러나 일지가 일간보다 더 큰 역량을 지니고 있으며 일간의 역할작용이 신통치 않을 때는 일지에서 표출된 것을 주체로 해야한다.

이런 간법(看法)은 이 세상에서 오로지 한밝 신사주학파에만 있다. 따라서 시간의 辛金을 일간 대행자로 보고 상담을 했다. '아주머니 아들은 입(口)이 두 개나 있으니 말을 아주 잘하겠구요. 예체능과 언론 출판계통에 관심이 많겠네요.' '예. 미술을 배우고 있으며 방송쪽으로 진로를 잡아볼까하고 있습니다. 가능하겠습니까?' '예. 사주에 木이 없는데 19세부터 木이 들어와 금생수, 수생목, 목생화로 기운을 유통시켜주므로 아주 좋습니다. 더욱 열심히 하도록 보살펴주면 틀림없을 것입니다.'

예8)

					33	23	13	3		
丁	庚	乙	乙	여	己	戊	丁	丙	대운
丑	午	酉	丑		丑	子	亥	戌	
	도화								

戊子년 壬戌월에 찾아온 아가씨다. 웃을 때마다 파이는 보조개가 매력적이었다. '올해 남친과 헤어졌나요?' 명조를 뽑고 난 후 즉시 한마디했다. '예. 며칠 전에 깨어졌습니다. 그런데 저는 어떤 일을 해야 성공할 수 있습니까?' '아가씨는 의심이 많아 꼭 확인해야만 인정하는 성품이 있네요. 그래서 이미 갈 길을 가고 있으면서도 묻고 있네요.

사주의 모습이 丁火로 庚金을 다루고 있고 도화살을 띤 丁火라서 한마디 했다. 아마도 금속을 예쁘게 다듬는 계통같은데 맞습니까?' '맞아요. 제가 의심이 좀 많아 확인하지 않으면 뒤끝이 개운치 못한 것처럼 찜찜하거든요. 그래서 물었으니 이해해주세요. 그리고 제가 하고 있는 일이 금속디자인이니 선생님께서 말씀하신 것과 일치되네요. 그러면 제가 갈 길로 가고 있으니 걱정 안해도 되겠군요.

그런데 저는 앞으로 몇 살 남자를 만나게 되는지도 알 수 있나요?' '아마도 3살 위가 되는 개띠 (壬戌生)를 만날 것 같네요. 그리고 4살 아래 되는 己巳생 남자와도 인연있네요.'

연하남은 酉丑금국에 巳가 없기에 己巳생과 인연이 있을 것이라 그렇게 말한 것이다. 그리고 일지 午와 삼합하는 戌생이 들어오면 약한 관성이 강해지며 또 戌이 일간의 고(庫)가 되는 丑을 형파하기 때문이다.

예9)

					47	37	27	17	7	
辛	丁	甲	癸	남	己	庚	辛	壬	癸	대운
丑	未	子	卯		未	申	酉	戌	亥	

丁火일간 子月생으로 월간 甲木이 용신이다. 甲木의 역할은 년간 癸水편관을 설기시켜 丁火를 돕는다. 즉 살인상생격 (殺印相生格)이다. 편관 즉 살(殺)을 처리하는 방법은 3가지이다. 첫째는 이 명조처럼 살인상생하는 법인데 이격을 이루게되면 투쟁적이기보다 유화적이고, 전투적이기보다 평화적 생활태도를 나타낸다.

그리고 강한상대를 거스리지 않고 그 기분을 맞춰 줌으로서 자신의 이익과 안위를 지키려 하게 된다. 그런데 이격을 이루게 되면 재성이 기신이 되므로 재운을 만나게 되면 말 그대로 돈과 여자가 원수가 된다.

두 번째 법은 식신상관으로 편관을 제거하는 것인데 이격의 성격은 호전적이고 상대와 싸워 지지 않으려한다. 따라서 간난신고 끝에 성공을 하고 목적달성하게 된다.

세 번째는 합살(合殺)하는 법인데 甲일주가 庚金편관을 만났다면 乙木겁재로서 乙庚合하게 하여 편관의 흉성을 순화시키는 것이다. 이것은 강하게 들어오는 상대에게 미인계를 쓰는것과 같은 방법이다.

그런데 이 명조는 살인상생격을 놓고도 시에 재성을 만났으니 그야말로 원수가 안방에 앉아 일일이 방해하는 꼴이 되었다. 일간 丁火의 형편과 그 역할을 살펴보면 동짓달 (子月) 丑시 이므로 어둠을 밝히는 역할이다. 그런데다 월간 甲木인수의 생을 받고 있으므로 교직이나 경찰, 사정기관 등으로 진출해야 자기역할을 충실히 수행할 수 있다. 하지만 辛丑시를 만나 辛金편재가 '나 좀 녹혀봐.' 하며 치고 들어오게 되었고 '그래 이 원수야 어디한번 맛좀봐라.' 하며 되받아치게 되어 사업 길로 가게 되었다. 대운역시 辛酉 庚申의 재운을 만난 것도 사업길로 나가게 된 어쩔 수 없는 운명의 장난이라 아니할 수 없다.

그러나 庚申대운되어 甲庚으로 충극되니 상하는 것은 甲木이다. 이리되면 치부는 커녕 몸만 상하게되니 바로 간(月干)계통의 질환이 생기게 된다. 己未대운 己丑년(47세) 여름에 찾아온 남자손님인데 명조를 뽑자말자 다음과 같이 말했다. '사장님! 돈이 원수라 그 원수를 갚으려고 사업했군요. 하지만 돈을 벌기는 커녕 심한스트레스만 받아 간계통의 건강만 상하게 되었고, 올해에 들어와 사업정리하게 되었군요.'

남자는 한동안 내 얼굴만 쳐다보더니 눈을 내리깔며 말했다. '내가 살아온 내력과 지금 먹고 있는 마음까지도 찝어내는 것을 보니 소문대로군요. 앞으로는 어떻겠습니까?' '8·9월에 건강 조

심하시고 문서(甲)는 꼭 지니고 있도록 하세요. 쉽게 내어주면 안됩니다.'

월간 甲木인수가 己丑년과 甲己합하여 기반되게 되면 癸水편관의 극을 그대로 받기 때문에 사업정리 하더라도 제일 알짜배기 문서 (甲)하나는 지니고 있어야 癸水편관의 극을 무마할 수 있어서 위와같이 말한 것이었다.

예10)

					34	24	14	4	
乙	己	辛	庚	남	乙	甲	癸	壬	대운
丑	丑	巳	午		酉	申	未	午	

己丑년 辛未월 辛巳일 丁酉시에 온 사람이다. 손에 과자통을 들고 들어와서는 '저 좀 살려주세요..' 불안정한 목소리로 자리에 앉았다. 순간 무슨 일인가하며 안좋은 느낌으로 사주를 보게 되었다. 위의 명조를 적으면서 귀신들이 드나들 수 있는 몸이라는 생각을 하며 어떻게 좋은 얘기를 해주나 생각하며 상담하였다.

지지의 丑午귀문살들이 천간으로 丑中 辛金, 午中 己土가 발동되어 있고 신왕한 사주에 巳火, 午火가 庚辛金을 녹이고 있어 생각과 정신이 병이 되어 있다.

식상 혼잡에 갈팡질팡하는 모습까지 아주 불안한 사주 모습이다. '너는 일반사람과는 다른 기운을 지니고 태어났으니 강한 마음으로 세상을 살아야 하겠다.' 라는 말이 떨어지자마자 '제가 정신병은 아니죠. 어젯밤에도 목이 졸려 죽는 줄 알았어요. 몸도 아프고 동자도 보이고 방울도 사러 다니고.. 죽은 할머니가 여기 가보라고 해서 왔어요. 어떤 답이라도 기다리듯 나를 바라보는 눈빛이 안쓰러웠다.

광명진언을 적어주고는 스스로 마음을 강하게 먹고 흔들려하지 말라는 충고의 대화를 나누고 고맙다는 인사와 함께 일어서는데 앞으로 甲申 대운이 기다리고 있어 삶이 편하지는 않을것 같아 마음이 짠하니 아팠다.

예11)

					53	43	33	23	13	3	
乙	辛	甲	癸	여	庚	己	戊	丁	丙	乙	대운
未	卯	寅	丑		申	未	午	巳	辰	卯	

辛金일간이 목왕절인 寅月에 태어났고 온 천지가 木의 세력으로 되어있다. 년지 丑과 시지 未土가 辛일간을 돕는다고 하나 년지 丑은 멀리 떨어져 있고 시지 未는 일지 卯와 卯未합목국되어 土의 역할을 크게 상실했다. 하여 辛일간은 종할 수밖에 없다.

따라서 이때까지의 이론으론 종재격이며 재성인 木을 돕는 水木은 좋고 일간을 돕는 土金은 나쁘다고 못 박고있다. 그러나 이 사주역시 한밝 신사주학의 일간 대행격으로 풀어야 되는데 그에 따르면 다음과 같다.

시간의 乙木으로 체(体)로 삼고 일간 辛은 乙木의 편관이 된다. 이리되면 개인사업보다 직장생활로 가게 된다.

그리고 木의 세력이 아주 태왕하며 생목(生木)이므로 설기시켜 주는 火가 좋으며 生木이 뿌리내릴 수 있는 土가 필요하다.

이런 사주는 土만 들어오면 돈이 되니 부동산 투자하면 아주 좋다. 따라서 己未대운까지는 발전운이고 庚申대운에 큰 손실을 입게되던지 몸상하게 되며 辛酉대운에 끝장난다. 寅月의 생목(生木)은 金운을 만나면 꺾이게 되기 때문이다.

육친관계를 보면 첫째 남편운이 아주 좋지 않다. 이것은 관성인 金이 생목의 가지를 자르는 격이 되어서이다. 그리고 일간

辛金은 甲寅의 정관이므로 유부남이고 이것이 乙辛으로 충극하므로 유부남 인연있게 되고 그것으로 고통받게 된다.

戊午대운 己丑년 壬申월 庚戌일에 찾아온 우람한 체격을 지닌 투박스런 인상을 풍기는 사람이었다. 한밝 내정법 (來情法)으로 보니 직장에 염증나고 남자관계 청산하려는 것이 보인다. 대운으로 보면 대운지 午가 도화살되고 일주 辛卯와 戊午대운이 3급 소용돌이 되어있다. 己丑년은 시지 未를 충하여 卯未합을 깨고 있다.

따라서 다음과 같이 말했다. '남자 문제로 인해 고통 따르는데 유부남과의 인연입니다. 정리하려 하겠으나 남자가 응하지 않을 것인데 어쩌지요.' 여자의 얼굴에 당황한 빛이 어렸고 눈썹이 찌푸려졌다. 그러면서 '이사람 한번 봐주세요.' 하며 아래의 명조를 내놓았다.

						38	28	18	8	
丁	丙	辛	乙	남		丁	戊	己	庚	대운
酉	子	巳	卯			丑	寅	卯	辰	
天乙 공망		馬								

子酉귀문살있고 시지 酉에서 투출된 월간 辛金과 丙辛합하고 있다. 또 월간 辛金정재는 월지 巳중 丙火와도 명암합하고 있다. 즉 나는 남의 여자와 합정하고 있으며 내 여자라고 여긴 辛金정재가 딴사람하고도 합정하고 있다.

'이분은 의처증 증상이 있을 것이며 보통사람들이 생각 못하는 것을 생각하여 행동하는 돌출적 성향을 지닌 사람이니 조심해야겠습니다. 그리고 남의 처가 제 마누라고 제 마누라가 남의 여자가 되는 복잡한 치정관계를 지닌 팔자네요.' '말씀하신 그대로인데 어떡하면 좋습니까?' '물론 인연을 끊는 방법이 제일 좋겠지요.' '전 헤어지려고 하나 헤어져주질 않습니다. 저를 죽여서라도 자기 옆에 두겠다고 합니다.' '사주만큼 험한 소리를 하네요. 그래도 인연이 아니면 그만두어야 함이 좋지 않을까요. 법적으로라도 강하게 나가야 인연이 끝이 나겠네요.' '네 알겠습니다.'

상담내용을 줄여서 적어놓았지만 이런저런 얘기들로 많은 시간이 흘렀다. 酉金 또한 丙火의 사지이고 사신이 발동되어 합되니 험한 소리도 하겠다 싶었다. 이 사람의 처도 월지에 巳火를 가지고 있어 다른 남자의 인연을 두고 있기도 한다. 처도 귀문의 영향을 받아 특이한 성격의 소유자다. 여자가 이 사람에게 들어가면 여자입장에서는 巳火가 辛金의 사지가 되고 사신 발동이 丙火가 되어 있어 여자는 힘들게 되어있다.

예12) 위 사주를 본 다음날 사주를 보러 온 여성이다.

					44	34	24	14	4	
丁	丙	辛	戊	여	丙	丁	戊	己	庚	대운
酉	子	酉	辰		辰	巳	午	未	申	

어제 본 남자의 사주가 생각이 났다. 그리고 곰곰이 생각하였다. 이 사주는 丙火의 뿌리가 하나도 없는데다 丁火역시 丙火를 도우지 못하니 쓰지 못하고 월간 辛金과 합되어있고 지지로는 金이 강하여 辛金을 体로하여 풀이하였다. 辛酉에서는 년간 戊辰과 유정하게 합되어 있어 공부의 인연이 좋다. 대운도 戊土운이라 계속 공부해 나간다. 공무원 공부중이다. 丙火관과 합이 되어 있으니 공무원이 될 수 있겠다. 성격적으로는 예민 꼼꼼함에 귀문살의 영향으로 특이한 상상 공상은 잘하는 재밌는 사람

이다.

예13)

					47	37	27	17	7	
癸	己	甲	癸	남	己	庚	辛	壬	癸	대운
酉	亥	寅	卯		酉	戌	亥	子	丑	

己土일주가 지지에 뿌리없고 지지에 寅亥합에 卯木까지 있으면서 월간에 甲木이 떠있어 甲木으로 일간대행을 한다. 己土가 처다. 천간지합을 맺고 있어서인지 부인과 함께 사주를 보고자 왔다.

己丑년 壬申월에 온 사람이다. 甲己합이 있는데 또 己土가 오니 사주의 甲己합이 발동이 된다. 사업을 하고자 찾아온 사람이다. 해도 될까? 다음해가 庚寅년 辛卯년이 기다리고 있어 시작하지 말라는 대답을 할 수밖에 없었다. 사주의 기신이 酉金인데 기신이 움직이는 운이라서 안된다고 한 것이다. 하지만 정작 본인은 하고픈 마음에서 좋은 대답을 듣고자 떼를 쓰듯 파고들었다.

여러군데 가보았는데 어떤 곳은 己土가 극신약이니 己丑년에는 해도 된다고 하고 어떤 곳은 하지 말라고하니 어떤 말을 들어야 하는지 알수가 없다며 소문 듣고 왔으니 정확하게 얘기를 해달라고 졸랐다. 노후가 불안하니 돈을 벌려면 지금이라도 사업을 해야하지 않느냐는 것이다.

그래도 2년은 더 직장생활하고 壬辰년에 甲木의 장생지인 亥中 壬水가 움직이니 그때 시작해 보라고 설득아닌 설득을 하고는 상담을 마쳤다. 옆에 조용히 앉아있던 부인은 안도의 숨을 내쉬며 일어났다.

예14)

					43	33	23	13	3	
辛	庚	壬	戊	남	丁	丙	乙	甲	癸	대운
巳	辰	戌	戌		卯	寅	丑	子	亥	

많은 손님들 중에 아래위로 검은색의 옷을 입은 남자손님이 유독 눈에 띄었다. 상담할 순서가 되어 마주 앉았는데 철학을 무시하는 투의 말을 뱉으며 '여기는 신으로 봅니까 철학으로 봅니까', 하며 말머리를 꺼내었다. '신으로 보든 철학으로 보든 사주명식이나 보면서 얘기를 하지요.' 하며 명조를 적고는 '무당에게 가면 굿해라는 소리 많이 들었겠습니다. 죽은 동생 얘기도 많이 들먹이겠네요.. 굿하는 것보다 본인이 자신의 기도를 하면 더 좋지 않겠습니까. 죽은 형제가 도와주고자 하나 큰도움이 되겠습니까. 올해운도 문서정리에 되는 일이 하나도 없을 텐데요.' 철학을 무시하는 사람이라 조금 콧대를 세우며 말을 하였다.

여기까지 말을 하니 자세를 바로하며 진지한 눈으로 말문을 열었다. '사실 굿도 많이 해보고 집에도 신방을 모셔놓기도 하였는데 일은 풀리지 않으니 어찌하면 좋을지 모르겠고 노래방도 하는데 올해 정리해도 될지 궁금합니다.' '네 하십시오. 일 정리하시고 부인일을 도움이 좋겠습니다.' 하며 상담을 마무리 하였다.

이 사주명식은 사실 어려운 명식은 아니다. 초보자도 풀 수 있는 사주이다. 戌월의 庚金이 많은 土에 壬水의 갈길이 막혀있으니 하는 일이 잘될리 없다. 시주의 辛金은 사지에 앉아있고 巳中 戊土가 천간에 올라있으니 사신이 발동되어 있다. 그래서 丑대운에 동생이 죽었다. 巳中에 庚金이 장생을 하고 있으니 죽은 동생에 의지하는 것이다.

예15)

		31 21 11 1	
己 壬 戊 庚	남	壬 辛 庚 己	대운
酉 申 子 午		辰 卯 寅 丑	

子월의 壬水가 申金 酉金 천간에 庚金을 띄우고 있어 약하지 않은 사주다. 하지만 사주의 구조가 겨울의 午火가 子午沖으로 깨어져 있다. 하여 午中 丙火가 문제가 되어있다. 아버지 연분이 약한 사주이다.

午中의 己土가 천간에 투출되어 아버지의 표출신이 되어 있으며 기토탁임을 시키고 있다. 월간의 戊土와 함께 정편관 혼잡되어 있으면서 壬水를 잡아주지 못하고 있다.

寅대운에 己土의 사신이 발동하면서 寅申충을 시켜 子午충이 발동되니 이때 아버지가 교통사고로 객사할 때 아버지의 죽음을 목격함으로써 불안에 떨게 되었다. 甲申년 이었다. 子午충 발동에 己土를 甲木이 묶어 절지로 끌어들였다. 寅대운 己丑년 己土발동되어 壬水를 괴롭히니 아버지의 혼령이 힘들게 한다.

엄마가 와서 눈시울을 적시며 상담하고 갔다.

예16)

		29 19 9	
癸 庚 己 乙	여	壬 辛 庚	대운
未 子 卯 亥		午 巳 辰	

이 사주는 '庚金일간이 아주 약하므로 시지 未에 뿌리를 둔 월간 己土로 용신해야한다.' 로 말하기 쉽다. 그러나 월간 己土는 亥卯목국과 년간의 乙木에게 극 당했고 시지 未土는 亥卯未로

木化되었다. 그러므로 용인(用引)격은 안되고 종재격이 되었다.

그리고 庚金일간이 태약하여 그 역할을 할 수 없으므로 일지 子水가 일간 대신하는 체(体)가 된다.

따라서 일간 庚은 모친성인 인수가되고 시지 未중 丁火재성이 부친성이며 년간 乙木이 부친의 표출신이다. 시지 未중에서 월간 己土로 투출되었는데 어찌하여 己土를 부친성으로 하지 않는것은 未土가 亥卯未로 목국을 이루기 때문이다.

년지 亥水는 오빠 및 언니인데 亥卯로 합하여 사지 (死地)로 들어가고 壬水의 사신인 卯木이 년간에 투출 발동되어 10여세 전에 형제 사별하게 된다. 실제로 이 명조의 주인공이 4살되던 戊寅년에 언니가 삼풍백화점 붕괴사고로 매몰되어 죽었다. 부친의 표출신인 乙木은 지지에 亥卯未 목국을 얻었으므로 능력있는 사람이고 뛰어난 사람이다.

그러나 庚대운때 庚, 乙庚의 쟁합이 이뤄져 모친(庚)과 부친은 이별했다. 대운간 庚은 부친의 새로운 합신(여자)이다. 子(癸)水의 역할은 자라나와 발돋움하는 새싹에게 수기를 제공하므로 교육자 길을 지망한다. 辛대운까지 공부운이고 巳대운부터는 돈벌이 운인데 타향 타국에서 활동할것이다.

일간의 힘이 태약하여 그 능력과 역할을 못할 때는 일지가 본신이 되는 이런식의 변화는 기존의 명리론에서 보면 얼토당토 않는 황당한 이론으로 볼 수 있다. 그러나 이 이론의 근거는 「일간 일지는 본래부터 한 몸으로 일체양용(一体兩用)의 관계다」에 있다. 즉 하늘없는 땅 없고 땅없는 하늘없다. 따라서 일간이 정신적 자아라면 일지는 육신적 자아다.

그리고 일간이 지아비(夫)가 되면 일지는 지어미(婦)가 되어 한 가정을 꾸려간다. 비유하자면 한가정의 주체인 일간(夫)이 그 능력을 상실했다면 당연히 일지(婦)가 남편을 대신하여 가정사를 꾸려갈 수밖에 없는 것이다. 동서고금의 그 어떤 명리서에도 없는 이런 이론은 인간 삶의 일반적 보편적인 관행에 따른 것으로 오직 한밝신사주학파 만의 독창적 이론이다.

예17)

					56	46	36	26	16	6	
乙	壬	甲	己	남	戊	己	庚	辛	壬	癸	대운
巳	午	戌	亥		辰	巳	午	未	申	酉	

壬水일간의 뿌리는 년지 亥에 있다. 그러나 월지 戌에 극되고 년간 己土에 극되고 있으며 일간과 너무 멀리 있어서 壬水일간의 뿌리 역할이 어렵다. 이렇게 일간이 약하여 그 주체로서의 능력을 상실하면 일지가 주체 역할할 수밖에 없다.

따라서 일지 午중에서 투출된 년간 己土가 체(体)가 되며 일간 壬水는 처(정재)가 되고 甲乙木은 관성 역할하게 된다. 庚대운에 甲木을 충극하므로 직장(甲)생활청산하고 부동산업 시작했다. 庚이 壬水을 생해주므로 치부했다.

午대운은 문서가 록이되어 매매계약사로 득록했다. 己대운은 비견운되어 甲己合이 발동되어 자식이 연애한다고 돈쓰고 다녔으며 본인에겐 경쟁사가 따랐다. 戊辰대운은 일간 壬水정재가 극되고 년지 亥水가 辰에 입고 원진되며 午戌火局을 충(辰戌)한다. 그러므로 문서날라가고 본인의 건강상하게 되든지 처가 아프게되는 불길한 운이다. 甲辰생 부인만나 일남일녀 두었다.

예18)

					36	26	16	6		
癸	庚	壬	乙	여	丙	乙	甲	癸	대운
未	寅	午	丑		戌	酉	申	未	
공망		공망							

이 사주의 육친성을 분석하면, 년지 丑중 己土가 모친이고 일지 寅중 甲木은 부친이다. 그리고 월지 午중 丁火가 남편이고 월일간의 壬, 癸水는 자식성이다. 그런데 일지 寅중 甲木은 하나뿐인데 이것과 암합하는 己土는 년지 丑, 시지 未에 있다. 즉 아버지성은 하나인데 엄마별은 2개다. 년지 丑중 己土가 친모이고 시지 未중 己는 후모다. 년지 丑중 己土는 丑에 묘(墓)가 되고 일지 寅에 사 (死 : 12운)가 되며 丑중 癸水가 시간에 있으니 모친의 묘신(丑)이 발동되어 있다.

그런데 癸水는 년지 丑(모친궁)에서 표출되었으므로 모친의 표출신이다. 이 모친 표출신은 앉아있는 자리인 未에 묘(墓)가 되며 월지 午에 절(絶)이 되고 있는데 년간 乙木이 癸(모친의 표출신)의 묘 발동신이 되어있다.

申대운은 癸水의 사지(死地)되어 모친에게 크게 불리한때다. 이런 대운에 己丑년만나 己癸로 충극하고 丑未로 충하는데다 己土는 년월시지 丑, 午, 未의 발동신되어 모친이 급사했다. 丙寅월에 급성유방암을 발견했고 3개월만인 己巳월에 사망했다. 본인에겐 午도화관성이 발동되는 세운이므로 남자친구 생기게 된다.

예19)

	45 35 25 15 5
己 己 丙 甲 여	辛 壬 癸 甲 乙 대운
巳 亥 寅 辰	酉 戌 亥 子 丑
홍염	

己亥일주의 정은 월주 역마관성 (寅)에게로 寅亥合하여 가고 있다. 이렇게되면 일거리(寅관성)를 찾아 나서고 나가서 활동(寅역마)하려하게 된다. 년간 甲木이 남편인데 홍염발동하는 癸대운에 연애했고 寅亥합이 발동되는 亥대운에 결혼했다. 甲辰남편궁과 일주 己亥는 甲己合하며 지지로는 辰亥귀문되어 있으니 남편이 의처증 지니게 된다. 더욱이 월지 寅木관성과 己亥일주가 亥寅合하며 甲己명암합하고 있다.

그러므로 마누라(己)가 밖에 나가 일하게 되면 (寅亥) 딴 남자(寅)와 합정할 것같아 감시의 눈(丙)을 번쩍 거리며 못나가게 한다. 壬戌대운은 돈벌이하고 싶었으나 남편의 반대로 전업주부 생활했다.

辛酉대운되어 丙辛合하여 감시하는 남편의 눈길이 묶여져 재성의 기운(丙辛合水)으로 변하므로 己丑년에 언니와 함께 동업하고자 한다. 그러나 辛酉대운은 자신과 남편에게 크게 불리한데 생목(生木)인 甲木이 金을 만났기 때문이다. 그리고 甲辰과 丙寅, 丙寅과 己亥일주 사이에 소용돌이가 되어있는데 그것이 합을 만나서이다. 뿐아니라 辛酉대운과 己亥일주사이에도 2급 소용돌이가 형성되니 애정문제로 갈등번민 있게되고 사업의 실패와 부부불화 이별까지 따르게 된다.

예20)

甲 庚 庚 辛　남
申 午 寅 亥

관상을 보던중 아가씨가 힘이 하나도 없어 보여 기가 다 빠져 있으니 몸보양이나 좀 해야겠다고 상담해주니 알겠다고 하며 궁합을 보고자 내어놓은 남자의 사주이다. 사주를 보자마자… 이 사람은 자기 여자가 하나도 없습니다. 모두 남따라가니 결혼하여도 결혼생활을 유지하기 어렵고 그보다 여자의 건강이 나빠져 처가 일찍 세상을 뜰 수도 있으며, 아가씨의 건강도 좋아 보이지 않으니 남편감으로는 마땅하지 않은 것 같습니다. 그리고 돈있어 보이나 빈수레 같습니다. 하였다.

아가씨는 안그래도 이 사람을 만난 후로 건강이 나빠져 힘이 없으며 남자가 먼 곳으로 가면 몸이 좋아진다고 하며 신기해했다.

庚金일주로 정확한 정재성이 없으며 월지에 있는 寅木도 년지의 亥水와 寅亥합으로 마음이 변하며 시간의 甲木도 군비쟁재되고 있고 甲木은 절지인 申에 앉아있으며 절신인 庚金이 월간 일간으로 나타나 있으니 재성이 견디기 어렵게 되어있어 던진 말이다.

己丑년이 甲木을 합거하여 이별수 또한 있는 운이다.

예21)

	46 36 26 16 6	
0 庚 癸 辛　남	戊 己 庚 辛 壬	대운
0 戌 巳 亥	子 丑 寅 卯 辰	

己丑년 乙亥월에 부인이 사주를 보러 왔다. 술을 한잔 하고 왔

으니 이해해 달라고 하며 친구들과 같이 와서 명조를 내놓고 기다리고 있는데 문득 한밝 스승님이 잘 쓰시는 표현이 떠올랐다.

이분은 또라이 기질이 있습니다. 나로서는 잘 쓰지 않는 표현이지만 그렇게 말하였다. '당해보지 않은 사람은 모릅니다. 엉뚱한 말과 상상으로 사람을 힘들게 하니 어찌 살겠습니까.

손찌검도 할 수 있습니다. 올해도 이별수는 있으니 이별을 함이 맞겠고 자식도 이분을 닮을 수 있으니 부인이 아이를 키워야 하겠습니다.' 하니 모두 맞는 말이라며 일어났다.

지지의 巳戌귀문살이 천간 辛金과 일간 庚金으로 나타나 있고 庚金이 癸水를 보는것은 물상적으로 녹이 쓴 쇠와 같은 기운이며 庚戌괴강의 특징을 두고 한소리이다. 巳中 丙火, 戌中 丁火가 자식이며 역시 귀문살의 영향을 받고 있어 아빠의 성정을 닮을 수 있다고 본 것이다.

초등생 아들도 누나를 아빠처럼 때린다고도 한다. 본대로 행동하는 것이다.

예22)

					43	33	23	13	3	
癸	丁	庚	辛	남	乙	丙	丁	戊	己	대운
卯	卯	子	酉		未	申	酉	戌	亥	
		도화								

丁火일간이 子월에 태어났고 庚辛 癸水가 투출되어 아주 신약하다. 이리되면 대부분의 왕초보들은 일시지 卯木을 용신으로 하여 풀이하려한다. 그러나 卯木자체가 습한데다가 子월의 卯木이라 습하기 그지없어 丁火를 생할수없다. 따라서 왕한 것에 따를 수밖에 없으니 도화편관인 子(癸)水에 따랐다.

그러나 卯木이 子水와 子卯형하여 따르길 거부하며 庚子월주와 丁卯일주 사이에 3급 소용돌이까지 되어있다. 이리되면 갈길이 없어 어쩔 수없이 따르지만 항상 갈등과 번뇌를 안고 살아가는 삶이된다.

이것을 부연하면 丁火일간은 여러 잡된 여자(庚,辛)가 배설하는 사랑의 물(子水도화)에 종(從)이 될 수밖에 없는 삶을 거치게 된다. 사주전체가 음습하므로 조(燥)한 기운과 밝은 기운이 와야 좋다. 戊대운부터 丁대운까지 호스트바에 나가 여러 잡된 여자들의 비위맞춰주며 시중들어주는 일명 선수(호스트바)의 삶을 살았다.

필자에게 찾아온 때인 酉대운 역시 미친듯, 취한듯 제정신 아닌 상태(子酉귀문)로 바람기 많은 연상녀들이 던져주는 돈을 얻어쓰는 생활을 하고 있다. 乙未대운되어야 따뜻한 기운이 들어오니 이때가 되어야만 제정신 차리고 주체적인 삶을 살 수 있을 것이다. 이 명조는 어떤 여성이 자신이 데리고 있는 남자애라며 내놓은 것이다.

예23)

						43	33	23	13	3	
庚	辛	甲	戊	여		己	庚	辛	壬	癸	대운
寅	酉	子	申			未	申	酉	戌	亥	

辛酉일주 子월생으로 월지 금수상관격이며 신왕하다. 따라서 조후시켜주는 寅중 丙火가 제일 필요하고 이를 돕는 木과 金의 기운을 설하는 水운도 좋다. 그러나 土운과 金운은 좋지 않다.

시지 寅중 丙火가 남편이고 寅은 남편궁이다. 월간 甲木정재는 남편(寅)의 표출신이다. 따라서 남편이 돈벌어 잘 갖다준다. 자식은 申중 壬水고 子중 癸, 壬水다. 申중 壬水는 첫 번째 자식이고 월지 子水는 두 번째 자식이다. 戊子년 甲申월 壬寅일 戊申시에 찾아온 손님이다. 대강 살펴본 필자는 입을 열었다.

'도화대운인 酉운에 결혼운이니 27~28세에 결혼했겠고, 남편은 온건세심하며 따뜻한 마음씨를 지닌 분이겠습니다. 직장생활인데 월급 받으면 꼬박꼬박 잘 갖다 주겠네요.' 여기까지 얘기하면 대부분의 손님들은 어떤 반응을 보이며 맞장구까지 치기도 하는데 이 손님의 침울한 얼굴색은 들어와 앉을 때와 조금도 차이가 없다. 오히려 더 침울해진 것 같은 느낌까지 왔다.

이분이 알고자 하는 것을 내가 말하지 못해서일까? 그래 내정법을 활용해보자. 이 생각이 든 필자는 내정식(來情式)을 종이에 그렸다.

戊	壬	甲	戊
申	寅	申	子
시	일	월	년

'아니! 이럴수가! ' 내정식에는 자식성이 충극되어 있었다. 이러니 이 사람의 표정이 침울하다 못해 침통하기까지 했던 것일까? '그런데… 올해는 아이들 잘 보살펴야 합니다. 자칫하면 큰 사고가 따르니 특히 길거리 다닐 때 조심하라 일러주셔야 합니다.' 여기까지 말을 하고 손님의 얼굴을 쳐다봤다. 손님의 얼굴엔 눈물이 쉴새없이 흐르고 있었고 입술사이론 흐느낌마저 흘러나오고 있었다. 한참 후 눈물을 닦으며 띄엄띄엄 말했다. '큰 애가 지난 6월에 교통사고로 하늘나라 갔어요. 애인같기도, 친구

같기도한 아이였는데…. 이게 모두 내 팔자군요.'

이처럼 가끔 내정법으로 사주를 확인해야 될 때도 있다.

예24)

					35	25	15	5	
乙	丙	甲	丁	남	庚	辛	壬	癸	대운
未	午	辰	巳		子	丑	寅	卯	

丁 丁 乙 己 에 찾아온 손님의 명조다.

未	丑	亥	丑
시	일	월	년

한밝 내정법으로 보면 비견이 발동되어 있고 재고(財庫)가 충파되어 있다. 그리고 관성역시 본명성(丁巳)에게 巳亥로 충파되어 있다. 따라서 '직장 생활 접고 사업하려하나 잘되는 일없고 재운없으니 포기하고 딴 직장 찾아보세요.'라고 상담을 시작하였다. '그러면 저의 부친운은 어떠합니까?' '지금 건강상태가 안좋은데 내년 庚寅년엔 아주 조심해서 넘겨야 할 것 같네요.' 비견 난동에 재성이 입고(入庫)되었는데 충을 만나 그 창고가 부셔졌기에 그렇게 말한 것이다(내정법으로).

'그러면 앞으로의 전체적인 운명을 봐주세요.' 丙火일간 태왕하여 월지 辰으로 설기해야 하니 월지 화토상관격이다. 그런데 土를 극하는 甲木이 辰위에 있어 가는 길을 방해하고 있다. 이것은 부모(甲)가 내가 가는 길에 방해가 되고 필요없는 생각 때문에 행동력이 떨어짐을 나타내고 있다. 그런데다가 일시간에 1급 소용돌이가 되어 진로에 대한 갈등과 실패가 많이 따르게 된다.

25세부터의 辛丑대운이 좋아보이나 丙午일간과 합이되어 일시간의 소용돌이를 겹으로 작용 발동케하니 애정사에 이별불화 갈등있고 진로에 갈등 많게 되었다.

35세 부터의 庚대운은 부친이 사망의 길로 들어가게 되며 乙庚합하여 甲木을 충거하므로 발전운이다. 子대운은 일지 午火양인을 충하여 애정사(도화) 깨어지고 몸에 수술 및 부상이 따르게 된다. 그러나 몸이 허약하던 모친은 생기 얻어 건강해지겠다.

예25)

					38	28	18	8		
丙	丁	乙	丙	여	辛	壬	癸	甲	대운
午	丑	未	寅		卯	辰	巳	午	

丁火일간이 염천인 未월에 태어난데다 년, 시간에 丙火겁재가 寅午중에서 투출되어 엄청 신왕하다. 이리되면 일지 丑이 습토이므로 희신이다. 겁재발동되어 신왕하면 재성이 제일 먼저 피해를 입게되는데 다행히 辛金재성은 丑에 입고되어 보호받고 있다.

이럴 땐 재고 (財庫)인 丑을 형충함을 제일 꺼린다. 만일 형충을 받게되면 辛金이 튀어나오고 기다리고 있던 丙火겁재가 합거시킨다. 일지 丑을 월주 乙未백호가 충하고있음이 부친의 명줄이 짧음을 예고하고 있다.

甲午대운은 午未합으로 未土를 묶어주므로 부친(辛)이 다치지 않는다. 癸巳대운은 년주 丙寅과 3급 소용돌이 이루어 본래부터 있던 년일사이의 1급 소용돌이를 더욱 휘몰아치게 한다.

년주는 조상과 부모의 자리인데 이것이 소용돌이에 휩싸이게 되면 부모 및 조상에 대한 이별 및 불상사가 있게 된다. 이런운에 己丑년 만나 월일간의 丑未충을 발동시키니 충출된 辛金재성은 시간의 丙火가 합거한다. 또한 己丑년의 己는 일주 丁丑백호살의 발동신이다. 이러므로 戊辰월에 부친이 심장병으로 저 세상으로 떠나가고 말았다.

예26)

					29	19	9		
辛	丁	庚	甲	여	丁	戊	己	대운
丑	酉	午	子		卯	辰	巳	

丁火일간이 록이되는 午月에 태어났으나 일지 酉를 중심으로 酉丑금국되었고 월시간에 庚, 辛金이 투출되어 아주 재성이 강하다. 그러므로 이 세상 대부분의 역술인들은 재다신약 (財多身弱)사주로 하여 약한 일간을 돕는 운은 좋고 土金水운은 나쁘다고 감정하게된다.

그러나 한밝 신사주학파의 이론으로 보면 월지 午火는 년지 子의 충을 받아 극히 약해졌다. 따라서 그 많은 재성을 처리할 수 없어 부득이 종재할 수밖에 없다.

하지만 이때까지의 종격이론과는 달리 일지 酉에서 투출된 시간의 辛金을 체(体)로 하는 일간대행격이다. 이렇게 변격되면 일간 丁火가 남편성이되고 년지 子水는 자식성이 된다. 그리고 년간의 甲木은 부친성이 되고 시엄마가 된다. 午火가 관성 도화되어 연애결혼이다. 하지만 년지 子水가 생기면 子午충이 발동되는데 이것은 자식(子)이 생겨나면 남편과 불화 이별하게 됨을 나타내고 있다.

또 상대적 통변으로 보면 남편인 丁火는 酉도화에 앉아있고 월지 午도화에 뿌리를 두고 있다. 그런데다 庚, 辛의 정편재가

酉丑금국에서 투출이니 남편은 바람기 많고 많은 여자와 인연 맺을 사람이다. 여기까지 파악한 후 입을 열었다.

엄마가 딸의 사주를 보고자 왔길래 '따님은 결혼을 늦게 해야 합니다. 일찍하면 반드시 이별불화가 따릅니다.' '네~ 그런데 딸은 2007년 (丁亥년)에 연애 결혼했고 2008년에 아들 낳았습니다.' '그렇다면 곧바로 이별문제가 대두되었겠습니다. 아마도 사위가 많은 여자와 관계를 맺어 딸네미를 힘들게 했을 것입니다.' '맞아요. 안그래도 그 일로 이별시킬까하고 있어요. 확인차 한번 물어 본 것입니다.' 여자손님은 말이 끝나기 무섭게 다 알았다는 듯이 자리에서 일어섰다.

예27) 사주따라 이름도 지어진다.

己 乙 乙 己　여
卯 亥 亥 巳

亥月 乙木일주로 巳火에 의지를 하려고 하나 巳亥충으로 위태롭다. 己土땅에 의지를 하려고 하나 뿌리가 약해 의지하기도 여의치 않다. 亥亥 물위의 수초같은 모습으로 乙木끼리 엉켜있는 모습이다. 己丑년 丙子월초에 찾아왔다.

얼굴의 모습도 눈 주위로 반점이 거뭇거뭇하게 올라와 있었다. 생년월일을 묻고는 이름이 뭐죠? 물으니 강버들입니다. 버들이는 이름부터 바꾸어야 하겠다. 걱정스레 말을 꺼내고는 사주를 설명해 주었다.

丙火가 희망이 되니 丙子월에 작심이 대단하였다. 얼굴 코성형에 눈성형에 팔다리 허벅지 군살제거까지 하려고 작심했다고 한다. 당연히 하라고 하였다. 이름까지 작명신청을 하고 갔다.

어린나이에 스트레스가 얼마나 많았나 싶어 안쓰럽기도 하였다.

예28)

					41	31	21	11	1	
乙	庚	乙	癸	여	庚	己	戊	丁	丙	대운
酉	辰	丑	卯		午	巳	辰	卯	寅	

庚金일간이 丑월에 태어났고 시지 酉 일지 辰에 통근하여 아주 강하다. 가는 길은 당연히 합을 쫓아가는데 월 시간의 乙木중에 월간 乙木으로 간다. 그러나 이처럼 乙庚乙의 합을 이루면 양손에 떡을 쥐고 어느 것을 먼저 먹을까 하고 두리번거리는 격이다.

따라서 아주 욕심많다. 일지 辰중에서 癸상관과 乙木이 나왔다. 그러므로 돈 만드는 능력 좋다. 또 이쪽저쪽을 두리번거리며(乙庚乙) 일거리를 찾게되며 많은 사람들이 따른다. 辰酉합금. 酉丑合 금국으로 비견국을 이뤘기 때문이다. 그러나 제일 필요한 丙火가 없어 격이 떨어지며 재물(乙卯)이 크기 어렵다. 그러므로 신왕하고 재왕하며 재성을 합하고 있지만 큰 부자는 되기 어렵다.

庚午대운 戊子년 겨울에 찾아온 분이다. 대운간 庚은 비견되어 나의 재성인 乙木을 쟁합하려 한다. 그리고 대운지 午는 사주원국의 년지 卯를 파하고 년주 癸卯와 庚午 대운사이에 3급 소용돌이를 이룬다. 따라서 반드시 손재와 실패가 따르는데 戊子년 만나 나의 돈줄인 癸水를 戊癸合으로 묶었으니 다음과 같이 말할 수밖에 없었다.

'올해는 남이 잡고 있던 문서를 잡았는데 그것(戊)이 돈줄과 갈길을 막게되어 손재 구설에 주변 사람까지 힘들게하는 운이었는데 어떠했습니까?' '예. 말한 그대로입니다. 새로운 일을 하나 계획하고 있는데 2009년부터는 잘 풀리겠습니까?' '2009년(己丑년)은 막힘이 많게 되고 2010년 2011년까지 힘들겠습니다. 壬辰년(2012년)에 시작하시면 되겠습니다.' '네 알겠습니다.'

이분은 다단계사업을 하는 사람인데 戊子년에 형제 친구들을 모아 사업하던중 윗사람의 횡령으로 재물의 손실을 많이 입었었다.

예29)

					48	38	28	18	8	
壬	癸	丙	辛	여	辛	庚	己	戊	丁	대운
子	酉	申	亥		丑	子	亥	戌	酉	

부친(丙)하나에 모친 (辛,申,酉)많다. 일지 酉金이 후모이므로 후모손에 자랐다. 금수가 만당하여 '가을 물(秋水)이 근원을 통했다(運)'로 말한다. 하지만 이 사주에서의 水는 그냥 흐르는 물에 불과하니 이룸이 없게되는 처량한 운명이다.

월지 申홍염살 중에 戊土정관성이 숨어있다. 그러므로 18세부터의 戊대운에 연애했고 戌대운에 결혼식 올렸다. 申중 戊土는 힘없는 흙(土)이고 이 사주에선 쓸모없는 흙이며 오히려 깨끗한 물만 흐리게 만드는 좋지못한 역할까지 하고있다. 따라서 己대운에 남편의 사업실패로 본인역시 신불자가 되었다. 己대운은 그야말로 쓸모없는 흙(己)이 물을 흐리게 만들었기 때문이다. 태왕한 물이 갈곳은 년지 亥중 甲木하나뿐이다. 따라서 자식하나 믿고 살게되며 남(亥中壬)의 일(亥중 甲木)이나 거들어주고 살아야 될 명조다.

庚子대운은 술장사 계통에 종사하며 애정의 번뇌와 갈등 심하겠고 辛丑대운에 득병하여 불행한 세월 보내겠다.

예30)

			52 42 32 22 12 2
甲 庚 甲 壬	여	戊 己 庚 辛 壬 癸	대운
申 辰 辰 寅		戌 亥 子 丑 寅 卯	

庚金일간이 辰월 辰일에 申시를 얻어 약하지 않다고 말할수 있다. 하지만 월지 辰중 戊土는 대목지토(帶木之土)되어 庚金을 생해주기 어렵다. 일지 辰중 戊土가 쓸만하나 시지 申과 申辰으로 반수국을 이루므로 이 역시 그 힘이 반감되었다. 이젠 시지 申金록신을 믿을 수밖에 없지만 공망을 맞아 그 힘이 반감되었으니 재다신약(財多身弱)을 못면했다. 따라서 평생 돈돈하면서 살게되며 여러 가지 업에 손대게 되고 남 좋은일 시켜주게 된다.

이 사주역시 甲庚甲의 구조되어 이일 저일 바쁘게 하게 되는데 그 자세한 정황을 살펴보면 다음과 같다. 월주 甲辰은 생목이고 자라가고 있는 나무다. 그리고 시간의 甲木은 申위에 앉아있으므로 남의 돈이며 사목(死木)이다. 따라서 밥이 익기도 전에 먹으려 덤비는 급함이 있겠고 어떤 것이든 간에 내 것으로 만들려는 욕심만 가득 차있다.

이 사주의 남편성은 년지 寅중 丙火다. 음습한 팔자이므로 년지 寅에 웅크리고 있는 미약한 丙火이지만 반갑기 그지없다. 하지만 丙火남편은 한 여자를 거쳤으며 아이 하나까지 있는 남자다. 그것은 년과 시가 기를 통하고 있음에서 알 수 있다.

즉 년간의 壬水가 남편궁인 년지 寅木위에 있기 때문이다. 상대적 통변으로 남편되는 寅중 丙火에서 보면 시지 申金이 첫 여자고 일간 庚金이 두 번째 여자이기 때문이다. 이 사주는 지지로는 土金운이 와야 좋고 천간으론 火土金이 좋다. 그러나 己亥대운의 己土운은 토(土)이지만 아주 불길하다. 己土가 亥위에 앉아 힘이 약한데다 월시간의 甲木과 쟁합하여 甲木을 발호하게 만들어서이다. 그래서 己土운에 이것저것 사고팔고 했지만 모두 실패했고 결국 신불자가 되고 말았다.

亥대운되면 기신인 甲木편재는 장생을 얻고 나의 힘이 되어주는 辰중 戊土는 절(絶)을 만나게 된다. 그러므로 새로운 일 시작하나 곧바로 망하게 되고 조금 남아있던 밑천마저 몽땅 날리게 된다.

※ 일간의 장생지나 재성과 관성의 장생지를 만나면 새로운 방향으로 나갈려 하게 된다. 그리고 토(土)가 필요한 사주에 土가 없던지 土가 문제를 일으키면 신용불량자가 되게 되는데 土는 신용(信用)에 해당되기 때문이다.

예31)

					42	32	22	12	2	
丁	庚	壬	乙	여	丁	丙	乙	甲	癸	대운
亥	戌	午	卯		亥	戌	酉	申	未	

庚金일간이 지지 그 어디에도 뿌리가 없고 천간에도 기댈데가 없다. 왕초보들은 일지 戌중에 辛, 金, 戊土있으므로 여기에 통근할 수 있다고 말한다. 그러나 이것은 합의 역할과 작용을 알지 못한 단견이다.

즉 午월 화왕의 때에 午戌로 합하여 화국이 되면 戌중 戊土는 조토(燥土)가 되어 庚金을 생해줄 수 없고 불구덩이로 변한 戌중의 辛金역시 쓸모없어지는 것이다. 따라서 종할 수밖에 없으니 제일 강한 세력을 지닌 채 투간되어 있는 丁火에 따르는 종관격이 되었다. 어느 정도 공부를 한 사람이라면 여기까진 쉽게 도달할 수 있다.

하지만 이때까지의 명리론에는 '종관하면 종신을 도우는 木火土가 좋고 金水는 나쁘다.' 는 식으로 간단히 처리 하고 있다.

이에 따르면 甲申, 乙酉대운은 천간은 木이 되어있고 지지는 金이므로 반길 반흉하다. 그리고 丙戌, 丁운은 火운이므로 대길해야한다. 하지만 이 여성의 실제 상황은 甲申 乙酉대운은 평길(平吉)했고 丙대운에 남편이 바람을 피우며 본인을 괴롭혀 결국은 이혼하고 말았는데 己丑년(35세) 때였다.

명리책에 있는 그대로 풀었는데 왜 이처럼 맞지 않을까? 이 사주역시 한밝 신사주학파의 이론대로 하면 아주 정확하게 풀리는데 다음과 같다. 일지 戌이 월지 午와 午戌화국을 이루었으며 庚일간이 심약하여 그 주체성을 상실하므로 午戌화국중에서 투출된 시간의 丁火를 체(体)로 하는 대행격이 성립된다.

따라서 일간 庚은 정재성이 되고 월간 壬水는 정관성이 되며 년간 乙木은 인수고 일지 戌중 戊土는 자식성이 된다. 상대적 통변법을 적용하면 월간 壬水는 午戌火 재국을 깔고 앉아있으며 壬水生 乙木. 乙木生 午火로 진행하고 있다. 그러므로 남편은 사업 쪽으로 가게되며 많은 여성(午戌火局)과 인연맺게 된다. 그리고 丙대운은 壬水(남편)에서 보면 편재성이다. 그러므로 丙대운부터 남편이 사업시작했으며 많은 여성과 교제했다.

己丑년에 이혼하게 된 것은 丁火(体)에서 보면 己土는 식신이 되어 壬水정관을 탁임하면서 극하기 때문이다. 그리고 丁火체에서 보면 丙대운은 겁재가 되어 일간 庚金재성을 겁탈한다. 그러므로 돈 날리게 되고 재정적으로 쪼달릴 수밖에 없는 것이다.

나의 사주풀이를 고개를 끄덕이며 듣고 있던 여자가 입을 열었다.

'선생님 말씀하신 딱 그대로였습니다. 양력 5월(己巳月)에 이혼했는데 무슨 미련이 남았는지 계속 연락하고 있습니다. 그리고 앞으로 어떻게 살아갈지 그것이 제일 걱정 됩니다.'

'2010년(庚寅년)이 재운입니다. 친구 형제들과 동업을 하던지 그들의 협조를 얻어 조금의 돈도 벌 수 있으니 너무 걱정마세요.'

庚寅년은 월일지와 더불어 寅午戌화국을 이루므로 형제친구가 합심 동사(同事)하는 모습이고 庚金재성이 약하나마 발동되므로 그렇게 말한 것이다.

예32)

					32	22	12	2	
庚	己	癸	甲	여	己	庚	辛	壬	대운
午	酉	酉	子		巳	午	未	申	
록		도화							

酉월 己土일간으로 기존의 명리이론에 따르면 시지 午火가 용신이다. 그러나 시지 午火하나로 많은 金水의 세력에 맞설수있을까 하는 의심이 들었다.

그래서 한밝신사주학의 이론을 적용하기로 했다. 즉 시간의 庚金을 체(体)로 하여 그 용(用)을 찾는 법이다. 이리되면 시지 午도화는 남자 및 남편이 되고 일간 己土는 모친이고 년간 甲木은 편재성이며 癸水는 자식성이다. 먼저 확인 작업부터 들어갔다.

'아가씨 올해(己丑년)에 남친 만났습니까?' 시지 午火가 남자며 도화살인데 己는 午火의 투출신이 되므로 이렇게 말한 것이다. '네. 저기에 있는 저 사람을 만났습니다.' 처녀는 저쪽에 서있는 잘생긴 총각을 가리키며 생긋 웃었다. '올해에 만났다면 음력 4·5월이었겠네요. 그리고 붉은 계통의 옷보다 흰색 검은색계통의 의상을 즐겨 입겠군요. 그리고 모친이 돈벌어 부친을 도와주고 있겠군요.' '어머나. 맞아요. 내가 좋아하는 색상이나 엄마가 돈벌어 아빠 내조하는 것 모두 맞아요.' 처녀는 무척 신기해했다.

庚金(体)이 가는 길은 월간 癸水로 간다. 그리고 癸水는 년간 甲木을 생한다. 따라서 이 사주의 용(用)은 첫째는 水고 다음으론 木이 된다.

즉 왕한자는 그 기운을 빼줌이 좋다(旺者喜泄)는 말이다. 午대운 결혼할 것이고 己대운에 부친에 유고(有故)있겠다. 도화살(午, 酉)이 발동되어 이성의 눈에는 무척 섹시하게 보이게 되는 여성이다.

예33)

					36	26	16	6	
癸	辛	丙	癸	남	壬	癸	甲	乙	대운
巳	巳	辰	亥		子	丑	寅	卯	

60살 정도의 아주머니가 자식사주라며 내놓은 팔자다. '어머니 올해(己丑년) 아드님이 직장을 관두고자 하였을텐데 어찌 되었습니까' '다른데서는 올해 승진수도 있다해서 기대를 하고 있었는데 갑자기 관두고는 사업을 한다고 하네요 어찌할까요' '네 아마 다른 사람하고 같이 동업하고자 할겁니다. 고집도 쎈데 어머니 말을 듣겠습니까?' '아드님이 돈을 좋아해서 돈욕심에 사업하려해서 말려도 안될겁니다. 형이 하는 일이면 직원으로 들어가라 하세요. 아직은 사업운은 아닙니다.'

辰月의 辛金이다. 일반명리론으로 풀면 己丑년이 인성운이라 승진운이라 하겠지만 한밝의 이론으로 풀면 巳中 丙火가 월간에 투출되어 있어 丙火를 체로하여 풀면 답이 나온다.

己丑년은 상관운으로 직장을 관두는 운이므로 그렇게 말문을 연것이다. 다음의 庚寅년이 巳中에서 庚金이 투출되니 동업사의 말을 꺼낸 것이고 대운이 관운이라 사업운이 아니므로 직원으로 들어가라 한것이다. 사주의 체를 분명히 알면 나머지 답은 쉽게 풀린다. 그리고 이 사람은 辛金이 재가 되고 여자가 되므로 돈과 여자에 대한 욕심이 많고 자기 몸을 아주 챙기며 아끼는 사람이다.

예34)

					39	29	19	9	
壬	己	丁	丙	여	癸	甲	乙	丙	대운
申	丑	酉	辰		巳	午	未	申	

먼 곳에서 잘 봐준다고 소문듣고 왔다고 하면서 앉았는데 부담스런 마음으로 사주를 보게 되었다. 酉월의 己土가 천간에 丙丁火를 띄우고 있지만 뿌리가 없다. 지지로는 金기운이 강하면서 申中 壬水가 올라와있어 壬水를 체로하여 풀었다. 己土가 남편이나 기토탁임되어 남자를 좋아하지 않는다. 하지만 午대운에 己丑년을 만나니 결혼이 되었다. 하지만 마음에 쏙 들지는 않는다. 다른 곳에서 사주를 풀 때는 결혼하기 어렵다는 말을 많이 들었겠네요. 하니 그렇다고 하였다.

한밝식으로 사주를 푼 상황을 설명하니 바로 맞다고 하였다. 결혼한지 얼마 되지 않았는데도 남자가 반갑지 않다고 한다. 어떻게 할까요. 라고 하는 질문에 잘 참고 이해하고 살아라는 말밖에는 할 말이 없었다. 壬水가 申金 인수중에서 투출되었으므로 공무원생활을 하고 있다.

예35)

		26 16 6
辛 癸 庚 庚	남	癸 壬 辛 대운
酉 丑 辰 午		未 午 巳

여러 명의 아주머니들이 와서는 4명씩 되는 가족들을 모두 다 보겠다고 앉았다. 3시간 이상 풀어야 될 분량이라 단단히 준비하고 사주명식을 적었다. 정격으로 많은 사주를 풀던중 이 사주를 풀게 되었다. 어떻게 풀까 하는 고민을 잠시하고는 체를 정확하게 잡아야 말꼬리가 막히지 않기 때문에 丑中에서 나온 辛金을 보고 풀었다.

癸水 식신이 아주 발달되어 있음을 보고는 식성이 좋으며 음식관련 일들을 하는 것이 좋겠다고 말문을 열었다.

남에게 베풀기도 잘하고 대인관계가 좋겠다고도 하였다. 몇마디 하지 않았지만 '맞아요'~ 하며 좋은 호응을 해주었다. 다른데서 보면 애는 말수가 없는 아이다라는 말을 많이 들었다고 한다. 체를 癸水로 보고 풀었기 때문에 말수가 없게 풀이가 된 것이다.

그리고 엄마 자리와는 辰酉합이 되어있어 아주 유정한 관계이다.

예36)

		44 34 24 14 4
己 癸 戊 辛	여	癸 壬 辛 庚 己 대운
未 巳 戌 丑		卯 寅 丑 子 亥

癸일간이 戊戌월 己未시를 만나 관살에 포위되어 있고 癸일간의 생조자는 년주 辛丑뿐이다. 이리되면 왕초보는 '년간 辛金으로 癸水를 생해주는 용신으로 해야된다.'로 말한다.

몇 년이상 명리공부를 한 중급정도의 실력을 지닌 이들은 '종관살격이니 火土운은 좋고 金水木운은 불리하다.'로 말한다. 그러면 이 사주의 육친관계를 말씀해주셔요 하게되면 우물쭈물하게 된다.

이 사주역시 한밝 선생님의 이론에 따라 풀면 운의 희기뿐아니라 성격과 육친관계 등을 정확히 알 수 있다. 癸巳일이고 巳중 戊土가 월간에 나타나 戊癸합을 지으므로 戊土가 체(体)가 된다. 木이 없으므로 戊土와 합하는 일간 癸水가 남편이다. 년간 辛金은 상관(자식)이 되고 시간 己土는 戊의 겁재가 된다. 늦가을인 戌월의 戊土는 원칙적으로 木을 키우지 못한다. 그러므로 남편복없으며 남편의 일이 풀리지 않는다. 사주가 조열하므로 윤습하게 해주는 水는 좋고 이를 돕는 金도 무난하다.

조열한 戊土가 가는 길은 년주 辛丑에게로 가야한다. 하지만 일간 癸가 戊癸合으로 잡고 있으니 가야될 길을 못가고 해야 할 말(辛상관)도 못 내뱉는 우물쭈물함과 엉거주춤함이 있게 된다.

辛대운에 癸水합신을 생해주고 순운(順運)되어 결혼했다. 그러나 丑대운에 丑戌未삼형이 이뤄져 부부불화 심했다. 壬대운은 평길했다. 寅木대운은 왕토에 거역하는데다 寅巳형을 하게 되어 평안치 못했다.

癸대운은 좋은 운이나 戊癸합에 己癸충이 발동된다. 그러므로 재정(癸水)이 박살나는데 남편이 사업한다고 설치다가 돈만 깨먹고 신불자 신세가 되었다. 癸水는 戊의 정재(재물)이기도하지만 합신(배우자)이기도 하므로 남편과 돈이 함께 작용하는 것이다.

卯대운 역시 순운이 아니므로 풍파가 많게되며 남편(卯木)이 여러 가지 일에 손을 대게되며 나에겐 고분고분해지니 卯戌合 때문이다. 9월 바위산위에 뜬구름(癸)하나 걸려있는 물상이다.

예37)

					34	24	14	4	
乙	丙	乙	庚	여	辛	壬	癸	甲	대운
未	申	酉	申		巳	午	未	申	
		도화							

丙火일간이 酉월에 태어났고 庚 ,申, 申있으므로 재성이 아주 강하다. 丙火를 돕는 것은 乙, 乙, 未土가 있다. 이중 월간 乙木은 년간 庚과 乙庚合되어 丙火를 생해주지 않는다. 시간 乙木은 丙火를 생해주고 있으며 未중에는 丁火, 乙木이 있으므로 丙火일간의 뿌리가 될 수 있다. 따라서 재다신약(財多身弱)의 명조다.

그러므로 일간 丙火를 돕는 木火운은 좋고 재성을 돕는 土金운은 불길하다고 이 세상 대부분의 역술인들은 말한다.

하지만 필자는 이 사주 역시 한밝 신사주학의 논리로 풀었다. 즉 년간 庚金을 체로했다. 이리되면 시지 未중 丁火가 남편성이고 여기서 두 개의 乙木이 투출되었으므로 재혼격이다. 그리고 왕금은 설함이 좋으므로 申중 壬水가 좋다 따라서 水운은 좋고 金은 평평하며 火土운은 제일 나쁘다. 여기까지 살핀 후 확인작업에 들어갔다.

'이미정씨는 고3까지는 어려움없이 지냈으나 20세부터 23살까지는 어려움이 많이 따랐고 돈벌이 전선에 뛰어들었으며 남자친구도 두 명 정도 만났겠네요. 맞아요?' '예. 말씀하신 그대로예요.'

'24살부터 아주 일이 잘 풀리는 운을 맞았는데 28살까지였네요. 그리고 28살이나 29살 되던 때에 결혼 운이 있었으나 작년(戊子년)과 올해(己丑년) 운은 그야말로 '울고 싶어라'이군요.'

'예. 28살(丁亥년)에 결혼했어요. 그리고 작년과 올해까지 무척 힘들었습니다. 그래서 이별을 결심하고 상담코자 찾아오게 된 것입니다.'

⊙. 재다신약 사주라면 당연히 약한 일간을 강하게 해주는 午未대운이 좋아야 된다. 그러나 실제상황은 한밝 신사주학의 이론에 정확하게 부합된다.

예38)

					61	51	41	31	21	11	1	
癸	甲	庚	壬	남	丁	丙	乙	甲	癸	壬	辛	대운
酉	寅	戌	辰		巳	辰	卯	寅	丑	子	亥	

戌月의 甲木이 허약하다. 뿌리약한 甲木의 절신인 庚金이 월간에 떠있어 庚金이 발동되는 운이되면 사고가 생길 수 있는 사주이다. 다행이 운이 좋아 30, 40대 운들은 약한 甲木을 도우니 큰일은 없었다.

2010년 2월초에 딸이 아버지 사주를 보러왔다. 庚寅년 戊寅월이다. '올해 아버지의 사고건강을 조심해야 하겠다'고 하였다. 눈이 동그레지면서 '괜찮겠습니까 ' '운이 좋지 않으니 조심하는 수밖에 없지요'하니 차 사고를 얼마전에 당했다고 하면서 눈시울이 붉어졌다.

'2000년도에도 조심했었어야 하는데 그때는 어땠나요' 곰곰이 생각하던 아가씨는 2000년 庚辰년에도 사고로 허리를 다쳤다고 한다.

이 사주는 신약에 절신이 어떻게 작용하는지를 확인해본 명조였다.

※ 甲木은 申에 12운으로 절(絶)이 되는데 지지에 申이 없어도 천간에 庚이 있으면 이것을 甲木의 절신 발동이라 말한다.

예39)

					44	34	24	14	4	
丙	乙	丙	辛	여	辛	庚	己	戊	丁	대운
子	酉	申	亥		丑	子	亥	戌	酉	

乙木이 년에 亥水 있고 시지에 子水있어 신약으로 봐야 할까 아니면 酉中 辛金이 년간에 나와있어 辛金을 체로 해야하나 고민스러웠다. 먼저 확인이 필요해서 남편의 성향을 물어보았다.
"남편이 소유욕이 강하지요~ 또 남편은 여러 여자들과의 인연을 가지고 있을 터인데 어떻습니까"

'네 맞습니다. 헤어져주지는 않고 바람만 피고 있습니다. 지금도 여자가 있겠습니까'

'네 있겠습니다.'

辛金을 체로하여 물어본 질문이었다. 이리되면 월간의 丙火가 남편성이 되고 申金, 酉金들이 모두 남편이 상대하는 여자들이다. 따라서 辛의 관성이되는 26살 丙子년에 결혼했다. 30살 庚辰년부터 남편이 여자를 만나왔다. 39살 己丑년에도 많은 여자들이 있었다고 한다.

지금은 헤어질지를 고민하고 있다. 庚寅년에 불화있겠고 辛卯년에 이별이 될 것으로 추리된다.

시간의 丙火는 첫남자 이별 후 두 번째로 만나는 남편이다. 자식이 있는 남자다.

예40)

					48	38	28	18	8	
己	丙	庚	辛	여	乙	甲	癸	壬	辛	대운
丑	寅	寅	亥		未	午	巳	辰	卯	

寅월의 丙火가 년간의 辛金과 천간지합하여 재물에 대한 애착이 강한 사주다. 상관 생재하여야 한다. 寅홍염에 앉아있어 끼있고 화려함을 좋아한다. 亥水가 寅亥합으로 인연을 맺어 남편성이 된다. 남편은 활동성이 좋으며 寅亥로 두 번 합을 하니 여자의 인연이 많은 사람이다.

癸대운에 결혼하였다. 巳대운 甲申년에 대세운간 寅巳申삼형이 발동하니 부부문제, 법적문제로 많이 고생했다.

甲대운에는 지지의 寅中 甲木이 발동되니 새로운 일을 하여볼까 하고 끼 발동되어 움직여 보고자 하나 시간의 己土 자식이 甲木을 잡아 아이 때문에 움직이지 못하고 있다.

사주의 갈 길이 상관 생재하니 자식을 끼고 치맛바람을 일으키며 자식에게서 벗어나지를 못하고 있다.

예41)

					45	35	25	15	5	
丙	己	庚	辛	여	乙	甲	癸	壬	辛	대운
寅	巳	寅	酉		未	午	巳	辰	卯	

사주를 보는 사람이면 누가봐도 남자의 인연이 안좋다라는 것을 쉽게 알 수 있는 사주이다. 초봄의 寅木을 천간에 庚金이 木의 활동력을 막고있고 년주에 辛酉까지 있으니 남자의 인연이 약함은 뻔하다. 이런 사주를 두고 성격이 안좋은 역술인은 '너 남자복 없어'. 라는 매운 말을 했을 것이다.

사주를 보고자 앉은 여인의 얼굴빛도 좋아보이지는 않아 나는 이 사주에서 장점을 찾아보고자 노력하며 사주를 보았다. 寅月에 나무는 못 자라더라도 시간에 丙火가 잘 떠 있어 庚辛金을 제어하고자 하니 마음씨는 고운 사람이다.

천간에 巳中에서 투출된 庚金도 떠있으니 남에게 잘 베풀 수 있는 기운도 있다. '아가씨는 봉사의 마음이 잘 발달되어 있으니 공무원이나 병원에서 일하면 보람을 느끼겠습니다.' '네 공무원 공부는 하다가 포기하였고 간호사 공부를 해볼까 하는데 괜찮겠습니까' '네 하세요. 아주 좋은 생각입니다.' '결혼은 언제함이 좋겠습니까' '결혼 운은 늦으니 34살(甲午)쯤까지는 가야 하겠습니다.' '네 알겠습니다. 안그래도 늦게 갈 생각입니다.'

사주를 보다보면 쉽고 어려운 사주들을 풀어보지만 사주대로 살아지는 것을 보면 한 번 씩 허탈한 마음도 든다. 사주를 잘 풀기도 해야 되지만 어떤 상담을 하여야 희망을 주는 상담이 될지 많은 고민도 해야할 것 같다.

예42)

		43 33 23 13 3	
庚 癸 庚 丙	여	乙 丙 丁 戊 己	대운
申 卯 子 辰		未 申 酉 戌 亥	

子월의 癸水라서 따뜻한 丙火가 필요하다. 년간에 떠 있는 丙火로서는 온기를 채울 수 없으니 木으로 불을 지펴야 하나 子月의 卯木 또한 힘이 약하다. 겨울에 땀나도록 뛰어야 되는 사주이다.

丙대운이 재물운이라 戊子년에 미용을 사업으로 시작했으나 戊子년은 관운이라 오히려 직장이 더 좋았을 것이다. 己丑년은 편관운이며 사주를 도우지 못하니 사업이 잘되지를 않는다.

庚寅년은 申中에서 庚金이 움직이니 문서운이며 寅申충을 하니 이동수까지 있다. 그래서 집이사와 가계를 접을 계획을 가지고 있다.

酉대운이 도화운이라 30살 乙酉년에 결혼하였다.

예43)

		42 32 22 12 2	
丁 辛 癸 己	여	戊 丁 丙 乙 甲	대운
酉 亥 酉 酉		寅 丑 子 亥 戌	

酉金 3개에서 辛金이 우뚝 솟아 있는 사주다. 무리 중에서 나왔으니 자존심에 도도함이 있는 모습이며 옆에 癸水까지 있어 할 말 다하는 사주다. 남편성이 약한 모습으로 결혼하기 어려울 수 있고 결혼을 하여도 남편의 사랑을 받기 힘드니 남자를 잘 골라서 시집을 가야한다.

辛金이 丁火를 가지고 있어 나를 비추니 얼굴은 예쁘다. 22살

丙대운에 탤런트 제의도 받았지만 본인이 가지를 않고 언니가 운영하는 아가씨집에서 카운터를 보았다.

子대운은 丁火의 절지며 子酉귀문살이 되어 유부남 및 많은 남자를 만났다. 丁대운 34살 壬午년에 丁火 관성에 뿌리가 들어오며 亥中壬水가 뜨니 임신하여 결혼하였다. 하지만 남자의 인연이 약하니 불만속에 산다.

丙戌년 찾아온 여인이다. 사주에서 기다리는 丙火가 뜨니 이 남자가 나의 남자인가 하는 마음이 드는 해이다. 바람을 피워 볼까하는 해이다. 이런 운에는 만나지 말라해도 만날 수밖에 없다. 조심스런 조언을 해준 기억이 난다.

예44)

					54	44	34	24	14	4	
丙	癸	甲	壬	남	庚	己	戊	丁	丙	乙	대운
辰	未	辰	子		戌	酉	申	未	午	巳	

사주 좀 봐 주이소~ 하고 앉는 모습이 아주 호남형인 남자분이었다. 사주를 적으면서 잘생긴 외모에 비해 여자복 재복은 없겠구나라는 생각을 하면서 명조를 적었다.

'네 뭐가 궁금하세요'

'뭐든지 보이는데로 봐 주이소' 목소리도 좋았다.

'노력은 열심히 하나 남는 것이 없으니 허탈하시겠습니다. 여자도 많이 만났다고는 하나 나의 여자가 없군요. 보이는대로 말씀드렸는데 어떠신지요'

'네 맞습니다. 앞으로 어찌하면 풀리겠습니까.'

'제가 어떻게 하라고 하면 다 하시겠습니까? 모든 일은 본인

이 한 행동에 대한 대가이지 방법이야 도덕책에 많이 적혀있지요~'

'지금은 대운이 좋지 않으니 사업일랑 생각하지 마시고 직장생활에서 일을 찾고 때를 기다림이 좋겠습니다. 그리고 한사람을 진심으로 아끼셔야 가정도 편안하겠습니다.'

평범한 상담내용이었지만 상담자는 고개를 끄덕이며 깊은 생각에 잠기더니 '잘 알겠습니다. 고맙습니다'하고 일어섰다.

丁대운말 28살 戊寅년에 결혼하였으나 未대운 33살 癸未년에 복음이 됨과 동시에 형제자리와 子未원진 발동되어 재물손실이 있었으며 부부자리도 시끄러웠다. 36살 丙戌년에는 부부이별하였고 지금은 혼자 있다고 한다. 丁亥년도 재물손실 있었고 戊子년에는 직장생활했으며 己丑년에는 사주의 갈 길인 甲木이 길이 막히고 丑辰파살이 작용되어 사주의 흐름이 막막해졌다.

庚寅년 되어야 갈 길이 생길 것이나 대운 申金이 癸水의 사신이 되고 甲木의 절신되어 크게 발전되지 않을 것이며 己대운 또한 좋지않아 당분간 어려움이 많을 것이다.

17. 음신풍월(陰神風月)

一. 음신(陰神)이란?

음(陰)이란 말은 양(陽)과 상대되는 의미를 지니고 있으며 內外一体(내외일체)관계다.

즉 밝음(明)이란 것은 어둠(陰)이 없으면 존재할 수 없다. 바꿔말하면 하나의 실체가 나타나 있다면 반드시 그 그림자가 있다는 말이다. 이 이치를 인간들의 생활양식에 비춰보면 다음과 같다.

1. 필요이상의 친절을 베풀며 접근하는 사람에겐 반드시 어떤 목적이 있다.

2. 겉치레를 요란스럽게 하고 있는 사람들은 물질위주의 삶을 살며 실속이 없다. 즉 여기저기에 금붙이나 장신구를 요란스럽게 하고 다니는 사람은 대부분은 돈 없거나 쪼달리고 있으며 돈이 된다면 무엇이라도 할 수 있는 사람이다.

그리고 가방에 큰돈을 넣어 다니며 남에게 슬쩍 슬쩍 과시하는 사람과 묻지도 않는데 어느 유명한 대학을 나왔다고 말하는 사람은 십중팔구는 뻥튀기 삶을 살고 있다. 진짜 부자들은 검소하며 돈 있는 표를 내지 않는다.

3. 한국 사람에게 말하면서 영어를 섞어 말하는 사람역시 자기과시형이고 뻥튀기꾼이다. 우리나라 서점에 가면 책 제목과 목차 등을 영어로 써놓은 역학의 책이 보인다. 우리말로 써놓게 되면 모두가 잘 알아 볼 것인데 왜 그렇게 해놓았을까? 참으로 알 수 없는 일이다.

15여 년 전의 일이다.

기공(氣功)과 연단법(練丹法)을 익히고 있는 朴 선생이 찾아왔다.

김 관장! 미국L.A에서 고명한 도인(道人)이 와서 빠른 시간에 대주천법(大周天法)을 전수해 준다는데 같이 가보지 않겠소.

'그렇게 고명한 분이라니 가봐야지요',

연산동 어느 선생집에 많은 사람들이 모여 있었고 모두들 수군거리고 있었는데 굉장하다는 말들이 오고 갔다 잠시 기다리자 50대 초반으로 보이는 잘생긴 얼굴에 체격이 당당한 남자가 들어왔다. 위엄도 있어 보였고 말씨도 흐트러짐이 없었으며 장중하기까지 했다.

그는 자신에게서 일주일만 배우면 누구나가 임, 독맥이 관통되고 영안(靈眼)까지 얻게 될 것이라고 말을 했고 소개한 분이 나서서 수강료를 말하는데 꽤 고액이었고 모두들 접수하느라 부산스러워 졌다. 필자는 아무 말 없이 朴 선생을 잡아끌고 밖으로 나왔다.

'박 선생! 우리 그만 갑시다.'

이 좋은 기회를 놓치면 언제 저런 고인(高人)을 만나보겠소 그러니 같이 접수를 합시다.

'박 선생! 저 사람은 뻥쟁이 아니면 사기꾼이요 그런 사람한테 뭣을 배운다 말이요 나는 가겠소,'

한 달 후에 朴 선생이 찾아왔다.

김 관장 말 그대로 그 사람은 사기꾼이었습니다. 쓰잘 데 없는 이론만 듣고 아무것도 못 얻은 체 돈만 날렸습니다, 그런데 김 관장은 어떻게 딱 한번 보고 그 실체를 알았습니까?

필자는 그 사람의 손목에 차고 있는 로렉스 시계와 손가락에 끼고 있는 다이아몬드가 박힌 금반지를 보았기 때문이다.

또 하나의 실례를 들면 어느 날 단골손님인 강 여사가 찾아왔다. 어려운 가정형편 때문에 중학교도 제대로 졸업 못하고 가난하게 살고있는 분이었다. 그녀의 최대 소망은 빨리 큰돈을 벌어 떵떵거리고 사는 것이었다.

'선생님! 어떤 사람과 동업을 할까하는데 좀 봐주세요.'

사주의 運은 안 좋았다. 그래서 '안 좋습니다!' 했더니 다시 한번 봐 달라하여 육효(六爻)의 괘를 뽑아봤다. 괘 역시 안 좋아 '강 여사! 안하는 것이 좋겠소, 만일 하게되면 돈만 날리게 됩니다. 그리고 동업하자는 상대가 의심스럽습니다. 어떻게 아는 사이 입니까?'

'백화점에서 쇼핑하다가 우연히 알게 되었습니다. 서울에서 내려왔는데 내가 착하고 정직하게 보여서 사업파트너로 삼고 싶다했습니다. 그래서 그 사모님이 묵고 있는 호텔에 가서 같이 잠을 자기도 했습니다. 그런데 침대 밑에 있는 가방 속에는 현찰이 가득 들어있었고 잘 차려입은 몇몇 사람이 찾아와 회장님! 사모님! 하면서 껌뻑 가는 것이었습니다. 그런 걸로 볼 때 아주 돈 많은 사모님 같았습니다. 나한테 말하는 조건도 보증금 명목으로 2천만원만 걸어 놓으면 한 달에 1천만원 정도의 수익을 주겠다하니 이보다 더 좋을 수가 있겠습니까?'

'강 여사! 그 사람 틀림없는 사기꾼이요. 절대 가까이하면 안됩니다.'

강 여사는 몇 번이나 고개를 갸우뚱거리더니 나갔다. 그 후의 결과는 말을 안해도 잘 알 것이라 생각되므로 생략한다.

사주명리학에 있어서도 이런 음신(陰神)이 작용되고 있으며 이것을 볼 수 있어야만 易에 밝은 사람이라 할 수 있다.

四柱原局에 陰神法을 도입 할 경우는 어디로 가야할지 도저히 맥을 잡지 못할 때에 사용하는데 다음 예와 같다.

예1)

					53	43	33	23	13	3	
戊	丙	壬	戊	남	戊	丁	丙	乙	甲	癸	대운
戌	子	戌	戌		辰	卯	寅	丑	子	亥	

이 四柱는 丙火日干이 戌月에 태어나 戊戌戌戌戌로 아주 토왕(土旺)하다. 丙火日干은 年月時支 戌에 通根했다 하나 戌中戊가 透出되었으므로 丁火劫財는 힘이 없어져 丙火의 뿌리가 되지 못한다. 따라서 從兒格이 될 것 같으나 日支子水에 뿌리를 둔 月干壬水가 從兒에 방해가 된다. 그러므로 어떻게 봐야할지 참으로 난처하다. 2007年 11月 5日에 모친(母親)을 대동하고 찾아온 사람인데 陰神法으로 위 사주를 다음과 같이 합으로 재설정했다.

癸	辛	丁	癸	남
卯	丑	卯	卯	

위 四柱干支를 모두 合을 찾아 설정한 것인데 이를 合四柱라 한다. 이 合四柱는 쌍둥이를 볼 때 취용하기도 하는데 먼저 나온 형(兄)은 본래대로 보고 나중에 나온 아우는 이렇게 합사주로 본다. 이 합사주에 따르면 재다신약(財多身弱)되어 日支 丑에만 의지할 뿐이다. 따라서 내성적 성격에 부친과 처의 德이 없으며 3번 결혼하게 되며 모친에게 의지하여 지내게 된다.

그리고 자식은 하나 있으나 인연이 없으므로 사라지게 되며 이때까지의 삶은 무엇하나 제대로 되는 것이 없다. 그래서 '입산하여 세속인연 끊으려 했으나 暗合하는 재성에 미련이 남아 그러지도 못 했소, 43살부터 52살까지의 丁卯대운은 그야말로 죽을 지경이겠소, 53살 戊대운부터 山을 끼고 산 공부하면 살만하겠소, 부인과는 이별했고 재혼을 했겠소, 역학 공부를 부지런히 하시오, 영감 있고 총기는 있으나 왔다갔다 합니다. 내년(戊子)운은 물어물어 찾아간 산에는 무지개 걸려있어 잠시동안 황홀하겠지만 먹거리 없는 빈산(空山)이겠소.'

풍월(風月)까지 도입한 감정이었다. 눈을 크게뜨고 필자를 쳐다보며 고개를 끄덕이던 손님은 역학공부 하겠다며 책 두권 사들고 깍듯이 인사하고 나갔다.

예2)

					35	25	15	5	
癸	癸	辛	辛	남	丁	戊	己	庚	대운
丑	亥	丑	亥		酉	戌	亥	子	

金水의 기운으로만 되어있고 음습하므로 화기가 필요하다. 그리고 癸亥일주 旺하므로 흐르는 상이라 분주하게 쫓아다니며 살아야 한다. 그러나 이것 외엔 별다른 할 말이 없는 사주다.

합사주를 설정하면 다음과 같다.

					35	25	15	5	
戊	戊	丙	丙	남	丁	戊	己	庚	대운
子	寅	子	寅		酉	戌	亥	子	

驛馬星인 寅中에 甲木관성있고 丙火가 표출되었다. 그러므로

차타고 바쁘게 여기저기 쫓아다니는 직장(甲)이며 계약 건(丙)을 만드는 일이다. 丙火가 두 개되어 불미스러우나 이것밖에 의지할 것이 없으니 사람은 밝고 착하겠다. 戊일간이 장생지 寅에 앉아 용모단정하고 寅中丙火 表出이므로 처덕은 있다. 처는 月支 子中 癸水되어 丙火를 剋할것 같으나 地支의 水는 天干의 丙火를 剋하지 못하므로 忌神이 아니다.

그리고 子水는 寅木을 生하기에 바빠 丙火를 剋할 수 없다. 財官이 强하고 身弱하므로 時干의 戊土역시 喜神이며 丑 天乙貴人이 공협되어 있어 어려움 속에서도 도움 받을 수 있다.

겨울(子月)높은 산봉우리 두 개에 밝은 태양이 비춰주고 있으나 木이 투출치 못해 아쉽다. 이리되면 남들이 부러워하는 좋은 직장 운 없게 된다. 己亥대운은 丙火가 힘을 못쓰므로 학업운과 성적이 미달되어 일류대학은 어렵다. 亥대운에 寅亥合하므로 직장 찾게되고 이성교제 운이다.

戊대운은 약한 日干을 도우므로 평길하나 戌대운은 협공된 丑(天乙)을 刑 하므로 좋다가 말며, 범(寅)이 민둥산(戌)으로 들어가니(寅戌)바삐 달려가나 큰소득이 없다 丁대운은 印 운되어 계약건이 있을 것 같으나 丙火에 가려 빛을 잃게되니 다된 밥에 코빠지는 격이다.

酉대운은 子水재성과 子酉로 귀문살 이루니 처(子)가 우울증을 지니던지 신령(神靈)스럽게 될 것이다. 寅木자식이니 말년(火土운)에 자식이 두각을 나타낸다. 子子, 戊戊되어 본인이 재혼 아니면 형제가 재혼한다. 戊子년에 직장변동 있게 되나 사업은 금물이다.

합사주로 보면 원국에 없는 재성이 있다 그러므로 재성의 동향을 알 수 있다.

예3)

					53	43	33	23	13	3	
戊	庚	甲	癸	남	戊	己	庚	辛	壬	癸	대운
寅	子	子	巳		午	未	申	酉	戌	亥	

이 四柱를 이때까지의 이론으로 보면, 金水傷官에 身弱하므로 時干戊土희용신이고 년지 巳喜神이고 時支 寅도 丙火를 품고있어 喜神이다.

따라서 辛酉, 庚申대운은 신왕하게 해주나 忌神인 癸水를 生하고 재성인 甲寅木을 剋하므로 돈 안되는 때이다. 己未대운이 忌神인 癸子水를 制剋하고 日干을 도우므로 좋다로 풀 수밖에 없다.

그러나 이 사람의 실제 삶은 辛酉대운에 그런데로 괜찮았고 庚대운에 결혼했으며 제법 돈도 모았다 그러나 己未대운되어 사업실패하고 벌어놓은 돈 다 까먹고 말았다.

위 사주를 합사주로 하여서 살펴보자.

					53	43	33	23	13	3	
癸	乙	己	戊	남	戊	己	庚	辛	壬	癸	대운
亥	丑	丑	申		午	未	申	酉	戌	亥	

입춘(立春)을 눈앞에 둔 이양지절(二陽之節)인 丑月에 乙木日干이다. 그러나 戊己土재성이 아주 많아 재다신약이다. 조후되는 丙丁火가 없어 乙木이 발아하여 꽃피우기가 어렵다. 土 太多함이 病이므로 설해주는 金運은 어려운 가운데에 조금의 발전있다.

土生金하고 그 金은 時干의 癸水를 生하여서다. 丙丁火運은 土를 돕는것이 아니고 조후 역할하여 乙木을 도우므로 좋으나

土운은 제일 싫어한다. 土太多한데다 또 土가오면 癸水는 剋되고 乙木은 土에 파묻혀 버리기 때문이다.

따라서 庚대운에 일간 乙과 合을 맺으니 결혼사 있게 되었고 己未대운에 망하게 된 것이다 또 양간(庚)은 양성적이고 음간은 내성적인 성격인데 이 사람은 내성적이며 희망을 잃지 않는 끈기 있다. 그리고 乙木이 丑(자갈밭)에 앉아 있으므로 어려움을 타개해나가는 강한 생명력이 있다. 申金이 자식이고 喜神이므로 자식 덕있으나 土多埋金되어 학업성적과 운은 좋지 않을 것이다.

午대운부터 새로운 일을 하게 될 것이고 발전될 것이다 午대운은 月日支 丑과 丑午탕화 귀문살 이루므로 역술인에겐 영감(靈感)이 뛰어나게 된다. 그러나 부인과는 냉전과 불화가 있을 것이다. 사주가 음습한데다 흑운(黑雲)인 癸水가 乙木을 生하므로 얼굴색이 검게 되고 양기가 부족할 것이다.

세 개의 명조를 예로 들어 음신을 설명했다.

하지만 모든 사주를 모두 이렇게 풀면 안되고 꽉 막혀 아무것도 잘 안보일 때와 꽉 막힌 사주에만 적용하기 바란다.

大運의 陰神

대운역시 음신이 있게 됨은 사물의 이치이다. 그러나 필자는 여기에 대해 연구 해본바가 없으므로 언급치 않겠다. 일찍이 박○○선생이 도입하여 쓴 일은 있다.

歲運의 陰神

세운역시 음신을 대동하고 있으며 그 해의 길흉을 주관하는 것이 세운이므로 음신작용이 아주 강하다. 그런데 하나의 사물이 지니고 있는 그림자는 그것이 나타날 수 있는 조건이 있어야 한다.

예컨대 어둠속에는 그림자가 보이지 않으며 밝은 빛이 있어야 그림자가 선명하게 보인다, 세운에 있어서도 그렇다. 甲년이라고 해서 무조건 己土를 끌고 오는 것이 아니고 四柱原局에 甲이 있던지 地支에 寅, 卯木이 있어야 한다.

그리고 음신을 취용하여 통변하려면 아주 능숙하게 통변할 수 있는 능력이 있어야 된다. 그러나 대부분의 역술인 들은 그런 능력이 결여되어있다. 풍월(風月)이란 말은 시를 읊는 듯 하는 것이나 두루뭉술하여 귀에 걸면 귀걸이고 코에 걸면 코걸이가 되는 것이다. 그러나 사주를 읽을 줄 아는 능력이 좋을수록 구체성을 띠게 되는 정확성을 지니고 있다.

예컨대, 신을 모시는 보살집에 가거나 실력은 약하나 뛰어난 언변으로 상담하는 역술가에게 가면「당신 직업은 소리 나는 업이야」하는 말을 많이 듣는다. 이런 식의 말은 쇠 두들기는 철공업자, 빵빵거리고 차모는 사람, 피아노치는 사람, 입으로 소리내어 먹고사는 사람 등등에게 모두 적용시킬 수 있는 것이다. 그러나 필자의 이것은 맞기도 하고 틀리기도 하는 이런 말과는 엄연한 차이가 있으므로 자기 실력에 따라 써먹을 수 있다. 구체적인 방법은 실례 편에서 설명하기로 하겠다.

《세운에 따른》음신(陰神) 풍월식구결

※ 사주원명에 甲이 있을때 甲년이 오면

1. 갑갑(甲甲)하고 기(己)막힌 일 생기니, 甲일간일 경우엔 여자와 돈 문제 때문이다.

예1)

					42	32	22	12	2	
丁	甲	庚	丁	남	乙	丙	丁	戊	己	대운
卯	戌	戌	丑		巳	午	未	申	酉	

乙巳대운 甲子년 초에 이 명조의 부인이 찾아왔다. 乙巳대운은 時柱丁卯와 2급 소용돌이 되어 불길한 일이 있음은 짐작 할 수 있지만 구체적으로 무슨 일인지 보이지 않는다. 그래서 아주머니「올해는 아저씨에게 甲甲하고 기(己)막힌 일이 생기는 때요 그러니 몸조심 잘하라 이르시오」하고 보냈다.

정초 신수 보러왔던 그 아주머니가 다시 찾아온 것은 무더운 여름이었다. 아저씨! 아저씨 말대로 올 3월에 큰일이 있었어요. 자리에 앉기가 바쁘게 말하는 그녀에게 그래 무슨 일이 있었소? 하고 물었다. 아저씨가 정초에 갑갑하고 기막힌 일 당한다 했는데 말 그대로 우리 아저씨가 그만 저 세상으로 가고 말았습니다.

예2)

					40	30	20	10		
丁	丙	甲	戊	남	戊	丁	丙	乙	대운
酉	寅	子	子		辰	卯	寅	丑	

辰대운 甲戌년은 월간에 甲木있으므로 갑갑(甲甲)이 성립된다. 甲戌년은 己卯음신을 지니고 있으므로 己는 상관이요. 卯는 시지 酉를 冲한다. 그러므로 기막힌 시비구설 사(己土傷官)가 생기며 돈(酉)이나 처 그리고 기계(酉)가 깨어지던지 밖으로 튕겨 나가는 일이 발생했다.

辰대운 癸酉년에 辰酉로 합하여 공장에 기계 들여놨고 甲戌년에 기계가 못쓰게 되어 내버리게 되었다 즉 손재 당한 것이다. 生剋의 이치로 보면 甲年이 오면 甲木발동되어 年干의 戊土식신(돈줄)을 冲剋하므로 역시 좋지 않다.

예3)

					45	35	25	15	5	
甲	丁	乙	癸	남	庚	辛	壬	癸	甲	대운
辰	亥	卯	酉		戌	亥	子	丑	寅	

54살 甲子년은 시간에 甲木있으므로 甲甲이 성립되고 己丑음신이 발동한다. 따라서 갑갑하고 기(己)막힌 일 당하는데 癸水자식이 죽었다. 음신 己土가 癸를 剋했다. 이 사주는 자식궁인 時柱에 甲辰백호살이 있고 亥水관성이 입고되며 월지 卯에 사(死)가 된다.

그런데다 사 발동신(乙) 고발동신 및 백호 발동신(乙癸)되어 자식을 잃을 팔자다. 甲子년은 亥水자식의 사신(死神)인 卯가 발동되었으며 子辰으로 관성이 입고된다. 그런데다 대운지 戌이 자식의 고(庫)가 되는 辰을 冲하므로 자식사망하게된 것이다. 이 사주처럼 자식 사별하는 사주가 아닐 때는 자식이 사고 당하거나 아프게 되며 직장(官星)에 변화가 생기게 된다.

예4)

					46	36	26	16	6	
戊	甲	丁	乙	여	壬	辛	庚	己	戊	대운
辰	申	亥	未		辰	卯	寅	丑	子	
백호			白虎							

年干 乙未는 오빠인데 백호살되어 있고 未(년지)에 입고하여 월지 亥에 사지만났다. 未중 丁火가 나타나 백호살 발동이고, 亥중 甲木(일간)은 乙木의 사(死) 발동신이다. 따라서 오빠가 비명횡사하게 되는데, 내가 결혼할 그 즈음이다.

이것은 甲木의 合神이 년지 未中 己土인데 己土가 나타나면 乙木이 당하는 까닭이다. 즉 더하기 통변 법이다. 이런 통변 법은 한밝 신사주학 상권에 자세히 설명되어 있으니 참고할 것이며 이 여성의 오래비는 丑대운에 년지 未를 冲하여 죽었고 丑未로 冲出된 己土가 일간 甲과 甲己합하여 본인은 결혼하게 되었다.

乙酉(2005년)년에 찾아온 분인데「작년 甲申년은 갑갑하고 기(己)막힌 일을 당했을 것인데 돈 때문이고 남편 때문이었소, 올해(乙酉년)는 얼얼하게 터지니 눈앞에 별이 번쩍거릴 정도겠소, 조심하도록 하세요.」손님: 예 작년에 돈 때문에 문제가 생겨 우리집 아저씨한테 엄청난 구박을 받았습니다. 그런데 올해 또 그렇게 나쁘다 하니 면할 수 있는 처방이나 해주세요.

예5)

35 25 15 5
甲 己 壬 己　여　　丙 乙 甲 癸　대운
戊 卯 申 亥　　　　子 亥 戌 酉

甲子년은 정관이 도화(子)에 앉아 년간 己土 비견과 합하므로 남편이 딴 여자와 놀아난다. 시간에 甲木이 있으므로 甲子년 역시 갑갑하고 기막힌 일 당하니 己土비견 때문이고 남편 때문이다 가 성립한다.

예6)

丙 戊 甲 甲　남
辰 戌 戌 午　(夫)

甲子년에 손재구설 있었다. 년월에 甲甲이 있으므로 甲子년 운수는 甲甲하고 또 갑갑(甲甲)한일 생기는데 己丑겁재가 음신이므로 큰 손재를 당하겠소, 이다.

丙 癸 甲 戊　여 (上人의 妻)
辰 亥 寅 戌

월간에 甲木 상관있으므로 甲子년은 갑갑(甲甲)하고 기(己)막힌 일 생기는데, 음신인 己丑이 癸일간의 편관이 되었고 남편인 戊土가 깔고 앉은 재고(戌)를 丑戌형 한다. 그러므로 구설시비 있게 되었고 돈까지 날리게 되었다. 相生相剋의 이치로 보면 甲子년은 월간 甲木이 발동하여 년간 戊土정관을 冲剋하므로 남편과 이별 및 남편이 두들겨 맞는 운이다.

그러나 丑生 및 巳, 酉生에게 당하게 됨은 알 수 없다. 즉 음신 己丑이 와서 戊(재고)을 刑하는데 이럴 땐 丑生이 문제를 일으키게 되고 또는 丑과 三合하는 巳, 酉生이 문제를 일으키게 된다. 이런 법은 비법중의 비법이다.

예7)

					44	34	24	14	4	
○	乙	甲	戊	여	己	庚	辛	壬	癸	대운
○	酉	寅	寅		酉	戌	亥	子	丑	

甲子년 戊辰월 辛卯일 午時에 머리에 삼베리본을 매단 40대 중반의 여자가 군인 인 듯한 아들과 같이 왔다. 「선생님 이 여자 좀 봐 주세요」하고 내민 사주다. 乙木일간 寅月生되어 초봄의 연약한 나무이므로 일지 酉金은 기신이고 병이다.

乙木이 甲木을 보면 감고 올라가 의지 한다. 그러므로 남편복 없으며 큰나무에 의지하는 삶이니 기생팔자다. 己土대운은 甲己합되어 의지 처 없어져 다른 것을 찾아야 하는 일이 생긴다. 따라서 甲子년은 또 다른 의지 처를 찾을 운이고 년간 戊土재성이 극되어 재물의 손해와 시비구설이 따르는 때다.

이와 같이 감정을 끝내자 가만히 듣고만 있던 여자가 입을 열었다.「선생님, 그것밖에 안나옵니까? 또 다른 것은 없습니까?」이런 물음이 있을 때는 자신이 알고자 하는 문제를 딱 꺼집어 내지 못했다는 뜻과 좀더 잘 살펴봐라 하는 약간의 불신이 들어있다. 그러나 아무리 들여 봐도 그것 외엔 보이지 않는다. 잠시의 침묵 속에 그 여자가 또 하나의 사주를 불러주며「그럼 이 사람 좀 봐 주세요」했다.

55 45 35 25
乙 甲 丁 己　남　辛 壬 癸 甲　대운
亥 子 卯 巳　　　酉 戌 亥 子

卯月 甲木일주 되었고 신왕하므로 월간 丁火상관으로 갈 수밖에 없는 사주다. 부부운 좋지 않아 별거 및 이혼 수 있게 되고 작첩(作妾)까지 있게 되었군요. 그런데 상관격에 정관대운 만났으니 시비구설 및 퇴직사 등이 있겠습니다.

그리고 甲子년 올해의 운수는 甲己甲으로 爭財하므로 돈과 여자로 인한 분쟁이 있겠고 지나간 일이 빌미가 되어 문제가 발생될 수도 있습니다. 그때의 실력으로 이것밖에 말할 수 있는 것이 없었다. 아무 말 없이 듣고만 있던 여자가 고개를 가로저으며「선생님, 그것 외엔 나오는 것이 없습니까?」남들에게 대단하다고 들었는데 막상 와보니 별신통치 않다는 투의 말이었다. 필자의 얼굴은 달아올랐고 부화까지 치밀었다 내가 무슨 귀신이요 하는 말이 목구멍까지 차올라 막 터트리려는 순간 음신법이 떠올랐다.

『덧붙인다면 갑갑하고 기막힌 일을 당하니 이 일을 어찌 할꼬 하는 말뿐이요』에라 모르겠다며 던진 말이었다. 그러자 모자(母子)둘이 서로 눈을 맞추더니 고개를 끄덕였다. 선생님, 이 양반 우리 아저씨요, 말씀대로 이혼했다가 재결합하게 되었으나 또 바람을 피워 동거하는 여자가 바로 그 사람입니다.

그런데 정말 갑갑하고 기막힌 일을 당했지 뭡니까? 4일전 다방을 경영하는 그년(戊寅生女)과 같이 다방 내실에서 잠자다가 칼을 맞고 죽었답니다. 그년은 강도가 들어와 그렇게 되었다고 주장 합니다만 저희들과 조사 나온 경찰 아저씨들은 그년의 또 다른 정부(情夫)가 저지른 치정(癡情)에 의한 살인으로 추측하고 있습니다. 그러나 별다른 증거는 나오지 않고 마음은 답답하여 묻고자 찾아온 것입니다. 그러니 그년과 내통하는 놈이 있는지 없는지, 그리고 그년이 정부를 시켜 저지른 일은 아닌지 다시 한 번 꼼꼼히 봐 주세요.

예8)

					43	33	23	13	3	
丁	甲	甲	戊	여	己	庚	辛	壬	癸	대운
卯	戌	子	子		未	申	酉	戌	亥	

庚대운 甲子년 10월경에 방문한 손님이다. 甲子년(36세)은 월주 甲子가 있으므로 월주 복음년이고 년간 戊土편재를 冲剋하는 운으로 좋지 않다. 이것정도 밖에 알 수 없었던 필자는 에라 모르겠다며「아주머니! 올해는 갑갑하고 기막힌 일을 당하게 되는데 어떠했소?」하고 물었다. 한숨을 크게 한번 내쉰 뚱뚱한 아주머니가 무겁게 입을 열었다. 회장님 말씀대로 참으로…갑갑하고 기막힌 일이 있었지요. …우리 아저씨가…약 먹고…갔습니다. 그랬군요 하면서 필자는 옆머리를 손으로 긁었다.

정확하게 말하지도 않았지만 탄복하는 듯 말하는 여자에게 겸연쩍어서 였다. 문학회 회장을 하고 있을 때였는데 회원인 소설가 박여사가 모시고온 손님 이었다. 다음해인 乙丑년에 또 다시 왔는데 또 풍월을 읊을 수밖에 없었다. 乙木편에서 말하기로 하겠다.

예9)

					29	19	9		
甲	己	丁	甲	남	庚	己	戊	대운	
子	巳	丑	午		辰	卯	寅		

庚대운 甲子년 丁酉생 마누라가 내놓은 사주다. 「갑갑하고 기막힌 일이 겹쳐서 일어나는데 특히 관재구설을 조심해야 할 운이요」 甲子가 사주에 있는데 甲子년에 왔으며 甲이 己土일간의 관성이기 때문에 약간 자신 있게 말했다.

선생님 그렇다면 무슨 일로 그렇게 되는지 구체적으로 말해주세요. 까닥 잘못 짚게 되면 불신을 당할 수 있으므로 한참동안 사주를 들여다봤다.

눈에 년지 午도화살이 들어왔고 甲己甲의 쟁합이 들어왔다. 그래서 「바람기 많은 정열적인 여자가 접근하니 바람기 많은 당신남편은 얼씨구나 하며 붙겠소… 그리되면 당신이 간통죄로 고소안하면 여자남편이 문제를 야기시킬 것이오」

여자문제로 경찰서에 끌려갔는데 여자는 처녀고 혼인빙자 간음으로 여자가 고소했답니다. 잘 해결될 수 있겠습니까?

「돈으로 막던지 아주머니가 아저씨와 그 여자를 간통죄로 고소하는 수밖에 없습니다.」 뻔한 방법을 말하고 상담을 끝냈다.

					41	31	21	11	1	
丙	己	壬	丁	여	丁	丙	乙	甲	癸	대운
寅	卯	子	酉		巳	辰	卯	寅	丑	

위 사람의 부인되는 명조다. 이 명조에서의 甲子년 운수는 정관(甲)이 도화(子)위에 앉아 子卯로 일지와 형하고 있다. 따라서 부인의 명조를 같이 봤다면 좀 더 정확한 풀이가 되었을 것인데

하는 아쉬움이 남았다. 시간의 丙火가 조후용신이 되어 교직인데 초등학교 선생이다.

2. 갑갑(甲甲)하게 있다가 기합(己合)소리 내며 분발하여 내달리니…….

예1)

					32	22	12	2	
乙	己	乙	己	남	辛	壬	癸	甲	대운
亥	酉	亥	丑		未	申	酉	戌	

乙丑년 가을에 온 남자다. 작업복 차림에 꾀죄죄한 모습이었다. 자리에 앉으면서 '선생님요 작년운하고 올해 운 좀 봐 주이소.' 했다. 사주의 월시에 亥역마있고 甲子년이므로 음신법을 취용하기로 했다. 「작년은 갑갑(甲甲)한 운이었소.

마음도 갑갑하고 하는 일도 갑갑했는데 에라 모르겠다하며 신나게 달리다가 꽝하고 들여 박고 갑갑하게 되는 운이었소. 올해 乙丑년은 얼얼(乙乙)하게… 될 것이요」 선생님 참 구신 같네, 작년에 선생님 말대로 일이 안 풀려 갑갑하기에 술한잔 먹고 신나게 오토바이 몰고 가다가 그만 늙은 노인을 박았지 뭡니까.

그래되어 합의도 못보고 몇 개월 들어갔다 나왔습니다. 선생님 말대로 올해도 얼얼하게 터진다 카니 피할 수 있도록 부적 한 장 써 주이소. 였다.

예2)

					33
乙	乙	辛	甲	남	乙
酉	未	未	申		亥

꾀죄죄하게 생긴 사람이 찾아왔다. 앉자말자 사주를 불러주며 기대에 찬 눈빛으로 필자의 입을 쳐다봤다. 재관이 왕강하여 비견 겁재가 힘이 될 수 있는 사주다.「갑갑(甲甲)하게 지내다가 분발하여 나가려는데 동업 및 합자(合資)건이 있으며 집을 팔던지 잡히던지 하여 자금마련하게 되며 매매(賣買)계약사가 있겠소」예, 그렇습니다만 하면 되겠소,「이미 다 결정해 놓고 무슨 말이오, 잘되겠나 안되겠나를 물어야지…」갑자(甲子)년의 음신 己丑이 월지 未를 冲하므로 집(월지)에서 돈 꺼집어 내게되고 甲子가 년주 甲申과 申子로 水局을 이루므로 매매 계약사라 한 것이다. 甲戌월에 왔는데 전달(前月)이 癸酉월이므로 이미 癸酉월에 문서계약사 발동되었다 그래서 결정해놓았다고 말한 것이다. 예2)의 사주는 비견겁재가 기신되어 재성의 뿌리인 일지 未를 冲했고 이 예3)은 비견 겁재가 희신이 되며 왕한 재성을 冲했으므로 돈을 꺼내어 동업하려 한다로 감정했던 것이다.

그리고 손님의 눈빛이 어떤 기대에 차있는 듯 빛났으므로 그의 갑갑하게 지내다가 분발…를 취택한 것이다. 즉 이 음신법 역시 사주상황과 내격(來格)의 기색을 살펴서 그에 따른 응용을 해야 적중 될 수 있는 것이지 무조건적으로 해서는 절반정도의 적중률을 얻기도 어렵다. 이 음신법과 마찬가지로 내정법(來情法)역시 그렇다.

※ 손님이 말하기 전에 찾아온 용건을 미리 아는 것이 내정법이다.

예4)

		27 17 7
己 辛 乙 甲	여	壬 癸 甲 대운
亥 巳 亥 辰		申 酉 戌

甲子년 乙亥월이 이 여자의 모친이 찾아와 우리 딸 좀 봐 주소 하며 내놓은 사주다. 신약에 금수상관 인데다 일지 巳火는 冲되어 박살나있고 己土인수는 甲乙土財에 剋되고 있으니 틀려먹은 팔자다. 그런데다 대운마저 도화살이 술(癸酉)을 머금고 있다.「공부도 싫고 모친잔소리도 싫으며 할 일 또한 없어 갑갑하던 차에 에라 모르겠다며 친구따라 가출 했군요」나 간지 두달 되는데 어디 있는지? 언제 들어 올 것인지 답답해서 찾아 왔심더.「아마도 술집에 있을 것이며 내년(乙丑년) 봄에 들어 올 것 같습니다.」甲年은 월시지의 亥역마의 투출신 되므로 반드시 돈 벌어 보자며 타향으로 나가게 된다.

그리고 己丑음신이 일간의 인수가 되며 일지와 巳丑으로 합하려 하므로 乙丑년에 귀가 할 것이라 말했던 것이다. 乙丑년 여름에 이 여성과 모친이 찾아와 박미숙(朴美淑)이란 이름을 개명해달라고 했다.

예5)

		38 28 18 8
己 丙 壬 壬	여	戊 己 庚 辛 대운
亥 申 寅 寅		戌 亥 子 丑

甲子년 丙寅월에 찾아온 아가씨다. 년월지 寅이 있으므로 甲子년은 음신 己丑이 작용한다. 그런데다 시간에 己土가 甲己합하므로 더욱 己丑음신이 강하게 작용된다.「현 상태가 갑갑하여

새로운 일거리를 찾으려하고 작년 癸亥년에 들어온 남자와의 관계를 청산하게 될 것이요」 예, 무엇을 배워볼까 아니면 멀리 가서 새로운 일거리를 찾아볼까 생각중입니다. 그리고 지금 교제하고 있는 남자와도 끝낼까 하고 있습니다. 「아가씨, 혹시 사귀고 있는 남자는 유부남 아닙니까? 그리고 같은 직장에 있는 상사일 것 같은데요」 아가씨는 아무 말 없이 고개만 끄떡했다. 교제남자가 유부남이며 직장상사인 것은 한밝 신사주학 상권에 기재된 표출신의 개념을 활용하면 알 수 있다.

예6)

					35	25		
辛	壬	戊	己	남	甲	乙	대운
丑	午	辰	丑		寅	丑	

이 四柱엔 甲木과 寅木이 없다. 그러나 甲子년의 陰神이 되는 己丑이 年柱에 있다. 이럴땐 己丑의 正官이 된다. 따라서 직장(己)문제인데 丑은 소(丑)고 중기(重機)다. 그런데 甲子년의 子가 년시의 丑과 合하므로 이 직장에서 저 직장으로 옮기게 된다.

예7)

					44	34	24	14	4	
庚	丁	丁	壬	여	壬	癸	甲	乙	丙	대운
戌	卯	未	辰		寅	卯	辰	巳	午	

辰대운 甲子년에 온 여성이다. 日月支에 卯未 木局이 있으므로 음신법을 도입 할 수 있다 (天干에 甲木이 없어도)甲은 卯未 문서의 透出이므로 문서계약사 있게 된다. 陰神 己丑이 월지 未

를 冲하고 財星(庚)이 있는 時支 戌을 刑한다. 그리고 甲庚冲되어 庚金財星이 흔들린다 그래서 「갑(甲)자기 집도 옮기고 업장도 옮기고 싶어 졌군요」 했다. 예, 구포에 살고 있는데 집도 점포도 모두 옮겨볼까 하는데 어느 방향이 좋겠습니까? 했다.

예8)

					38	28	18	8	
庚	辛	庚	丙	여	丙	丁	戊	己	대운
寅	酉	子	戌		申	酉	戌	亥	

丙大運 甲子년(39살) 丙寅월에 찾아온 사람이다. 時支 寅이 있으므로 甲子년의 음신 己丑이 작용된다. 즉 時支 寅木재성이 甲년에 殺발동이다. 己丑음신이 월지 子水상관(돈줄)을 子丑으로 合했고 辛酉일주는 丑에 입고된다. 그래서 「아주머니 男便은 바람 잽이고 돈줄은 막혀(子丑)장사 안 되니 갑갑하여 에라 모르겠다 죽기 아니면 까무라치겠지 하며 새마음으로 분발하고자 하는군요?

그리고 집을 팔던지 저당을 잡히든지 하여 그 돈으로 먹는 장사를 하려는 군요」 했다. 四柱原局에 있는 丙火남편에서 보면 庚辛庚으로 財星이 많으므로 바람잡이인 것이다.

예9)

					37
壬	甲	辛	戊	여	丁
申	子	酉	寅		巳

甲子일주되어 甲子년은 복음이다. 이리되면 지나간 옛일 때문

에 골치 아픈 문제 생긴다. 己丑음신으로 보면 월주 辛酉관성이 입고되고 己土가 시간 壬水를 흐리게 한다.「아주머니 지나간 일로 인하여 골치 아프고 남편역시 답답하게 되는 운수입니다. 아마도 돈 때문에 문제가 발생하게 될 것으로 생각 됩니다」 정확한 사항은 짐작 할 수 없기에 이렇게 말한 것이다. 예, 작년에 우리 아저씨가 형부한테 보증을 서주었는데 그것 때문에 골치 아프게 되어 있습니다. 언제쯤 해결되겠습니까? 손해 당할 수밖에 없다고 말해주고 보냈다.

사주원국에서 보면 년간 戊土가 편재성인데 甲子년에 冲剋되어 날아가기 때문이었다.

※ 四柱原局에 乙(卯)있을 때

乙년 만나면 얼얼(乙乙)하게 얻어터지니 눈앞에 별(庚)이 아롱거리다가 없어진다.

예1)

					45
甲	丁	乙	癸	남	庚
辰	亥	卯	酉		戊
백호					

亥卯로 木局있고 甲, 乙木이 투출되어 있다. 乙卯년(45)운은 '얼얼(乙乙)하게 타격받으니(얻어터지니) 눈앞에 별(庚)이 아롱거리다 없어진다'의 구결이 성립된다.

타격을 받아 골치 아픈 일이 생기는데 마누라(庚財)가 사라졌다(이혼했다). 戊대운 甲子년(54살)초겨울에 왔는데 「갑갑하고 기막힌 일 당하는데 특히 자식에 흉액있으니 조심시키시오」 했다.

납작모자를 벗고 머리를 한번 쓰다듬은 손님은 아무 말도 없이 한참동안 필자를 뻔히 쳐다보기만 했다. 뭐가 잘못되나 불안해진 필자는 담배에 불을 붙이며 물었다. 「기분 나쁜 소리를 해서 미안합니다만 왜 아무 말도 안하고 쳐다보기만 합니까?」 아, 아닙니다.

3월에 자식을 잃고 내 팔자가 왜 이리 사나운지 물어보려 왔는데…… 그렇게 미리 말씀하시니 놀랍기도 하고 신기해서 그만 그렇게 되었습니다. 이 사주는 자식궁(時柱)에 백호살 있으며 水관성이 辰에 입고한다. 그러므로 자식이 흉사하게 되는데

甲子년의 己丑음신이 癸水관성을 극하므로 자신 있게 말할 수 있었던 것이다.

예2)

					46	36	26	
丙	乙	癸	戊	여	戊	己	庚	대운
戌	卯	亥	子		午	未	申	
백호								

己대운 丙寅년(38세)에 찾아와 작년(乙丑년)과 올해의 운수를 물은 여성이다. 亥卯로 木局있고 乙丑년이 비견되어 년간 戊土를 剋하므로 돈을 날렸던지 하는 사업이 잘 안 되고 있던지일까 아니면 어떤 문제가 있었기에 지나간 일을 묻는 것일까?

이리 저리 머리를 굴리던 필자는 에라 모르겠다며 입을 열었다.「작년은요~ 얼얼(乙乙)하게 뒤통수를 맞아 눈앞에 별(庚)이 번쩍거리다 사라지는 운이요 따라서 본인 아니면 남편에게 큰 사고 생기게 되는데 어떠했소?」빤히 쳐다보던 손님은 그에 대한 대답은 하지 않고 올해(丙寅년)의 운수는 어떤지 말해 달라 했다.

그래서 또 음신구결을 사용하여 읊어주고는 손님의 얼굴을 바라봤다. 빨리 맞는지 안 맞는지 말해달라는 필자의 눈빛을 느낀 그녀가 입을 열었다. 작년(乙丑년)에 교통사고로 우리 아저씨 떠나보냈습니다. 너무나도 가슴 아픈 일을 당하고 나니 올해는 어떨까 하여 찾아온 것입니다.

乙丑년의 음신은 庚子인데 庚은 관성(夫)이고 子는 관성인 庚이 사(死)가 되어 남편이 죽게 된 것이다. 물론 을(乙)일간을 가진 모든 사주에 적용되는 것이 아니고 위 사주처럼 시상상관에

白虎殺되어 남편이 흉사하는 사주이기에 그런 것이다. 그러나 이 사주와는 다르게 남편 운이 괜찮은 팔자일 경우에도 반드시 문제는 있게 된다.

예3)

					35	25	
甲	己	壬	己	여	丙	己	대운
戊	卯	申	亥		子	亥	

日支에 卯木있어 乙丑년의 음신 庚子가 작용한다. 庚은 상관되고 子는 도화(桃花)되어 日支 卯를 刑하므로 남편과 이별하게 되었다.

예4)

					50	40	30	20	10	
壬	乙	甲	辛	남	己	庚	辛	壬	癸	대운
午	卯	午	巳		丑	寅	卯	辰	巳	

庚대운 乙丑년(43세) 여름에 찾아온 남자의 命造다. 乙木일간이 午月에 태어나 木火傷官格으로 비겁부신이다. 따라서 庚대운은 乙木이 매달려 있는 甲木을 冲剋하므로 기댈 대가 없어진다.

乙卯일주되어 음신이 작용하므로「올해운은 얼얼하게 타격받아 눈앞에 별(庚:직장)이 번쩍거리다가 사라지니 직장이 없어져 백수생활 하게 되오」이다. 본래 동명목재(東明木材)에 근무하다가 회사가 망하여 퇴직하고 신발공장에 들어갔으나 또 회사가 망하여 현재 무직으로 지내고 있습니다. 이 몸의 팔자가 되먹지 않아서 인지 몰라도 들어가는 회사마다 망하게 되니 참으로 기찰 노릇입니다. 말을 마친 손님은 속이 타는지 담배를 꺼내 불을 붙였다.

위 사주는 일지 卯에서 표출된 甲木이 내(乙)가 의지할 수 있는 직장이다. 乙木은 甲을 보면 감고 올라가 기생할 수 있어서이다. 그런데 甲木은 사지(四肢)인 午에 앉아 죽어가는 나무다. 그러므로 乙木이 휘감고 올라가 하나뿐인 생명줄인 壬水를 빨아먹게 되면 쓰러질 수밖에 없는 것이다. 즉 甲木에서 보면 乙木겁재가 내가 먹어야 될 壬水를 빨아 먹게 되니 이것 바로 겁재 탈인 이다. 따라서 이 사람(乙)을 받아들인 회사(甲)는 곧바로 자빠지게 되어 있는 것이다. 이런데다가 목화상관(木火傷官)에 火旺하고 辛金관성이 사지(死地:巳)에 앉아있으므로 직장 운뿐 아니라 자식까지도 잃게 되니 아들 셋 낳아 두 명은 저세상으로 보내게 된 명조다.

예5)

戊 甲 乙 癸　여
辰 辰 丑 酉

命造에 乙丑있는데 乙丑년 만났으므로 「乙乙하게 타격받아 눈앞 별(庚)이 번쩍거리다 사라지는데 庚은 남자고 질병이므로 건강으로 고생하던지 남편 때문에 골아프겠네」가 성립 된다. 필자의 음신구결을 들은 아주머니가 말했다. 그 인간 땜에 속 썩고 있소, 잡아넣느냐 아니면 이혼만하고 말아야 하나 결정 하려고 왔소. 「잡아넣어 봤자 서로 원수만 될 것인데 그냥 헤어지시오」하고 문답을 끝냈다.

예6)

					38
戊	甲	乙	癸	남	辛
辰	申	卯	未		亥

亥대운 乙丑년에 온 손님이다. 일지 申중 庚金으로 내돈(戊)을 노리는 겁재를 제압해야 한다. 원래 봄 나무는 생목이므로 金을 싫어하고 火土를 좋아한다. 하지만 이 사주는 시상 戊土 편재를 써야 하는데 乙卯가 卯未合局하여 강한 세력을 지녔으며 이것이 내 밥줄이고 명줄인 戊土를 노린다.

그러므로 달갑지 않은 申(庚)을 써서 겁재를 막아 재성을 보호해야 한다. 亥대운은 亥卯未 木局되었고 戊土편재는 절(絶)이 되므로 재정적으로 크게 불리한때다. 따라서 겁재운인 乙丑년은 재정적으로 쪼달리게 되며 일이 안 되는 것은 당연하다. 그러나 乙丑의 음신인 庚子가 발동하게 된다. 즉 겁재가 편관을 끌고 온다.

그러므로 「乙乙하게 타격받아 눈앞에 별(庚)이 번쩍거리는데 친구, 형제 및 동료(乙)가 직장(庚)을 소개해주는데 혹시 운수계통이나 쇠 만지는 업이 아니요?」 했다. 예, 동생뻘 되는 사람이 모 회사의 운전직을 권유해 왔습니다. 해도 괜찮겠습니까? 「하시오, 내년이 되면 좋은 운이 찾아올 것이니 그때까지만 하시오.」 일지에 申金이 있어 음신 庚子가 뿌리를 지닐 수 있기에 운수계통의 일이 들어왔으며, 해도 된다고 말한 것이다.

예7)

						28
○	甲	乙	庚	남		戊
○	寅	酉	寅			子

乙丑년 정초에 이 사람의 처가 새해운수를 물었다. 중추(酉月) 甲木되어 庚(도끼)은 있으나 시를 모르므로 정확한 판단이 어려웠다. 차례를 기다리는 손님은 많고 하여 적당히 빨리 끝내기로 했다. 「뜻밖에 얼얼하게 타격받아 눈앞에 별(庚)이 번쩍거리는 운이니 자칫 잘못하면 크게 경(庚)칠일이 있겠소.」 아저씨, 경친다 하는데 경이 무엇입니까? 언제쯤 그런 일이 생긴답니까? 「올해 내내 조심해야 할 것이나 특히 오뉴월을 조심해야 할 것입니다.」 시큰둥한 표정으로 고개만 까딱하고 일어선 손님이 다시 찾아 온 것이 양력 8월이었다.

오월(음력) 무더운 밤에 술을 한잔 걸치고 귀가 하다가 강도로 몰려 구속되었다는 것이었다. 乙丑년은 년간 庚金이 酉丑으로 合을 지으며 입고(入庫)한다. 즉 중추(仲秋) 노목 되어 庚(도끼)으로 다듬어 줘야 하는데 이 庚金용신이 입고되어 불미해진 것이다. 대운지 子역시 庚의 死地되어 좋지 못한 것도 원인이다.

예8)

						22
乙	戊	丙	甲	여		癸
卯	戌	寅	午			亥

乙丑년 가을에 찾아온 예쁘게 생긴 여성이다. 「남자 상대로 밥장사 합니까 술장사 합니까?」 조그만 카페를 하고 있습니다. 「올해는 손님도 뜸하고 사귀고 있는 유부남과도 관계 청산되

는 운입니다.」乙丑년의 음신 庚子가 오면 년주 甲午를 천지충한다 甲은 편관이고 년지 午중 己土겁재와 明暗合하고 있으니 유부남이며 찾아오는 남자손님이다.

그러므로 위와 같은 문답이 이뤄진 것이다. 관살혼잡에다 바짝 말라 물(水)을 희구하므로 癸亥대운에 물장사로 나간 것이다. 水가 들어오면 바짝 마른나무들이 생기를 얻게되고 강왕해진 木은 戊土일간을 剋한다. 이렇게 되면 돈 벌어 남편 갖다주고 매 맞는 격이 되고 남자가 의처증 지니게 된다. 寅午戌인수국 있으므로 어머니 외에 또 엄마 있게 되고 화상(火傷)입게 된다.

예9)

					27
甲	甲	己	乙	여	辛
辰	申	卯	未		巳

乙丑년은 겁재운 되었으며 년지 未(남편)을 冲한다.「갑자기 뒤통수 한방 맞고 얼얼해지니 눈앞에 별(庚)이 번쩍거리다 사라지니 남편(庚)에게 사고 생겼습니까?」예, 남편이 사람을 치어 죽게 하고 구속되었습니다. 언제쯤 풀려날까요? 년지 未중 己土가 甲木일간의 합신이고 관성인 金이 없으므로 己土합신이 남편이 된다. 시간에 甲木있어 己와 爭合하므로 결국 남편과는 이혼하게 된다.

※ 사주원국에 丙있고 丙年 만날 때

1. 빙빙(丙丙) 어울려 돌던 태양이 거울(辛)속에서 번쩍번쩍 빛내려하나 거울(辛)만 깨지고 마니…… 즉 동업, 동사(同事) 및 동모(同謨)하려하나 일은 틀어지고 손재구설만 분분하게 된다.

예1)

					56	46		
癸	丙	辛	丙	남	丁	丙	대운
巳	申	丑	戌		未	午	

丙戌년 정초에 와서 일년 신수를 물었다.「친구 및 형제와 더불어 동업, 동모 하려하나 일은 틀어지고 소비지출 및 손재만 따르겠소.」丙戌년 5월에 또 다시 찾아 왔다. '정초에 왔을 때 동업사가 들어온다 하더니 들어왔소. 친구 3명이 서로 뜻을 모아 큰 사업을 벌리려 하고 있소. 믿을 수 있는 친구들이며 이미 3억원 정도를 친구가 투자해 놓고 있는 실정이요 일의 결말이 언제쯤 나겠소?'

필자의 대답은 정초와 똑같았다. 丁亥년 초에 또 다시 찾아와 일이 틀어졌고 자신에겐 소소한 출비는 있었지만 투자한 친구는 자금을 회수 못해 골치 아파하고 있다 했다.

예2)

						27	17	7	
壬	丙	庚	丁	남		丁	戊	己	대운
辰	子	戌	酉			未	申	酉	

丁대운 丙寅년(30살) 甲午월에 이 사람의 처되는 여자가 왔다. 호리 낭창한 몸매에 첫 대면인데도 눈웃음이 과하게 넘실거렸다. 이 인간 팔자가 어떤지와 올해 운은 어떤지 봐주세요. 생글생글 웃으며 몸을 비비꼬는 그녀에게 필자도 웃으며 말했다.

「이 인간의 여형제는 부자로 살고 있으나 …에 이 인간은 빛좋은 개살구 같아 허우대는 멀쩡한데 실속은 없소, 올해 운은 빙빙(丙丙) 어울려 돌던 태양이 거울(辛)속에서 더 우쭐대며 빛내려하다가 거울(辛)만 깨지고 말겠소.」 아저씨! 뭔가 알 것 같기도 하는 요상한 말이네요, 좀 구체적으로 알아듣기 쉽게 풀어주세요.

「그러지요. 이 인간이 친구형제들과 어울려 까불고 다니다가 돈(辛)만 작살내고 마누라(辛)까지 힘들게 한다는 말이오, 그래서 아주머니는 이 인간하고 살아야하나 말아야하나 생각중이며 여차하면 고무신 거꾸로 신을 차비를 하고 있을 것이요, 그리고 이 인간의 사주팔자는 한 여자와 해로 못하게 되며 자기 마누라 역시 애인두게 되는데… 사모님도 남자친구 사귀고 있지요? 아마도 작년 아니면 올해에 접근하는 남자가 있었을 것이요.」 아저씨. 소문대로 잘 아네, 그러면 그 인간 하고는 궁합이 안 좋다는 말이네요? 여자는 또 몸을 배배꼬며 코먹은 소리로 말했다.

처음 보는 남자에게 교태를 부리는 이런 부류의 여성이 새삼스레 궁합을 들고 나오는 데는 몇 가지 숨어있는 뜻이 있다. 즉 남편이 자신을 만족시켜 주지 못하므로 자신은 바람을 피울 수밖에 없다는 것이다. 그리고 잠자리(궁합)에 있어서 내밀한 특이점이 있음을 내포하고 있는데 그것이 무엇인지 알아 맞춰봐 하는 뜻이 숨어있는 것이다.

남자의 사주에서 보면 년지 酉에 뿌리둔 월간 庚金이 처인데 丙火는 庚을 녹이기 어렵고 丁火만이 庚을 녹여 줄 수 있다. 즉 丙火의 입장에서 보면 년간 丁火겁재가 자신의 재성인 庚을 녹여주고 있으므로 '저년이 딴 놈과 붙겠구나.' 하는 의심을 갖게 된다.

그런데다가 년 일지간에 子酉귀문이 도화를 띠고 있다. 이리 되면 변태성있게 되며 의처증이 더욱 심하게 작용되는 것이다. 그래서 보이는 데로 의처증이 심하고 변태성까지 있으며 외출했다가 돌아오는 마누라 속 팬티까지 벗겨 검사하는 사람이라 말했다. 맞아요. 그래요 하며 맞장구치던 여자가 혼자 말처럼 중얼 거렸다.

마음먹은 대로 딱 잘라야 하겠군. 헤어지려 마음먹은 것을 결행하기로 작정한 것이었다.

예3)

					21
丙	壬	己	丁	여	壬
午	子	酉	酉		子

시간에 丙火있으므로 丙寅년 운수는 辛亥음신이 작동된다. 빙빙(丙丙)돌던 태양이 돈돈(辛辛)하며 돈 꿈을 꾼다. 辛金인수 되는데 년월지에 酉가 있으므로 집(월지)을 팔고 사고하니 문서사 발동이다. 음신 辛亥의 亥가 역마니 운수계통의 사업하려 계약 문제 발생이다. 그러나 子대운 되어 원명의 子午沖 발동되니 손

재가 따를 것이다.

예4)

丙 甲 庚 乙　남
寅 戌 辰 亥

시간에 丙火가 있으므로 丙寅년은 辛亥음신이 작동된다. 丙은 식신이고 환락이다. 따라서 丙丙(빙빙) 어울려 도는 태양은 환락 속에 신나게 놀게 되며 辛은 관성(직장)인데 일지 戌에 辛이 있으므로 앉아있던 직장(辛)이 깨지니 이동과 전직(轉職)이 따른다.

예5)

48
己 戊 甲 丙　남　己
未 午 午 戌　　　亥

년간에 丙火있고 地支에 午火있어 丙火가 旺하다. 丙寅년의 음신 辛亥가 작동되니 음신구결이 적용된다. 빙빙(丙丙)어울려 돌던 태양이니 동업에 따른 계약사 발동 된다. 辛(거울)이 깨지니 辛은 이 명조의 상관(활동력)이라 결국은 그만 두게 된다.

즉 활동력이 상실된다. 자판기 사업을 동업으로 시작했으나 동업자가 자본금을 투자하라 하여 그만 두게 되었다. 이 사주는 甲木이 있다하나 쓸모없이 되어(불에 탔다) 火土만으로 구성되어 있다. 그러므로 양신성상격(兩神成象格)이니 從旺格이니 한다.

그러나 十干의 역할 작용적인 면으로 보면 쉽게 풀 수 있다.

午午戌 있고 丙火가 透出되어 火가 태왕하다 따라서 戊土 日干의 역할은 왕한 火를 담아두는 화로처럼 불길을 조절한다. 년지 戌이 火庫이므로 戊土일간은 이것에 의지하여 강한 화를 담아두게 된다. 午戌로 합하여 당겨오고 시지 未가 또 午未로 합하여 日支 쪽으로 당겨져 戌未로 刑을 함이 문제다.

이리되면 刑이 발동되는 운에 화로가 깨져 그 역할이 상실된다. 그리고 이렇게 왕강한 화(火)가 주류를 이룰 땐 수(水)가 오면 水火相剋되어 불길이 화로 밖으로 뛰쳐나오므로 흉사가 발동 된다. 따라서 戌대운에 戌未刑이 발동되어 크게 교통사고 당했는데 己巳년(43살)이었다. 亥대운엔 후두암으로 수술을 5번이나 했으며 庚대운 丙戌년에 사망했는데 심장마비였다.

예6)

					36	26	
壬	丙	丁	甲	여	癸	甲	대운
戌	戌	丑	午		酉	戌	

월지 丑중 癸水가 남편이고 시간 壬水는 뜬구름 같은 길거리 남자다. 일월주간에 丑戌刑되어 본서방과는 깨어진다. 월지 丑에는 癸辛의 재관이 있는데 신약할 땐 이것 개고(開庫)됨을 꺼린다.

거꾸로 신왕할 땐 창고(庫) 문을 열어줘야 좋다. 戌대운 丙寅년(33살) 亥월에 찾아온 여성이다. 戌대운은 丑戌刑이 발동되어 신약한 일간으로서는 감당하기 어렵다. 따라서 乙丑년(32살)에 또한번 丑戌刑이 발동되니 부부불화 있었음을 쉽게 짐작 할 수 있었다.

丙火일간에 丙寅년이므로 음신구결이 적용될 수 있고 辛亥음신이 작용된다. 그리고 丙寅년의 寅은 丙火일간의 장생지이고 사주원국과 寅午戌 화국을 이룬다. 그러므로 다음과 같이 말했다.「작년에 부부불화 극심했고 올해 들어 새로운 삶 찾아 남쪽으로 내려와 여러 여자들과 어울려 돈벌이 하였소, 아마도 다방 아니면 술집일 것이오, 그러나 돈은 되지도 않고 본서방이 찾아올까 두렵기만 하겠소.」辛亥음신이 남편궁인 丑에 뿌리가 있고 그것이 일간 丙火와 합하여 일간으로 하여금 절지(絶地 丙은 亥에)에 이르게 하기 때문이었다.

예, 작년부터 불화 심했고 지난달(戌月)에 집을 나와 이곳까지 와 다방에 나가고 있습니다. 그런데 엊그제께 서울친구에게서 연락오기를 남편이 칼을 품고 나를 찾아다닌다고 했습니다. 그래서 여기 이대로 있어도 괜찮은지 다른 곳으로 떠야할지 물어보려고 찾아왔습니다. 선생님! 어떻게 하면 좋겠습니까?

예7)

					44
丙	丙	丙	甲	남	辛
申	寅	子	戌		巳

壬午생 부인이 찾아와 내놓은 사주다. 丙寅년 己亥월 丙寅일 癸巳시에 찾아 왔다. 丙丙丙으로 비견 많으므로 월지 子水관성으로 가야하니 직장인이다.

먼저 확인부터 했다.「아주머니 아저씨는 직장생활하고 있지요, 아마도 운수계통의 일일 것인데」예, 그렇습니다. 수두분 하게 생긴 아주머니는 짤막하게 말하고 입을 닫았다.「또래들하고 사이좋게 어울려 지냈는데(빙빙 어울려 돌다가)그만 직장 날아가게 생겼군요, 친구라고 믿었던 사람이 아저씨 뒤통수를 쳤습니다.」

음신 辛亥를 두고 월시간의 丙火비견이 서로 합하려 쟁탈전을 벌려서인데 사업하는 사람이면 돈이 날아가고 직장인이면 밥그릇(직책)을 뺏기기 때문이다. 예, 그리되었습니다. 깨끗이 단념하고 싶은데 무엇을 하면 좋을까요?「개인택시 하나 사서 하도록 하세요, 그런데 아주머니 남편은 부인보다 먼저 동거했던 여자가 있었고 그 사이에 생긴 자식을 키우고 있지요?」

남편의 사주와 연월일시로 보는 내정법을 참작하여 말했다. 예, 주위사람 아무도 모르는 일인데 그것이 나옵니까? 무거운 입을 지닌 여인의 눈동자가 크게 떠지며 긍정했다.

예8)

					36
壬	乙	丙	癸	여	庚
午	巳	辰	未		申

얼굴에 기미가 많이 끼었고 관자노리에 콩알만 한 검은 점이 박힌 여자가 찾아왔다. 丙寅년 己亥월 壬申일 丙午시 였다. 월간 丙火상관이 巳午未상관국에 뿌리박고 있는 사주다. 상관에 관을 만나는 庚申대운이므로 반드시 부부간에 이별불화가 있다. 이것을 머리에 넣어 둔후 丙寅년에 생기는 사항을 추리했다.「이혼하려 왔소?」丙寅년이 상관운 이므로 쉽게 뱉을 수 있는 소리였다. 음신법으로 봐도 辛亥가 관성이 되니 일간 乙巳와 天冲支冲하므로 남자와 깨어지는 문제다.

그리고 빙빙(丙丙)으로 상관이 발동하므로 辛(官)은 깨어진다. 그래서 한술 더 떴다.「전처 있던 남자만나 빛나며 살아볼까 했으나 그 남자는 칼(辛)이 되어 나(乙)를 공박하니 올해는 그만 둬야지 하는 생각만 머릿속에서 빙빙 돌고 있겠소.」 했다.

丙있는 사주가 丙년을 만났지만 통변은 모두 똑같지 않으니 이점을 터득하면 자유자재로 통변할 수 있을 것이다.

예9)

庚 丙 辛 丁　남
寅 戌 亥 未

부산에서 필자에게 사주명리를 배우고 있는 수강생의 명조다. 사물이 있으면 반드시 그 그림자가 있는 법이니 이것도 양이 있으면 반드시 음이 있게 되고 음이 있다면 반드시 양이 있다. 이것이 사물구성의 이치이다. 그런데 어떤 경우엔 나타나있는 모습(陽)이 잘 보이지 않을 때가 있다.

그럴 때는 음(陰)을 찾아 그 모습의 윤곽을 파악할 수 있다. 이것을 인간행동에 결부시키면 허실론(虛實論)에 해당한다. 즉 돈많은척하는 사람은 대개가 돈 없는 사람이고 돈 있는척 하지 않는 사람은 많은 돈을 지니고 있는 경우와 같다.

사주에 있어서도 본래의 명조가 양(陽)이라면 그 명조의 합사주는 음(陰)에 속한다. 그러므로 파악하기 어려운 알쏭달쏭한 사주는 합사주를 취해 살펴보면 쉽게 보이는 경우가 많다. 필자의 강의가 여기까지 이르자 수강생 모두의 눈빛은 황당함을 내뿜고 있었다.

그래서 위 사주의 주인공에게 사주명조를 불러보라 한 것이다.「이 선생의 丙戌년 운수는 丙火일주이므로 丙年이 되면 음신인 辛이 작용한다. 따라서 빙빙(丙丙) 어울려 돌다가 거울(辛)만 깨지고 마니, 형제 혹은 또래(丙丙)와 동업 또는 공동투자를 하게 되었고 결과는 돈(辛)만 깨지고 말았는데 올해 丁亥년에 결말을 보고 말았네, 그리되었든가? 아닌가?」

예, 그렇게 되었습니다.

그런데 丙년이면 누구에게나 빙빙(丙丙) 어울려 돈다는 구결이 적용됩니까?

「아니네, 빛이 강열하면 할수록 사물의 그림자 역시 더욱 선명해지는 것처럼 사주 천간에 丙火가 있을 때 丙년을 만나야 그런 해석이 될 수 있다네.」

하지만 노무현 대통령 사주도 丙戌년 丙申월 戊寅일 丙辰시이므로 丙戌('07년)년의 운수 역시 동업 동사 하다가 돈(辛)만 깨지는 일이 생겨야 하지 않습니까?

「노대통령은 戊일간이므로 丙丙丙은 편인이 되고 음신인 辛은 상관이 된다. 따라서 여러 생각을 굴리고 또 굴려 행동하며 말하는(辛)일이 생기게 되며 결과는 그 행동과 표현하는 언어(辛상관)가 못쓰게 된다. 즉 깊은 생각 많은 생각(丙丙丙)또 잔머리 굴려 나타낸 것(신상관)이 모두 무용지물로 변하게 된다는 말이다.」

그러면 丁亥년 올해의 제 운수는 어떠합니까? 2007년 11월 8일에 있었던 문답이다. 여기서는 丁亥년에 대한 설명은 하지 않고 뒤로 미루겠다.

예10)

					49	39	29	19	9	
庚	癸	乙	丙	여	庚	辛	壬	癸	甲	대운
申	卯	未	申		寅	卯	辰	巳	午	

丙戌년 己亥월 己酉일 辛未시에 온 손님이다. 빙빙(丙丙)돌다

가 거울(辛)만 깨지니 … …라는 음신구결이 적용된다. 거울(辛)은 이 사주의 모친성이고 이것이 절에 앉으니(辛卯음신) 모친의 일이 있는데 모친이 병원에 누워있다.

즉 丙戌년의 음신은 辛卯인데 辛은 癸일간의 모친성이고 이것이 절(辛은 卯에 절)에 앉아 있으므로 모친에 대한 문제 발생이다.

사업하는 사람이라면 돈돈(丙은 癸의 財)하는 문서계약(辛)이 잘되지 않고 있다는 판정해야 한다. 그리고 자식(乙)에 결부시키면 자식(乙)이 사회활동하려 애쓰고 있으며 음신 辛卯가 월지 乙未(자식)과 卯未로 합하므로 자식의 시험문제 및 직장문제가 있게 되나 좋지 못한 결과를 가져오게 된다.

예11)

					51
丙	己	壬	甲	여	丙
寅	亥	申	午		寅

丙戌년 戊戌월 丁亥일 戊申시에 온 여성이다.

「머릿속에 빙빙(丙丙) 도는 것은 문서계약 및 보증에 대한 문제인데, 돈줄(辛식신)만 깨지게 되는 운이오.」했다.

예, 정초에 남동생에게 보증을 서주었는데 그것 때문에 내 재산까지 차압될 지경에 이르렀습니다. 그래서 어떻게 될까 알아보러 왔어요, 했다.

예12)

					37
癸	戊	辛	壬	남	庚
亥	午	亥	寅		申

卯대운 丙戌년에 온 남자손님이다.

「올해는 머릿속에 온갖 생각(丙편인)이 빙빙 돌게 되니 돈줄(辛 상관)은 깨지고 활동력 또한 멈춰지게 되는 운이요.」

예, 어떻게 할까 여러 생각 속에 지냈지만 별 뾰족한 수가 안 보이는 군요? 했다.

※ 丁년의 음신구결

1. 징징(丁丁)거리다 님을 만나니….
2. 정(丁)든 벗(丁)만나고 직장 얻고 애인 생긴다.
3. 징(丁)박고 또 징(丁)박으니 확인하고 또 한다.

丁은 壬을 달고 오는데 님(壬)은 여러 가지로 상황에 따라 해석해야 한다. 즉 남녀관계에서는 애인 및 배우자가 되고 배움에 있어서는 선생님(壬)이 되며 장사하는 사람에겐 손님이 된다. 그리고 벗님(친구)도 되고 형님(壬)도 된다.

예1)

					41
辛	丁	戊	丙	남	癸
亥	丑	戌	申		卯

31살에 첫 여자와 이별한 사람이다.

丁丑일주생이 丁丑년(42세) 만났다. 따라서 음신구결을 적용할 수 있고 음신 壬子가 작용된다. 징징(丁丁)거리다 님(壬)을 만났으나 그님(壬子)은 칼든 사람이다. 壬子음신이 일주와 丁壬합 子丑합 하므로 결혼했다. 그러나 壬이 子양인을 지니고 있으므로 그님은 칼든사람(포악한사람)이다.

예2)

					16
甲	丁	丙	甲	여	甲
辰	未	子	辰		戌

丁卯년은 징징(丁丁)짜다가 님(壬)을 만나게 되는데 부친이 사망하여 슬픔에 젖어 있다가 애인 사귀게 되었다.

위 사주는 재성인 금이 없다. 이럴땐 모친성을 찾아서 그 合神을 찾아야 한다. 따라서 일지 未중 己土가 모친성인 甲木과 明暗合하므로 부친성이다. 甲戌대운은 일주 丁未와 3급소용돌이 이루며 戌未刑한다. 이리되면 형출(刑出)된 己土는 백호살을 띠고 있는 甲木이 합거당해 사라진다.

丁卯년에 부친사망하게 된 것은 대운지 戌중 丁火가 발동되어서 이고 卯未로 합되어 己土가 木化되었기 때문이다.

丁卯의 음신은 壬戌이 되는데 壬은 월지 子(도화살)에서 인출(引出)되어 연애사 생기게 되었다. 그러나 丁未와 壬戌이 丁壬으로 합하게 되면 丁火는 戌에 입고되므로 답답하게 되어 결국은 戌未형되어 깨어지게 된다.

예3)

					22
丙	丁	乙	辛	여	戊
午	卯	未	丑		戌
(도화)					

丁卯년 壬子월 己未일 庚午시에 찾아온 여성이다.

옷차림은 세련되어 보이나 얼굴에 수심이 끼어 있었다. 戊戌상관대운이고 시간에 丙火있으므로 丙寅년의 운수부터 말하기로 했다. 먼저 확인 작업부터 했다. 「결혼 한지 얼마 안됩니까?」

예, 2~3년 정도 되었습니다. 「남편은 여자 아니면 도박에 미쳐 몸과 돈 상하는 줄 모르며 설쳤고 신 여사는 자존심과 반발심이 솟구쳐 올라 집을 떠나는 운이었는데 어떠했습니까?」

이 사주는 년지 丑중 癸水가 남편인데 남편궁과 시주 丙午(도화살)가 丙辛으로 합을 맺고 있다. 그리고 辛丑(夫宮)은 일지 卯와 卯未합되어 있는 것과 丑未冲을 하고 있다. 즉 남편(辛丑)은 멀리 있는 아름다운(도화)빛 번쩍거리는 丙火에게 정을 주고 나와는 부딪치고 있다. 그런데다가 상관 대운을 만났으며 음신 辛亥가 역마살이었기에 위와 같이 말한 것이다.

예, 말씀 그대로 작년에 집을 나와 이곳까지 오게 되었습니다. 여자가 놀란 얼굴로 말하자 신이 난 필자는 다음과 같이 읊었다. 「과거의 일로 징징(丁丁)짜다가 죽고 싶은 심정까지 있게 되나 님(壬)을 만나 푹빠지게되 지나간 괴로움은 눈 녹듯 사라질 것이오.」 감정료를 내며 일어서는 그녀의 얼굴엔 희망의 빛이 살짝 걸려 있었다.

예4)

					29
庚	丁	甲	丙	남	丁
子	未	午	申		酉

丁卯년 辛亥월 戊寅일 庚申시에 등산복 차림에 배낭을 멘 사람이 들어왔다. 자리에 앉자 코를 찌르는 악취가 났다. 그 사람의 발 냄새였다. 선상님, 내 팔자가 어떤지 좀 봐주시오. 하는데 충청도 말씨 였다. 신왕 한데다 丙火겁재가 申재성위에 앉아 있어 극처(剋妻)팔자 인데다 丁火대운이니 필시 처와 이별 했던지 재산 날리고 떠도는 것 같았다.

그래서 「징징(丁丁) 짜다가 님(壬)을 만나게 되나 만나지 않은 것만 못하겠군요.」 하고 한마디 했다. 그러자 무릎걸음으로 다가오며 말했다.

'선상님, 작년에 가출한 여편네 찾아 전국 방방곡곡을 다닌지가 6개월째입니다. 정말 만날 수 있을까요? 그리고 만난다면 어느 곳에서 입니까?「여자가 집을 나가 오랫동안 안돌아온다면 이 빠진 그릇처럼 되어 있을텐데 뭣땜에 그렇게 용을 쓰고 찾으려 합니까?」「무엇 때문에 가출했는지 그 원인을 알 수 없어 꼭 물어 보고 싶어서입니다.」「허 참?… 그렇군요. 다음 달쯤에 만날 운 있고 아저씨 집에서 서쪽 방향에 있는 해변가 술집이나 다방 같은 곳에서 찾을 수 있을 것이오.」

년지 申金이 강렬한 火에 극되고 있으므로 갈 곳은 시주에 있는 子水쪽 밖에 없다. 그리고 다음 달 壬子월은 인간과 丁壬으로 합하기 때문에 그렇게 말 한 것이다. 가출한 부인의 사주는 다음과 같다.

					22
丁	戊	己	辛	여	壬
巳	辰	亥	丑		寅
		역마			

예5)

					31	21	11	1	
丁	丙	丙	甲	여	壬	癸	甲	乙	대운
酉	子	寅	寅		戌	亥	子	丑	
공망									

23세 되는 丙子년은 일주 복음년이고 빙빙(丙丙) 돌다가 거울(辛)만 깨어지는 일이 발생된다. 직장에 다니는 처녀이므로 남과 동업할 일은 없을 것이나 먼저 확인부터 했다.

「아가씨, 올해 들어 남과 공동으로 투자 한 것은 없습니까?」
'그런 일 없는데요.'
「그렇다면 부친께서 사고 당하시던지 크게 아파 눕게 되던지 … 아니면 별세 할 수 있는 운인데요?」
'예, 맞습니다. 올 초에 부친께서 혈압 병으로 갑자기 세상을 뜨셨습니다. 내년(丁丑년) 운수는 어떻습니까?'
「내년은 징징(丁丁) 거리다가 님(壬)을 만나게 되는데 칼든 사람 일 것입니다.」
'칼을 들었다면… 어머나 무섭네요.'
「아가씨, 칼 든 사람이라면 의사, 요리사, 재단사, 경찰(법관), 군인 등을 말합니다. 물론 칼 든 강도도 해당 됩니다만 아가씨처럼 착한 사람에게 무슨 강도가 붙겠습니까? 착한 사람은 하늘이 돕는다 했으니 강도 같은 남자는 아닐 것이니 염려 마세요.」
'선생님께선 오늘 처음으로 저를 봤는데 제가 착한지 아닌지 어찌 압니까?'
「아가씨는 요즘 처녀 같지 않습니다, 모친 말이라면 죽는시늉까지 하는 심청이 같은 여자입니다, 그래서 착하다 하는 것이지요.」
'말씀 하신 것처럼 이때까지 엄마가 시키는 일을 거역해 본적 없는데, 내 자신이 생각해도 왜 그런지 알 수 없습니다. 어떤 때는 내가 바보가 아닌가 생각 될 때도 있습니다.'
「하하하, 아가씨 사주팔자가 그렇게 타고 나서랍니다. 아가씨는 쥐(子)날에 태어났고 모친은 고양이(寅)가 되어있으니 어찌 모친에게 설설 기지 않을 수 있겠습니까?」 거참, 이상하네.
아가씨는 신기한지 황당한지 고개를 갸우뚱했다. 위 사주에서 시지의 酉중 庚金이 편재성(부친)인데 일지 子에 사(死)가 되고 년월지 寅에 절(絶)이 되며 丙甲이 寅중에서 투출되어 부친이 오래 살지 못하게 된다. 즉 나와 부친과의 인연은 짧다, 癸대운은 일지 子에서 투출되었으며 부친(庚)의 사신(死神:子)이 발동된 것이다.

그런데다가 丙寅까지 나타나는 운이므로 해서 庚金부친이 사망하게 된 것이다. 이 처녀는 戊寅년에 직장이동 문제 때문에 다시 필자를 찾아왔다. 丁丑년에 의류계통에서 디자인하는 서울총각을 알게 되었고 교제중이라 했다.

예6)

					46
癸	癸	甲	戊	여	己
丑	巳	子	寅		未
(백호)					

己土대운 丁卯년 癸丑월 乙丑일 壬午시에 찾아온 아주머니다.

자식궁인 시주에 백호살 있고 己土대운은 백호살 발동되어 월간 甲木상관(자식)을 합하여(甲己) 入庫(未는 木庫)시키고 있음이 눈에 들어왔다. 여인의 얼굴을 쳐다봤다 큰 눈에 슬픔이 담겨있었다.「부친의 남편(戊)은 군인 아니면 경찰직업 가져야하는데 아들(甲)하나 낳은 후 남편의 직장 때문에 한 3년 정도 공망 있었을 것이오.」戊土관성에서 보면 월간 甲木이 편관이므로 군인 아니면 경찰이라 했고 甲木이 생기면 戊癸합이 깨어지기 때문에 아들(甲)낳고 남편(戊)의 직장(甲)문제로 공방치게 되었다고 말한 것이다.

그러나 아주머니는 고개만 끄덕여 긍정할 뿐 입을 닫고만 있었다. 이럴 땐 맞습니다. 그렇습니다. 하고 맞장구쳐야 신이 나서 더욱 잘 보이는데 말이다. 약간 머쓱해진 필자가 잠시 뜸을 들이자 그제 서야 한마디 던졌다. 선생님, 그 외에는 또 없습니까?

여인의 물음에는 그것보다 더 듣고 싶은 중요한 문제가 있음을 내포하고 있었다. 슬픔을 머금은 눈빛 그리고 자식성이 甲己합되어 있는 것을 보면 자식에게 틀림없이 흉한일이 있는 것이 분명할거야 더욱이 자식궁에 백호살까지 발동되어 있으니 말이야. 그러나 어찌 당신자식 죽었소 하는 말을 쉽게 내뱉을 수 없었다.

그래서「아주머니 사주에 나오는 올해운수는 징징 짤 일이 생긴다고 나옵니다. 어떤 나쁜 일을 겪지 않았습니까?」사주 원국에 丁火가 없어 丁丁(징징)거릴 일…하는 음신구결을 적용시키기 어려웠지만 궁여지책이었다. 여인의 얼굴을 쳐다보며 뒤묻자 그제서야 한숨을 크게 쉬며 입을 열었다. 아들이 교통사고당해 그만 저세상사람 되고 말았지요, 내 팔자가 그렇다니 누굴 원망하겠습니까? 여인은 힘없이 일어났다.

예7)

					38
癸	戊	丁	戊	여	癸
丑	戌	巳	申		丑

필자에게 역학을 배운 여성인데 丁亥년 초에 찾아왔다. 선생님, 丁亥년은 인수운되어 火土가 강해지므로 재운이 없을 것 같습니다. 그리고 세운지 亥가 월지 巳를 冲하므로 영업처 및 거주지 이동도 따를 것 같습니다. 저의 판단이 정확합니까?「그래 이치대로 말했다. 이동변동은 있을 것이다.

그리고 옛날에 네게 말해준 음신 구결을 적용시켜보면, 징징(丁丁)짜다가 님(壬)은 戊일간의 재성이 되므로 손님 많이 와 제법 돈 되겠구나.」 선생님 말씀대로 그렇게 된다면 별걱정 안 해도 되겠군요. 「그래 한번 어떻게 되는지 보기로 하자」 제자는 업장을 두 번이나 옮겼는데 말썽이 따랐다. 그러나 戊申월부터 손님이 찾아오기 시작했고 지금은 꽤 짭짤한 재미를 보고 있다.

예8)

					38
丁	甲	壬	丁	여	丙
卯	寅	寅	酉		午

丁丑년은 징징(丁丁)거리고 또 찡(丁)거리는데 편인 님(壬)이 와 공망이 되니 부도나게 되었다. 위 사주는 목왕(木旺)한데다 생목이므로 火운이 좋다. 丁년이 火고 대운역시 丙火이므로 누구든지 좋은 운이라 하기 쉽다. 그러나 丁丑년은 공망 인데다 壬子水를 달고 오므로 해서 나빠진 것이다.

예9)

					41
丙	乙	丁	己	남	壬
子	巳	丑	丑		申

48세 되는 丁丑년은 월주에 丁丑이 있으므로 음신구결을 적용할 수 있으며 壬子음신이 작동한다.

이혼한 후 갑갑하게 지내다가(징징짜다가) 여자만나 (님을 만나니) 결혼하게 되었다. 음신 壬子의 子는 천을귀인되고 처가되는 丑丑중의 하나를 합(子丑)해주므로 결혼이 된 것이다. 壬은 乙木의 인수이므로 매매계약사가 발생되는데 결혼역시 하나의 계약이다.

※ 戊있을 때 戊년의 음신구결

1. 물어물어(戊戊) 찾아가니 무지개 뜬 연산(連山)이더라.

2. 무디고 무식한 또래에게 무지개 꿈 심어주나 목마르기 그지없다.

예1)

					48	38	28	18	8	
戊	丙	戊	戊	남	癸	壬	辛	庚	己	대운
戊	子	午	寅		亥	戌	酉	申	未	

癸대운 戊辰년(51세)에 찾아온 손님이다.

丙火일간 午월생에 寅午戌 화국있어 신왕이다. 일지 子水는 강왕한 午에 충거되어 쓸 수 없고 戊土식신으로 설하고자 하나 土태왕하여 이것도 쓸 수 없을 것 같다. 土태왕 하므로 일간 丙을 도우는 寅午火를 써야 할까? 아니면 戊土식신으로 용신을 해야 할까? 도무지 딱 부러지게 이것이다 로 말하기 어려웠다.

그래서 궁여지책으로 음신구결을 써먹기로 했다.

「사장님 물어물어 찾아봐도 무지개 떠있는 연산(連山)인데 여자와 돈(癸酉) 때문에 내 마음은 어둡고 처량하다 술(癸酉)이나 마셔 마음 달래려 하나 더욱 어둡고 처량하기만 하구나. 이것이 올해의 운수입니다.」 가슴깊이 들여 마셨던 담배연기를 길게 내뿜은 손님은 침중한 목소리로 말했다.

선생님 말대로 올해 3월에 연산동 무지개 빌라로 이사 했습니다. 그런데 6월(戊午月)에 집사람이 그만 저세상 사람이 되었지요, 그래서 술로써 하루하루를 보내다가 여동생이 가보라 해서 오게 되었습니다. 어떻게 그렇게 귀신같이 맞추는지 정말 놀랍습니다. 정확하게 알지도 못하면서 한마디 한 것을 마치 신통한 사람인 것처럼 말하니 쓴웃음밖에 나오지 않았다 그러했지만 이 아저씨 소개로 많은 사람이 찾아오게 되었다.

예2)

						38
丁	辛	戊	丙		남	壬
酉	酉	戌	戌			寅

이 사주역시 월간 戊土있어 戊辰년의 음신구결 [물어물어 찾아가니 무지개 뜬 연산이더라]가 적용된다. 癸酉(술)음신이 작용하므로 이 사람역시 지하수(辰)가 터져 손해를 당한 후 술(癸酉)에 빠져 지냈다. 그리고 戊는 辛일간의 인수이므로 계약매매건 인연이 더 발생되었다.

戊辰년(43살)은 년월지 戌을 연달아 冲하므로 공장 및 가택의 이동과 그로인한 문서사 발동인 것이다. 그러나 다음과 같은 경우엔 음신구결이 적용되지 않는다.

예3)

					29	19	9	
戊	辛	丁	乙	여	庚	己	戊	대운
戌	酉	亥	卯		寅	丑	子	

乙酉년(31살)은 년간에 乙木있으므로 〔얼얼(乙乙)하게......〕가 적용되야 한다. 하지만 乙酉년의 酉가 년지 卯를 冲거 시켰고 대운간 庚이 乙庚으로 년간 乙木과 합을 맺고 있으므로 해서

음신구결이 적용될 수 없는 것이다. 그러나 예3)의 경우는 辰戌로 沖한다하나 붕충(朋沖)이므로 충거되지 않으므로 음신구결이 적용될 수 있었던 것이다.

예4)

					38	28	18	8	
癸	戊	丁	戊	여	癸	甲	乙	丙	대운
丑	戌	巳	申		丑	寅	卯	辰	

戊일간에다 년간에 또 戊土비견이 있으므로 戊寅년(30살)은 〔물어물어 찾아가니 무지개 뜬 運山이더라 무디고 무식한 또래에게 무지개꿈 심어주나 목마르기 그지없다〕의 음신구결이 적용된다.

위 사주에서 戊寅년은 비견운되어 시간 癸와 爭財되고 재성인 癸하나에 戊土3개가 들어붙으니 비견(또래)과 어울려 일하게 되며 매우 바쁘나 소득 없게 된다. 이 여성은 戊寅년에 사람들에게 종이접기 등의 강의를 했으며 여기저기에 일거리 찾아 다녔지만 재정적으로 돈 안되었다 한다.

예5)

					55	45	35	25	15	5	
庚	丁	己	戊	남	乙	甲	癸	壬	辛	庚	대운
子	巳	未	寅		丑	子	亥	戌	酉	申	

甲申생 여자가 戊寅년 초가을에 와 내놓은 남편의 팔자다.

丁火일간이 未月에 태어났고 일지 巳에 강한뿌리 있고 년지 寅木이 도우므로 신왕이다. 그러나 일지 巳중에서 戊土투출이고

己未로 土태다하다 따라서 시간 庚으로 旺土의 기운 빼야하고 년지 寅木으로 土를 극해야 한다. 庚申 辛酉대운은 년지 寅木을 冲剋하므로 공부는 뒷전이고 돈벌이로 뛰어드는 때다. 申대운은 寅을 충거하므로 모친 및 외삼촌이 다치는 때고 공부 중단이다.

酉대운에 巳酉로 일지와 숨을 지어 결혼했고 壬대운엔 상관에 정관을 보므로 직장생활 하다가 접었으며 자식 잃게 되었다.

그리고 丁壬합하여 일간이 戌에 입고되므로 죽을 고비 있었다.

戌대운은 土를 더욱 旺하게 하며 丁火가 입고되므로 질병 건강 등으로 활동을 쉬게 되었다. 癸亥대운은 기신 戊土를 묶어주며 寅亥合하여 寅木이 발동한다. 그러므로 새로운 정신으로 분발 발전 있는 때였다.

甲子대운역시 己土기신을 잡아주며 子水가 조후되어 좋았다. 乙丑대운은 시간의 庚金(명줄)을 합하여 입고시키므로 대흉하다. 이렇게 운을 짚어주며 입을 닫자 잠자코 듣고만 있던 손님이 입을 열었다. 선생님이 말씀하신 그대로입니다만.... 우리 아저씨의 재작년과 작년(丁丑년) 그리고 올해의 운수를 자세히 말해주세요.

이때까지의 풀이를 잘못한 것이 아닌가 하는 당황함이 있게 되는데 필자역시 그러했다. 그래서 음신구결을 써서 넘어가기로 했다. 마침 丁火일주이므로 丙子년 운수는 제쳐놓고 丁丑년의 구결부터 읊었다.「작년은 징징(丁丁)짜다가 칼든 님(壬子)을 만났고 올해는 물어물어 찾아가니 무지개 뜬 연산(連山)이었소.」

필자의 입만 쳐다보던 여자가 눈을 크게 뜨며 말했다. 재작년(丙子년)에 우리 아저씨가 대장암수술을 받고 사경을 헤매다가 작년에 칼든 선생님(의사) 잘 만나 한숨 돌렸지예. 그런데 올 2월(甲寅월)에 갑자기 세상을 뜨게 되었고 양산 무지개 공원묘지에 안장 했심더 정말 쪽 집어 내네요, 계면쩍은 필자는 아무 말 없이 뒤통수만 긁고 말았다.

예6)

					44	34	24	14	4	
己	戊	戊	癸	여	癸	壬	辛	庚	己	대운
未	申	午	巳		亥	戌	酉	申	未	

이 사주도 戊戊가 월일간에 있으므로 戊寅년(46세)운수는 음신구결이 적용된다. 따라서 남편이 사업 실패했고 관재까지 받았다.

예7)

					56	46	36	
戊	甲	丁	乙	여	癸	壬	辛	대운
辰	申	亥	未		巳	辰	卯	

卯대운 戊寅년 양력 12월에 온 손님이다. 卯대운은 영역을 확장하여 크게 두각을 나타내고 싶어지는 때다. 먼저 戊寅년의 운수가 어떠했는지 말해주고 다음해(己卯년)의 신수를 봐 달라했다. 戊寅년은 편재운이고 역마운이다. 그러므로 돈벌이 하러 쫓아다니게 된다. 여기까지 읽은 필자는 말했다.

「물어물어 여기저기 찾아갔으나 무지개 뜬 빈산(空山)이라 남들은 돈벌었다하지만 빛 좋은 개살구처럼 실속없는 운이었소.」 보험회사에 들어가 여기저기 쫓아 다녔습니다, 선생님 말처럼 남들은 돈 많이 번줄 아나 실속이 없습니다, 새해엔 어떻습니까? 己卯년은 년지 未중 己土가 투출 발동되며 甲己로 일간

합하므로 올해보단 좋을 것이라고 말해 주었다.

예8)

					36	26	16	6		
辛	乙	辛	戊	여	丁	戊	己	庚	대운
巳	巳	酉	戌		巳	午	未	申	

丁대운 丁丑년 12월에 온 손님으로 새해(戊寅년) 신수가 궁금하다며 왔다. 사주 년간에 戊가 있으므로 「물어물어 찾아가니 무지개 뜬 빈산(空山)이더라」 했더니 구체적으로 말해달라 한다, 그래서 「새해에는 장사 처를 구하러 여기저기 알아보게 될 것이며 계약사가 있게 되고 노상 사고도 조심해야한다」 고 말해 주었다.

戊寅년은 癸亥음신이 따라오므로 계약사 있다 했으며 巳巳亥로 冲하므로 노상사고 있다한 것이다. 이 사주는 乙木일간이 地支 그 어디에도 뿌리 없으며 巳酉로 금국을 이룬다. 그러므로 종살격되어 辛 金이 일간대행 한다. 따라서 일시지 巳중 丙火가 남편성이 되며 일간 乙木은 편재성이 된다.

乙木生 巳火하므로 돈 벌어 남편도와야 되며 시주 辛巳의 巳火가 辛酉(일간대행)에게로 암합해오므로 남편 외에 딴 남자와 밀통하게 된다. 水가 없어 왕금이 설기되지 못하니 답답한 팔자다.

庚申대운에 乙木합거되어 조별부친했고 가난하게 지냈다, 庚申은 오빠가 되는데 申중 壬水가 있으므로 오빠 손에 자랐다.

未대운에 년지 戌을 형하니 丁火가 형충되어 연애동거 했다. 戊대운은 일시지 巳(官星)의 투출신이므로 남자와 혼인식 올렸고 巳戌귀문 발동되어 신병(神病)으로 고생했다, 그리고 외부

(外夫)와 합정 했다. 午대운은 도화 관성운되어 역시 외정(外情) 행각 있었다. 丁火대운은 남자로 인해 고통받는때며 형제가 다치고 동업 경쟁자(시간 辛)가 없어지는 때다. 丙辰대운엔 丙辛辰酉로 天干지합하여 辛일간대행이 入墓되므로 사망하든지 질병으로 꼼짝 못하게 된다.

예9)

					41	31	21	11	1	
丙	己	甲	戊	남	己	戊	丁	丙	乙	대운
寅	卯	寅	戌		未	午	巳	辰	卯	
	도화									

이 사주는 재성인 水가 없다, 그러므로 己土일간과 합하는 甲木정관이 처가 된다. 월시지에 두 개의 寅木이 있으므로 재혼하게 된다. 월간의 甲木이 첫여자다. 甲木으로서는 약한 己土와 합하고 있지만 양에 차지 않아 힘있는 년주 戊戌에게로 정을 주고 있다.(寅戌합)

즉 甲木처에게서 보면 두다리 걸치고 있다. 午대운은 甲木의 홍염지 되고 寅午戌화국으로 甲寅이 戊戌 년주와 연결되어 처가 바람났다. 戊寅년에 이 사주의 부인이 찾아왔다, 자기 팔자는 모른다 했다. 어려서 모친사별하고 양녀갔기 때문이라 한다.

그래서 甲木을 부인으로 삼아 말했다. 「아주머니는 남편과 살기는 하지만 궁합이 맞지 않아 불만이 많겠군요? 이런 소리 하기는 뭐하지만…. 아저씨가 정력이 약해 조루증 아니면 발기부전이라 그럴 것이요, 올해는 물어물어 찾아봐도 모두 흡족치 못할 운수요, 아마도 내년(己卯년)엔 남편과 갈라설 것 같소.」 여자는 아무 말 없이 고개만 끄떡이며 빙긋 웃고 있었다.

예10)

					57	47	37	27	17	7	
戊	辛	甲	庚	여	戊	己	庚	辛	壬	癸	대운
戌	亥	申	午		寅	卯	辰	巳	午	未	
		역마									

년지 午중 丙火가 남편이다, 그리고 희신이다. 신왕하여 일지 亥중에서 표출된 월간 甲木이 일주의 표출신이다, 그런데 내 몸이기도한 甲이 申에 앉아 일주와 3급 소용돌이를 이루고 있다. 이는 육체적으로 갈등을 말한다. 내 몸(甲)은 역마(申)에 앉아 申중에서 투출된 庚金을 만나 내 몸이 상하게 됨을 나타낸다.

도둑인 庚金겁재는 목욕지인 午에 앉아있고 내 몸인 甲木에서 보면 午火는 홍염살이고 사지(死地)이다. 따라서 길거리에서 강도같은 놈에게 겁탈당해 몸상하게 된다. 오(午)대운 癸巳년(24살)에 공무원 했으나 일지 亥와 冲이 되어 부부간에 다툼없으면 별거운 있는 때였다, 그러나 午火남편은 巳火의 원조 얻어 발전인데 면장을 하게 되었다.

庚대운에 겁재인데 庚이 발동되어 甲木(육신)이 충극되고 대운지 辰은 일간 辛의 묘(墓)가 되며 辰亥원진귀문살 이뤄져 크게 불길하다. 丁未년에 길거리에서 불한당에게 겁탈당하고 戊申년 39세에 정신병자되어 가출하여 떠돌았다, 시간에 戊土있어 戊申년운「물어물어 찾아가니 무지개 뜬 연산(連山)이다.」는 음신구결이 적용된다.

그리하여 이산저산 떠돌다 어느 산 밑 거지 움막에 기거하게 되었다. 결국 거지 왕초와 동거하게 되었고 己卯대운에 甲己합되어 죽진 않았으나 몹쓸병까지 얻게 되었다. 卯대운에 甲木이 뿌리얻게 되고 일지 亥와 亥卯 목국되어 제정신이 들어 귀가했다. 하지만 남편(午)은 딴 여자(申)와 동거중이었다.

여기저기 친척집으로 전전하다가 戊대운에 친구의 도움으로 장사했으나 망하고 말았다. 丁丑대운에 한 많은 이 세상을 하직했다.

※ 己있을때 己년의 음신구결

1. 기고 또 기다가 갑(甲)자기 몽둥이로 뒤통수 맞게되니 이무슨 재변인가.

2. 기고 기다가 갑자기 이정표만나 한숨 돌리며 새로운 길을 간다.

3. 자기야, 자기야 하더니 나를 두고 어디 갔노(어디 갔다 이제 왔노).

예1)

					33	23	13	3	
庚	乙	庚	己	남	丙	丁	戊	己	대운
辰	亥	午	丑		寅	卯	辰	巳	
		도화							

丁卯대운은 년주 己丑(재궁)과 2급 소용돌이 되어 처와 불화이별의 갈등있게 된다. 己未년은 「자기(自己)야, 자기야 하다가 갑자기(甲自己) 마음 변했네,」 하는 음신구결이 적용된다. 따라서 이해에 처와 이별했다.

예2)

					48	38	28	18	8	
丙	辛	癸	己	남	戊	己	庚	辛	壬	대운
申	未	酉	卯		辰	巳	午	未	申	

월간 癸水식신이 명줄인데 戊辰대운은 癸水를 合去시켜 명줄끊어지게 된다. 이런 대운에 己년을 만나면 「기고 기다가 갑자

기 몽둥이로 뒤통수…」가 성립되고, 이 사람의 처가 왔을 땐 「자기야 자기야 하더니 나를 두고…」가 적용된다.

위 명조의 주인공은 己巳년(50세)에 차에 물건을 싣고 새벽일 나갔다가 갑자기 달려온 차에 부딪쳐 저 세상으로 갔다. 사주명리에 있어서의 명줄은 일지에서 투출된 식신과 재성을 중요하게 여긴다. 신왕할 때는 식신이 명줄이다.

예3)

					52
壬	己	庚	戊	여	甲
申	卯	申	寅		寅

土金傷官格 되었으며 寅申沖으로 寅중 甲木관성이 깨져있는 사주다. 甲대운은 상관격에 정관을 보는 운이 되어 반드시 남편과 불화이별 따른다. 己巳년 가을에 찾아와 자신의 사주를 불러주며 올해 운을 봐 달라 한다.

가을 겨울에 오는 대부분의 사람들은 다음해의 신수가 궁금해서 묻는다. 그런데 이 여성은 이미 지나간 운을 묻는다. 따라서 필히 무슨 문제가 있다는 것을 짐작할 수 있다. 더구나 남편사주보다 자신의 사주를 먼저 내 놓을 때는 남편이 없거나 아니면 자신이 어떤 일 하고 있는 경우가 대부분이다.

그래서 음신구결 1.3을 읊어 주었다. 「아주머니 올해 운은 기고 기다가 갑자기 뒤통수에 몽둥이세례 받아 정신이 아득해지며 자기야 자기야 하더니 나를 두고 어디 갔소.」하는 운이오. 쳐다보고 있던 손님의 눈에 금방 이슬이 맺히더니 주르륵 흘러내렸다. 지난 8월(壬申월)에 우리아저씨가 그만 간암으로 가시고 말았습니다….

다음해의 운수를 묻고 난 여인은 손수건으로 눈물을 닦으며 일어섰다.

예4)

戊	庚	癸	己	여
寅	寅	酉	未	

환갑인 己未년(61세)는 「기고 기다가 갑자기 몽둥이로 뒤통수 맞고 캄캄 해지는데…」 무슨 일이 생겼을까?

己未의 음신은 甲午가 되고 甲은 庚일간의 돈이다, 따라서 돈 문제로 인해 충격 받을 일이 생기게 된다. 己未년에 몇 년 동안 자식의 돈까지 끌어다가 부어놓은 계가 깨졌다. 계주가 날라버려 한순간에 모든 꿈이 사라지고 가슴만 쾅 쾅 치게 되었다.

예5)

					49	39	
丙	己	丁	辛	남	壬	癸	대운
寅	酉	酉	卯		辰	巳	
						역마	

甲午생 여자가 戊寅년 12월에 찾아와 남편의 己卯년 운세를 물었다. 종아격으로 봐야할지 신약한 己土를 도와주는 인수를 써야 될지 종잡을 수 없었다. 그래서 궁여지책으로 음신구결을 썼다.

「기고(己) 기다가(己) 갑자기… 자기야 자기야 하더니 나를 두고 어디 갔노 하는 운이니 사고조심 해야 할 것이며 부부이별 운도 있겠소.」 듣고 있던 여자가 눈알을 좌우로 굴리더니 입을 열었다.

아저씨 말대로 부부이별이 있다면 남편이 죽을 수도 있겠네요?

「꼭 죽는다곤 말하긴 어려우나 조심은 해야 합니다.」 나쁜 소릴 들었지만 여자의 얼굴엔 불안하다든가 기분나빠하는 빛이 보이지 않았다, 필자가 말없이 명조만 쳐다보고 있자 여자가 말했다.

우리 아저씨 4년전(丙子년)에 교통사고를 당해 반신불수가 되어 있습니다. 매일매일 지키고 앉아 수발들고 있으니 내가 먼저 죽을 것 같습니다. 아하, 장병(長病)에 효자 열녀(烈女)없다더니 자기남편 언제 죽을지 물어보러 왔군.

필자는 속으로 중얼거리며 일어서 나가는 여자의 뒷모습을 씁쓸하게 쳐다봤다. 이 여자가 다시 찾아온 것은 己卯년 乙亥월이었다. 자기남편이 양력 9월(癸酉月)에 죽었다는 것이었다. 그런 다음 남자사주 하나를 내놓으며 자기와 궁합이 맞는지 봐달라 했다.

예6)

					44	34	24	14	4	
癸	己	癸	壬	남	戊	丁	丙	乙	甲	대운
酉	酉	卯	寅		申	未	午	巳	辰	

丁대운 己卯년 38세에 찾아왔다면 역시 음신구결을 적용시킬 수 있다. 己土일간이 壬癸의 편정재를 보고있으며 己卯년이 일지 처궁을 沖하므로 대번에 「자기야 자기야…」을 읊어주고 직장에 대한 이동변화가 따름을 말해주면 된다.

己卯년의 음신 甲戌의 甲이 년월지에 뿌리내릴 수 있으며 월지 卯도화살과 卯戌합하기 때문이다, 이 사주는 寅卯木의 동태를 살펴야 한다. 2월(卯月)논밭(己)에 비(癸)내리고 있으니 卯木(도화나무)이 火운만오면 자라나오게 된다, 즉 寅卯木은 생목이므로 火土운이 좋고 金은 제일 나쁘며 더 이상의 水도 필요 없는 구조다. 그러므로 해(丙)뜨는 丙대운부터 바람기가 고개를 쳐들기 시작했다.

午, 丁대운까지 여러 여자를 거쳤다. 戊대운까지 잘 나가다가 酉대운에 끝장나게 된다. 따라서 己년은 생목이 또 하나의 밭을 만나 그 뿌리를 옮겨 심으려 하게 되니 戊己년운되면 어김없이 여자문제와 사업처 변동문제가 발생되는 것이다. 이런 이치인데도 〔신약사주가 火운을 만나므로 괜찮다〕는 식으로 해석하면 평생 하수신세 못 면하게 된다.

예7)

					49	39	29	19	9	
壬	戊	己	丙	남	甲	癸	壬	辛	庚	대운
子	子	亥	戌		辰	卯	寅	丑	子	

己未년 癸酉월에 이 사람의 부인이 와서 〔우리아저씨 올해 운이 어떻소?〕 했다.

戊일간의 뿌리가 년지 戌에 있으니 재다신약으로 판정을 한 후 「부모 형제덕 있으나 처덕 없는 사주요.」 했다.

그랬더니 고개를 살레 살레 저으며 한참동안 있더니 그건 그렇다 치고 올해 운이나 말해보세요 했다. 잘못짚었다 생각하니 당황스러워져 에라 모르겠다며 음신구결을 읊었다.

「기(己)고 기(己)다가… 자기야, 자기야 하더니…」 듣고 있던 여자의 눈동자에 긍정의 빛이 나타났고 고개마저 미약하게 끄덕이고 있었다.

사실은 이 인간과 살기 싫어 집을 나오고 말았는데 내 탓인지 그 인간 탓인지 알고 싶어 왔습니다. 이 사주는 이때까지의 명리이론으로 풀면 필자처럼 실패 할 수밖에 없고 필자가 근래에 개발한 일간대행격으로 풀어야 된다. 즉 戊子일주가 수왕절인 亥월에 태어나 壬子시를 얻어 아주 水의 세력이 강왕해졌다. 따라서 일지 子에서 표출된 시간의 壬水를 체(体)로 하고 丙火는 조후역할이며 戊土는 관성이 되며 財庫가 된다, 따라서 할아버지 때는 잘살았으나 부친 때에 와서 망해먹었다.

戌중 丁火가 妻가 되고 일간 戊土는 자식이며 처의 표출신이 된다, 따라서 2남 1녀의 자식 운이며 처자식의 덕이 있게 된다, 그리고 水는 형제 친구가 되므로 친구형제의 덕은 없게 된다. 己未년은 년지 戌을 刑하여 돈과 처가 밖으로 나가게 되므로 손재 운이고 처 가출하게 된 것이다.

예8)

					43	33	23	13	3	
乙	己	己	丁	여	甲	癸	壬	辛	庚	대운
丑	未	酉	丑		寅	丑	子	亥	戌	

丑대운 己未년은 음신 甲午가 되는데 甲은 己土의 관성이다. 그러므로「자기야 자기야 하다가…」의 음신구결이 적용되고 남편(甲)이 사라짐을 알 수 있다. 甲대운에 재혼하게 된다.

예9)

					34	24	14	4	
戊	庚	己	乙	여	癸	壬	辛	庚	대운
寅	寅	丑	未		巳	辰	卯	寅	

아가씨 같아 보였는데 己未년 겨울(丑月)에 하얀 투피스를 입고 와서 무척 예뻤다. 아저씨, 내 팔자 어떤지 좀 봐 주세요, 하는데 토끼눈에 슬픔이 어려 있었다. 실연을 했나 속으로 중얼거리며 명조를 살폈다. 戊己인수성이 혼잡이고 丑未土까지 있으니 乙木으로 土를 소토해야 하지 않을까 아니면 丑月이라 일지 寅중 丙火를 조후용신으로 보고 판단해야 할까 몹시 헷갈리기만 했다.

「아가씨는 부자팔자로 태어나 앞으로 많은 돈을 주물럭거리며 잘 살겠소. 그리고 성격은…」 잘 안보이므로 횡설수설 듣기 좋은 말만 늘어놓았더니, 아저씨 올해 운이 어쨌는지 그것만 말해주세요 했다.

멋쩍어진 필자는 그러지요, 하면서 또 다시 음신구결을 읊었다.「기고 기다가 갑자기 한방 뒤통수 맞은 것 같은 충격을 당하며 자기야 자기야 하던 님과 이별 있는 운이오.」 듣고 있던 여자가 혼자 말하듯 중얼거렸다. 내 팔자가 이래서 그렇게 됐군. 궁금해진 필자가 자세히 말해보라하자, 작년에 결혼했고 올해(己未년) 5월(辛巳月)에 교통사고로 남편이 급사했다는 것이었다.

이 사주는 년지 未中丁火가 남편인데 공망지에 있고 월지 丑에 묘(墓)되고 일지 寅에 사(死)가 되었으며 戊己의 고묘 발동신이 있다. 그러므로 상부(喪夫)하게 되는데 己未년에 년지 未를 沖하여 튀어나온 丁火를 대운간 壬水가 합거하여 남편이 죽게 된 것이다.

예10)

					42	32	22	12	2	
丁	壬	己	癸	남	甲	乙	丙	丁	戊	대운
未	申	未	未		寅	卯	辰	巳	午	

사주팔자에 火土가 많아도 壬水일간은 申에 장생하므로 종하지 않는다. 년월시지 未중에 丁火있는데 이것이 시간에 투출되어 일간과 干合하고 있다. 따라서 3번 결혼할 팔자다. 卯대운 己未년(37세) 봄에 丁亥생 부인이 찾아와 자기남편이라며 내놓은 사주다.

「아저씨는 수산 및 물 계통에 종사합니까?」 시간 丁火가 부인인데 여기서 보면 壬水가 남편이고 火土조열하여 물이 필요하므로 위와 같이 말한 것이다. 즉 상대적 통변을 활용한 것이다.

예 그렇습니다, 수산계통입니다. 「그런데 당신아저씨는 3번 결혼해야 하는 팔자인데 아주머니가 두 번째겠군요. 그렇습니까?」 예, 총각 때 동거생활 하다가 박살났다 합니다. 「그런데 올해는 자기야 자기야 하더니 나를 두고 어디갔노 하는 운이요」 한참동안 묵묵히 있더니 말씀그대로 헤어질까하고 와 봤십니다 했다.

예11)

					44	34	24	14	4	
乙	丁	乙	己	남	庚	申	壬	癸	甲	대운
巳	卯	亥	卯		午	未	申	酉	戌	

이때까지의 명리이론에 따르면 이렇다. 丁火일간 亥월생으로

정관격이나 亥卯로 印綬局이 되니 관인상생격이다. 일간을 생해주는 木多하고 시지에 巳火까지 있어 신왕하므로 土金水운이 좋고 木火운은 좋지 않다.

따라서 庚대운까지 좋으며 午대운은 불미스러워진다. 그러나 한밝 신사주학의 새로운 이론에 따르면 다음과 같다. 乙, 乙, 亥卯로 木多함이 병이다. 많은 무리(木)가 한 평의 땅(己)위에 뿌리박고 살려고 아우성치고 있는데 나(丁)는 통관(乙丁乙)역할하고 있다.

그리고 丁火는 많은 木이 필요로 하는 광명이고 배출구다, 따라서 시지 巳에 뿌리를 둔 丁火는 이들(旺木)의 막힌 것과 싸움을 해소해주는 역할을 하므로 가는길은 중개자 대변인 법조 계통이다.

金운은 왕목의 기운을 억제시키므로 좋은 때이나 천간의 庚은 좋지않다. 이는 월시간의 乙木이 庚과 쟁합하여 발호함에 따라 丁火를 필요로 하지 않아서 이다. 즉 乙乙이 庚과 쟁합함에 따라 丁火를 생하려 하지 않는데 이는 乙木이 丁火를 등지는 것과 같다.

이 사주의 주인공은 申대운 辛亥년에 사법고시에 合格했는데 申은 木을 제하면서 辛대운은 재성인데다 월간의 乙木하나를 제거하였기 때문이다. 辛대운은 재성인데다 월간의 乙木하나를 冲극시켜 주므로 발전되는 때며 결혼사 있게 된다. 己未년 38살 때 결혼했다.

그런데 년간에 己土있고 또 己년 만났으므로 음신구결이 적용된다. 하지만 己土는 희신이므로 다음과 같이 말해야 한다. 「자기야 자기야 어디있다 이제오니」 「기고 기다가 갑자기 이정표 만나 한숨 돌리며 새로이 길 간다.」 즉 사주팔자를 살펴 희기를 정하고 그에 따른 구결적용을 해야한다는 말이지 무조건 그 어느 누구에게나 똑같이 적용해서는 안 된다는 말이다. 庚대운 戊辰년에 퇴직했고 午대운 己巳년에 국회위원에 출마하여 당선되었다.

예12)

					44	34		
戊	甲	己	乙	남	甲	乙	대운	
辰	申	丑	未		申	酉		

己卯년(45세)는 甲木일간의 正財되고 甲己합하는 운이다. 따라서「자기야 자기야 어디갔다 이제왔노」가 적용된다. 이 사람은 己卯년에 새로 나타난 여자에 빠져 결국 본처와 이혼하게 되었다. 己卯년의 음신은 甲戌인데 일간이 甲이 되어 己卯와 甲己합하므로 음신(甲戌)은 볼 필요 없다.

※ 庚있을때 庚년의 음신구결

1. 깽깽(庚庚) 거리던 강아지가 목줄(乙)걸고 집을 지키니 처, 재(財)가 달아날까 두려워서다.

2. 깽깽(庚庚)이가 줄(乙)을 얻어 비로소 제역할 다하니 나오는 선율 아름답다.

예1)

					29	19	
丙	乙	庚	乙	여	甲	乙	대운
戌	酉	辰	卯		申	酉	

乙木이 춘삼월(辰月)에 태어났고 년주에 乙卯있으므로 生木이다. 일지 酉에서 월간 庚金표출되었으며 월일지가 辰酉로 합하여 일간 대행격을 이룰것 같다, 그러나 乙庚乙로 천간쟁합되고 시간에 丙火상관이 辰戌로 沖하여 辰酉합을 깨므로 대행격은 안되고 따라서 월간 庚은 남편이고 년간 乙은 남편의 첫 여자이다. 그러므로 재취가야 되는 팔자다.

午도화대운 庚辰년(26살) 봄에 찾아온 아가씨다. 「올해는 정관이 합신하는 운이라 결혼하겠소, 그러나 깽깽거리던 남자(庚)가 당신을 목줄처럼 걸고 집을 지키는데 마누라가 달아날까 두려워서요.」 庚金남자의 입장에서 본 구결의 해석이다.

이 아가씨는 乙酉년에 또 다시 찾아왔는데 그해(庚辰년)에 결혼했으나 6개월만에 도망하다시피 가출했다는 것이다. 그렇게 된 것은 午대운에 丙火상관이 午戌로 합국하여 왕해져 극관(剋官)했기 때문이다.

즉 丙火상관이 강왕해지는 운에 정관을 만나게 되어 이별된 것이다. 癸대운 乙酉년에 본처 이별한 남자와 결혼했는데 癸水가 丙火상관을 극제했기 때문이다.

예2)

					39	29
庚	丙	庚	丁	남	丙	丁
寅	申	戌	丑		午	未

재다신약 사주다. 년지 丑중 辛金이 첫 여자고 월간 庚金은 두 번째 시간 庚金은 세 번째 여자되어 3번 결혼하는 팔자다.

午대운 己未년(43세)에 찾아온 눈초리 매서운 남자다. 己未상관년이고 丑戌未삼형 되므로「올해는 하던업 정리하고 백수로 지내는 운인데 그렇습니까?」예, 놀고 있으니 좀이 쑤셔 언제쯤 직장 생길지 알고 싶어 왔소.「내년 庚申년은 깽깽이(바이올린)가 줄(乙)을 얻어 소리를 내는 운이니 지금 10월이라 3~4개월만 기다려 보시면 오라는 곳이 있을 것입니다.」

선생 말대로 그렇게 되면 다시 찾아오겠소. 툭툭 털고 일어선 사내가 다시 찾아온 것은 庚申년 2월이었다. 예쁘게 생긴 30대 중반의 여자 한 명을 달고였다. 선생님 말대로 요번달에 취직이 되었소, 이 아줌마와 나의 궁합이 어떤지 좀 봐주시오. 사내는 말하며 감정료가 든 봉투를 상 위에 놓았다.

예3)

		38 28 18 8	
戊 庚 癸 壬	남	丁 丙 乙 甲	대운
寅 戌 卯 寅		未 午 巳 辰	
홍염 도화			

丙午생 여자가 내놓은 남편의 사주다. 괴강일되어 재다신약하므로 오직 일지에 있는 戌土에 의지하고 있다. 선생님 우리 아저씨인데 올해는 어떨지 잘 살펴 봐주세요, 가냘픈 목소리로 말하는 그녀의 표정은 잔뜩 찌프러져 있었다.

아하! 이때까지 별로 좋은 것이 없었고 남편에게 문제가 있구나, 감을 잡은 필자는 먼저 확인 작업부터 들어갔다. 「당신 남편 사주엔 도화 홍염살이 있으므로 바람 안 피우면 도박에 빠져 가정파탄내게 되어 있군요. 아마도 재작년(戊寅년)부터 그런 바람이 일어났겠소.」 맞십니더. 작년부터 노름에 빠져 정신 없습니더. 그래서 올해는 정신 좀 차릴까 해서 물어보러 온 것입니더.

「그렇군요. 올해는 깽깽거리던 강아지(庚戌)가 목줄(乙)걸고 집을 지켜야지 그렇지 않으면 돈과 여자가 바람처럼 사라지는 운이요, 그러니 아저씨한테 단단히 일러주고 마음잡도록 하시오.」 선생님 수고스럽지만 그 말씀을 적어주세요, 우리 아저씨한테 보여줘야 더 믿을 것 같습니더.

몇 자 적어준 종이를 핸드백 속에 갈무리하고 일어선 그녀가 찾아온 것은 다음해(辛巳년)이었다. 도박으로 살고있는 집까지 날렸고 자신은 가출하여 친구집일을 봐주고 있다는 것이었다.

庚辰년(38살)은 재다신약에 비견운되어 좋을 것 같으나 세운지 辰이 일지 戌을 충파하여 庚일간의 뿌리를 뽑고 卯戌합을 깨므로 집(戌) 날라 가고 부부이별까지 있게된 것이다.

예4)

		31 21 11 1
庚壬甲辛	여	戊丁丙乙
戌辰午亥		戌酉申未

1990년 10월 중순경 서울로 가는 열차 옆자리에 20여세 되어 보이는 아가씨와 같이 앉게 되었다. 사주 책을 보고 있었는데 말을 걸어왔다. 아저씨 사주공부 하세요?「그래요 너무 재미있고 오묘해서 빠져든지 오랜 세월이랍니다.」그럼 사주볼 줄 아시겠네요? 저 사주 좀 봐주시면 안 될까요? 만세력을 들춰 명조를 써놓고는 쉬운 것부터 시작했다.

「아가씨는 마음이 곱고 남에게 내보이는 언행이 예쁘겠네요. 그런데 신경이 예민하며 한 번씩 정서불안이 있어 갑자기 우울해지기도 합니다. 그리고 까닭없는 두려움이 생기고 꿈 많이 꾸는데 신기하게 잘 맞기도 하네요…」그래요, 아저씨 정말 마음이 왜 그런지 나도 모르겠습니다, 그 다음엔요?

「부친 한 분에 모친 두 분 아니세요?」아가씨는 한동안 눈을 깜빡거리기만 하더니 아빠가 어머니 만나기 전에 여자가 있었다는 말을 얼핏 들은 것 같아요, 했다.「아가씨는 아이들 참 좋아하네요. 그래서 아이들 돌보는 선생을 꿈꾸고 있겠는데 그래요?」맞습니다. 유아보육과에 다니고 있는데 사주에 그런 것도 나옵니까?「그것보다 더한 것도 잘 보면 나온답니다. 아가씨는 21살부터 25살 사이에 결혼 상대자 만나게 되고 결혼하게 됩니다.」

壬辰일주의 정은 甲木식신에게로 향하므로 언행이 착하며 辰亥귀문살 있고 정편인 혼잡 되었는데 부친성하나 되어 성격과 부모관계를 말한 것이다.

그리고 丁대운은 壬일간과 丁壬합하므로 결혼 운이어서이다. 아저씨 그러면요 결혼상대자는 어떤 사람일까요?

「한살 많은 庚戌생 개띠가 될 것 같고 자상하며 책임감 있는 남자일 것 같네요.」 아저씨 듣기 좋으라고 너무 좋은 말만 해주시는 것 아니에요? 「그럴리, 있겠습니까, 있는 그대로 말한 것뿐입니다.」 한참동안 얼굴에 기쁜 빛을 띠고 있던 아가씨의 표정이 갑자기 어두워지더니 물었다.

아저씨 올해의 운과 제 사주팔자로 아버님에 대한문제도 나옵니까? 나온다면 말씀해주세요. 얼굴에 어두운 기색이 있었고 부친에 대한 것을 알고 싶어 하니 분명 안 좋은 것이 있음을 알아차렸다. 그러나 섣불리 말했다가 틀리기라도 하면 어쩌나 하는 마음이 들어 음신구결을 읊었다.

「깽깽 거리던 강아지가 목줄(乙)을 걸고 집을 지키니 돈 아니면 부친(財)을 돌봐야 하는 운이네.」 듣고 있던 아가씨는 눈동자를 좌우로 굴리더니 입을 열었다. 작년에 아빠께서 교통사고를 당해 누워계시는데 제가 돌봐드리고 있으니 아저씨의 점괘가 맞는 것 같네요.

위 사주를 정리하면 월지 午중 丙火가 부친이고 월간 甲木이 부친을 나타내는 표출신이다, 따라서 부친에 대한 것은 丙火뿐 아니라 甲木의 동향도 살펴야 한다. 申대운은 甲木(父)이 역마에 편관을 만나게 되고 12운으로 절(絶)이 된다.

己巳년 만나 甲木의 장생지인 년지 亥를 역마 冲했고 甲己합하므로 부친이 고통을 당할 수밖에 없는 것이다.

사주 풀이에 있어서 정확함을 기하려면 어떤 것이 어떤 육친이냐를 알아야만 한다. 그런데 이때까지의 명리론에는 육친을 정확하게 잡아내는 법이 없다. 그러므로 나쁜 운이다 싶으면 본인 아니면 가족에게 불상사 있겠소. 하는 두루뭉술한 감평을 할 수밖에 없는 것이다. 이런 육친 분별법은 오로지 한밝 신사주학에만 있는 것으로 활용한다면 감정실력이 진일보될 것이다.

예5)

					19	9
己	甲	丁	庚	남	己	戊
巳	午	亥	戌		丑	子

50대 중반으로 보이는 왜소한 체격의 아주머니가 찾아와 자기 아들이라며 내놓은 사주다, 庚午년 8월이었다. 아저씨 우리 아들인데 올해 운좀 봐 주이소.

신약하여 월지 亥에 의지할 수밖에 없는데 甲木일간은 시간 己土와 합하여 탐재괴인 되어있다, 그런데다 己土대운이므로 학업과는 등지게 되니 여자 꽁무니 쫓는다고 공부를 팽개친 것이 아닐까 하는 생각이 들었다. 기다리는 손님들은 목을 빼들고 필자의 입에서 무슨 말이 나올까하고 귀를 기울이고 있는데 잘못 짚었다간 개망신 당하겠구나 하는 마음이 들었다. 그래 학교 다닐 나이니 공부문제 아니면 건강문제 일거야 그러니 먼저 음신구결부터 읊어 봐야지 필자는 생각을 굳혔다.

「깽깽 거리던 강아지(庚戌)가 목줄(乙)을 걸고 꼼짝 못하고 집을 지키니 공부는 물 건너 갔습니다」 한소리 읊은 필자가 아주머니 얼굴을 쳐다봤다. 어떤 반응을 기대해서였다, 하지만 아주머니는 아무 말없이 내 얼굴만 쳐다보는 것이었다. 갑갑하기도 했고 약간 불안하기도 했다. 그래서 필자 역시 아무 말 않고 그 아주머니와 같이 온 또래 아주머니의 얼굴만 번갈아 쳐다봤다. 같이 따라온 여자가 손님 아주머니를 꾹꾹 찌르며 '맞다 아이가 맞는 것은 맞다 해야지 그 다음 괘 풀이가 더 잘 나온데이.'

하고 소곤거리자 그때서야 무겁게 닫쳐있던 입이 열렸다.

아들이 갑자기 이상해져 결국 정신병원에 입원시켰으며 무엇 때문인지 알고 싶어 왔다는 것이었다. 위 사주를 정리하면 다음과 같다. 아주 신약한 甲木일간이 의지할 수 있는 것은 월지 亥水인성인데 인수는 가족으로는 모친이지만 생각이고 정인이 된다.

그런데 이 사주는 인성(亥)이 재성에게 심하게 극되고 있으며 甲일간의 정은 인수에게로 가지 않고 기신인 재성(己)으로 가고 있다. 그러므로 정신과 생각이 올바르지 못하게 되는데다가 기신인 己丑대운만나 丑午로 귀문살 구성하게 되므로 정신병이 오게된 것이다.

예6)

					33	23	13	
己	壬	戊	庚	남	壬	辛	庚	대운
酉	午	子	戌		辰	卯	寅	

辛巳년 정초에 얼굴에 수심이 가득 찬 남자가 찾아왔다. 작년(庚辰)과 올해의 운을 봐달라 했다. 지나간 일을 물을 때는 잘 보는지 못 보는지를 가늠하려는 뜻이 있거나 어떤 큰일이 있었을 경우다. 따라서 까딱 잘못하면 불신을 사게 되므로 신중해야 한다.

卯대운 庚辰년이므로 월지 子水와 子卯형이 보이고 辰년은 水가 입고됨이 보인다. 이리되면 본인(壬)이 크게 다쳤거나 득병하던지 아니면 형제(子)에게 액이 있다. 그러나 어느 것인지 집어내기 어려웠다, 그래서 음신 풍월을 읊었다.

「작년은 요 깽깽(庚庚)이가 줄을 얻어 소리를 내나 슬픈 곡조가 되니 본인이 아니면 형제에게 액이 있었소.」 예, 그랬습니다, 아우가 골수암으로 세상을 뜨게 되었습니다. 침중한 어조로 긍정을 하고는 辛巳년 운세를 말해 달라했다.

※ 辛있을때 辛년의 음신구결

1. 신신(辛辛) 당부(싀, 夫, 婦, 父)하니 님 때문에 빛은 나나 남에게 뺏길까 두렵구나.

예1)

丁 辛 己 壬　여
酉 酉 酉 辰

辛未년에 夫(丙) 때문에 빛은 반영되었으나 夫에게 여자가 따랐다. 辛巳년 역시 **신신(辛辛) 당부(싀夫)되어** 남편의 일 때문에 빛은 났으나 남편에게 여자가 붙었다.

당부(싀夫)를 적용시켰는데 辛일간에 辛년의 합신인 丙이 정관이어서이다. 辛金은 광명인 丙(日)을 만나야 번쩍번쩍 빛이 나고 일광(日光)을 반사 반영시키므로 남편 때문에 빛이 나며 남편자랑 많이 하나 광명(日光:丙)을 되쏘아 보내므로 丙火는 다른 곳(辛)과 합해가는 것이다.

예2)

41 31 21
辛 丁 戊 丙　남　癸 壬 辛　대운
亥 丑 戌 申　　　卯 寅 丑

辛酉년 26세는 丁火일간의 재성이므로 신신(辛辛) 당부(當婦)되어 처 및 애인 생긴다, 그러나 辛은 丙火를 받아들였다가(丙辛) 그 빛(丙)을 되쏘므로 사귀던 남자와 정리한 여성이며, 결혼

후 여형제(丙)가 결혼하던지 멀리가게 되는 일이 발생된다.

이 사주의 시간 辛金은 일지 丑에서 투출이므로 丁火의 처가 된다, 그러나 辛은 丙을 좋아하며 정관성이 丙이므로 년간에 있는 丙火를 그리워하게 되며 壬운에 애인찾아 멀리 가게 되었다,

壬은 辛(처)의 상관이고 이것이 丁火일간을 합하여 꼼짝 못하게 하며 또 壬은 시지 亥 역마의 투출신되어 처(辛)가 역마타고 달아나게 된 것이다.

예3)

					48	38	28	
丙	辛	癸	己	남	戊	己	庚	대운
申	未	酉	卯		辰	巳	午	

己巳대운 辛酉년은 신신당부(辛辛當婦)가 적용된다. 따라서 처(婦)에 대한 일이 발생되는데 재혼한 여자와 이별하게 되었다. 이 사주는 시간의 丙火가 辛일간과 합하므로 처로 볼 수 있으며 辛년은 丙火가 또 다른 辛에게 가게되는 것으로 봐도 된다.

예4)

辛	辛	乙	己	남	辛	壬	癸	甲
卯	酉	亥	丑		未	申	酉	戌

辛卯년(3살)은 신신당부(辛辛當父)가 되니 부친에 대한문제 생긴다, 어린나이에는 당연히 부는 父다. 卯酉沖이 발동되었으며 辛金이 乙木을 극하므로 부친이 사망했다. 원래 이 사주는 태어나서 4년 안에 부친 사별할 팔자이다. 즉 乙木재성이 일지 酉에 절이고 월지 亥에 사(死)가 되는데 辛일간이 乙木부친성의

절(酉)발동신이기 때문이다, 辛金은 4수다.

辛卯년의 음신은 丙戌인데 乙木에겐 戌은 입묘(入墓)지이며 火의 고(庫)이고 丙은 火다. 따라서 乙木부친이 화재발생장소에서 죽었다. 연기에 질식했다(卯戌合).

예5)

					35	25	15	5	
丁	癸	癸	辛	남	己	庚	辛	壬	대운
巳	丑	巳	丑		丑	寅	卯	辰	

辛未년(30세)는 년간에 辛金있으므로 신신당부(辛辛当婦)되는데 처(여자)와 돈 때문에 문제 발생이다. 丙午음신이 오므로 癸水일간에겐 돈 및 여자와 색정(도화)문제 따르고 午에 癸水일간이 입절(入絶)하므로 그로인해 사람을 상하게 하고 감옥가게 되었다.

예6)

辛	壬	辛	辛	여	丙	乙	甲	대운
亥	寅	卯	丑		申	未	午	

乙대운 辛巳년(41세)에 왔다. 12월 초였다.「신신당부(辛辛當夫)하니 올해는 부부불화 조심하소 자칫하면 이별하게 되오, 그리고 돈(丙) 때문에 가옥 및 부동산 매매 건이 있었겠소.」허허참, 내 운이 그래서 였군. 이미 그 인간과는 5월에 갈라섰소.

그리고 집을 팔아 장사해볼까 하나 집이 안 팔려 그것 물어보러 왔소, 언제쯤 팔리겠소?

예7)

						21
戊	辛	戊	癸	여		辛
戌	巳	午	丑			酉
		도화				

辛巳년(29세) 7월에 온 여자 손님이다.

辛金일주에다 巳午, 戊癸합화 있으므로 남자관계 복잡한 사주다. 서슴없이 한자락 뽑았다.「신신당부(辛辛當夫)하니 새님(丙)이 오니 옛님(丙)은 멀리 가네.」지난번 오월(午月)에 만난 사람인데 이 인간과 헤어지면 오랫동안 같이 살 수 있습니까? 여자는 己酉생 남자 사주를 내놓았다.

예8)

						21	11	1
辛	丁	乙	戊	남		戊	丁	丙
亥	巳	卯	子			午	巳	辰

4살 辛卯년은 시간에 辛金있으므로 신신당부(辛辛當父)성립되어 부친에 대한 문제인데 부친이 교통사고로 죽었다.

예9)

					36	26	16	6	
丙	戊	庚	辛	여	甲	癸	壬	辛	
辰	寅	子	亥		辰	卯	寅	丑	

卯대운 辛巳년은 년간에 辛金 있으므로 신신당부(辛辛當父)가 되고 당부(尙父)가 된다, 父는 부친이기도 하지만 문서계약사이다.따라서 남편과 불화 이별운 있었고 매매계약사 있었다.

辛은 戊일간의 상관이므로 당연히 남편과 티격태격하게 되며 음신 丙申이 일지 寅을 沖하므로 여행수 따르고 접촉사고 일어난다.

예10)

					44	34	24	14	4	
癸	癸	庚	辛	여	乙	甲	癸	壬	辛	대운
丑	卯	寅	巳		未	午	巳	辰	卯	
백호	문창		공망							

초보자는 이렇게 말한다. 癸水일간 寅月생으로 水木상관격이다. 신약하므로 년월간 辛庚이 약한 일간을 도와주는 희신이고 시간 癸水 비견역시 희신이다.

이런 논리는 월지 격국용신에 따르고 억부법에 따른 것이다. 그러나 정확한 해석을 하려면 일간의 역할작용적인 면을 살펴야만 한다. 癸水일간의 역할은 움트 오르고 있는 寅卯木에게 물대어 주는 것이다. 따라서 木의 성장에 방해되는 庚辛金은 기신이다. 그러므로 부모덕 없고 배우기 싫어하며 간섭을 싫어한다.

년지 巳중 丙火정재가 부친이고 戊土는 남편이다. 丙戊의 기궁인 巳가 공망이므로 힘이 없는데다가 寅巳형되어 부친과 남편은 오랜 인연없다. 년간 辛金모친인데 사지(死地)인 巳에 앉아있고 시지 丑에 입고되었으며 癸庚은 辛모친의 사고(死庫)발동신 되었다.

그러므로 초년 辛대운에 부모 구몰했다. 辰대운 戊土관성 있으므로 결혼사 있게 되는데 辛丑년(21세) 만나 신신당부(辛辛當夫)되니 결혼하게 되었다.

巳대운에 寅巳형이 발동되어 형출(刑出)되는 戊土정관은 백호살신인 시주 癸丑이 합거된다. 辛亥년되어 년지 巳를 冲하며 신신당부(辛辛當夫)되어 남편이 교통사고 당해 저승갔다.

예11)

						47	37	27	17	7	
庚	丁	丁	辛	여		壬	辛	庚	己	戊	대운
戊	丑	酉	未			寅	丑	子	亥	戌	

丁火일간의 뿌리가 년지 未 시지 戌에 있다하나 酉丑금국되어 庚辛金이 투출이므로 종재격이다. 이렇게 종재하게 되면 월간 丁火가 기신이고 土金水운이 좋으며 木火운은 불리하다는 것이 이때까지의 정설이다.

壬대운 辛酉년(51세)는 丁火(월간)는 壬水에 合去되고 辛酉는 종재에 희신이므로 좋은 운이다. 그러나 辛辛되어 丙辰음신이 오게 되므로 남에게 돈을 날리는 큰 손재를 당했다. 즉 음신인 丙辰이 겁재되어 손재인 것이다.

예12)

					35	25	15	5
庚	己	乙	辛	남	辛	壬	癸	甲
午	酉	未	亥		卯	辰	巳	午

辛巳년 甲午월에 온 젊은이다, 년간에 辛있고 辛巳년이므로 음신 풍월이 적용된다. 「신신당부(辛辛當婦)하니 아내에게 잘 대해주게 자칫하면 부인이 가출하게 된다네.」 결혼한 남자이므로 당부(當婦)되어 처에 관한일이 발생되는데 세운지 巳(역마)가 년지 처궁인 亥를 冲하기 때문에 위와 같이 말한 것이다.

이미 전번 달(癸巳월)에 가출했습니다. 언제 들어올지 궁금하여 찾아오게 된 것입니다. 辰대운이므로 亥水 처가 辰亥귀문원진에다 입고된다. 따라서 처의 입장에서 보면 정서불안 신경예민 우울증이 생기게 되고 죽고싶은 마음까지 들게 되는 것이다.

세운지 巳는 역마이며 인수(모친)이므로 고부간의 갈등이 폭발하여 가출케 된 것이다.

예13)

					33	23	13	3
戊	辛	乙	己	여	己	戊	丁	丙
戌	酉	亥	丑		卯	寅	丑	子

寅대운 辛酉년(33살)은 비견운되어 월간 乙木을 冲剋하므로 돈 날릴 운이라 감정하는 것이 보통이다.

그러나 辛일간되어 신신당부(當夫)가 되어 남편 및 남자문제 대두되는데 음신이 丙辰되어 일주 辛酉와 천간지합하므로 애인 생긴다. 그러나 辛酉와 丙辰의 합은 丙火입장에서보면 辛과 합하여 사(死)에 임하게 된다. 그러므로 애인과의 관계는 오래 지속되지 못한다.

예14)

甲 戊 辛 乙　여
寅 戌 巳 亥

남편없이 혼자사는 여자다. 월간 辛상관있고 辛酉상관운이므로 구설시비 있으며 년간 乙木이 깨진다. 즉 남자가 있으면 남자(乙)와 이별운이고 시비구설 따른다고 감정함이 보통이다.

그러나 신신당부(辛辛當父)되어 문서사(父)발동되어 경영하고 있는 여인숙을 팔려한다. 여자이므로 당부(當夫)를 적용할 수 있으나 상관(辛)운되어 년간 乙木을 충극하므로 남자(夫)는 오지 않고 그 대신 문서사(父)가 오게 된것이다. 이 팔자는 늙은 유부남의 정부노릇 하다가 딸(辛)하나 낳고 4년만에 헤어졌다.

예15)

丁 戊 戊 辛　남
巳 子 戌 卯

辛酉년은 도화살을 띠고 있으나 상관운이다. 卯酉冲으로 년지 卯관성이 깨어지므로 합(卯戌)이 풀린 월지 戌이 일지 子水를 극하게 된다, 그런데다 신신당부(當婦)되어 여자에 따른 문제발생인데 음신 丙辰의 辰이 戊일간의 홍염살되어 辰子로 일지와 합하고 들어온다. 그러므로 외정(辰)에 빠져 많은 돈(子)쓰게 되었고 신변에 이동사 있었다. 음신천간 丙은 시지 巳역마에서 인출(引出)되었으므로 역마 발동된 것이다.

※ 壬있을때 壬년의 음신구결

1. **님님**(壬壬) 우리님 찾아와 정을 주니 옛님이 화를 내어 거울(辛) 부수고 돌아서네.

2. 님(壬)찾아와 정든(丁壬)되나 모친(辛)가슴 깨져 아프네.

3. 님님(壬壬) 우리님(壬)셋이 모여 잘살아 볼까 했으나 그님은 어디 갔소.

예1)

乙	壬	戊	乙	남
巳	辰	子	丑	

壬일간되어 壬戌년은「님님(壬壬)우리님 찾아오니 옛님이 화를내고 거울(辛)부수고 돌아앉네.」가 적용된다.

壬戌년운은 일지 辰을 冲하므로 부부불화 및 이별 있다고 감정함이 일반적이다. 그러나 이 사람에겐 애인이 생겼다.

예2)

					40	30	20	10
辛	辛	壬	乙	여	丙	乙	甲	癸
卯	卯	午	巳		戌	酉	申	未

辛일간 午월생으로 지지에 뿌리없다.

혹자는 년지 巳에 庚金있으므로 辛이 통근할 수 있다고 한다. 그러나 巳는 辛의 사지(死地)이므로 통근할 수 없다. 다만 巳월생으로 여기인 庚金이 득세할 경우엔 통근될 수 있다.

地支에 일점의 뿌리없는 辛일주를 돕는것은 시간의 辛金뿐이다. 그러나 뿌리없는 시간의 辛金되어 일간을 돕는 힘이 미약하다 따라서 월지 午火에 종할 것 같다. 그러나 火가 투출치 못했고 월간에 壬水가 앉아 火의 세력에 거역되고 있으므로 종살격도 되기 어려울 것 같다. 이리 갈까 저리 갈까 참으로 길을 잡기 어렵다.

酉대운 壬午년(38살) 甲辰월에 온 여성인데 음신풍월을 읊어보기로 했다. 「박 여사 올해는 님님(壬壬) 우리님 오니 옛님이 화를 내고 거울 깨고 돌아서게 되며 여기 저기 기웃거리며 어떤 것을 취할까 하는 운이오.」 거울(鏡)을 깬다는 것은 파경(破鏡)을 의미하고 壬이 상관되어 여기 저기 기웃거리며 일거리(상관)를 구한다 했던 것이다.

예, 살던 남자하고는 끝내려고 찾아왔습니다, 여기 두 남자 중에 어떤 사람이 좋은지 골라주세요. 여자는 남자 두 명의 사주와 이름을 불러주었다. 이 사주는 종살격도 아니고 신약하므로 도와야 되는 사주도 아니다. 이 사주의 중심은 일지 卯 시지 卯에 득록한 년간 乙木이 체(体)가 된다.

이런 해석은 오로지 한밝 신사주학의 논리에 따른 것이다. 즉 일간 대행격이 되는데 필자가 새로이 창안한 격이다. 이에 따르면 일간과 시간의 辛金은 관성이 되고 년월지 巳午火는 자식성이 된다. 체(体)가 되는乙木은 생목이므로 金을 싫어한다.

그러나 午월 염천이므로 뿌리없는 壬水를 생해주는 역할을 하므로 천간의 庚辛金은 도움이 된다. 그러나 월간 壬水가 합충에 의해 상처입게 되면 辛은 곧바로 乙木을 치는 살성(殺星)으로 변하게 된다.

일간 辛金이 첫 번째 남자고 시간 辛金은 두 번째 남자다. 따라서 申대운에 결혼했다, 乙대운은 무난했으나 酉대운부터 乙木

의 록인 卯를 冲하므로 남자와 불화 이별이 따르게 된다.

丙대운은 乙木의 도화상관되어 두 남자(辛辛)사이를 오락가락하게 되고 쟁합에 따른 질투가 생긴 남자에게 상처입게 되는 때다. 丁대운은 월간 壬水를 합하여 작용 못하게 하므로 辛(편관)의 충극을 받게 되고 亥대운에 亥卯로 木旺해져 발전 있고 안정된다.

예3)

					33	23
丙	甲	丙	丁	남	壬	癸
寅	子	午	亥		寅	卯

壬戌년 3월에 부부가 같이 왔다. 필자의 사촌형이 소개 했는데 얼굴에 수심과 슬픔이 가득했다, 자리에 앉자 남자가 자기사주를 불러주며 말했다. 운이 어떤지 자세히 살펴주시오.

甲木일간 午월생이라 목화상관격에 火가 너무 왕하게 나타나있다. 당연히 火를 제거해야 하는 水가 용신인데 壬대운이므로 좋아야 될 것이다. 그런데다가 壬戌년의 세운간 역시 火를 제하는 水이므로 좋은 일이 있어야 마땅한데 어찌 이 부부의 얼굴은 수심과 슬픔이 끼어있단 말인가? 혹시 寅午戌화국을 이뤄 子午충이 발동되어 子水가 충거되므로 부모가 액을 당한 것인가? 종잡을 수 없었다, 그래서 합사주를 만들어 봤다.

辛 己 辛 壬
亥 丑 未 寅 가 되었다.

년지 寅중 甲木이 자식인데 월지 未에 입고되어 있고 일간 己土가 寅木의 고 발동신이 되어있다. 원래의 사주가 상관격에다 상관 발호하는데다 합사주마저 관성이 상하게 되어있으니 자식 사별할 팔자다, 그래서 조심스럽게 입을 열었다.

「윤 사장의 팔자로 보면 작년 아니면 올해엔 정들고 사랑하는 이와 이별이 있던지 큰 사고 및 질환이 있을 운인데 어떠했습니까?」 내 입만 쳐다보고 있던 윤 사장이 무겁게 입을 뗐다. 아들이 백혈병 진단을 받아 입원중입니다. 어떻게 될지 궁금해서 왔습니다.

예4)

					31	21	11	1
壬	乙	壬	壬	남	庚	己	戊	丁
午	酉	子	子		申	未	午	巳

壬戌년(71세)는 셋째(3)항의 님님(壬壬) 우리님(壬) 셋이모여 잘 살아 보려 했으나 그님은 어디갔소에 해당되어 부인이 관재로 구속되었다.

예5)

					47	37
壬	癸	丁	庚	여	壬	癸
戌	未	亥	午		午	未

未대운 壬子년(42세)에 온 손님이다. 광대뼈가 툭 튀어나왔으며 코 중앙부분에 옹이까지 박혀있어 틀림없는 과부상이었다. 未대운에 일시지 戌未형이 발동되었고 壬子년에 년지 午를 충하며 세운간 壬은 월간 丁火를 합거시키고 있다. 그래서 자신있게 읊었다.

「님님 우리님 오순도순 잘살아 보려했는데 그님은 어디갔소 하는 운인데 조심하고 또 조심해야 합니다.」 돈이 궁해 무슨 장사나 해보면 될까 해서 왔는데 엉뚱한 소리만 하네요. 기분나쁜 얼굴로 혀까지 차며 갔던 여자가 동짓달에 또 찾아왔다 머리에 삼베리본을 달고 있었다.

아저씨 아저씨말대로 우리 아저씨 죽었소. 앉자말자 말하는 품이 마치 내가 그렇게 말해서 죽었다는 식으로 들렸다 기분이 상한 필자는 큰소리 쳤다.「아주머니 팔자가 더러워 재취자리 가고도 모자라 남편까지 죽었던 것이지 그게 어디 내 탓이오.」 움찔한 여자가 그게 아니고 아저씨 말이 너무 귀신같아서 한말이니 성내지 마세요, 했다. 필자에게 다녀간 석달 후에 폭발물사고가 생겨 남편이 죽었다 했다.

예6)

					37
甲	丁	壬	壬	남	丙
辰	酉	寅	午		午

壬戌년 庚戌월에 이 사람의 부인이 왔다.

「올해는 님님 우리님 어디로 갔소 하는 운이오, 이런 괘가 나오면 딴 여자에게 마음 두던지 크게 다쳐서 떨어져 있게 되는데 이때까지 별일 없었소?」 자신이 없어서 남편에게 생길 수 있는 여러 사항을 두루뭉술하게 음신풍월에 업혀 말해준 것이다.

예, 두 달전(戊申월)에 남편이 타고 다니던 차가 교통사고를 크게 냈습니다. 그래서 앞으로는 그런 일 없게 부적이나 써볼까 해서 왔습니다.「사고나서 죽지 않은 것이 정말 다행입니다. 자칫하면 멀리 가버릴 운인데 말입니다.」 얼렁뚱땅하고 난 필자는 몹시 부끄러워져 몇날며칠동안 남편의 사주와 씨름을 하고 지냈다.

예7)

						43	33
乙	己	壬	己	여		丁	丙
亥	亥	申	卯			丑	子

癸亥년 3월경에 이웃에서 역학원을 하고 있는 박 선생이 찾아왔다. 몇 년전 필자에게 3개월동안 역학강의를 받았던 분이라 반갑게 맞이했다. 차 한 잔 마시고 나자 주머니에서 종이 하나를 꺼내어 펼쳤다. 김 선생님! 이 사주 좀 봐주시고 작년 운이 어떠했는지 말씀해 주시면 역학연구에 도움이 될 것 같습니다.

역술인 특히 제자들이 들고 와 묻는 이런 경우엔 몹시 난처해진다. 한 마디라도 잘못 풀이하면 실력없다는 소릴 듣게 되기 때문이다, 그래서 함부로 말 못하고 한참동안 명조만 쳐다봤다.

己土일간이 뿌리하나 없으니 종할 수밖에 없는데 제일 강왕한 壬水에 종하느냐 아니면 최종자인 乙木에 종하느냐를 두고 골머리를 싸맨 것이다. 壬水정재를 따라도 丁대운은 丁壬합되므로 불길하고 乙木을 따른다 해도 丁대운은 불길하다.

따라서 壬戌년은 안 좋은 운이 분명하다. 이렇게 생각한 필자는 조심스럽게 기초작업부터 했다. 「박 선생 이 여성은 박 선생과 어떻게 되는 사이요?」 박 선생은 얼굴을 붉히며 말했다. '좀 아는 사이입니다.' 「그렇다면 님(壬)이 되겠군요? 작년 壬戌년은 님님(壬壬) 우리님…. 그 님은 어디 갔소 하는 운이니 혹시 멀리가지 않았소?」 예, 작년에 논에 나가 농약을 치다가 중독되어 죽었습니다.

그런데 아무리 그 사주를 들여다봐도 죽을 수를 알지 못해 이렇게 찾아 온 것입니다.

어떤 이치로 멀리 떠났다고 말씀하시는지 그 까닭을 가르쳐 주시면 안되겠습니까? 필자의 답변은「당신 소리나는 직업하지」하는 것처럼 아주 두루뭉술한 것이다. 그런데도 어떤 이치가 있지 않나 해서 캐묻는다. 필자는 우물쭈물하며 다음에 만나면 말해 주겠다며 넘어갔다.

이 사주는 종살격으로 월간 壬水가 명줄이다, 즉 일반적으로 재성은 육신(肉身)인데 일지에서 투출된 재성은 확실한 명줄이다. 따라서 丁대운은 壬水명줄을 합하여 작용 못하게 하며 壬戌년의 壬은 乙木의 사(死:亥)발동신이며 세운지 戌은 乙木의 묘(墓)가 되며 乙木의 뿌리인 년지 卯를 卯戌합으로 없애므로 종명한 것이다.

이런 명줄과 12운의 작용력을 깨달은 필자가 박선생을 찾아간 것은 몇 년 뒤인 丙寅년이었다. 얼렁뚱땅하게 봐준 것을 사과하고 새롭게 터득한 이치를 알려주기 위해서였다. 그러나 박선생은 이미 고인(故人)이 되어 있었다. 乙丑년에 혈압으로 사망했다는 것이었다, 다시 한 번 고인의 명복을 빈다.

예8)

○	壬	辛	乙	남
○	寅	巳	酉	

壬戌년에 애인이 생겼으며 모친(辛)이 크게 다쳤다.

음신풍월구결의 2항에 해당된다. 壬午년에 또 여자 생겼으며 이에따라 옛 애인이 등을 돌렸다. 음신구결의 1항에 해당된다.

예9)

						35
壬	甲	丙	己	남		壬
申	午	子	卯			申

壬戌년 정초에 이 사람의 처가 찾아와 신수를 물었다. 월간 丙火가 조후용신이므로 壬戌년은 불 꺼진 창이 되어 캄캄해지며 빛 보기 어렵다. 壬은 편인이므로 부도 및 부실문서로 인해 그렇게 된다고 말해주고 읊었다.「마지막으로 한마디 할테니 귀담아 들으시오, 님님(壬壬) 우리님 오순도순 살자했더니 그님은 어디가고 불 꺼진 방에 나 홀로 외로움에 떨어야 하니 내 팔자가 왜 이렇나 할 것이오.」기분 나쁜 표정을 짓고 인사도 없이 나갔던 여자가 다시 찾아온 것이 추석이 코앞에 다가와 있는 때였다. 양미간은 잔뜩 찌푸러져 있었다. 울먹이는 소리로 말했는데 남편이 구속됐다는 것이었으며 어떻게 좋은 방도가 없느냐는 것이었다.

예10)

						38	28	18	8
壬	戊	癸	壬	여		己	庚	辛	壬
戌	辰	卯	寅			亥	子	丑	寅
	홍염	도화							

壬戌년 乙巳월에 찾아온 아가씨다. 寅卯辰으로 관성이 모여 있으며 천간에 壬癸로 정편재 혼잡되어 있다. 남자관계 복잡하며 많은 남자 거쳐야 될 명조였다.「아가씨 작년(辛酉년)에 연애하다 깨어졌고 올해(壬戌년)엔 님님님(壬壬壬)이 되어 많은 남자 찾아와 세월 가는 줄 모르나 엄마 혼자 속 태운다. 아가씨

지난달에 유부남 만났지?」 커다란 눈만 껌벅이고 있던 아가씨가 기어 들어가는 듯한 목소리로 네 하고는 입을 닫았다.

壬戌년 일시지 辰戌이 발동되어 알던 남자와는 깨어지고 또 卯戌합이 이뤄지므로 붙게 되는데 甲辰월 역시 편관이 비견을 타고 오는 운이라 유부남(老男)과 합정했다고 말한 것이다.

예11)

					32
丁	己	戊	壬	여	甲
卯	亥	申	午		辰

시지 卯가 도화관성이고 년시간이 丁壬으로 합하여 木의 기운이 투출 발동되었다, 그런데다 亥卯로 목국을 지었으므로 많은 남자 거쳐야 될 명조다.

이런 명조의 壬戌년 운은 곧바로 음신풍월구결 1, 3항을 읊어주면 된다. 이 여성은 계약문제로 알게 된 남자와 통정했고 본 남자와 헤어지려 한다.

예12)

					36
戊	壬	戊	丁	여	壬
申	申	申	亥		子

壬대운 壬戌년(37살) 운수는 년간 丁火가 합거되어 없어진다, 즉 비견(壬)이 와서 내돈(丁)을 뺏아가는 운이다. 그리고 丁卯음신이 오면 엄마가 되는 辛(문서)가 깨진다. 남편있는 여자이므로 戊土관성에서 壬년의 사항을 살펴야 하는데 이것은 상대적

통변이다, 이에 따라 다음과 같이 음신풍월을 읊어야 한다.

「당신 남편의 올해(壬년)운은 님님(壬壬) 우리님 그님은 어디 갔소, 님님 우리님 찾아와 합정하니 옛님이 화를 내며 거울(辛)부수고 돌아서려 하네.」 壬일주에겐 辛은 문서고 戊土관성에서는 상관(활동력)이 된다. 그러므로 말귀를 못알아들을 땐 당신 남편은 애인을 만들었고 그것을 알게된 당신은 이혼할까 하는 생각도 했을 것이요, 그리고 남편의 애인은 사라졌고 그로 인해 남편도 타격 받아 활동에 지장이 있소 하고 설명해 주면 된다.

예13)

					24
癸	壬	庚	丁	여	癸
卯	申	戌	酉		丑

壬戌년(26세)는 음신구결 2, 3항을 적용시켜야 한다.

壬년은 년간 丁火를 합거시키는데 이 사주의 남편 및 애인은 년간 丁火이기 때문이다, 그러나 26살된 젊은 여자가 아니고 나이 많은 사람일 경우엔「형님, 형님 하다가 내 돈만 작살내고 어디로 갔소.」하는 식으로 변화시켜야 한다. 즉 사주상황에 따라 또 찾아온 사람의 상황에 따라 구결을 적용시키고 변화시켜야만 된다. 그렇지 않고 무조건 읊었다간 실패하여 웃음꺼리가 될 수 있다.

※ 癸있을때 癸년의 음신구결

1. 이건(것)가 저건(것)가 두 개 중에 하나 골라보나 흡족치 않구나.

2. 계계(癸. 癸) 게거품 물고 무산(戊山)에 올라가나 헐벗은 산이라 빛좋은 개살구 같구나.

3. 이리저리 어울려 높은 곳 찾아가나 서로 눈 흘기며 돌아선다.

4. 계획하고 계산해보고 힘들게 노력했지만 일은 틀어지고 남는 것은 없구나.

예1)

乙 丁 癸 丁　남
巳 酉 卯 酉

癸亥년은 역마 편관운되어 직장문제 대두되어 취직시험(亥卯인수국)까지 있는 때다. 그러나 음신 戊寅이되어 상관이 되므로 취직되기 어렵다. 음신풍월 2항에 해당된다. 이 사람은 癸亥년에 취직시험 5번 보았으나 모두 떨어졌다.

예2)

辛 庚 己 癸　여
巳 寅 未 酉

癸亥년은 상관이 역마타고 있는 운이다, 따라서 자식에 대한 문제와 부부간에 시비 및 불화 있게 된다. 戊寅음신이 작용되어 癸水상관(자식)을 극하므로 자식이 다치던지 병석에 눕게 되는 일이 발생되었다.

예3)

						34
甲	丁	癸	丙		여	己
辰	丑	巳	午			丑

己대운 癸未년(38살)에 찾아온 여성이다, 얼굴은 미인이었으나 소아마비로 인해 불구의 몸 되어 안쓰러웠다. 己土대운은 월간 癸水편관을 극하는데다 癸未년이라 남편과 이혼 및 이별문제 있음을 쉽게 알 수 있었다. 그래서 음신풍월 3항「이리저리 어울려 높은 산 올라가나 서로 눈 흘기며 돌아서네.」을 읊어주었다.

'아저씨 말씀을 알아듣기 어려우니 좀 구체적으로 말해주세요.' 고개를 갸우뚱 거리며 듣고 있던 여자의 반응이었다. 그래서 서로 어울려 큰 목표를 이루어 나가려 했지만 결국 서로 등을 지고 배신하게 된다고 설명해주었다. 산(山)을 오르려는 희망 및 목표는 사업설정도 될 수 있다.

예4)

					35	25	15	5
壬	癸	壬	庚	남	丙	乙	甲	癸
戌	酉	午	戌		戌	酉	申	未

酉대운 癸未년(34살) 초겨울에 찾아온 사람이다. 먼저 癸未년 운수를 풀어주고 다음해의 운세를 말해주기로 했다. 「올해는 이건가? 저건가? 두 개 중에서 하나 골라보나 흡족치 않고 다소

의 손재가 있었을 것이오….」 癸未년의 음신은 戊午가 되는데 사주지지에 두 개의 戌이 있고 여기서 음신간 戊가 투출된 것으로 보고 이 직업? 저 직업? 하게 된 것으로 말했다. 그리고 손재 있었다고 한 것은 戊午음신이 희신인 월간 壬水를 극했고 午戌화국을 발동시켜 酉金을 剋했기 때문이다.

예5)

					41	31	21	11	1
丙	丁	癸	己	남	戊	己	庚	辛	壬
午	酉	酉	亥		辰	巳	午	未	申

癸未년 己未월에 辛亥생여자가 와서 이 사주를 내놓으며 봐달라했다. 어떤 관계냐 물었으나 그냥 봐 달라했다, 그래서 「아가씨인지 아줌마인지 잘 모르지만 손님의 나이는 몇 살이오?」하고 물었다. 남편 및 애인이라면 찾아온 손님의 나이와 찾아온 날의 일지를 살펴 무슨 일이 있나 하는 내정(來情)을 알 수 있어서이다. 여자는 침중하게 '돼지띠입니다.' 하고는 입을 닫았다.

「이 아저씨의 올해 운은 이것 할까 저것을 취할까 하다가 하나를 택했지만 흡족치 않고, 이리저리 어울려 놀다가 서로 눈흘기며 돌아서니 어제까지 정겹던 사람이 오늘은 원수가 되었구나.」하는 운이요. 이것저것은 이 남자에겐 사업적인 것도 되며 인간관계 특히 애정관계라면 어울려 놀다가 눈 흘기게 됨은 배신과 이별을 뜻하는 것이고 그렇게 되면 당연히 원수지간이 된다.

필자는 입을 닫고 여자의 얼굴을 응시했다. 이 만큼 말했으니 구체적인 것을 말해보라는 무언의 재촉이었다. 한참동안 눈을 내리깔고 있던 여자가 고개를 들었다. 아저씨 점괘대로입니다…. 되었는데 어떻게 하면 좋을까요? 여자는 위 명조 남자(상처남)의 애인이었는데 남자에게 새로운 여자가 생겼고 분한 마음에 혼인빙자 간음으로 고소했다는 것이다.

위자료라도 얼마정도 받을 욕심에서였다. 그런데 뜻밖에도 남자가 자신을 절도로 몰아 고소했으니 어쩌면 좋으냐는 것이다. 남자와 동거하던 집의 세간을 싣고 나온 것이 빌미를 제공하게 되었던 것이다.

예6)

					35	25	15	5
癸	丙	丙	庚	남	庚	己	戊	丁
巳	戌	戌	子		寅	丑	子	亥

戊戌생 여자가 동거중인 남자의 癸未년운이 어떤지 봐달라고 내 놓은 사주다. 庚申월이었는데 庚은 丙火일간의 편재성이고 申은 역마성이므로 애인 만나러 바쁘게 다니는 운이다, 그래서 서슴없이 癸년의 음신풍월 1. 2. 3항을 읊어주고는「이남자 바람나 정신없이 바쁘게 다니는데 어떻게 되었소.」하고 물었다.

예, 선생님 말 그대로입니다. 이 인간을 어떻게 할까요? 위 사주는 년지 子중 癸水가 시간에 투출되어 있고 시지 巳중 庚金이 년간에 투출되어 년시간에 기를 교환하고 있다, 그러므로 년간 庚편재는 남(月干丙火)의 여자인데 이것이 시지 巳에 장생하고 있다.

이것은 남의 여자가 살기위해(巳장생) 아이까지 데리고 찾아오는 상이다. 己丑대운에 횟집 주방장 하다가 주인집 남자를 형님이라 부르게 됐다. 그러다가 주인집 여자(戊戌生)과 통정하게 되었으며 寅대운에 남편버리고 온 戊戌生 여자와 동거하게 된

것이다.

이와 똑같은 명조를 봤는데 그 사람의 운명 역시 비슷했으나 다른 점이 있었다. 과거있던 여자와 합정한 것은 일치되는 점이나 직업은 달랐다.

그리고 여자가 딴 남자와 사귀다가 자신에게 와서 아이를 낳았는데 자기 씨인지 전남자의 씨앗인지 의심하여 부부간에 갈등과 불화가 있었다고 한다.

예7)

壬	癸	庚	乙	남
戊	卯	辰	未	

癸亥년(29살) 乙卯월에 찾아온 젊은이다. 직장문제 발동인데 癸亥년의 음신이 戊寅이어서 이고 결혼문제 및 애인문제도 戊가 癸의 합신이므로 발동된다.

비견인 癸가 戊土관성을 끌고 오므로 친구 형제가 직장과 여자를 소개시켜주게 된다. 乙卯월의 운은 식신이 발동되어 戊土(음신)를 극하므로 직장운 없는 상태다.

戊午월 己未월되어야 직장운 있게 된다, 그러나 비견운 이므로 재정적으로 쪼달리게 되며 애정사도 맺어지기 어렵다. 이럴땐 음신구결 1. 2. 3. 4항 모두를 읊어 주어도 좋고 하나만 택해서 읊어도 된다.

예8)

					49	39	29	19	9
庚	庚	癸	壬	여	戊	己	庚	辛	壬
辰	寅	丑	午		申	酉	戌	亥	子

己土대운 癸亥년(42세) 여름에 찾아온 여성이다. 癸亥는 傷官년이라 남편이 다치게 되는 일이 발생되고 역마지살 되는 일지 寅과 寅亥합하므로 여행사 있게 된다.

이처럼 기본적인 것을 말해주고 음신구결 1,2 항을 읊어주었다. 미장원을 하고 있는데 옮기려고 여기저기를 알아보고 있습니다. 그런데 선생님의 말씀에 따르면 옮겨 봤자 별수 없으니 그만 있는 자리에 그대로 주저앉아야겠습니다.

庚申월에 이런 문답을 하고간 여인이 다시 찾아온 것은 다음해 정초였다. 선생님이 올해 우리 아저씨 다칠 거라더니 음력 12월(丑月)에 끓는 물에 데어 큰 화상을 입게 되었습니다. 올해는 액운이 없는지 잘 살펴봐 주세요.

년지 午火가 남편인데 丑寅과 더불어 탕화살을 이루고 있다. 己대운은 년지 午火(夫)의 투출신 이므로 남편이 밖으로 나가(午역마)활동하게 된다. 그리고 己土는 년월지(午丑)의 발동신이므로 탕화가 발동된다. 이런데다 癸년은 傷官년이고 丑辰의 發動신이므로 역시 탕화 급각이 발동된다, 따라서 다리에 큰화상을 입어 보행이 자유롭지 못하게 되었다.

庚일간 신왕하므로 설기(洩氣)해야 하니 사회 활동하는 팔자다, 그러나 丑月의 壬癸水는 눈보라가 되므로 집안에 불피워놓고 하는 일이다. 甲乙木이 재성되어 火를 살리므로 미용실 하게 된 것이다.

예9)

壬	壬	癸	壬	여
寅	辰	卯	申	

癸亥년 癸亥월에 찾아온 아주머니다. 아저씨 내 사주보면 자식운도 나옵니까? 이 물음 속엔 자기 자신의 문제와 자식의 문제를 감정료 일인분으로 해결하려는 얄팍한 뜻이 들어있다.

「자식에 대한 문제는 자식 사주를 봐야 정확하게 알 수 있지만 아주머니 사주로도 나오는 것이 있습니다. 누구를 보겠소?」 사실은 가져온 돈이 조금뿐이라 나만 봐주세요. 보면 자식에 대한 것도 나오겠지요? 「그럽시다」

水旺한 사주인데다 癸亥년 되어 더욱 수(水)는 旺해지므로 木은 왕수에 떠내려간다. 그래서 음신구결 1.2.3을 읊어주고는 「자식도 떠나는 운이니 아이가 어디로 갔소?」 했다. 이것저것 중에 한 곳을 택해 오픈했으나 아저씨 말대로 큰 재미 못보고 있습니다. 이렇게 골 아픈 중에 딸자식마저 가출하여 속을 태우니 짜증이나 죽겠심더, 언제쯤 오겠으며 앞으로의 재수는 어떻는기요?

「내년 정월이나 되어야 딸도 들어오고 하는 일도 실마리가 풀릴 것이요.」 甲子년은 지지에 있는 木이 고개를 내미는 때이므로 그렇게 말했다.

예10)

					46	36
庚	辛	癸	戊	여	戊	己
寅	酉	亥	寅		午	未
		驛馬				

戊대운 癸亥년(46살) 戊午월에 찾아온 손님이다. 서울에서 왔는데 올해 운을 봐 달라했다. 癸亥가 원명 월주에 있는데 년주와 천간지합하고 있다. 이렇게 되면 癸亥년에는 년주 戊寅(인수)

이 발동이다. 즉, 음신인 戊寅이 년주에 있으므로 음신을 찾을 필요없이 년주 戊寅(인수)이 발동된 것으로 보고 매매계약사 발동되었음을 인지하면 된다. 그런데다 찾아온 달까지 戊午월 이므로 더욱 확실하다.「올해는 역마운(亥)이라 여기저기 나들이 있게 되며 매매계약사도 있게 되는데 혹시 연산동(戊戌)에 있는 부동산을 사볼까 하여 하부(下釜)한 것 아닙니까? 그리고 남과 어울려 투자하는 운인데 나중에 서로 눈 흘기고 돌아서지 않도록 미리부터 조심해야 할 것입니다.」

癸亥년이 시주 庚寅겁재와 寅亥합하고 있으며 戊(생년간) 戊(월운간)가 되므로 음신구결 1, 3항을 섞어서 말한 것이다. 고개만 끄떡이며 듣고 있던 아주머니가 입을 열었다. 하신 말씀 그대로 연산동(連山洞)에 좋은 물건이 있다기에 내려왔으며 언니와 합자하여 매입해볼까 계획 중입니다. 선생님 이번 건수가 앞으로 돈이 되겠습니까?「예, 하십시오. 그러나 형제간에 돈 때문에 마음 상하지 않도록 그것만 유의 하세요.」음신 구결에는 틀어지고 남는 것 없으며 흡족치 않다 했지만 이 여인의 사주 대운과 앞으로 다가오는 甲子년 乙丑년 丙寅년의 세운이 좋으므로 이익이 있을거라 했던 것이다.

예11)

					39
壬	癸	戊	癸	남	甲
寅	亥	午	未		寅

甲대운 癸亥년(41세) 戊午월에 이 사람의 부인이 찾아왔다. 甲대운은 상관되어 월간 戊를 冲剋하여 戊癸합을 깨고 있다. 癸亥년은 월간 戊土정관(직장)이 癸와 합하여 절(絶)에 들어간다, 따

라서 다니던 직장에서 쫓겨나던지 퇴직하게 되는데 甲寅 乙卯월에 정관인 戊土가 剋을 받으므로 그때에 퇴직했을 것이다, 그리고 癸亥일과 戊午월이 합하고 있는데 또 癸亥년을 만났으나 가택인 월지 역시 발동 되겠구나.

명조와 대 세운을 읽은 필자는 먼저 음신 구결부터 읊었다. 「다니던 직장 그만두고 이것인가 저긴가 골라보니 흡족치 않더라, 계계(癸癸:힘들게) 개 거품 물고 직장이라는 곳에 가보나 실속없는(헐벗은) 곳(山)이라 빛 좋은 개살구이니 오래 머물기 어렵겠다, 친구나 형제가 힘을 써주어(이리저리 어울려) 높고 험한 직장길(높은산) 찾아가나 서로 눈 흘기며 돌아서게 되리라.」 듣고 있던 아주머니가 배시시 웃으며 맞장구 쳤다.

맞습니다. 꼭 그대로입니다. 여기 오기 전 몇 군데 철학관에 들렀는데 영 시원치 못하던데 아저씨는 신들린 듯 시원하게 말하니 혹시 신(神)으로 합니까? 「아주머니 내가 신들린 사람같이 보입니까?」 똑같은 말이라도 고저장단을 맞추어 운율 있게 말하면 더욱 돋보이게 되는 것이다.

여기다 적당한 문자와 수사(辭)까지 섞게 되면 듣는 사람에게 깊은 울림을 줄 수 있는 것이다. 따라서 음신 풍월을 조화롭게 활용하는 법을 연마해야 함이 감명의 묘(妙)가 된다.

* 한밝 신사주학 주요내용 *

1권 내용.

一. 十干 十二支의 물상적 뜻.

二. 三大비법(合神, 表出神, 透出神)

三. 통변방법. 1)상대적통변. 2)빼고더하는통변.
3)물상적 통변. 4)생극제화의 통변

2권 내용.

一. 干合 新考(간합에 대한 새로운 고찰)

二. 12운과 각종 신살의 입체적 활용법.

三. 변격사주의 통변.

四. 한밝식 사주풀이.

3권 내용.

一. 十干의 역할작용에 따른 사주 풀이법

二. 오행중심체국과 일간 대행격.

三. 일간과 기타오행의 향배.

四. 十干十二支의 향배와 유정무정

구입처 한밝 역리학회 051 - 891 - 5482
010 - 4119 - 5482

※ 중급과정 5개월분 강의록(동영상)
한밝來情法 D.V.D

※ 다음(카페) 한밝명리학회

통변의 새 경지를 연

한밝 新四柱學

바르고 빠른 길

인 쇄 일 : 2021년 11월 20일
발 행 일 : 2021년 11월 22일

저 자 : 이 지 연

발 행 처 : 뱅크북
신고번호 : 제2017-000055호
주 소 : 서울시 금천구 가산동 시흥대로 123 다길
전 화 : (02) 866-9410
팩 스 : (02) 855-9411
이 메 일 : san2315@naver.com

* 책값과 바코드는 표지 뒷면에 있습니다.